髙田宗平著

日本古代『論語義疏』受容史の研究

塙書房刊

目次

目　次

日本古代『論語義疏』受容史の研究

序章　日本古代中世『論語義疏』研究序説

――先行研究の整理と本書の分析視角――

はじめに

我が国は、古くから中国文化を摂取し、その影響を受けてきた。漢字・漢籍、また、それらを媒介として、漢学・律令・仏教等多くの知的体系を受容してきたことは周知の事実である。日本古代中世の知的体系の一斑を解明するためには、漢籍の検討が必要不可欠と言える。

我が国には、古代より、多くの漢籍が伝来していた。例えば、正倉院文書(一)では天平年間（七二九～七四九）に『毛詩』・『論語』・『孝経』・『漢書』・『文選』・『千字文』等の名が確認でき、また、木簡に於いては『論語』・『老子』・『文選』・『王勃集』・『千字文』等が書写されたもの(二)が出土している。更に、墨書土器では平城宮跡から『論語』・『文選』の名が習書されたもの、漆紙文書では平城京跡右京八条一坊十四坪から『論語集解』（断片）、胆沢城跡（現在の岩手県奥州市）から『古文孝経』（断簡）・『文選』（習書）、山王遺跡（現在の宮城県多賀城市）から『古文孝経』（断簡）が書写されたもの等が出土している(三)。

以上の正倉院文書や出土史料の事例から、我が国には多くの漢籍が伝来していたことが看取される。

この中で、『論語』木簡に注目するに、『論語』木簡は、宮都のみならず、地方の官衙関係遺跡からも出土し、七世紀後半から八世紀前半の時期に多く見られる傾向がある。[四] 此の如き出土状況は、『論語』が、七世紀後半から八世紀前半に於いて、中央は言うに及ばず、地方の官人にも広範に浸透していたことを示す証左である。このように、漢籍は我が国に古くから船載され、講読されて、日本文化に浸透していったものであるが、その一つとして『論語』の名を挙げることができる。

ただし、『論語』は、経文のみの単独の成書としてではなく、注釈を伴った書として伝来したものと考えられる。[五] 従って、日本古代に於ける『論語』の受容とは、厳密には『論語』注釈書の受容と言うべきである。

日本古代の『論語』注釈書の受容について、歴史学の分野では、三国魏の何晏（生年不詳～二四九）の『論語集解』の受容に関しては考察が加えられているものの、後述する如く、『論語集解』とともに広範に利用されていた『論語義疏』については等閑に付されてきた。

『論語義疏』は、中国の六朝梁の皇侃（四八八～五四五）により撰せられた『論語』の注釈書で、『論語義疏』に先行する『論語集解』の再注釈書である。『論語集解』は、何晏が中心となり、同時代の諸家（孫邕・鄭沖・曹羲・荀顗）とともに、前漢の孔安国、後漢の馬融・包咸・周氏・鄭玄、魏の陳羣・王粛・周生烈の八家の説を集成し、何晏自らの見解を示したものである。『論語義疏』は、晋の江煕の『集解論語』に集成された晋の衛瓘・繆播・欒肇・郭象・蔡謨・袁宏・江淳・蔡系・李充・孫綽・周懐・范甯・王珉の一三家の説を参考にして、『論語集解』を敷衍したもので、散佚した魏晋以来の諸家の説が豊富に引用されており、魏晋六朝の経学を窺い知る貴重な資料である。[六]

『論語義疏』の撰者皇侃は、梁の呉郡の出身、三礼を家学とした賀瑒（四五二～五一〇）に師事し、三礼・『論語』・『孝経』に精通した。国子助教となって講説を行うと常に数百人聴講者がいた。『礼記講疏』五〇巻を撰して、武帝に奏上し員外散騎侍郎に加えられた。(七)『隋書』経籍志(八)によると、皇侃は、『論語義疏』及び『礼記講疏』・『礼記義疏』の他、『喪服文句義疏』・『喪服問答目』・『孝経義疏』を撰したことが記されているが、『論語義疏』以外は全て散佚したことが記されている。

また、『論語義疏』は中国では散佚したが、日本には伝存する佚存書として夙に周知のことである。いつ頃中国で佚書となったかについては、書籍目録類を繙くと、北宋前期慶暦元年（一〇四一）成立の王尭臣等の『崇文総目』、南宋前期紹興二一年（一一五二）成立の晁公武の『郡斎読書志』、淳熙四年（一一七七）成立の陳騤の『中興館閣書目』、尤袤の『遂初堂書目』のそれぞれには著録されるが、南宋後期の陳振孫の『直斎書録解題』には著録されておらず、従って、中国では南宋頃に散佚したと思われる。(九)第一章並びに第五章で詳述する如く、『論語義疏』は我が国では、『令集解』の「古記」・「釈」に引用されることから、奈良時代には、日本に将来されていたことがわかる。

第一節　日本古代中世の『論語義疏』に関する研究の現状と課題

第一項　受容研究

まず、日本中世に於ける儒教・儒学の受容の研究の嚆矢として、名を挙げるべきは、足利衍述氏(一〇)であろう。氏は、江戸時代の盛運を醸成したのは朱子学の思想的背景によるものとの認識から、その起源を解明するため、鎌倉・室町時代の儒教・儒学、就中、朱子学を史的に考察した。主に、人物や家について立項した列伝的な内容であるが、当該分野の先駆的研究と言えよう。序論中に「鎌倉時代以前に於ける我国の儒教」と題して立項し、古代の通経の儒として清原頼業・藤原頼長・藤原通憲を挙げた。また、「経書講抄書目解題」に於いて、日本中世に邦人により撰せられた『論語』注釈書について、(一)本文は『論語集解』、ないしは『論語義疏』によるも、講義は新古両注の折衷であること、(二)講義の際に依拠した古注は、主として『論語集解』や『論語義疏』であって、時には北宋の邢昺『論語正義』も採用することがあること、(三)説くところは主に清原家の家説によること、(四)『論語総略』は鎌倉時代末期から南北朝時代の書写に係ることから、当時、既に古注と新注とを折衷する学風が始まっていたことを示す有力な資料であること、等を主張した。

日本古代に於ける漢籍・漢学受容の実態の解明に先鞭をつけたのは、内野熊一郎氏[一一]である。氏は、漢学のうち経学に着目した。主として文飾に供された経書の句説の事例を日本古代典籍から捜索し、その典拠を検討し、日本古代に於ける経学の実態を究明した。その一斑として、『論語』注釈書の受容について、(一)奈良時代の論語学は『論語鄭玄注』、『論語集解』、『論語義疏』が行われていたこと、(二)平安時代初期の論語学に於いては『論語義疏』が確実に使用されたこと、等を明らかにした。

阿部隆一氏[一二]は、書誌学・文献学の立場から、鎌倉時代末期から室町時代末期の『論語』、室町時代の『孟子』、の各講究を、邦人により撰せられた『論語』及び『孟子』の各注釈書の厳密な原本調査に基づいた検討によって解明した。『論語』の講究について、(一)おおよそ、古注を主体としながら、時代が降るにつれて、新注に傾倒し、新注を採用することが多く、新古両注折衷となること、(二)清原家の抄物を見ると、単なる量的な新古両注の折衷ではなく、訓詁字義の点では古注を多く踏襲しても、義理の点は新注たる朱注に依拠することが多いこと、(三)宋学は当初、禅僧により移入されたものの、清原家は経学に於いて、五山の叢林より宋学の享受が積極的であること、（四）経書の講読について、ややもすれば五山の叢林は作詩作文の補助手段の傾向が見えるのに比べ、清原家は儒本来の態度に立とうとし、経書の学識理解の点に於いても、清原家は五山の叢林とは格段の差を示していること、等を解明し、中世の漢学の中心となったのは五山の叢林であり、宋学の摂取も五山の叢林が中心で、清原家は五山の叢林に先んじられた等、清原家の地位を低く評価する従来の説に対し、批判論駁した。更に、氏は、『論語義疏』について、「現本（現存旧鈔本―稿者注）が必しも侃（皇侃疏―稿者注）の旧形を悉く完備するに非ざることは明らかであるが、（邢昺正義の―稿者注）竄入の箇所を除けば、書写の体式を別としては殆ど旧形に近いと推定される」とし、また、「皇疏が室町時代に根強い影響力を有したのは、皇疏自体の注解の態度目的内容が、我が室町期のそれに全く一致していたからである。皇疏は六朝時代の経師の諸説を集成し、それを講義風に平易に叙述し、独創的学術性を有するというよりは、啓蒙的な講義本である。その文体用語法等より考えて、皇疏は元来皇侃が行った講義の聞書筆録を整理して成ったものであるまいかと筆者（阿部隆一氏―稿者注）は秘に推測している。即ち皇侃義疏はその性格上、六朝時代に於ける、言わば仮名抄に該当する。此が室町時代の仮名抄盛行期の趣尚に合致したことは当然である」と述べた。これは、『論語義疏』の原撰本復原、原撰本及び日本伝来時の体式、旧鈔本『論語義疏』の性格、旧鈔本『論語義疏』の伝本の多くが室町時代の書写に係ることの意味、等を検討する上で極めて重要な指摘である。

和島芳男氏（一三）は、歴史学の立場から、日本中世に於ける宋学受容を歴史的に解明した。その中で、『論語』注釈書の受容について、（一）奈良時代の大学寮に於いては、『論語』注釈書として『論語鄭玄注』と『論語集解』が用いられたこと、（二）平安時代中期の官人層は、明経道に代わって紀伝道が栄えたことから、『五経正義』を知らず、『論語集解』を読まずとも、詔勅・宣命等の起草にあずかり、四六駢儷文等の技巧によって権門勢家の知遇を得て官途の昇進を期待するような状況で、経学の素養が不充分であったこと、㈢藤原頼長は、『五経正義』や『論語義疏』を家司藤原成佐等と談義して習得し、養老学令所定のものより、新しい唐代正義の学を受容していたこと、㈣花園上皇が『論語』談義を催すために、自ら『論語義疏』、北宋の邢昺『論語正義』、南宋の朱熹『論語集注』並びに『論語精義』、『朱氏竹隠注』等を抄出していたこと、㈤鎌倉時代には朝儀が衰退し、明経家は本来の大学寮教官としての職能が狭められ、家学・家説の進講・伝授が主な活動になっており、醍醐寺所蔵『論語集解』及び大東急記念文庫所蔵『論語集解』の奥書・識語が示す如く、中原・清原両家が古注を相伝・伝授していたこと、㈥明応八年（一四九九）に大内義興が正平版『論語』五冊を覆刻したこと、㈦足利学校には七代庠主九華によって書写された『論語集解』一冊・『同』五冊の二種が存し、一冊本は別筆にて皇侃・邢昺の疏、新注が書入れられており、九華以後も新古両注折衷の学風であったこと、等を明らかにした。氏の研究により、初めて『論語』注釈書の受容が歴史学的視点に立って考察され、古記録や奥書・識語から『論語』注釈書受容の事実と受容層を明らかにしたことは高く評価できる。

しかし、氏の研究は、主に『論語集解』の受容についてであって、『論語義疏』について多くは述べていない。古代では『台記』、中世では『花園天皇宸記』の各事跡によって、『論語義疏』の受容を述べているが、この両古記録に現れる事跡のみが『論語義疏』受容の実相ではなく、その片鱗に過ぎない。また、氏は、古記録や奥書・識語を例証としているため、受容の事実を示すに止まり、実際に受容された『論語』注釈書の系統・性格を解明するまでに至っていない。

一方、近年、高橋智氏[一四]は室町時代旧鈔本『論語集解』の書誌学的・文献学的研究を行った。氏は、室町時代旧鈔本『論語集解』の日本所在八四本、台湾所在一〇本を詳細に原本調査し、室町時代に於ける『論語集解』の流伝、系統を解明した。室町時代に於ける『論語集解』を、清家本系、正平版系、義疏竄入本系に大別し、特に義疏竄入本系は寺院系のテキストに多いことを明らかにした。更に、(一) 室町時代中後期の書写に係る旧鈔本『論語義疏』と、足利学校ないしはその周辺で書写された『論語集解』等の漢籍旧鈔本とは書式や字様に於いて類似点が認められることから、旧鈔本『論語義疏』は足利学校を中心に発信されたもので、足利学校の学団や学僧が『論語集解』の転写を繰り返す過程で、『論語義疏』等を吸収し既存の『論語集解』のテキスト内に反映させて、義疏竄入本系が形成されていき、室町時代後半期にはこれが多く出現したこと、(二) 古活字印刷の到来とともに、清家本を基に慶長刊本が刊行されたこと、(三) 寺院系のテキストは近世に引き継がれることはなく、後の幕末の書誌学者や蔵書家がこれを見出すまで、世に現れることがなかったこと、等を明らかにした。氏の研究を、日本中世に於ける『論語義疏』受容の視点から見ると、『論語義疏』が足利学校を中心に発信されたこと、義疏竄入本系『論語集解』が寺院系のテキストに多いこと、を解明したことは重要である。

以上、日本古代中世の『論語義疏』に関する研究の現状と課題のうち、受容研究のそれについて述べてきた。『論語義疏』について、阿部氏による書誌学・文献学からの指摘が見られるものの、歴史学からの和島氏、書誌学・文献学からの髙橋氏の研究は『論語集解』が主であって、また、足利氏は中世の儒教・儒学史、内野氏は古代に於ける経学の受容研究、からの成果である。かかる研究状況から鑑みるに、右の諸研究が存する一方、『論語義疏』受容の変遷を跡づける研究は、未だ充分ではない状況と言える。

第二項　旧鈔本『論語義疏』の文献学的研究

近代に於ける旧鈔本『論語義疏』の文献学的研究の歴史は、主として、第一期の武内義雄・長澤規矩也、第二期の高橋均・山口謠司、第三期の影山輝國の諸氏に大別できる。

第一期の武内義雄・長澤規矩也の両氏の研究について述べる。

まず、武内氏(一五)は、古典学の大前提となる本文の復原に取り組んだ。『論語義疏坿校勘記』(以下、武内本と略称する)は、文明本(龍谷大学大宮図書館写字台文庫所蔵)を底本に選定し、宝徳本(一般財団法人 石川武美記念図書館 成簣堂文庫所蔵)以下、全一〇本を対校本として、旧鈔本『論語義疏』の本文を校勘・復原した。武内本が完成したことにより、旧鈔本『論語義疏』の文献学的研究は飛躍的に進展した。ただし、旧鈔本『論語義疏』の性格については究明していない。この他、武内氏の「梁皇侃論語義疏について」は、武内本に於いて校勘に用いた旧鈔本『論語義疏』諸本を解説するとともに、『論語義疏』の原形・来歴等を考察したものである。また、「論語皇疏校訂の一資料―国宝論語総略について―」及び「国宝論語総略について」は、『論語義疏』の原形を窺知せしめる資料として、曼殊院門跡寄託京都国立博物館保管『論語総略』を考察し、校勘資料としての有効性を説いた。

これに対して、長澤氏(一六)は「論語義疏伝来に関する疑問」に於いて、旧鈔本『論語義疏』は唐鈔本に由来するテキストとする一般的な認識に対し、『経典釈文』所引皇侃疏が旧鈔本『論語義疏』と一致しないこと、台北国立故宮博物院所蔵盈進齋本以外の旧鈔本『論語義疏』は北宋の邢昺疏を含んでいること、皇侃疏の原形は単疏本形式と推測されるが、単疏本形式の鈔本が伝存していないこと、から宋刊本に由来するテキストの可能性を提起した。

長澤氏が、研究を行う上で無批判に資料を用いることに警鐘を鳴らし、旧鈔本『論語義疏』の性格に論及した点は高く評価できる。

先の第一期と次の第二期の間に、阿部隆一氏(一七)による「金沢文庫蔵鎌倉鈔本周易注疏其他雑抄と老子述義の佚文」がある。『周易注疏其他雑抄』(一八)は、東大寺凝然の高弟智照によって撰せられたもので、その内容は『華厳演義鈔』に引く外典を抽出し、注釈を加えたものである。氏は、『周易注疏其他雑抄』所引『論語義疏』と、武内本及び諸旧鈔本『論語義疏』とを比較検討した。その結果、『周易注疏其他雑抄』所引『論語義疏』には武内本等に比して、誤脱が認められるものの、間々武内本等を校勘し得る所が認められ、皇侃疏校勘上、重要な資料であること、更には、鎌倉時代以前に溯及する日本古典籍に引く外典の文辞や、書入は漢籍校勘上、重要視すべきこと、を指摘した。

氏が、書誌学・文献学、とりわけ校勘学の見地から、日本古典籍所引『論語義疏』の性格や校勘資料としての貴重性を説いたことは、極めて重要な指摘である。

第二期の高橋均・山口謠司の両氏の研究について述べる。

当該時期は、高橋均氏(一九)の一連の研究によって、『論語義疏』の文献学的研究が牽引され、前進した時期と言える。氏は一連の研究で、(一)氏が調査した旧鈔本『論語義疏』諸本全てに邢昺『論語正義』が竄入していること、並びに旧鈔本『論語義疏』に竄入した『論語正義』は旧鈔本『論語義疏』諸本間で殆ど異同が見られないことから、日本に於いて旧鈔本『論語義疏』に『論語正義』が竄入し、それが祖本となり、伝写されていったこと、(二)敦煌本『論語疏』と旧鈔本『論語義疏』とでは、先行するのは敦煌本『論語疏』の形式のテキストであること、を明らかにし、また、(三)敦煌本『論語疏』の形式を旧鈔本『論語義疏』の形式に改編した特定の編者が存在した可能性を推定した。更に、(四)武内氏が校勘する際に使用しなかった旧鈔本『論語義疏』や敦煌本『論語疏』を資料に加え、校勘した。

とりわけ、氏が、日本古典籍所引『論語義疏』と旧鈔本『論語義疏』及び敦煌本『論語疏』とを比較検討し、旧鈔本『論語義疏』が唐鈔本に由来する本文を有していることを、具体的に明らかにしたことは重要である。しかし、日本古代中世に於ける『論語義疏』の実態を把捉するには、氏が日本古典籍所引『論語義疏』として使用した『令集解』・『秘密曼荼羅十住心論』・『世俗諺文』・『論語総略』の四書のみでは決して充分とは言い難く、更に、『令集解』に新訂増補国史大系本を、『秘密曼荼羅十住心論』に日本思想大系『空海』所収本と『弘法大師空海全集』本を用いており、テキストの選定に問題がある。氏は、後に右の四書に『政事要略』・『令義解』「上令義解表」の注・『五行大義』裏書の三書を新たに加え、検討した。氏が検討材料として新たに日本古典籍等の三書を加えたことは評価できようが、やはり『令義解』「上令義解表」の注に新訂増補国史大系本を用いており、ここでもテキスト選定に問題があると言わざるを得ない[一〇]。

一方、山口謠司氏[一一]は「『論語義疏』の系統に就いて」に於いて、『令集解』・『令義解』「上令義解表」の注・『政事要略』・『性霊集略注』・『弘決外典鈔』・『世俗諺文』の各書に引用される『論語義疏』と、旧鈔本『論語義疏』を底本並びに対校本とする武内本、及び敦煌本『論語疏』とを比較検討し、その結果を、（一）日本古典籍所引『論語義疏』と武内本では本文に少なからざる異同が見えるもの、（二）日本古典籍所引『論語義疏』には見えるが、武内本には見えない本文を持つもの、（三）日本古典籍所引『論語義疏』には見えないが、武内本には見えるもの、に三分類した。これらの異同を単純な誤写・衍字衍文・脱字脱文によるものではなく、武内本が日本古典籍所引『論語義疏』、敦煌本『論語疏』と系統を異にすることに起因するものとし、長澤氏の説を承け、旧鈔本『論語義疏』は宋刊本に由来するテキストである可能性を主張した。

氏が、右に述べた（一）～（三）の字句の異同を、直ちに本文系統に関わるものと断じている点は、なお検討の余地があろう。

また、氏が、『論語義疏』を引く日本古典籍として、『令集解』・『令義解』「上令義解表」の注・『政事要略』・『性霊集略注』・『弘決外典鈔』・『世俗諺文』の六書を用いたことは高く評価すべきであるが、例えば、『令集解』・『令義解』「上令義解表」の注のテキストに新訂増補国史大系本を用いている等、テキストの選定に問題がある。

第三期の影山輝國氏は、[一二]武内本や高橋均氏による校本を補正する目的から研究を行い、現在も進行中である。氏は、「『論語義疏』校定本及校勘記―皇侃自序」及び「『論語義疏』校定本及校勘記―何晏集解序疏―」に於いて、台北国立故宮博物院所蔵本を含め、三六本の旧鈔本『論語義疏』の悉皆調査を行い、三六本の他、武内本及び根本武夷校正寛延三年（一七五〇）刊本（『論語集解義疏』）の二本を含めて整理・校勘を行った。

氏の旧鈔本『論語義疏』に関する業績には、慶應義塾大学附属研究所斯道文庫所蔵大槻文彦旧蔵『論語義疏』（以下、大槻本と略称する）の翻印、現在所在不明の旧鈔本『論語義疏』の解説（「まだ見ぬ鈔本『論語義疏』（一）～（五）」）、等がある。これらは旧鈔本『論語義疏』の悉皆調査の過程で得られた成果を提出したものと言える。とりわけ、「まだ見ぬ鈔本『論語義疏』（四）」に於いては、足利学校遺蹟図書館所蔵本の影鈔本（北京大学図書館所蔵）の存在を指摘する等、新たな鈔本の捜索や所在不明の鈔本の追跡を行った。影山氏の校勘記を始めとする、一連の研究により、旧鈔本『論語義疏』の文献学的研究が大きく進展した。この成果は、現時点での旧鈔本『論語義疏』の文献学的研究の到達点と言っても過言ではなかろう。

また、右の影山氏の大槻本の翻印の続編が、影山氏及び洲脇武志・齋藤建太・玉鴿・相原健右・下村泰三・中田妙葉の諸氏により行われた。[一三]

他方、洲脇氏は、[一四]「市島本『論語義疏』跋文について」に於いて、市島謙（東里）（一八二九～一八八四）の書写に係る新潟県新発田市の市島酒造株式会社市島家史料館所蔵『論語義疏』（以下、市島本と略称する）の跋文を翻字するとともに書き下しを施し、（一）狩谷棭斎湯島求古楼蔵本（以下、求古楼本と略称する）→丹羽思亭本→市島本、の如き書承関係、すなわち求古楼本は市島本の祖本と推定し、更に求古楼本は天正年間（一五七三～一五九二）に書写されたものであったこと、（二）慶應義塾図書館（慶應義塾大学三田メディアセンター）所蔵天文本『論語義疏』は丹羽思亭の門人円山善甫によって発見され、当初は足本であったこと、（三）「求古楼〔本〕は邢昺正義の竄入が無く、根本刊本序文に極めて類似した序文が備わっていた可能性がある」こと、を指摘した。

近時、第二期に於ける研究を牽引してきた高橋均氏が[二五]、一連の旧鈔本『論語義疏』に関する主要な研究成果をまとめ、『論語義疏の研究』を刊行した。氏のこれまでの旧鈔本『論語義疏』研究の集大成と言えよう。

橋本秀美氏[二六]は、「日本古代論語学資料及其研究」の中で、『論語義疏』の文献学的研究の研究史の概要をまとめた。

また、古勝隆一・影山輝國・橋本秀美の諸氏により、相次いで、前述した高橋均『論語義疏の研究』の書評が出された[二七]。

一方、近年、中国の複数の研究者が、次に示す点校本を公刊した。すなわち、『儒蔵』精華編一〇四冊所収本（以下、儒蔵本と略称する）、徐望駕校点『皇侃《論語集解義疏》』（以下、徐望駕本と略称する）、高尚榘校点『論語義疏』（以下、高尚榘本と略称する）が出版された[二八]。儒蔵本は底本に武内本、対校本に知不足斎叢書（以下、鮑本と略称する）所収本、徐望駕本は底本に鮑本所収本、高尚榘本は底本に武内本、対校本に鮑本所収本及び四庫全書所収本、の各々を選定している。儒蔵本・徐望駕本・高尚榘本は、何れも底本ないしは対校本に旧鈔本『論語義疏』を用いず、テキストの選定に問題があると言わざるを得ない。儒蔵本・徐望駕本・高尚榘本は、武内本の問題点及び旧鈔本『論語義疏』の重要性等、の認識を闕いているように察せられる。

これまで、旧鈔本『論語義疏』の文献学的研究の現状と課題を概観してきたが、本書に関わる特に重要な点を示すならば、左記の通りである。

『論語義疏』の本文校勘・復原は、武内氏が先鞭をつけ、その成果を高橋均・影山の両氏が批判的に継承したが、三氏に共通して言えるのは、何れも旧鈔本『論語義疏』相互の校勘であり、室町時代の時点での『論語義疏』の復原に止まっていることである。しかし、『論語義疏』は早く奈良時代より講読されていたのであり、従ってこのことを視野に入れた本文校勘・復原の試みが求められよう。なお、阿部氏が、鎌倉時代書写に係る『周易注疏其他雑抄』所引『論語義疏』について、その性格並びに『論語義疏』の本文校勘資料としての有効性を唱えたことは、高く評価できる。

第二節　本書の分析視角と漢籍受容史研究の提起

以上、先行研究の現状と課題を述べてきたが、ここで先行研究の問題点を次にまとめると、

①武内氏は、旧鈔本『論語義疏』の性格を解明せずに本文の校勘・復原作業を行ったこと

②旧鈔本『論語義疏』の性格について、長澤氏が宋刊本に由来する可能性を提起し、これを承けて山口氏が宋刊本説を主張するが、一方、高橋均氏は唐鈔本に由来することを主張し、宋刊本・唐鈔本の両説が併存すること

③高橋均・山口の両氏が日本古典籍所引『論語義疏』を検討材料とする際の、日本古典籍のテキスト選定に問題があること

④武内・高橋均・影山の三氏による旧鈔本『論語義疏』の校勘・復原は、室町時代の時点の校勘・復原に止まっていること

の四点を指摘することができる。

これらの問題点を解決するには次の方法が考えられる。

①・②・④については、日本古典籍に引く『論語義疏』を捜索し、その引用文辞と、旧鈔本『論語義疏』とを比較検討すること

③については、無批判に活字本をテキストに用いず、良質な写本を用いること

以上の方法を用いることによって、日本古代中世に於ける『論語義疏』受容の諸相が歴史的に解明されると思われるのであるが、歴史学の立場から日本漢籍史研究を行った太田晶二郎氏[二九]は、漢籍史の研究を行うに当たって、「先づ、どのやうな・どの漢籍がいつごろ日本に伝来して我が国にたしかに存在し世に流布通行してゐたかを明確にして置くことこそ第一に必要である」と述べている。

右の太田氏の言に、稿者は独自に「誰（如何なる階層）が受容したか」を加えたい。これによって、「漢籍受容史」が新たに構築されると稿者は考える。これを本書の課題である『論語義疏』に当てはめるならば、

（一）『論語義疏』を含む如何なる『論語』注釈書が受容されたか

（二）いつ頃日本に『論語義疏』が伝来したか

（三）誰が『論語義疏』を受容したか、ないしは如何なる階層が受容したか

（四）受容された『論語義疏』は如何なる性格であるか

となる。（一）～（四）を究明するには、〈A〉日本古代典籍から『論語義疏』の引用文辞を捜索し、その性格を

解明すること、〈B〉『論語義疏』を引く古代典籍の性格、成立時期、及び撰者周辺の人的関係を追究すること、〈C〉古代の蔵書目録から『論語義疏』を捜索すること、〈D〉古代の古記録から『論語義疏』受容の事跡を渉猟すること、等が必要である。

以上の〈A〉～〈D〉を考察していくのであるが、本書では、〈A〉について第一章から第四章で、〈B〉～〈D〉について第五章で、各々分析・検討し、日本古代に於ける『論語義疏』受容の諸相の解明を企図している。〈A〉～〈D〉を総合することにより、日本古代に於ける『論語義疏』の受容が歴史的に解明され、その具体相が闡明されるであろう。

以下、本書の構成を概観しておく。

序章では、日本古代中世の『論語義疏』に関する研究の現状と課題を概観し、これを踏まえ、本書の分析視角を述べ、新たな漢籍受容史研究を提起する。加えて本書に於いて旧鈔本『論語義疏』の底本に選定した前田育徳会尊経閣文庫所蔵応永三四年以前鈔本（応永三四年朱筆書入本）、龍谷大学大宮図書館写字台文庫所蔵文明九年鈔本、天理大学附属天理図書館所蔵清熙園本の三本の書誌事項を提示する。第一章では、『令集解』（貞観年間〈八五九～八七七〉、明法博士惟宗直本編）に引く『論語義疏』「五常」の条を中心に、その性格を検討する。第二章では、『弘決外典鈔』（正暦二年〈九九一〉、具平親王撰）に引く『論語義疏』の性格について検討する。その過程で、従来、等閑に付されてきた久遠寺身延文庫所蔵『弘決外典鈔』鎌倉時代写本、同文庫所蔵『弘決外典鈔』江戸時代写本の二本の書誌事項を提示する。第三章では、『政事要略』（長保四年〈一〇〇二〉頃、明法博士惟宗〈令宗〉允亮撰）に引く『論語義疏』の性格について検討する。加えて、新訂増補国史大系『政事要略』の底本に定められ、本書でも底本に選定した大阪市立大学学術情報総合センター福田文庫所蔵本の書誌事項を提示する。第四章では、『令義解』

〈天長一〇年〈八三三〉、右大臣清原夏野等編〉の「上令義解表」注釈（鎌倉時代以前成立）に引く『論語義疏』について検討する。第五章では、まず、日本古代の『論語』注釈書史上に於ける『論語義疏』の相対的位置を明らかにするために第一章から第四章に於いて検討した、日本古代典籍に引く『論語』注釈書の傾向を分析・検討する。更に、『論語義疏』を引く日本古代典籍、『論語義疏』を著録する蔵書目録、古記録に見える『論語義疏』を講究した事跡のそれぞれを提示し、『論語義疏』受容の変遷と、受容者及び階層を検討する。補論では、『懐風藻』所載の藤原宇合作詩序二篇に見られる『論語』に拠る文飾の考察を通じ、宇合が受容した『論語』注釈書について検討する。終章では、第一章から第五章及び補論に於いて検討した結果を総括し、本書の結論と今後の展望・課題を述べる。

第三節　本書で使用する旧鈔本『論語義疏』の書誌事項

現存旧鈔本『論語義疏』三六本のうち、本書に於いて、比較検討に使用した旧鈔本『論語義疏』は、以下の三本である。排列は年紀の古い順とし、年紀を有さない清熙園本は後に排する。

①前田育徳会尊経閣文庫所蔵本
②龍谷大学大宮図書館写字台文庫所蔵本
③天理大学附属天理図書館所蔵本

まず、底本に選定する理由を若干述べると、①は後述する如く現存の旧鈔本『論語義疏』中、最古の年紀を有し、②は武内氏が武内本に於いて底本に選定し、③は武内・高橋均の両氏が高く評価しているためである。[三〇]

以下、書誌事項を略記しておく。

①前田育徳会尊経閣文庫所蔵　論語義疏十巻十冊　応永三四年（一四二七）以前写　応永三四年朱筆書入本

『尊経閣文庫漢籍分類目録』（三一）に著録。

一　形状

該本は、袋綴装冊子本で、後補藍色檀紙表紙。しかし、現状では各冊何れも表表紙は経年により退色し縹色に近くなっている。原表紙は本紙共紙表紙。綴糸は白糸、四ツ目綴である。

各冊の法量は左記の如し。

第一冊　縦　二二・五×横　一五・一糎
第二冊　縦　二二・六×横　一五・一糎
第三冊　縦　二二・四×横　一五・一糎
第四冊　縦　二二・五×横　一五・一糎
第五冊　縦　二二・六×横　一五・一糎
第六冊　縦　二二・六×横　一五・一糎
第七冊　縦　二二・五×横　一五・一糎
第八冊　縦　二二・四×横　一五・一糎
第九冊　縦　二二・五×横　一五・一糎
第一〇冊　縦　二二・六×横　一五・二糎

第七冊のみ表表紙見返が剝離する。

二　外題等

左記の如く、各冊表表紙に外題等が存する。

第一冊　左下部に朱筆の痕跡が存するものの、判読し難い。朱筆の痕跡とほぼ同位置に「一」と墨書さる。なお、外題は無し。

第二冊　左下部に「二」と墨書さる。なお、外題は無し。

第三冊　左肩に朱筆による打付外題「論語義疏」が存し、左下部に「三」と墨書さる。

第四冊　左肩に朱筆による打付外題「論語義疏」が存し、左下部に「四」と墨書さる。

第五冊　左下部に「五」と墨書さる。なお、外題は無し。

第六冊　左下部に「六」と墨書さる。なお、外題は無し。

第七冊　左下部に「七」と墨書さる。なお、外題は無し。

第八冊　左下部に「八」と墨書さる。墨書「八」とほぼ同位置に朱筆の痕跡が存するものの、判読し難い。

第九冊　左下部に「九」と墨書さる。なお、外題は無し。

第一〇冊　左肩に朱筆による打付外題「論語義疏」が存し、左下部に「十共」と墨書さる。

打付外題は全て同筆。順次数は全て同筆。打付外題と順次数とは別筆。打付外題及び順次数は本文の筆跡とも別筆か。

また、各冊、左記の如く、現表表紙見返の次に本紙共紙表紙の原表紙が存し、墨書が存する。

第一冊　左肩に「圓珠一」、右下部に「珪鑒」とそれぞれ墨書さる。
第二冊　左肩に「圓珠二」、右下部に「珪鑒」とそれぞれ墨書さる。
第三冊　左肩に「圓珠三」、右下部に「珪鑒」とそれぞれ墨書さる。
第四冊　左肩に「圓珠四」、右下部に「珪鑒」とそれぞれ墨書さる。
第五冊　左肩に文字が存し、その文字が闕損するも、墨痕から「圓珠」と書写されていたことが推測される。この右側部に「五」と墨書さる。右下部に「珪鑒」と墨書さる。
第六冊　左肩に「圓珠六」、右下部に「珪鑒」とそれぞれ墨書さる。
第七冊　左肩に「圓珠七」、右下部に「珪鑒」とそれぞれ墨書さる。
第八冊　右下部に「珪鑒」と墨書さる。左肩に擦消あり。
第九冊　右下部に「珪鑒」と墨書さる。
第一〇冊　右下部に「珪鑒」と墨書さる。

右の、第一冊～第四冊・第六冊・第七冊の墨書「圓珠幾」は同筆、各冊の墨書「珪鑒」は同筆である。なお、「圓珠幾」と「珪鑒」とは別筆か。右の「圓珠幾」は原表表紙に墨書された打付外題と見られる。「圓珠」は、室町時代に於ける『論語』の異名で、『論語義疏』が混入した『論語集解』の外題には「圓珠」とあることが多い。[三二]「珪鑒」については未詳である。

第四冊原表表紙の上端から約六・〇糎まで、第五冊原表表紙の上端から約九・〇糎まで、同冊原裏表紙のおよそ下半部、第七冊原表表紙の右下部及び左下部、同冊原裏表紙の右下部、第八冊原表表紙の左下部、第九冊原表表紙の左下部、第一〇冊原表表紙の下端から上側に向け約一〇糎まで、同冊原裏表紙の下端から上側に向け約九・八糎まで、の各部位に雲母砂子ないしは雲母引、及びその痕跡と思しきものが認められる。これらは、原表紙に雲母砂子または雲母引が施されていたことを示しているのであろうか。なお、雲母砂子あるいは雲母引、及びその痕跡と思しきもの、の数値は、おおよその最大値である。

第二冊原裏表紙のみ紙背に、

「也如前釈也

子曰加我我數秊五十以学易可以无大過矣」（述而篇）

と墨書さる。この紙背の一文は、本文料紙と同様の辺欄・烏糸欄を施した款式に則り、書写されている。従って、第二冊の原裏表紙は、料紙を裏返しにし、反故紙として、裏表紙に用いたと思われる。反故紙とした要因は、「我」を繰り返し書したことか。

第六冊の原裏表紙見返の中央部に墨滅（縦二・八×横一〇・九糎）が認められるが、墨滅する以前に何が書かれていたかは、現状では判読し難い。

三 序

次の如き、序が存する。

第一冊初葉表の初行に「論語義疏巻第一梁國子助教呉郡皇侃撰」と題署した後、第二行から「論語通曰論語者」以下の皇侃序が第五葉裏まで続く。

更に、第六葉表の初行に「論語序」と題署し（この下部に『経典釈文』の書入あり）、次行の第二行に「（低一〇格）何晏集解」と記した後、第三行から「叙曰漢中塁東西南北四人有将軍耳北方之夷官也校尉者考古以奏事官也」以下の何晏集解序疏が第九葉表第六行まで続く。この後、第一〇葉表より本文である。款式は皇侃序・何晏集解序疏ともに、本文と同様である。疏文小字双行。

四　内題

各冊の内題は左記の如し。

第一冊「論語第一（隔三格）何晏集解（隔四格）皇侃疏
　学而第一 論語是此書惣名学而為第一篇別目中間講説多分為科段侃昔受師業自学而」

第二冊「論語義疏巻第二 八佾 里仁（隔一格）梁國子助教呉群〔郡〕皇侃撰」

第三冊「論語義疏第三」

第四冊「論語義疏第四 述而 泰伯（隔一格）梁國子助教呉郡皇侃撰」

第五冊「論語義疏巻第五 子罕 郷黨 梁國子助教呉郡皇侃撰」

第六冊「論語義疏巻第六 先進 顔渕（隔一格）梁國子助教呉郡皇侃撰」

第七冊「論語義疏第七 子路 憲問」

第八冊「論語義疏第八 灵公 季氏（隔一格）梁國子助教呉郡皇侃撰」

第九冊「論語義疏巻第九（隔五格）何晏集解 九廿 四章」

第一〇冊「論語義疏巻第十（隔一格）子張第十九（隔一格）何晏集解 九廿五章 疏廿四章」

五　本文款式

本文の筆跡は一筆。本文料紙は楮紙。款式は、毎半葉九行、一行二〇字。四周単辺（縦一七・一×横一二・四

糎）、有界 界幅 約一・三糎、烏糸欄。ただし、第一冊第一〇葉表第四行は、更に一筋の墨界を施し、小字双行を分かつ。また、第四冊末葉裏（表で該当巻篇の本文が終了し、尾題も表に書される）並びに第六冊末葉裏（初行に尾題が書されるのみ）は辺欄・界線無し。経文・集解は大字単行、疏文は小字双行。

墨筆による、返点・送仮名・竪点・校異・補入符、傍らに音訓、行間に義注等、欄外に書入がそれぞれ施される。薄墨による返点・送仮名等、朱筆による返点・送仮名・句点・竪点・鉤点・校異・付訓・ヲコト点、朱引が各々施される。間々、墨滅が認められ、[三三] それらの中には墨滅の上から、朱筆で文字を書したものが散見される。

所々、付箋が貼付され、朱筆の校異が記されている。該本（応永三四年以前写）の他、前田育徳会尊経閣文庫にはもう一本『論語義疏』（〔江戸時代末期明治時代〕写）[三四]（以下、三宅本と略称する）を所蔵する。三宅本に貼付される朱筆の付箋の筆跡と該本に貼付される朱筆の付箋の筆跡とは同筆である。

更に、三宅本の第一冊表表紙見返の左下部に貼付される付箋に、

「符箋所云一本謂貴重
書論語義疏十巻十冊本也」

と朱書される。

この付箋の朱書は三宅本と該本とを対校していることを示している。（一）該本に貼付される付箋の朱書の筆跡と三宅本に貼付されている付箋のそれとが同筆であること、（二）右に掲げた三宅本の付箋の記載内容、（三）三宅本が江戸時代末期明治時代の書写に係ると推定されること、から、三宅本が書写された後で、なお且つ両本が尊経閣文庫の所蔵となった後に、付箋に校異が朱書され、両本に貼付されたかと窺測される。

六　尾題

各冊の尾題は左記の如し。

第一冊　「論語義疏巻才一」
第二冊　「論語義疏巻苐二」
第三冊　「論語義疏巻第三経一千七百二十一字 注二千八百二十字」
第四冊　「論語疏巻四」
第五冊　「論語義疏巻第五」
第六冊　「論□□〔語義カ〕疏巻第六」　※□□は虫損により文字が闕損。
第七冊　「論語巻第七」
第八冊　「論語苐八終」
第九冊　「論語義疏第九」
第一〇冊「論語義疏巻第十終」

七　墨付葉数・遊紙葉数

各冊の墨付葉数は左記の如し。

第一冊　四三葉
第二冊　四〇葉
第三冊　四四葉

第四冊　三六葉
第五冊　三六葉
第六冊　三六葉
第七冊　四五葉
第八冊　三一葉
第九冊　三四葉
第一〇冊　二〇葉

なお、各冊遊紙は前後ともに無し。

八　奥書・識語

第四冊末葉表の左端に「广永三十☷季八月　誌之」と朱書される。この朱書は、本文の筆跡とは異なり、本文を書写し終えた際に記した書写奥書ではなく、応永三四年（一四二七）八月に朱筆による書入を書き記したことを示している。従って、該本は、遅くとも、応永三四年八月以前に書写されたと考えられる。該本の年紀は、旧鈔本『論語義疏』中、最古のものである。

第一〇冊原裏表紙の見返中央部に「此十巻与謝郡金谷寺住僧[redacted]（墨滅）」と識語が墨書される。現在の京丹後市弥栄町の小金山山頂に鎮座する小金山神社はもと小金山胎蔵大権現を称し、その別当寺が小金山金谷寺であったと言う（三五）が、該本の識語に見える金谷寺との関係は不明である。

九　印記

各冊原表表紙見返の左上部に単郭長方陽刻朱印「金澤学校」（縦 六・〇×横 二・三糎）（金沢学校所用）、各冊原表表紙見返の左下部に単郭方形陽刻朱印「尊經／閣章」（縦 二・二×横 二・二糎）（尊経閣文庫所用）、第一冊〜第四冊・第六冊〜第一〇冊初葉表欄上中央部やや右及び第五冊のみ初葉辺欄内の第一行上端に、それぞれ単郭円形陽刻朱印「學」（直径 二・三糎）（金沢学校所用）を各一顆、蹈印する。

各冊初葉表の、第一冊・第三冊・第七冊は第一行〜第二行跨行下部、第二冊・第八冊・第一〇冊は第五行〜第七行跨行下部、第四冊第二行〜第三行跨行下部、第五冊第三行〜第五行跨行下部、第六冊第四行〜第五行跨行下部、第九冊第七行〜第八行跨行下部、の各位置に単郭長方陽刻朱印「石川縣勸／業博物館／圖書室印」（縦 四・五×横 二・五糎）（石川県勧業博物館図書室所用）を一顆、蹈印する。ただし、第一〇冊のみ、末葉裏第二行〜第四行跨行下部にも「石川縣勸／業博物館／圖書室印」を一顆、蹈印する。

「金澤学校」印について、金沢学校は安政元年（一八五四）設立の壮猶館（西洋砲術・馬術等を教授）に始まる明治維新前後に金沢に設けられた諸学校の総称で、それら諸学校で用いられた印、ないしは「金澤学校」等の蔵書印が捺してあるものは加賀藩もしくは石川県が購入した書籍に「金澤学校」等の蔵書印を捺印して、管内の諸校に配布したものであることが指摘されている。(三六)

石川県勧業博物館図書室は、第五代加賀藩主前田綱紀が蒐集した尊経閣蔵書を中心とした前田家旧蔵書等三万余冊を所蔵し明治一二年（一八七九）に設置されたが、同四一年（一九〇八）に同博物館所蔵の前田家旧蔵書は綱紀の事跡編纂及び前田文庫設立事業の一環として、第一六代当主侯爵前田利為に移譲されたため、閉室した。前田家旧蔵書はこの後、大正一五年（一九二六）設立の公益法人育徳財団（現、公益財団法人前田育徳会）によって保管

されることになった。明治四五年（一九一二）に前田家から資金援助を受け、石川県立図書館が開館した。(三七)

該本は、右の印記から、（一）明治維新前後に金沢に於いて設立された諸学校に蔵されたもの、ないしは加賀藩あるいは石川県が購入し管内の諸学校に配布したもの、（二）石川県勧業博物館図書室の旧蔵本、であることがわかる。

一〇　その他

第一冊～第四冊・第六冊～第一〇冊の書根右端に「一（～四・六～十）」と小口書（順次数）が墨書される。なお、現状では、第五冊には小口書が確認できない。

なお、現表表紙・現裏表紙・本文料紙の虫損に修補を施す。

該本は、中世から近世末期に於ける伝来経緯は明らかではないが、旧鈔本『論語義疏』中、最古の年紀を有し、応永三四年以前の書写に係ることから、本文校勘・復原する上で重要な存在と言える。以下、該本を応永三四年本と略称する。

②龍谷大学大宮図書館写字台文庫所蔵　論語義疏十巻五冊　文明九年（一四七七）写　〇二一―一二〇―五　写字台

『龍谷大学図書館善本目録』、『龍谷大学大宮図書館和漢古典籍分類目録（哲学・藝能之部）』に著録。(三八)

一　形状

該本は袋綴装冊子本で、後補朱色卍繋地東六条藤散表紙に、表表紙のみ現状では蘇芳香色に近い原表紙と察せられるものが貼付される。綴糸は白糸、四ツ目綴である。

一帙に納め、帙（おおよそ縦 二二・八×横 一五・〇×高さ 一三・四糎）は紺布張りで、粗い金砂子題簽が帙上蓋の左肩に貼付され、題簽に「論語義疏」（縦 一六・一×横 三・七糎）と墨書される。

各冊の法量は左記の如し。

第一冊　縦 二二・七×横 一四・三糎
第二冊　縦 二二・六×横 一四・三糎
第三冊　縦 二二・五×横 一四・三糎
第四冊　縦 二二・六×横 一四・三糎
第五冊　縦 二二・七×横 一四・三糎

二　外題等

左記の如く、各冊表表紙に外題等が存する。
第一冊　左肩に題簽の貼付された痕跡があり、当該箇所に打付外題「論語義疏一之二」、右下部に「論語第一函」とそれぞれ墨書さる。
第二冊　左肩に題簽の貼付された痕跡があり、当該箇所に打付外題「論語義疏三之四」と墨書さる。
第三冊　左肩に書き題簽「論語義疏五之六」（縦 一五・〇×横 二・八糎）（墨筆）が貼付さる。下端中央部に白紙（縦 一・三×横 五・一糎）が貼付さる。
第四冊　左肩に打付外題「論語義疏七之八」と墨書さる。また、同冊初葉表に書き題簽「論語義疏七之八」

（縦 一五・六×横 二・八糎）（墨筆）を挟む。

第五冊　打付外題・題簽ともに無し。

なお、第一冊・第二冊・第四冊の打付外題は同筆、第三冊の書き題簽と第四冊初葉表に挟む書き題簽とは同筆、打付外題と書き題簽とは別筆である。更に、打付外題・書き題簽ともに本文とは別筆かと推される。各冊表表紙右上部から、長方「写字台」（縦 一・一×横 二・五糎）、長方「021 20 5」（縦 二・八×横 二・三糎）、円形「禁帯出」（直径 一・五糎）の順にシールが貼付さる。

三　序

初葉表の初行に「論語義疏巻第一（隔一格）梁國子助教呉郡皇侃撰」と題署した後、第二行から「論語通曰論語者」以下の皇侃序が第六葉裏第一行まで続く。

更に、第七葉表の初行に「論語序（隔六格）何晏集解」と題署し、第二行から「叙曰漢中塁東西南北四人有將軍耳北方之夷官也校尉者考古以奏事官也」以下の何晏集解序疏が第一一葉裏第四行まで続く。この後、第一二葉表より本文である。

款式は、皇侃序が無辺無界、字高 一九・一糎、毎半葉八行、一行二〇字で、何晏集解序疏が無辺無界、字高 一九・五糎、毎半葉六行、一行二〇字、疏文小字双行である。

四　内題等

各冊の内題は左記の如し。

第一冊　巻一　「論語義疏巻第一梁國子助教呉郡皇侃撰

論語學而第一（學而為政）（隔六格）　何晏集解（九十六章）」

巻二「論語義疏巻第二（八佾里仁）（隔一格）梁國子助教呉群（郡）皇侃撰（九廿六章）」

第二冊　巻三「論語義疏巻第三（公冶長雍也）梁國子助教呉郡皇侃撰」

巻四「論語義疏巻第四（述而泰伯）（隔一格）梁國子助教呉郡皇侃撰」

第三冊　巻五「論語義疏巻第五（子罕郷黨）（隔一格）梁國子助教呉郡皇侃撰」

巻六「論語義疏第六（先進顔渕）（隔一格）梁國子助教呉郡（隔一格）皇（中字）侃撰」

第四冊　巻七「論語義疏巻第七（子路憲問）梁國子助教呉郡（隔一格）皇（中字）侃撰」

巻八「論語義疏巻第八（衛灵公季氏）梁國子助教呉郡皇（中字）侃撰」（何晏集解九卅章）

第五冊　巻九「論語義疏巻第九（陽貨微子）梁國子助教呉郡皇（中字）侃撰」

巻一〇「論語義疏巻弟十（子張尭曰）（隔一格）梁國子助教呉郡皇侃撰」

五　本文款式

本文料紙は楮紙、虫損が散見され、間々裏打修補が施される。款式は、無辺無界、字高一九・八糎、毎半葉六行、一行二〇字内外である。ただし、第一二葉表（本文首葉）のみ、半葉六行半である。経文は大字単行、集解は中字単行、疏文は小字双行。本文の筆跡は、①皇侃序・何晏集解序疏の筆跡と②第一二葉表以降の筆跡との二筆に分けることができることから、寄合書である。書写奥書は、筆跡②と同筆である。

墨筆による、返点・送仮名・竪点・反切・四声・音注・義注、傍らに音訓、補入符を付しての校異並びに異本との校異、がそれぞれ施される。朱筆による返点・送仮名・句点・竪点・声点・異本との校異、傍らに音、朱引、がそれぞれ施される。その他、本文と別筆かと思われる淡墨による送仮名・異本との校異、胡粉で塗沫する箇所、朱を以て字句を塗り潰しその上から墨筆で訂正する箇所等、が存する。

なお、第一冊の初葉表～第六葉裏の皇侃序、並びに第七葉表～第一一葉裏の何晏集解序疏には、墨筆の返点・送仮名、朱筆の返点・送仮名・句点、朱引等が施されていない。

六　尾題

各冊の尾題は左記の如し。

第一冊　巻一　「論語義疏第一終（経一千四百七十字 註一千五百十三字）」（本文末行は第六一葉裏の第一行で、尾題は同裏の左端）

巻二　「論語義疏巻第二（隔半格）（経一千二百一十二字 注一千九百三十一字）」（本文末行の次行に書入が存し、その次行に尾題）

第二冊　巻三　「（雍也）論語義疏巻第三（隔一格）（経一千七百一十一字 註二千八百二十字）」（本文末行から隔一行）

巻四　「論語義疏巻第四（隔半格）（経一千五百十四字 注二千三百七十七字）」（本文末行から隔三行で、尾題は左端）

第三冊　巻五　「論語義疏巻第五（隔一格半）（経一千四百六十二字 注二千二百九十七字）」（本文末行と接行）

巻六　「論語巻弟六（隔一格）（経二千六十二字 註一千九百四十六字）」（本文末行と接行）

第四冊　巻七　「論語巻之七（経二千三百九十四字 注二千五百五十六字）」（本文末行と接行）

巻八　「論語巻第八（経一千七百七十四字 注一千九百七十字）」（本文末行と接行）

第五冊　巻九　「論語疏巻才九（経一千六百五十字 注一千七百七十八字）」（本文末行と接行）

巻一〇「論語巻第十（隔一格半）（経一千二百二十三字 注一千一百七十五字）」（本文末行と接行）

七　墨付葉数・遊紙葉数

各冊の墨付・遊紙の葉数は左記の如し。

第一冊　墨付　一二一葉　遊紙　前一葉　後無し
第二冊　墨付　一一三葉　遊紙　前一葉　後無し
第三冊　墨付　一〇八葉　遊紙　前一葉　後無し
第四冊　墨付　一〇九葉　遊紙　前無し　後無し
第五冊　墨付　七六葉　遊紙　前無し　後無し

八　奥書

第一冊末葉表の左端に「于時文明九年丁酉六月廿八日書寫畢」、第二冊末葉裏の右端に「旹文明九年丁酉八月十一日映朔鴈彦書寫畢」とそれぞれ書写奥書が存し、該本を文明九年（一四七七）に書写し終えたことがわかる。

九　印記

第一冊及び第二冊の前遊紙表の右下部、第三冊前遊紙裏の下部中央やや右寄、の各々に単郭楕円陽刻朱印「寫字臺／之臧書」（縦三・八×横二・二）を蹈印す。本印記は本願寺（西本願寺。現、浄土真宗本願寺派）写字台文庫所用のものである。写字台文庫は、西本願寺第二〇世宗主広如（一七八九～一八七一）により、弘化三年（一八四六）に着手され、安政三年（一八五六）までの一〇年間、歴代宗主の蔵書の調査・点検、書庫の改修等の整備が行われ、蒐集された文庫である。[三九]

一〇　その他

各冊全て、冊首の篇を除き、各篇首の耳格に朱を施す。

該本は『論語秘本影譜』(四〇)に巻二尾の書影二葉が掲載さる。

なお、該本は和田維四郎『訪書餘録』本文篇に(四一)「論語年譜に漏れたるもの　佛教大学蔵」と著録されるが、「佛教大学蔵」ではなく、龍谷大学大宮図書館蔵である。

以下、該本を文明九年本と略称する。

③天理大学附属天理図書館所蔵　論語義疏十巻五冊　〔室町時代〕写　一二三・三―イ一七　重要美術品

『天理図書館稀書目録　和漢書之部　第三』(四二)に著録。

本鈔本は原本閲覧の許可が下りず、紙焼き写真を用いて調査したため、窺い知ることができる範囲の書誌事項を記す。

一　形状

袋綴装冊子本で四ツ目綴である。なお、第三冊及び第四冊の表表紙・裏表紙の各見返が剝離する。

二　外題等

左記の如く、各冊表表紙左肩に書き題簽の外題等が存する（虫損により文字が闕損しているものの、字数が推測可能な場合は□で字数を示し、推測し難い場合は[ ]で示す）。

第一冊　「皇□〔侃カ〕疏[ ]二」

第二冊　「皇侃疏　三之四」
第三冊　「皇□（侃カ）疏　□」
第四冊　「皇侃疏　七之八」
第五冊　「皇侃疏　九之十」

打付外題は全て同筆。打付外題は本文の筆跡とは別筆。

各冊全て右上部に、子持ち枠に「共五」と書した貼紙あり。また、貼紙の下部に「1233 17 1（～5）」と記した函架番号票が貼付さる。

なお、第四冊表表紙見返右端に「論語義疏巻才七」と書す。これは本文の筆跡とは別筆か。

三　序

次の如き、序が存する。

第一冊初葉表の初行に「論語義疏巻才一（隔七格）梁國子助教呉郡皇侃撰（中字）」と題署した後、第二行から「論語通曰論語者」以下の皇侃序が第五葉表第六行まで続く。

更に、第六葉表の初行に「論語序（隔一四格）何晏集解」と題署し、第二行から「叙曰漢中壘東西南北四人有將軍耳北方之夷官也挍尉者考古以奏事官也」以下の何晏集解序疏が第八葉表第四行まで続く。この後、第九葉表初行より本文である。款式は本文と同様である。疏文小字双行。

四　内題

各冊の内題は左記の如し。

第一冊　巻第一　「論語義疏巻才一
　　学而第一（隔一格）疏論語是此書捴名学而為才一篇別目中間講説多分為科段侃昔受師業自学而至尭曰凡」

　　　　巻第二　「論語義疏巻才二（隔一格）八佾里仁（隔四格）梁国子助教呉郡皇侃撰」

第二冊　巻第三　「論語義疏巻才三（隔一格）公冶雍也（隔四格）梁国子助教呉郡皇侃撰」

　　　　巻第四　「論語義疏巻才四（隔一格）述而泰伯（隔四格）梁国子助教呉郡皇侃撰」

第三冊　巻第五　「論語義疏巻才五」

　　　　巻第六　「論語義疏巻才六（隔一格）先進顔渕（隔五格）梁国子助教呉郡皇侃撰」

第四冊　巻第七　「論語義疏巻才七（隔一格）子路憲問（隔四格）梁国子助教呉郡皇侃撰」

　　　　巻第八　「論語義疏巻才八（隔一格）衛灵公季氏（隔三格）梁国子助教呉郡皇侃撰」

第五冊　巻第九　「論語義疏巻才九（隔一格）陽貨微子（隔四格）梁国子助教呉郡皇侃撰」

　　　　巻第一〇「論語義疏巻才十（隔一格）子張尭曰（隔四格）梁国子助教呉郡皇侃撰」

なお、第四冊の巻第八を除き、「梁国子助教呉郡皇侃撰」の「皇侃」は中字ないしは小字で書す。

五　本文款式

本文の筆跡は一筆。款式は、毎半葉九行、一行二四字。四周単辺、有界、烏糸欄。ただし、第一冊末葉裏（表で該当巻篇の本文が終了し、尾題も表に書される）は辺欄・界線無し。経文・集解は大字単行、疏文は小字双行。

墨筆による返点・送仮名・傍らに音訓・補入符・異本との校異、朱筆による返点・送仮名・句点・傍らに音訓、朱引、等が施される。

六　尾題

各冊の尾題は左記の如し。

第一冊　巻第一　「論語義疏巻オ一」（本文末行と接行）
　　　　巻第二　「論語巻オ二終」（本文末行から隔二行）
第二冊　巻第三　無し。
　　　　　　雍也篇の末文「孔安國曰更爲子貢說仁者之行也方道也但能近取譬於己皆恕己所不欲而勿施人也」を闕いていることから、尾題を含め当該文以後を脱したか。
　　　　巻第四　「論語義疏巻オ四」（本文末行から隔一行）
第三冊　巻第五　「論語巻オ五」（本文末行と接行）
　　　　巻第六　「論語巻オ六」（本文末行から隔一行）
第四冊　巻第七　「論語巻オ七」（本文末行と接行）
　　　　巻第八　「論語巻オ八」（本文末行から隔一行）
第五冊　巻第九　「論語巻オ九」（本文末行から隔一行）
　　　　巻第一〇「論語巻オ十」（本文末行と接行）

七　遊紙葉数

各冊の遊紙葉数は次の如し。

第一冊　前遊紙一葉　巻第一末と巻第二首の間に遊紙一葉　後遊紙無し
第二冊　前遊紙一葉　巻第三末と巻第四首の間に遊紙一葉　後遊紙無し
第三冊　前遊紙無し　巻第五末と巻第六首の間に遊紙一葉　後遊紙無し
第四冊　前遊紙一葉　巻第七末と巻第八首の間に遊紙一葉　後遊紙無し
第五冊　前遊紙一葉　巻第九末と巻第一〇首の間に遊紙無し　後遊紙無し

八　奥書・識語

無し。

九　印記

該本には以下の五種の印記を蹈印する。

①単郭楕円陽刻印、外周に「☆天理図書館☆昭和卅一年十一月壱日」、その内周に、第一冊「4493560」、第二冊「493563」、第三冊「493564」、第四冊「493565」、第五冊「493566」とそれぞれ存する。
②単郭長方陽刻印「清熙園／圖書印」（尼崎阪本家清熙園所用）
③単郭方形陽刻印「天理圖／書館臧」（天理図書館所用）
④双郭方形陽刻印「清熙／園藏」（尼崎阪本家清熙園所用）

⑤単郭長方陽刻印「寶玲／文庫」（フランク・ホーレー氏所用）

次に各冊の蹈印箇所を印記ごとに掲げる。

①各冊表表紙見返中央部

②第一冊・第二冊・第五冊前遊紙中央部。第三冊・第四冊表表紙見返剝離し、表表紙と貼付されていた見返内側中央

③各冊初葉表第一行中央。第一冊・第三冊末葉表第八行～第九行跨行下部。第二冊・第四冊・第五冊末葉裏第八行～第九行跨行下部

④第一冊初葉表第一行③の下部。第二冊～第四冊初葉表第一行下部。第一冊～第四冊裏表紙見返中央部

⑤各冊尾題の下部（第一冊末葉表第四行下部。第二冊末葉裏第一行下部。第三冊末葉表第八行中央部。第四冊末葉裏第八行中央部。第五冊末葉裏第九行下部）

右の蔵書印から、阪本家で蔵された後、フランク・ホーレー氏（Frank Hawley 一九〇六～一九六一。イギリス人）を経て、天理図書館の所蔵に帰したことがわかる。

阪本家は、順庵（世直。一七〇三～一七四四）、幸庵（宣胤。一七一〇～一七八二）、宣業（一七四七～一八二五）、宣義（一七七九～一八四〇）、宣内（一八二六～一八八二）、文次（一八六三～一八七八）、準平、等が尼崎藩文学官となったことからわかるように、儒者の家系である。順庵の代に尼崎藩主松平忠喬に仕え、幸庵も松平忠喬・忠名・忠告に仕えた。幸庵が家塾鳳尾塾（もしくは鳳尾園とも）を設立、宣業は清熙園と号し、忠告に仕え、鳳尾塾を清熙園と改称し、藩士の教育に尽力した。清熙園の塾号は、尼崎藩の廃藩後も呼称した可能性があると言う。(四三)

後に触れるように該本に添付される狩野直喜氏から阪本勝氏への書翰により、宣内の男準平、その男勝氏に襲

蔵されたことが推測される。該本がいつ頃から阪本家に蔵されたかは定かではない。

一〇　その他

昭和八年（一九三三）六月一八日付の狩野直喜氏から阪本勝氏への書翰が添付さる。

該本は、川瀬一馬編『石井積翠軒文庫善本書目』[四四]に著録、書影二葉が掲載さる。同書目に著録されることから、石井光雄積翠軒文庫の旧蔵であることが判明する。石井光雄氏は、一八八一年生～一九六六年歿、三重県出身、京都帝国大学法科大学卒業、朝鮮銀行を経て、朝鮮殖産銀行理事、日本勧業銀行理事・副総裁・総裁、等を歴任した[四五]。

以下、該本を清熙園本と略称する。

＊

右の旧鈔本『論語義疏』三本の他、敦煌本『論語疏』も比較検討に使用する。テキストは、東洋文庫所蔵紙焼き写真 Pelliot chinois Touen-houang 3573を用いた。該本は、中国甘粛省敦煌市の莫高窟に於いて、フランス人ポール・ペリオ氏（Paul Pelliot 一八七八～一九四五）により発見され、現在は、パリ国立図書館に蔵されている。残存状況は、学而・為政・八佾・里仁の四篇が僅かに伝存するのみの残巻である。整理番号 P.3573。該本は、夙に王重民氏[四六]により、唐代末期の乾寧三年（八九六）以前の鈔本と推定されている。

これに対し、許建平氏[四七]は、季羨林主編『敦煌学大辞典』の「宣諭使図書記」の項（李正宇氏執筆）の「此巻書法適美，功力頗深，非晩唐敦煌抄手所能及，疑為内地写本，宣諭使携至敦煌者」に依拠し、「其為中原写本可無疑矣」と述べ、敦煌に於いて書写されたテキストではなく、中原に於いて書写されたテキストと推定している。王氏・許氏、何れの説も、該本が唐代書写であると推定している。本書も両氏の説に従い、唐代書写とする。

＊

旧鈔本『論語義疏』には、一一・一二世紀以降、諸道の家業化が進む中で、明経博士世襲氏族となるとともに、一一世紀中葉頃から外記局に進出し、外記局を主宰する局務の職を独占した清原家の旧蔵に係るものが、(四八)京都大学附属図書館清家文庫に二本収蔵される。この二本は、清原家の家学を窺う上で、貴重な資料である。参考のため、ここに簡単な書誌事項を記しておく。

京都大学附属図書館清家文庫所蔵　論語義疏　存巻二・巻四〜巻八　六冊　〔室町時代〕写　一—六六／ロ／四貴　重要文化財　舟橋家旧蔵

青木晃・吾妻重二・井上克人・河田悌一「京都大学附属図書館『清家文庫』貴重漢籍目録（稿）」、興膳宏・木津祐子編『京都大学附属図書館所蔵貴重書漢籍抄本目録』に著録。(四九)昭和二七年七月一九日重要文化財指定。

一　形状

該本は、袋綴装冊子本で、後補水がき色（とき浅葱色）表紙（縦二二・七×横一五・四糎）に雲母引を施している。五ツ目綴。綴糸は緑色糸。

二　外題等

各巻の外題は左記の如し。

巻二　無し。
巻四　無し。
巻五　左肩に「論□〔語カ〕義□」と書された書き題簽（縦 一五・八×横 三・〇糎）貼付。
巻六　左肩に、題簽（縦 一五・八×横 三・〇糎）の上から更に題簽が貼付され、現状では「義疏」
　と書された部分のみ残存。
巻七　左肩に「□〔論カ〕語義□」と書された書き題簽（縦 一五・八×横 三・〇糎）貼付。
巻八　左肩に「□〔論カ〕□□」と書された書き題簽（縦 一五・六×横 三・〇糎）貼付。
各巻表表紙の右上部に長方「貴」、同右下部及び各巻表表紙見返に長方「清家 1―66 ロ4 貴」と
記された蔵書票が貼付さる。

三　序

巻一を闕いているため、現状では序も闕。

四　内題等

各巻の内題は次の如し。
巻二「論語義疏巻第二八佾里仁（隔二格）何晏集解（隔一格）凡廿六章」
巻四「論語巻第四（隔六格）　何晏集解旧卅六章今卅□章
　論語義疏巻第四述而泰伯梁国子助教呉郡皇侃撰」

巻五「論語義疏巻第五（隔三格）何晏集解凡卅一章皇卅章」
巻六「論語義疏巻第六先進顔渕」
巻七「論語義疏巻第七子路憲問（隔三格）何晏集解（隔一格）凡卅章」
巻八「論語□灵公第十□〔五カ〕（隔三格）何晏集解」

五　本文款式

本文書写は室町時代と推定され、本文の筆跡は一筆かと思われる。款式は四周単辺（縦一七・六×横一二・八糎）、有界 界幅 一・四～一・五糎、烏糸欄、毎半葉九行、一行二〇字。疏文小字双行、集解並びに集解に付された疏は低一格。墨筆による返点・送仮名・竪点・付訓・反切・義注・異本との校異・校異注、朱筆による返点・送仮名・句点・ヲコト点・声点・鉤点・竪点・補入符・付訓・反切、朱引が施される。朱墨の反切はともに左傍に書すこと多し。また、淡墨による校異も認められる。中縫に「侖吾巻才幾之幾丁」と柱題・巻次・丁付が書される。本文料紙は楮紙で、虫損を裏打修補する。

六　尾題

各巻の尾題は次の如し。
巻二「論語義疏巻第二」（本文末行と接行）
巻四「論語疏巻第四」（本文末行から隔二行）
巻五「論語疏第五」（尾題は表第九行に位置し、本文末行から隔一行。裏は辺欄あるも界線無し）

巻六「論語巻第六經二千六十一字注一千九百四十六字」（尾題は表第七行に位置し、本文末行から隔一行。裏は辺欄あるも界線無し）
巻七「論語巻第七」（尾題は表第五行に位置し、本文末行から隔一行。裏にも辺欄・界線有り）
巻八「論語義疏巻第八」（本文末行から隔一行）

七　丁付・墨付葉数・遊紙葉数

各冊の丁付・墨付葉数は左記の如し。

巻二　丁付　一～三九　墨付　三九葉
巻四　丁付　一～二十七・二十九～三十三　墨付　三二葉
巻五　丁付　一～三十四　墨付　三四葉
巻六　丁付　一～三十五　墨付　三五葉
巻七　丁付　一～二十八・二十八～四十二　墨付　四三葉
巻八　丁付　一～二十九　墨付　二九葉

巻七には丁付「二十八」が二葉存し、そのうち、後の葉（巻別の紙数で示すと第二九紙）は、本来、巻四の「二十八」として綴じられるべきものである。虫損の形状や字様・筆致から、元来は巻四の「二十八」として綴じられていたものが何らかの要因で錯綴が生じたか。

なお、各巻、前後ともに遊紙無し。

八　奥書・識語等

巻八の尾題次行下部に朱筆による清原良兼の花押あり。その左傍に近代の筆と思われる「清原良兼」と記された貼紙あり。ただし、清原良兼の朱筆の花押は、筆勢から見て花押影と推測される。本文の筆致より、本文書写が室町時代と推定されることから見ても、本朱花押が清原良兼の自筆花押ではなく、花押影と推測することは大過なかろう。

なお、奥書・識語はともに無し。

九　印記

各巻初葉の、右端部に単郭長方陽刻朱印「舩橋蔵書」（縦 三・二×横 一・一糎）、上部右側に「京都／大學圖／書之印」（縦 四・七×横 四・七糎）、上部左側に双郭楕円陽刻墨印「964399／昭和29．3．24」各一顆を踏印する。

「舩橋蔵書」印は、舟橋（船橋）家の蔵書印であるが、舟橋家の誰が用いたものであるかは不詳である。舟橋家は、清原家の嫡流。清原国賢（枝賢の男。一五四四〜一六一四）の男秀賢が、家号を高倉から舟橋に改めた。江戸時代の堂上家 半家（旧家）。累代、おおよそ明経博士となり、少納言・式部大輔に補任されるのを例とし、正二位を極位とした。舟橋家の蔵書印については〈図書寮叢刊〉『書陵部蔵書印譜』(五〇)上、舟橋家については橋本政宣編『公家事典』(五一)を参照した。

一〇 その他

巻五は天（上端）、巻八は地（下端）各々裁断される。

京都大学附属図書館清家文庫所蔵 論語義疏 十巻（闕巻四） 九冊 〔江戸時代前期〕写 一─六六／ロ／一

一貴 伏原宣条旧蔵

興膳宏・木津祐子編『京都大学附属図書館所蔵貴重書漢籍抄本目録』に著録。

一 形状

該本は、袋綴装冊子本で、格子刷毛目表紙（縦 二七・〇×横 二〇・三糎）。第一冊〜第三冊・第六冊〜第一〇冊は二本の紙縒で綴じられ、第五冊のみ白糸による四ツ目綴である。第一冊は表表紙・裏表紙ともに見返剝離、第六冊・第七冊・第八冊は表表紙見返剝離、第一〇冊は裏表紙見返剝離。第五冊は裏表紙を闕き、現状では前遊紙と同質紙で、もと後遊紙であったと察せられる料紙が裏表紙として綴じられている。

第一帙は第一冊〜第三冊・第五冊、第二帙は第六冊〜第一〇冊が納められる。第一帙・第二帙ともに胡桃色布張りで、第一帙（おおよそ縦 二七・六×横 二一・四×高さ 五・九糎）の背と上蓋左肩に書き題簽「論語義疏　四冊」（縦 一六・三×横 三・二糎）、第二帙（おおよそ縦 二七・六×横 二一・四×高さ 六・五糎）の背と上蓋左肩に書き題簽「論語義疏巻六─十　五冊」（縦 一七・五×横 三・二糎）が、それぞれ貼付される。両帙の書き題簽は全て同筆（墨筆）である。

二　外題等

左記の如く、各冊表表紙の左肩に打付外題、右上部から中央上部に二行にわたり篇名、が各々墨書される。

第一冊　打付外題「論語疏義一」、篇名「學而／爲政」
第二冊　打付外題「論語疏義二」、篇名「八佾／里仁」
第三冊　打付外題「論語疏義三」、篇名「公冶長／雍也」
第五冊　打付外題「論語疏義五」、篇名「子罕／郷黨」
第六冊　打付外題「論語疏義六」、篇名「先進／顔淵」
第七冊　打付外題「論語疏義七」、篇名「子路／憲問」
第八冊　打付外題「論語疏義八」、篇名「衛霊公／季氏」
第九冊　打付外題「論語疏義九」、篇名「陽貨／微子」
第一〇冊　打付外題「論語疏義十終」、篇名「子張／尭曰」

また、第一冊・第三冊・第五冊〜第一〇冊の表表紙右下部に「共十」、第二冊の表表紙右下部に「共□〔十カ〕」と各々墨書される。

なお、各冊表表紙の打付外題と墨書は同筆である。

各冊表表紙に長方「貴」、第一冊及び第六冊の表表紙に長方「清家　1—66　ロ　11貴」、第二冊〜第三冊・第五冊・第七冊〜第一〇冊の表表紙に長方「66　ロ　5」と記された蔵書票が貼付さる。

三　序

皇侃序無く、何晏集解序疏より始まり、初行に「論語序（隔一格）何晏集解」と題署し、第四葉裏第二行まで続く。何晏集解序疏の款式は、無辺無界、字高二二・〇糎、毎半葉八行、一行二〇字で、疏は小字双行である。

四　内題等

各冊の内題は左記の如し。

第一冊「論語義疏巻第一（隔四格）何晏集解皇侃疏」
第二冊「論語義疏巻第二八佾里仁（隔一格）梁國子助教呉郡皇侃撰」
第三冊「論語義疏巻第三公冶雍也（隔一格）梁國子助教呉郡皇侃撰」
第五冊「論語義疏巻第五（隔三格）梁國子助教呉郡皇侃撰」
第六冊「論語義疏巻第六先進顔渕（隔一格）梁國子助教呉郡皇侃撰」
第七冊「論語義疏巻第七子路憲問（隔一格）梁國子助教呉郡皇侃撰」
第八冊「論語義疏巻第八衛霊公季氏（隔一格）梁國子助教呉郡皇侃撰」
第九冊「論語義疏巻第九陽貨微子（隔一格）梁國子助教呉郡皇侃撰」
第一〇冊「論語義疏巻第十子張堯曰（隔一格）梁國子助教呉郡皇侃撰」

なお、各冊全て「梁國子助教呉郡皇侃撰」の「皇侃」は中字。

五　本文款式

本文書写は江戸時代前期と推定され、本文の筆跡は一筆である。本文料紙は楮紙。款式は無辺無界、字高二二・〇糎、毎半葉八行二〇字、集解は低一格で一行一九字、疏は経文の疏の場合一行二〇字、集解の疏の場合低一格一行一九字、疏文小字双行。墨筆による送仮名・返点・竪点・付訓・校異・反切等が施される。墨筆による欄外・行間の書入には、行書体と楷書体の複数の筆跡が認められる。朱筆による送仮名・返点・句点・合点・鉤点・校異等、朱引が施される。ただし、第五冊は返点・竪点が朱筆で施され、墨筆のそれは極稀である。また、淡墨の書入も認められる。此の如く、周密な書入を備えている。

なお、本文料紙は虫損が多く、所々修補されている。

六　尾題

各冊の尾題は左記の如し。

第一冊　「論語義疏巻第一」（本文末行と接行）
第二冊　「論語義疏巻第二」（本文末行から隔二行）
第三冊　「論語義疏巻第三」（本文末行と接行）
第五冊　「論語義疏巻第五」（本文末行から隔一行）
第六冊　「論語義疏巻第六」（本文末行から隔二行）
第七冊　「論語義疏巻第七」（本文末行から隔一行）

第八冊　「論語義疏巻第八」（本文末行から隔一行）
第九冊　「論語義疏巻第九」（本文末行から隔一行）
第一〇冊「論語義疏巻第十」（本文末行から隔一行）

七　墨付葉数・遊紙葉数等

各冊の墨付・遊紙の葉数は左記の如し。

第一冊　墨付 四二葉　遊紙 前一葉 後一葉
第二冊　墨付 四五葉　遊紙 前一葉 後一葉
第三冊　墨付 四八葉　遊紙 前一葉 後一葉
第五冊　墨付 四〇葉　遊紙 前一葉 後無し
第六冊　墨付 四〇葉　遊紙 前一葉 後一葉
第七冊　墨付 四八葉　遊紙 前一葉 後一葉
第八冊　墨付 三三葉　遊紙 前一葉 後一葉
第九冊　墨付 三六葉　遊紙 前一葉 後一葉
第一〇冊　墨付 二二葉　遊紙 前一葉 後一葉

なお、「一　形状」で記した如く、第五冊は裏表紙を闕き、現状ではもと後遊紙であったと思われる料紙が裏表紙として綴じられている。

左記の如く各冊末葉裏に墨付葉数を示す丁付が墨書されている。

第一冊「墨附四十貳丁」
第二冊「墨附四十五丁」
第三冊「墨附四十八丁」
第五冊「墨附四十丁」
第六冊「墨附四十丁」
第七冊「墨附四十八丁」
第八冊「墨附三十四丁」
第九冊「墨附三十六丁」
第一〇冊「墨附二十二丁」

八　奥書・識語

第六冊の末葉裏の尾題の後に二行わたり墨滅が存する。墨滅の第一行「享保丄歳」、第二行「三月吉日」と、墨滅される前の墨書が確認でき、墨滅される前に記された墨書と本文の筆跡とは別筆と推せられるが、この年紀が何を示すものかは不詳である。

九　印記

各冊初葉表の、右上部に無郭楕円陽刻朱印「天師明／經儒」（縦二・九×横一・五糎）、右下部に単郭方形陽刻朱印「宣／條」（縦一・七×横一・七糎）、左上部に単郭方形陽刻朱印「京都／帝國大學／

圖書之印」（縦 四・七×横 四・七糎）、上部に双郭楕円陽刻紫印「64444／40．3．30」各一顆を蹈印する。

「天師明／經儒」印、「宣／條」印はともに伏原宣条の所用印である。伏原家は、後水尾院の取立に[五二]より舟橋秀賢の二男賢忠（一六〇二～一六六六）が興した、江戸時代の堂上家 半家（新家）である。伏原家は、多くが侍読を勤め、少納言・主水正・明経博士・大蔵卿等に補任されるのを例とし、正二位を極位とした。宣条（享保五年〈一七二〇〉～寛政三年〈一七九一〉）は、宣幸の男宣通の二男。兄宣香が享保一八年（一七三三）に歿したため、伏原家を継承。図書頭・右兵衛権佐・治部大輔・明経博士・少納言・侍従等を歴任し、正二位に至った。また、後桃園天皇の侍読を勤めた。伏原宣条の蔵書印については〈図書寮叢刊〉『書陵部蔵書印譜』上、伏原家及び宣条については橋本政宣編『公家事典』を参照した。

一〇 その他

第五冊は、天（上端）を裁断している。

第一冊初葉表に「附五　論語義疏　寫本／本館所藏」と墨書した短冊状の挟紙（縦 二六・二×横 四・七糎）あり。

なお、該本は林泰輔編『論語年譜』に「京都帝国大学所蔵」、和田維四郎『訪書餘録』本文篇に「京都帝国大学図書館蔵」と各々著録され、大阪府立図書館編『論語善本書影』に著録される。[五三]『論語年譜』に巻五首、『論語善本書影』に巻一首、の書影が各一葉掲載される。

また、武内・高橋均の両氏は言及せず、影山氏が校勘に用いているのみで、全貌が明らかではないものがある。

このような研究状況に鑑み、『論語義疏』の書誌学・文献学研究の参考資料として、以下、書誌事項を簡単に記しておく。

萩市立萩図書館所蔵　論語義疏十巻五冊　〔江戸時代中後期〕写　二甲五―二七五　繁澤寅之助旧蔵

一　形状

該本は、袋綴装冊子本で、後補縹色型押雷文繋地桐唐草表紙（縦 二二・八×横 一五・八糎）、四ツ目綴、綴糸は白糸である。

二　外題等

左記の如く、各冊表表紙の左肩に書き題簽が貼付さる。

第一冊「論語義疏（隔一格）學而 爲政 八佾 里仁 一」（縦 一二・四×横 三・一糎）

第二冊「論語義疏（隔一格）公冶長 雍也 述而 泰伯 二」（縦 一二・三×横 三・一糎）

第三冊「論語義疏（隔一格）子罕 郷黨 先進 顔淵 三」（縦 一二・四×横 三・二糎）

第四冊「論語義疏（隔一格）子路 憲問 衛霊 季氏 四」（縦 一二・六×横 三・二糎）

第五冊「論語義疏（隔一格）陽貨微子子張堯曰五」（縦 一二・五×横 三・二糎）

各冊の書き題簽は全て同筆。

また、各冊表表紙右上部に「二甲五《部門》　二七五《番号》　五《冊數》」と記された蔵書票（縦 四・九×横 二・三糎）が貼付さる。

なお、第一冊表表紙のみ見返が剝離する。

三 序

皇侃序無く、何晏集解序疏より始まり、初行に「論語序（隔八格）何晏集解」と題署し、第四葉表第五行まで続く。何晏集解序疏の款式は、無辺無界、字高 一九・六糎、毎半葉九行、一行二〇字で、疏は小字双行である。

四 内題

各冊の内題は左記の如し。

第一冊 巻一「論語義疏巻第一學而八佾（隔一格半）何晏集解皇侃疏」 ※「八佾」は「爲政」の誤り。

巻二「論語義疏巻第二八佾里仁梁國子助教異（呉）郡皇侃撰」

第二冊 巻三「論語義疏巻第三公冶雍也（隔一格）梁國子助教呉郡皇侃撰」

巻四「論語義疏巻第四述而泰伯（隔二格）梁國子助教呉郡皇侃撰」

第三冊　巻五　「論語義疏巻第五子罕郷黨（隔一格）梁國子助教呉郡皇侃撰」
　　　　巻六　「論語義疏巻第六先進顔淵（隔一格）梁國子助教呉郡皇侃撰」
第四冊　巻七　「論語義疏巻第七子路憲問（隔一格）梁國子助教呉郡皇侃撰」
　　　　巻八　「論語義疏巻第八霊公季氏（隔一格）梁國子助教呉郡皇侃撰」
第五冊　巻九　「論語義疏巻第九陽貨微子（隔一格）梁國子助教呉郡皇侃撰」
　　　　巻一〇「論語義疏巻第十子張堯曰（隔一格半）梁國子助教呉郡皇侃撰」

なお、巻九のみ篇名幾の下部に「何晏集解」と書す。他の巻は篇名幾の下部に隔一格して「疏」、ないしは篇名幾の次行に低二格して「疏」と書す。

五　本文款式

本文の筆跡は、①第一冊・第三冊～第五冊、②第二冊、の二筆に分けることができることから、寄合書である。本文の書写年代は江戸時代中期から後期頃と推定される。本文料紙は楮紙。款式は無辺無界、字高 第一冊・第二冊・第四冊・第五冊が一九・七糎、第三冊が一九・六糎で、毎半葉九行二〇字である。集解は大字単行、低一格。疏は小字双行、経文に施された疏は一行二〇字、集解に施された疏は低一格し一行一九字。朱筆による句点が、第一冊初葉表～第二葉裏第五行、第五葉表（学而篇の首）～第七葉裏第五行、第二冊第六六葉裏に、各々施さる。また、第一冊初葉に朱筆による訂正、同冊初葉表に朱引、同冊初葉裏に朱筆による批点、同冊第二葉表に朱筆による竪点がそれぞれ施さる。各冊にわたり、本文の筆跡①と同筆の墨筆による、欄上に異本や朱子本との校異、補入符、義注が付される。第二冊には、本文の筆跡①と同筆の墨書に加え、第二冊の本文の筆跡（②）と同筆と推測される墨書、更に①②の何れとも別筆かと思われる墨書がそれぞれ施さる。第二冊第五葉には、第二冊の本文の筆跡（②）と同筆と思われる墨筆の返点・送仮名が付される。

第一冊・第三冊～第五冊は主に擦消や重書、第二冊は主に白塗沫、のそれぞれによる文字の訂正が散見される。各冊天地裁断さる。

次に示す如く、耳格に篇名ないしは篇名幾が墨書さる。第二冊第四六葉「述而」、同冊第六六葉「泰伯」、第三冊初葉「子罕第九」、同冊第一九葉「郷黨第十」、同冊第三七葉「先進第十一」、同冊第五七葉「顔淵□□（虫損）」と。これら耳格に存する墨書は、全て同筆である。

六　尾題

各冊の尾題は次の如し。

第一冊　巻一　「論語義疏巻第一」（本文末行から隔二行）
　　　　巻二　「論語義疏巻第二」（本文末行から隔三行）
第二冊　巻三　「論語義疏巻第三」（本文末行から隔二行）
　　　　巻四　「論語義疏巻第四」（本文末行から隔二行）
第三冊　巻五　「論語義疏巻第五」（本文末行から隔二行）
　　　　巻六　「論語義疏巻第六」（本文末行から隔三行）
第四冊　巻七　「論語義疏巻第七」（本文末行から隔二行）

第五冊　巻八　「論語義疏巻第八」（本文末行から隔一行）
　　　　巻九　「論語義疏巻第九」（本文末行から隔三行）
　　　　巻一〇「論語義疏巻第十」（本文末行から隔五行。左端部に書す）

なお、第三冊末葉裏（尾題の裏）に、

孔安國曰友有相切磋之道所以輔成已〔己〕之仁也
（隔四行）
論語義疏巻第十

と同葉表とほぼ同様の款式で、同じ一文と尾題を天地逆に書写されている。筆跡は本文の筆跡①と同筆である。

七　墨付葉数・遊紙葉数

各冊の墨付葉数と遊紙葉数は次の如し。

第一冊　墨付　七九葉　前遊紙無し　後遊紙一葉
第二冊　墨付　八〇葉　前後ともに遊紙無し
第三冊　墨付　七二葉　前後ともに遊紙無し
第四冊　墨付　七二葉　前後ともに遊紙無し
第五冊　墨付　五一葉　前後ともに遊紙無し

八　奥書・識語

無し。

九　印記

各冊初葉表の、右上部に単郭方形陽刻朱印「繁澤／蔵書」（縦三・四×横三・四糎）、上部中央に単郭方形陽刻朱印「萩圖書／館藏書／之章」（縦四・二×横四・二糎）、右下部に単郭長方陽刻朱印「寄贈」（縦四・四×横一・二糎）各一顆を蹈印する。また、第一冊〜第四冊の各初葉表の「繁澤／蔵書」印は、単郭方形陽刻朱印（縦二・七×横二・七糎）の上から重ねて蹈印している。「繁澤／蔵書」印の下の印記は不鮮明のため、印文不明。

「繁澤／蔵書」印は、『萩市立図書館所蔵諸家旧蔵書籍目録』によれば「繁澤寅之助は萩藩儒繁澤光太郎の弟忠藏（儒者）の子であるが、光太郎のあとをつぎ、萩警察署・萩町会議員・阿武郡会議員等をつとめ、堀内に住み、昭和五年七月十四日に逝去した。無印の本もあるが、大部分には「繁澤蔵書」（朱字）印が捺してあり、（後略）」とある。[五四] このことから、「繁澤／蔵書」印は繁澤寅之助氏の蔵書印であることがわかる。

萩市立萩図書館主任司書（現、萩市立明木図書館主任司書）森岡きよみ氏によれば『寄贈図書原簿（和漢）図書之部第二』に「受入日明治四十五年七月十六日　一部五冊　寫本　二圓五〇〇錢厘　寄贈者繁澤寅之助」とあることから、該本は明治四五年（一九一二）七月一六日に繁澤寅之助氏から阿武郡立萩図書館（明治三四年〈一九〇一〉創立。萩市立萩図書館の前身）へ寄贈されたものであると、御教示を頂いた。

また、『寄贈図書原簿（和漢）図書之部第一』を検すると、明治四五年七月一六日に繁澤寅之助氏から、一五三点の漢籍・準漢籍が寄贈されたことが記録されている。

繁澤家で著名な人物には、繁澤豊城（一七三二〜一八〇六）を挙げることができる。豊城は、長崎に遊学した後、萩明倫館で山根華陽に師事し徂徠学を学んだ。後に明倫館六代学頭祭酒を勤めた。[（五五）]

萩市立萩図書館より、「萩圖書／館藏書／之章」印は阿武郡立萩図書館の印記であろうとの御教示を頂いた。

一〇　その他

各冊の書根に「論語義疏一（〜五）」と小口書を墨書する。

『萩市立図書館所蔵和漢古書蔵書目録』に「論語義疏　八巻（写本）五冊」とある[（五六）]が、八巻ではなく、十巻である。

該本は、慶應義塾大学附属研究所斯道文庫所蔵大槻本『論語義疏』文明一九年写（周防国明倫館・大槻文彦氏旧蔵、〇九二―ト六―五）とともに萩明倫館の儒学を知る上で重要な資料になると思われる。

＊

「『論語義疏』校定本及校勘記―何晏集解序疏―」を始めとする影山輝國氏の一連の『論語義疏』校勘の研究[（五七）]で言及されていないものに、次の両足院本がある。

両足院所蔵『論語義疏』写

建仁寺の塔頭両足院の蔵書目録である『建仁寺両足院蔵書目録』[五八]に、「論語義疏写　一」と著録されることから、両足院で調査を実施したが、残念ながら、該本の存在を確認することができなかった。なお、東京大学史料編纂所所蔵『両足院蔵書目録』[五九]（「明治三十九年《一九〇六》夏ノシラベ」と墨書さる）の第七十五番に「一論語義疏（こ《写》）一冊」、京都大学附属図書館所蔵『建仁寺両足院蔵書目録』[六〇]（「建仁寺両足院ノ藏書ニ拠リ謄寫ス／大正三年《一九一四》四月四日卒業」と奥書あり）の第七十五番に「一論語義疏（寫）一」とそれぞれ著録されるが、東京大学史料編纂所所蔵『両足院蔵書目録』[六一]（「右両足院藏書目錄／京都市東山建仁寺塔頭両足院所藏／昭和二年《一九二七》三月同院ニ依頼シテ寫了」と奥書あり）及び両足院所蔵の平成一五年《二〇〇三》五月『両足院蔵書目録第一次草稿』には、著録されていない。京都大学附属図書館所蔵『建仁寺両足院蔵書目録』及び東京大学史料編纂所所蔵『両足院蔵書目録』（RS四一〇〇―九六）の底本について検討を要しようが、明治三九年（一九〇六）夏までは、両足院に『論語義疏』（鈔本）が蔵されていたのであろう。

注

（一）　正倉院文書中、天平二年（七三〇）七月四日「寫書雜用帳」（續修十六裏書）（『大日本古文書』一―393頁）、天平年中（七二九～七四九）「讀誦考試歷名」（續々修二十六帙五裏）（『大日本古文書』二四―555頁）に複数の漢籍の名が見える。『論語』の名は、「寫書雜用帳」に「論語廿巻」、「讀誦考試歷名」に「丹比眞人氣都讀毛詩上帙論語十巻」と各々見える。正倉院文書に見える漢籍については、石田茂作『写経より見たる奈良朝仏教の研究』（東洋文庫、一九三〇年）「附録　奈良朝現在一切経疏目録」所収「〔附〕漢籍」を参考にした。

なお、天平二年七月四日「寫書雜用帳」の影印が、続修 第十六巻 裏 3～2として、宮内庁正倉院事務所編『正倉院古文書影印集成』七 続修 裏 巻一～二五（八木書店、一九九二年）に載録されている。

（二）漢籍が書写された木簡については、佐藤信「習書と落書」（岸俊男編『日本の古代14巻 ことばと文字』〈中央公論社、一九八八年〉所収。後に佐藤信『日本古代の宮都と木簡』〈吉川弘文館、一九九七年〉所収）を参照した。

（三）平城宮跡の溝から出土した土師器片の底部外面に「論語」（『平城宮出土墨書土器集成』Ⅰ〈奈良国立文化財研究所、一九八三年〉、320頁）、平城宮跡の土壙から出土した土師器皿の底部内外に墨書された習書の中に「文選巻」（『平城宮出土墨書土器集成』Ⅰ、20頁）とそれぞれ書写されている。佐藤信「習書と戯画」（『月刊文化財』三六三号、第一法規出版、一九九三年。後に佐藤信『古代の遺跡と文字資料』〈名著刊行会、一九九九年〉所収）を参照した。

平城京跡右京八条一坊十四坪から出土した漆紙文書『論語集解』については、〈奈良文化財研究所史料 第六九冊〉独立行政法人文化財研究所奈良文化財研究所編『平城京漆紙文書』一（独立行政法人文化財研究所奈良文化財研究所、二〇〇五年）、胆沢城跡から出土した漆紙文書『古文孝経』については、平川南「漆紙・第二十六号（「古文孝経」断簡 SK八三〇土壙出土）」（『岩手県水沢市佐倉河 胆沢城跡―昭和五十八年度発掘調査概要―』〈岩手県水沢市教育委員会、一九八四年〉所収。後に「古文孝経写本―胆沢城跡第二六号文書―」に改題して、平川南『漆紙文書の研究』〈吉川弘文館、一九八九年〉所収）及び西崎亨「『古文孝経』断簡―胆沢城跡および山王遺跡出土漆紙文書―」（『鳴尾説林』五号、一九九七年）、胆沢城跡出土の漆紙文書『文選』については、平川南「漆紙・第二号（第三七次整地層出土）」（『岩手県水沢市佐倉河 胆沢城跡―昭和五十六年度発掘調査概要―』〈岩手県水沢市教育委員会、一九八二年〉所収）、前掲注（二）佐藤氏論文、山王遺跡から出土した漆紙文書『古文孝経』については、〈宮城県文化財調査報告書 一七〇〉『山王遺跡Ⅲ（多賀前地区遺物編）』（宮城県教育委員会、一九九六年）並びに当該注西崎氏論文を参照した。

（四）三上喜孝①「習書木簡からみた文字文化受容の問題」（『歴史評論』六八〇、二〇〇六年。後に三上喜孝『日本古代の文字と地方社会』〈吉川弘文館、二〇一三年〉所収）、同②「論語木簡と古代地方社会」（『日本古代の文字と地方社会』所収）、橋本繁「古代朝鮮における『論語』受容再論」（〈アジア地域文化学叢書4〉朝鮮文化研究所編『韓国出土木簡の世界』〈雄山閣、二〇〇七年〉所収）。橋本氏によると、日本出土『論語』木簡は、全三〇例で、うち二一例が宮都木簡、九例が地方木簡であり、『論語』の書名のみ記されたものが一三例、本文を記したものが一七例、篇目別に示すと学而篇が九例、為政篇が二例、八佾篇が一例、公冶長篇が三例、であると言う。更に氏は、日本出土『論語』木簡には、文字を繰り返し書写し練習した習書木簡と、文字を繰り返さずに本文を書写したものが存在し、後者が単純な習書ではない可能性を指摘した。氏の指摘は、『論語』の受容を検討する上で、重要であると考える。

『論語』を習書した最古の事例は、徳島市の観音寺遺跡出土の七世紀第Ⅱ四半期（六二六～六五〇）、ないしは七世紀第Ⅲ四半期（六五一～六七五）、と指摘されている木簡に「・子曰　学而習時不孤□乎□自朋遠方来亦時楽乎人不□〔知カ〕亦不慍」とある（『木簡研究』二〇号、一九九八年、208～212頁。〈徳島県埋蔵文化財センター調査報告書　第40集〉『観音寺遺跡Ⅰ（観音寺遺跡木簡篇）―一般国道192号徳島南環状道路改築に伴う埋蔵文化財発掘調査―』〈徳島県教育委員会・財団法人徳島県埋蔵文化財センター、二〇〇二年〉）。また、『論語集解』の習書木簡には、平城宮出土（二条大路木簡）の天平七～八年（七三五～七三六）頃のものに「□□　何晏集解　子曰□」とあり（『平城宮発掘調査出土木簡概報（二十九）―二条大路木簡三―』奈良文化財研究所、一九九四年、40頁）、東大寺防災施設工事にて出土した天平一九～二〇年（七四七～七四八）頃のものに「作心信作心　第　為□〔鳥の象形・篆書か〕為是□是／・○論語序一『寺』□第／信心　哥第　為為為為為羽□」とある（『木簡研究』一六号、一九九四年、図版二・32～34頁。『東大寺防災施設工事・発掘調査報告書』発掘調査篇〈東大寺、二〇〇〇年〉「東大寺境内出土木簡釈文」（1733）一頁・PL.171）。兵庫県豊岡市の袴狭遺跡出土の八～九世紀のものに「・□□／『論語序何晏集□〔解カ〕』／□□」がある（『木簡研究』二二号、二〇〇〇年、249頁。当該注三上氏②論文）。なお、観音寺遺跡出土の『論語』木簡の年代について、『木簡研究』二〇号が七世紀第Ⅱ四半期、『観音寺遺跡Ⅰ（観音寺遺跡木簡篇）―一般国道192号徳島南環状道路改築に伴う埋蔵文化財発掘調査―』が七世紀第Ⅲ四半期、に溯るものと各々指摘し、三上氏は『観音寺遺跡Ⅰ（観音寺遺跡木簡篇）―一般国道192号徳島南環状道路改築に伴う埋蔵文化財発掘調査―』に拠り、七世紀第Ⅲ四半期説を紹介する。

東大寺防災施設工事にて出土した『論語』木簡について、何晏『論語集解』と明記されていないが、東野治之氏は『論語集解』の一部を書写したものであると指摘している（東野治之①「中国文学の摂取　1初学書と文学　受容の事例」〈直木孝次郎編『古代を考える　奈良』〈吉川弘文館、一九八五年〉所収〉、同②「『論語』と『爾雅』」〈東野治之『長屋王家木簡の研究』〈塙書房、一九九六年〉所収〉）。

袴狭遺跡（現在の兵庫県豊岡市）出土の『論語』木簡について、高橋均氏は、『論語集解』ではなく、皇侃『論語義疏』を基に書写した可能性が高いことを指摘した上で、九世紀前半に地方に於いて官人によって受容された『論語』が『論語義疏』であることの事例として認め、日本古代の『論語義疏』受容の例証とする（高橋均「『論語鄭玄注』は日本に伝来したのか（続）」〈『中国文化』七〇号、二〇一二年。後に加筆し、当該論文の「（7）日本出土「論語」木簡の記述」の節を高橋均「『論語義疏』の日本伝来とその時期」〈高橋均『論語義疏の研究』〈創文社、二〇一三年〉所収〉に収める〉）。しかし、袴狭遺跡出土の『論語』木簡が、『論語義疏』の事例と認めるには些か根拠が不充分で、直ちに『論語義疏』と断じるには首肯しかねる。現状では『論語集解』と見るのが穏当のように思われる。

また、多田伊織「観音寺遺跡出土『論語』木簡の位相～觚・『論語』文字～」（当該注『観音寺遺跡Ⅰ（観音寺遺跡木簡篇）―一般国道192号徳島南環状道路改築に伴う埋蔵文化財発掘調査―』所収）は、以下の平城宮出土（二条大路木簡）の習書木簡を『論語』木簡と推定する。

・□□□□□□□　□□□□□□□□又曰□吾大夫崔子世□有有有有有
人道財財財長長長長可可及不及武　章　章帰帰帰不
章帰道章帰長路章　章　章帰帰帰帰帰所　□有道
（当該注『平城宮発掘調査出土木簡概報（二十九）―二条大路木簡三―』41頁著録）

・帰　帰□事　事
大大大天天大天天天天天天天天天有道章事　飛
□□□□□　□者 有有　有
（当該注『平城宮発掘調査出土木簡概報（二十九）―二条大路木簡三―』41頁著録）

右の木簡に書写されているものを、『論語』公冶長篇の経文、同篇の経文及び注釈の抜書、泰伯篇の経文及び注釈の抜書の習書と推定し、注釈の抜書は公冶長篇の何晏『論語集解』、同篇の皇侃『論語義疏』等と推定している。

□□五美
□道皇五五□
道道皇五
□

（『平城宮発掘調査出土木簡概報（三十）―二条大路木簡四―』〈奈良国立文化財研究所、一九九五年〉40頁著録）

右の木簡に書写されているものを、『論語』尭曰篇の経文及び同篇の皇侃『論語義疏』の抜書と推定している。また、氏は、両木簡が単純な習書ではなく、経文のみならず何晏『論語集解』や皇侃『論語義疏』の注疏も併記し抜書きしていることから、帖試の試験対策に用いたものと推定している。しかし、木簡、とりわけ習書の性質上、文字数が少なく、判断材料に乏しい。従って、鄙見は、可能性の一つとして、皇侃『論語義疏』を挙げることもできようが、積極的に皇侃『論語義疏』と推定するには若干躊躇を覚える。

（五）　養老学令・先読経文条に、まず経文を読み、その後に解釈すること、同じく教授正業条に、使用すべき『論語』の注釈書として、鄭玄注及び何晏『論語集解』が規定されていることから、初学者は経文のみで『論語』を講読したとしても、その後に鄭玄注ないしは何晏『論語集解』を用いて講義することが想定されていた。従って、『論語』は、経文のみでは伝来せず、注釈を伴って伝来していたと考えられる。

（六）　『論語義疏』については、武内義雄『論語義疏坿校勘記』（懐徳堂記念会、一九二四年。後に武内義雄『武内義雄全集　第一巻　論語篇』〈角川書店、一九七八年〉所収）皇序、呉承仕『経典釈文序録疏証』（中文出版社、一九八二年）、高田眞治『論語の文献・註釈書』（春陽堂書店、一九三七年）、原田種成編『訓点本四庫提要　経部六　四書・楽類』（汲古書院、一九八三年）、〈書物誕生―あたらしい古典入門〉橋本秀美『『論語』―心の鏡』（岩波書店、二〇〇九年）、『論語集解』については、武内義雄『論語之研究』（岩波書店、一九三九年。後に『武内義雄全集　第一巻　論語篇』所収）、藤塚鄰『論語総説』（弘文堂、一九四九年。後に国書刊行会、一九八八年復刻版)、『論語集解』〈四部叢刊初編縮本〉『〇〇九 孝経 論語』所収)論語序、『経典釈文序録疏証』、『「論語」―心の鏡』を参照した。

(七) 皇侃については、『梁書』巻四八 皇侃伝、『南史』巻七一 皇侃伝を参照。本書では何れも中華書局点校本に拠った。

(八) 『隋書』経籍志には、興膳宏・川合康三『隋書経籍志詳攷』(汲古書院、一九九五年)を用いた。

(九) 藤塚鄰氏は、前掲注(六)『論語総説』の「論語義疏の中国に於ける亡佚と日本伝存刻本の西漸」に於いて、「尤袤の蔵書目録たる遂初堂書目には、「梁皇侃論語疏」なる六字が見えてゐるから、南宋の中頃までは、猶ほ遺存してゐたらしいが、尤袤其の人の親友たる朱子が、果して此の書(『論語義疏』―稿者注)を覩たかどうか疑問で、恐らく朱子は覩得なかつたと思はれる。現に朱子直後の陳振孫の直斎書録解題には早や之(『論語義疏』―稿者注)を収めてゐないし、其の後歴代の書目家も之(『論語義疏』―稿者注)を記載するものなく、目録以外の書に於ても、其(『論語義疏』―稿者注)の存在を確かむべき記録は見当らない。是に於てか義疏(『論語義疏』―稿者注)は南宋に佚して了つたと目さるゝに至つた」と述べている。

なお、書籍目録類の概要については、内藤虎次郎「支那目録学」(『内藤湖南全集』一二巻〈筑摩書房、一九七〇年〉所収)、〈東洋学文献センター叢刊二〇輯〉倉石武四郎『目録学』(東京大学東洋文化研究所付属東洋学文献センター刊行会、一九七三年。後に〈東洋学文献センター叢刊影印版1〉汲古書院、一九七九年)、清水茂『中国目録学』(筑摩書房、一九九一年)を参照。

(一〇) 足利衍述『鎌倉室町時代之儒教』(日本古典全集刊行会、一九三二年。後に有明書房、一九七〇年復刻版。鳳出版、一九八五年復刻版)。

(一一) 内野熊一郎「日本古代(上古より平安初期)経書学的研究」(『日本漢学文芸史研究 東京教育大学文学部紀要』二、一九五五年。後に「日本古代平安初中期経書経句説学研究」に改題し、内野熊一郎著・内野熊一郎博士米寿記念論文集刊行会編『内野熊一郎博士米寿記念論文集 日本漢文学研究』〈名著普及会、一九九一年〉所収)。

(一二) 阿部隆一氏の研究は、

①「室町以前邦人撰述論語孟子注釈書考(上)」(『斯道文庫論集』二輯、一九六三年)

②「室町以前邦人撰述論語孟子注釈書考（下）」（『斯道文庫論集』三輯　松本芳男先生古稀記念論集、一九六四年）。

（一三）和島芳男氏の研究は、
①『日本宋学史の研究　増補版』（吉川弘文館、一九八八年）
②『中世の儒学』（吉川弘文館、一九六五年）。

（一四）髙橋智①『室町時代古鈔本『論語集解』の研究』（汲古書院、二〇〇八年）。氏には、この他、南北朝時代書写に係る猿投神社所蔵『論語集解』の三本の書誌とその意義を明らかにした②「南北朝時代古鈔本『論語集解』の研究—猿投神社所蔵本の意義—」（『斯道文庫論集』四三輯、二〇〇九年）、③「日本南北朝（1336—1392）時代古鈔本《論語集解》—猿投神社所蔵本之意義」（〈日本《論語》古鈔本綜合研究〉劉玉才主編『従鈔本到刻本：中日《論語》文献研究』〈北京大学出版社、二〇一三年〉所収）がある。

（一五）武内義雄氏の研究は、
①前掲注（六）『論語義疏坿校勘記』
武内氏が『論語義疏坿校勘記』に於いて、対校本に用いたテキストは、校勘記の条例によれば「余所見舊鈔皇疏凡十種」とあり、龍谷大学大宮図書館写字台文庫所蔵文明本（文明九年本）の他、次の一〇本を挙げる。括弧内は、年紀を有するものはそれを記し、現蔵機関・現蔵者等も記した。
《1》宝徳本（宝徳三年〈一四五一〉、一般財団法人 石川武美記念図書館　成簣堂文庫所蔵）
《2》延徳本（延徳二年〈一四九〇〉、大東急記念文庫所蔵）
《3》清熙園本（天理大学附属天理図書館所蔵）
《4》足利本（足利学校遺蹟図書館所蔵）
《5》久原文庫本（大東急記念文庫所蔵）
《6》宮内省図書寮本（宮内庁書陵部所蔵）
《7》桃華斎本（富岡謙蔵（桃華）氏・富岡益太郎氏・石井光雄積翠軒文庫等逓蔵。影山輝國氏所蔵）

《8》泊園書院本（関西大学総合図書館泊園文庫所蔵）
《9》久原文庫一本（大東急記念文庫所蔵）
《10》有不為斎本（大阪府立図書館旧蔵。現蔵機関（者）不明）

しかし、武内氏は後掲当該注③論文に於いて、「現在残っている皇疏の旧鈔本は幾種あるかを知らない。私は尼崎坂[阪]本氏の清熙園本、京都龍谷大学の文明九年鈔本、京都大学保管久原文庫の延徳鈔本及び年代不明の鈔本、富岡氏の桃華斎本、大阪藤澤氏の泊園書院本、伊藤氏の有不為斎本の七種を借出して校合し、更に借出不可能であつた宮内省図書寮の蔵本、足利学校遺蹟図書館の蔵本、徳富氏の成簣堂蔵本については上記七種の校合を了つた上、注意を要する点だけを参照したが、いずれも大同小異の資料のみだつた」と述べ、厳密に言うならば、校合に用いたテキストは七本であると言える。

②「梁皇侃論語義疏について」（『支那学』三巻二号、一九二二年。『支那学』三巻三号、一九二二年。『支那学』三巻四号、一九二三年。後に「校論語義疏雑識—梁皇侃論語義疏について—」に改題し、武内義雄『老子原始 附諸子攷略』〈弘文堂書房、一九二六年。後に一九二九年再版〉所収。前掲注（六）『武内義雄全集 第一巻 論語篇』所収）

③「論語皇疏校訂の一資料—国宝論語総略について—」（『日本学士院紀要』六巻二・三号、一九四八年。後に前掲注（六）『武内義雄全集 第一巻 論語篇』所収）

④「国宝論語総略について」（『関西大学東西学術研究所論叢』一、一九五三年）

なお、①について、文求堂主人田中慶太郎氏は「現在では武内博士校訂本があるから、研究者はそれによるのが一番よろしいので、何も古写本あさりをする必要はない」と評価している（田中慶太郎『羽陵餘蟫』〈文求堂書店、一九三七年。後に龍文書局、一九四六年再版〉）。

（一六）長澤規矩也「論語義疏伝来に関する疑問」（『漢学会雑誌』一巻一号、一九三三年。後に『長澤規矩也著作集 第七巻 シナ文学概観・蔵書印表』〈汲古書院、一九八七年〉所収）。

（一七）阿部隆一「金沢文庫蔵鎌倉鈔本周易注疏其他雑抄と老子述義の佚文」（『田山方南先生華甲記念論文集』〈田山方南先生華甲記念会、一九六三年〉所収。後に『阿部隆一遺稿集 第二巻 解題篇一』〈汲古書院、一九八五年〉所収）。その他、氏の

『論語義疏』に関する研究には、『増訂中国訪書志』(汲古書院、一九八三年増訂版)に、楊守敬蒐集旧蔵の七種の室町時代から江戸時代末期明治時代初期間書写の『論語義疏』の書誌解題を収録する。

(一八)納富常天氏は、本書を『華厳演義鈔外典鈔』ないしは『演義鈔外典鈔』と呼称する。
①「鎌倉における華厳教学」(鎌倉国宝館論集 第八〉納富常天『鎌倉の教学—金沢文庫資料を中心とした華厳教学—』〈鎌倉市教育委員会・鎌倉国宝館、一九六四年〉所収)。
②「東国仏教における外典の研究と受容—一—」(『金沢文庫研究』二二六号、一九七五年)。
①②とも後に納富常天『金沢文庫資料の研究』(法蔵館、一九八二年)に所収。

(一九)高橋均氏の研究は、
①「論語義疏皇侃序札記」(『漢文学会会報』三〇号、東京教育大学漢文学会、一九七一年)
②「論語義疏学而篇札記」(『鹿児島大学教育学部紀要』二五巻、一九七四年)
③「論語義疏為政篇札記(上)」(『東京外国語大学論集』三三号、一九八三年)
④「論語義疏為政篇札記(下)」(『東京外国語大学論集』三四号、一九八四年)
⑤「敦煌本論語疏について—「通釈」を中心として—」(『東京外国語大学論集』三六号、一九八六年。後に「敦煌本『論語疏』に見える「通釈」の検討」に改題し、前掲注(四)高橋均『論語義疏の研究』所収)
⑥「敦煌本論語疏について—経文を中心として—」(『日本中国学会報』三八集、一九八六年。後に「敦煌本『論語疏』経文の検討」に改題し、『論語義疏の研究』所収)
⑦「論語義疏八佾篇札記(上)」(『東京外国語大学論集』三七号、一九八七年)
⑧「論語義疏八佾篇札記(中)」(『東京外国語大学論集』三八号、一九八八年)
⑨「旧抄本論語義疏について—邢昺の論語正義の竄入を中心として—」(『日本中国学会報』四一集、一九八九年。後に「旧抄本『論語義疏』成書過程の解明」に改題し、『論語義疏の研究』所収)
⑩「論語義疏の二種の校本をめぐって」(『漢文学会会報』四七号 中国文化—研究と教育—、大塚漢文学会、一九八九年。

後に「『論語義疏』の二種の校本、『根本校正本』と『武内校本』をめぐって」に改題し、『論語義疏の研究』所収〉

⑪「日本における「論語義疏」の受容」（『高校通信東書国語』二九三号、東京書籍、一九八九年。後に「日本における『論語義疏』の受容」に改題し、『論語義疏の研究』所収）

⑫「敦煌本論語疏について―疏を中心として―（上）」（『東京外国語大学論集』三九号、一九八九年）

⑬「敦煌本論語疏について―疏を中心として―（中）」（『東京外国語大学論集』四〇号、一九九〇年）

⑭「敦煌本論語疏について―疏を中心として―（下）」（『東京外国語大学論集』四一号、一九九〇年）

⑮「敦煌本論語疏について（続）―疏を中心として―」（『東京外国語大学論集』四二号、一九九一年）

〈後に⑫～⑮を合併させ、「敦煌本『論語疏』の疏文を中心とした解読と分析」に改題し、『論語義疏の研究』所収〉

⑯「論語義疏の日本伝来について」（鎌田正博士八十寿記念漢文学論集編集委員会編『鎌田正博士八十寿記念漢文学論集』〈大修館書店、一九九一年〉所収。後に「『論語義疏』の日本伝来とその時期」に改題し、『論語義疏の研究』所収）

⑰「敦煌本論語疏について（上）―「提示句」の検討―」（『東京外国語大学論集』四三号、一九九一年）

⑱「敦煌本論語疏について（下）―「提示句」の検討―」（『東京外国語大学論集』四四号、一九九二年）

〈後に⑰と⑱を合併させ、「敦煌本『論語疏』に見える「提示句」の検討」に改題し、『論語義疏の研究』所収〉

⑲「『論語義疏』と私」（『中国言語文化論叢』二集、東京外国語大学中国言語文化研究会、一九九八年。後に「『論語義疏』研究の道筋」に改題し、『論語義疏の研究』所収）

⑳「旧抄本論語義疏と敦煌本論語疏」（『日本中国学会報』五二集、二〇〇〇年。後に「旧抄本『論語義疏』と敦煌本『論語疏』」に改題し、『論語義疏の研究』所収）

㉑「論語総略について（一）」（『大妻女子大学紀要―文系―』三三号、二〇〇一年）

㉒「論語総略について（二）」（『大妻女子大学紀要―文系―』三五号、二〇〇三年）

〈後に㉑と㉒を合併させ、「『論語総略』と『論語義疏』」に改題し、『論語義疏の研究』所収〉

㉓「ある中国研究者の早すぎた死―藤原頼長の経書研究を中心として―」（倉田実編『王朝人の婚姻と信仰』〈森話社、二

〇一〇年〉所収)。

なお、『論語義疏の研究』には、右以外の論文(『論語音義』や『皇氏論語義疏参訂』等に関するもの)も所収する。

(二〇) 初出では『秘密曼荼羅十住心論』には〈日本思想大系〉『空海』(岩波書店、一九七五年)所収本並びに『弘法大師 空海全集』(筑摩書房、一九八三年)第一巻所収本を用いていたが、新たに三書を検討材料に加え加筆した「『論語義疏』の日本伝来とその時期」は、〈日本思想大系〉『空海』所収本のみを底本に用いている。前掲注(一九)高橋氏⑯論文を参照。

(二一) 山口謠司「『論語義疏』の系統に就いて」(『東洋文化』復刊六七号、無窮会、一九九一年)。

(二二) 影山輝國氏の研究は、

① 「『論語義疏』校定本及校勘記―皇侃自序」(『別冊 年報』X、実践女子大学文芸資料研究所、二〇〇六年)

② 「『論語義疏』校定本及校勘記―何晏集解序疏―」(『年報』26号、実践女子大学文芸資料研究所、二〇〇七年)

③ 「翻刻『論語義疏』(大槻本)―皇侃自序―」(『実践国文学』七四号、二〇〇八年)

④ 「連載 経籍訪古志を読む⑥ 論語義疏 旧抄本」〈アジア遊学111〉『特集 戦争とメディア、そして生活』〈勉誠出版、二〇〇八年〉所収)

⑤ 「翻刻『論語義疏』(大槻本)―何晏集解序疏―」(『実践国文学』七五号、二〇〇九年)

⑥ 「評《儒蔵》本《論語義疏》」(北京大学《儒蔵》編纂与研究中心編『儒家典籍与思想研究』二輯、北京大学出版社、二〇一〇年)

⑦ 「まだ見ぬ鈔本『論語義疏』(一)」(『実践国文学』七八号、二〇一〇年)

⑧ 「まだ見ぬ鈔本『論語義疏』(二)」(『実践国文学』八〇号、二〇一一年)

⑨ 「旧鈔本『論語義疏』―儒蔵本『論語義疏』における校訂の問題―」(〈アジア遊学140〉神鷹徳治・静永健編『旧鈔本の世界―漢籍受容のタイムカプセル―』〈勉誠出版、二〇一一年〉所収)

⑩ 「『論語義疏』根本刊本の底本について」(『実践国文学』八一号、二〇一二年)

⑪ 「まだ見ぬ鈔本『論語義疏』(三)」(『実践国文学』八二号、二〇一二年)

⑫「翻刻『論語義疏』（大槻本）—雍也篇・述而篇—」（『年報』31号、実践女子大学文芸資料研究所、二〇一二年）
⑬「皇侃と科段説—『論語義疏』を中心に—」（『斯文』一二二号、二〇一三年）
⑭「《論語義疏》鈔本与根本刻本的底本」（前掲注（一四）『従鈔本到刻本：中日《論語》文献研究』所収
⑮「まだ見ぬ鈔本『論語義疏』（四）」（『実践国文学』八四号、二〇一三年）
⑯「書評『論語義疏の研究』高橋均著 創文社」（『新しい漢字漢文教育』57号、二〇一三年）
⑰「翻刻『論語義疏』（大槻本）—顔淵篇・子路篇・憲問篇・衛霊公篇—」（『年報』33号、実践女子大学文芸資料研究所、二〇一四年）
⑱「まだ見ぬ鈔本『論語義疏』（五）」（『実践国文学』八六号、二〇一四年）。

（二三）　影山輝國・洲脇武志・齋藤建太「翻刻『論語義疏』（大槻本）—学而篇・為政篇—」（『年報』29号、実践女子大学文芸資料研究所、二〇一〇年）、影山輝國・玉鴿・相原健右・下村泰三「翻刻『論語義疏』（大槻本）—八佾篇・里仁篇・公冶長篇—」（『年報』30号、実践女子大学文芸資料研究所、二〇一一年）、影山輝國・下村泰三・中田妙葉「翻刻『論語義疏』（大槻本）—泰伯篇・子罕篇・郷党篇・先進篇—」（『年報』32号、実践女子大学文芸資料研究所、二〇一三年）。

（二四）　洲脇武志「市島本『論語義疏』跋文について」（『大東文化大学中国学論集』二七号、二〇〇九年）。

（二五）　前掲注（一九）高橋均『論語義疏の研究』。

（二六）　橋本秀美「日本古代論語学資料及其研究」（前掲注（一四）『従鈔本到刻本：中日《論語》文献研究』所収）。

（二七）　古勝隆一「田畑をうなうように古典を読む」（『東方』329、東方書店、二〇一三年）、影山輝國「書評『論語義疏の研究』高橋均著 創文社」（前掲注（二二）⑯を参照）、橋本秀美「日本旧抄本の位置づけ—高橋均『論語義疏の研究』—」（『創文』二〇一三．冬．№12、創文社、二〇一四年）を参照。

影山氏は「書評『論語義疏の研究』高橋均著 創文社」の中で、高橋均氏は書写年代が明瞭な現存最古の鈔本を宝徳三年（一四五一）本（一般財団法人 石川武美記念図書館 成簣堂文庫所蔵）とするものの、実際には応永三四年（一四二七）本（前田育徳会尊経閣文庫所蔵）（稿者は応永三四年以前写と推定する。詳しくは本章第三節を参照）が存在し高橋氏が応永三四年本を看過したこと、高橋氏は呉騫『皇氏論語義疏参訂』が依拠した『論語義疏』を根本本とするが、依拠した『論語義疏』は王亶望刻本であること等を指摘した。

橋本氏は「日本旧抄本の位置づけ―高橋均『論語義疏の研究』―」の中で、「論証は出来ませんが」と断った上で、「筆者（橋本氏―稿者注）は、『論語』鄭玄注や『論語義疏』は、宋朝廷で校訂されることなく、従って刊本も作られることが無かった、と考えています。更に遡って抄本の時代に於いても、例えば唐代初期には、経書の諸抄本を集めて校訂が行われていますが、『論語義疏』にはそのような校訂が加えられた形跡も有りません。従って、皇疏の原著なるものが存在したとして、それは主に民間で転写に転写を重ねることでのみ、後世に伝えられたということにあります。しかも、これは一種の受験参考書としても利用されたので、全文をきちんと謄写した写本よりは、読みながら学習者がノートを取ったというような写本の方が多かっただろうと思われます。（中略）『論語義疏』の本来の姿を求めるのは、唐代に於いても相当困難であったと考えられます」と述べる等、橋本氏の言説は唐代と宋代に於ける『論語義疏』の流伝等について、極めて重要な示唆を与えるものと思われる。なお、橋本氏には、『論語義疏』を含めた義疏・正義の文献研究・思想史研究を行った〈東京大学東洋文化研究所研究報告〉喬秀岩『義疏学衰亡史論』（白峰社、二〇〇一年）、及びこれを加筆修正した中国語版〈経学史研究叢刊〉喬秀岩『義疏学衰亡史論』（万巻楼図書、二〇一三年）がある。

（二八）　陳蘇鎮・李暢然・李中華・張学智・王博・呉栄曽校点『論語義疏』（『儒蔵』精華編一〇四冊〈北京大学出版社、二〇〇七年〉所収）、徐望駕校点『皇侃《論語集解義疏》』（江西人民出版社、二〇〇九年）、高尚榘校点『論語義疏』（中華書局、二〇一三年）。儒蔵本に於ける校勘の問題点等については、前掲注（二二）⑥⑨両論文に於いて影山氏が指摘し、強く注意を促す。

（二九）　太田晶二郎「日本漢籍史の研究」（『太田晶二郎著作集』第一冊〈吉川弘文館、一九九一年〉所収）。

（三〇）　武内氏は、前掲注（一五）③論文に於いて、「私が寓目した日本の皇疏の旧鈔本中、尤も古いと考えられる清熙園蔵本には集解本の下に皇疏と正義の一部分とを配纂しているがその本経集解本は明経博士清原家の証本らしいから、恐らく最初は清原家の学者が講釈の便にそなえるために作つたものであつたろう」と述べている。

高橋均氏は、前掲注（一九）⑨論文に於いて、「旧抄本中に邢昺の正義を引く場合、「昺」「正義」「昺正義」「昺云正義」などさまざまな呼び方があった。そして、「昺」と呼ぶのが最も古いのではなかろうかと推測したが、その根拠をここで改めて考えてみよう。繰り返し触れたように、皇侃の義疏は多くの注釈家の説によって構成されていることをその特長とする。そこに新たに注釈を取り入れようとした場合、義疏と同じく、その呼び方は書名ではなくて注釈家の名である。つまり「正義」という書名ではなくて、「邢昺」という注釈家でなくてはならない。こうして始めて正義の説は、義疏に見える注釈家の説と並列されることになり、義疏と一体化されるのである。私はこのように考える拠り所として、旧抄本の中で最も古い抄本のひとつと考える清熙園本論語義疏の記述を挙げる。その疏では、注釈家ごとに、いずれも上に一字分の空格が置かれていて、その前と区別されている。そして、邢昺の正義を引く場合でも、義疏に引かれる注釈家の場合と同じように上に一字分の空格が置かれ「　昺云……」とされている。即ち、清熙園本においては、空格を置くこと、注釈家名であること、この二点によって義疏中に引かれる注釈家の説と、後から加えられた正義とは、完全に一体となっているのである。

高橋氏注―敦煌本論語疏は、旧抄本とはまったく形式が異なるので直接比べられないが、提示の句とそれへの疏とがそれぞれ一字分の空格を置いて区別されている。清熙園本のこのような記述と共通する点において興味深い。また、現在見る旧抄本で、清熙園本ほど整って記述されているものを他に見ない。清熙園本を、今直ちに旧抄本中の祖本、或いはそれに近いものと断定しようとするわけではないが、このテキストの記述によってこのようなことを考えた」と述べている。

また、高橋均氏は「『論語義疏』研究の目的と本書の構成　三『論語義疏』のテキスト」（前掲注（一九）『論語義疏の研究』所収）に於いて、「日本に伝わる室町時代以降の写本のうち、最も古いのは宝徳三年（一四五一）の書写にかかるお茶の水図書館蔵本（略称『宝徳本』）（現、一般財団法人　石川武美記念図書館　成簣堂文庫所蔵―稿者注）であるが、この書写年には疑問がないわけではない。また文明九年（一四七七）に書写された龍谷大学図書館蔵本（略称『文明本』）（現、龍谷大学大宮図書館所蔵―稿者注）、また文明十四年（一四八二）に書写された国立国会図書館蔵本（略称『国会図書館本』）などがあり、書写年を記さないものに天理大学付属《ママ》天理図書館蔵本（略称『清熙園本』）など、室町期に書写されたものだけで二十点に近い。そしてこれらの論語義疏には、そのすべてに邢昺の論語正義が書き入れられている。わたしはこれらの諸本を「旧抄本『論語義疏』」と名付ける」と述べている。

しかし、旧鈔本『論語義疏』のうち、最古の年紀を有するものは、本文で述べるように前田育徳会尊経閣文庫所蔵応永三四年以前鈔本（応永三四年朱筆書入本）である。

また、氏は、室町時代に書写された『論語義疏』について述べているので、言及しないようであるが、邢昺『論語正義』の文が竄入しないテキストには、台北国立故宮博物院図書文献館所蔵盈進斎本（以下、盈進斎本と略称する）十巻五冊〔江戸時代後期〕写、市島酒造株式会社市島家史料館所蔵弘化二年（一八四五）市島謙（東里）書写本（以下、市島本と略称する）十巻五冊、の二本が存する。盈進斎本に邢昺『論語正義』の文が竄入していないことについて、阿部隆一氏は、「特に注目すべきは、現存義疏本にはいずれも、篇題下に邢昺正義文の竄入があるが、この本にはそれを見ないことは、鈔写年代は新しいが、極めて貴重視すべきである。たゞ江戸後期の写であるから、書写者が祖本にあったのを削除したかもしれぬ」と述べ（前掲注（一七）阿部隆一『増訂中国訪書志』）、影山輝國氏は盈進斎本に加え、市島本について言及し、「市島本は、盈進斎本と同じく邢昺正義の文の竄入がない。しかもともに江戸後期の鈔写であるから、祖本にあったものを削除したものと思われる」と、阿部氏と同様の見解を示している（前掲注（二二）影山氏③研究を参照）。稿者も、盈進斎本、市島本の両本を実見調査し、両本に邢昺『論語正義』の文が竄入していないことを確認した。なお、盈進斎本の他、台北国立故宮博物院図書文献館所蔵『論語義疏』の読杜草堂寺田望南旧蔵本 十巻十冊、和学講談所旧蔵本 十巻五冊、有馬氏溯源堂旧蔵本 存巻一・巻四・巻七・巻八 三冊、九折堂山田業広旧蔵本 十巻五冊、新井氏旧蔵本 十巻四冊、の各鈔本を実見調査した。存巻第四本は、状態が芳しくないため、閲覧許可が下りなかった。台北国立故宮博物院図書文献館所蔵『論語義疏』の調査研究は、今後の課題としたい。

（三一）『尊経閣文庫漢籍分類目録』（石黒文吉、一九三四年）94頁。

（三二）髙橋智「台湾故宮博物院所蔵 楊守敬観海堂旧蔵室町時代鈔本「論語集解」について」（『斯道文庫論集』四一輯、二〇〇七年。後に「楊守敬観海堂旧蔵室町時代古鈔本『論語集解』」に改題し、前掲注（一四）①所収）。

（三三）該本には墨滅が多く認められるが、単純な誤写を墨滅したとは考え難いケースもある。

（三四）前田育徳会尊経閣文庫所蔵のもう一本の『論語義疏』について、簡単に触れたい。十巻五冊〔江戸時代末期明治時代〕写、香色雷文繋地蓮華唐草表紙（縦 二七・七×横 二〇・三糎）、款式は四周単辺（縦 一九・六×横 一六・五糎）、有界（界幅 一・七糎）、烏糸欄、毎半葉一〇行、一行二〇字、皇侃序並びに何晏集解序疏が無く、学而篇より始まる。第一冊表表紙見返の右下部に単郭長方陽刻朱印「明治壬子採／収三宅舊藏」（縦 四・七×横 一・五糎）一顆を踏印する。「明治壬子」とは明治四五年（一九一二）である。詳しい書誌事項、伝来、本文系統等の個別的検討は今後の課題としたい。なお、『尊経閣文庫漢籍分類目録』94頁に著録。

（三五）〈日本歴史地名大系26〉『京都府の地名』（平凡社、一九八一年）808頁「竹野郡 小金山神社」の項。

（三六）『蔵書展 金沢大学の源流』（金沢大学創立五〇周年記念展示実行委員会・金沢大学附属図書館・金沢大学資料館、一九九九年）の「第四高等学校」（在田則子氏執筆）によると、「金澤学校」印が何れの印記かは、①明治四年（一八七一）一一月から同五年四月まで存続した金沢中学校（園部昌良「金沢学校蔵版の明治辛未聚珍版」〈『石川郷土史学会会誌』四号、一九七一年〉）、②加賀藩校明倫堂（山森青硯「序説」〈石川県立金沢泉丘高等学校編『金沢泉丘高等学校蔵善本解題目録』〈石川県立金沢泉丘高等学校、一九八一年〉〉）、③金沢学校は壮猶館に始まる明治維新前後の金沢に設立された諸学校の総称で、諸学校で使用された印、あるいは加賀藩ないしは石川県が購入した書籍に「金澤学校」等の印を鈐印し管内の諸校に配布したことによるもの（藤井信英「金沢学校考」〈『北陸英学史研究』三号、一九八九年〉）、の三説が存在するものの、③藤井氏説が妥当であると言う。在田氏の見解に従い、③藤井氏説に拠る。なお、壮猶館等については笠井助治『近世藩校に於ける学統学派の研究』上（吉川弘文館、一九六九年）、大石学編『近世藩制・藩校大事典』（吉川弘文館、二〇〇六年）を参照した。

（三七）石川県勧業博物館図書室については、堀井美里「近代以降の石川県における史料蒐集の動向」（『金沢大学資料館紀要』五号、二〇一〇年）、『石川県立図書館要覧 平成二五年度』（石川県立図書館、二〇一三年）を参照した。

（三八）『龍谷大学図書館善本目録』（龍谷大学出版部、一九三六年）、『龍谷大学大宮図書館和漢古典籍分類目録（哲学・藝能之部）』（龍谷大学、一九九八年）。

（三九）第一〇世宗主証如（一五一六～一五五四）の頃から、外典に対する関心を深めて行き、以後の歴代宗主が収書活動に注力した。証如は清原宣賢（一四七五～一五五〇）、第一一世宗主顕如（一五四三～一五九二）は宣賢の孫の枝賢（一五二〇～一五九〇）と交流があった。しかし、現時点では、龍谷大学大宮図書館写字台文庫所蔵『論語義疏』が、何れの宗主の頃に収蔵されたかは定かではない。今後の課題としたい。歴代宗主の収書活動や写字台文庫の成立については、本願寺史料研究所編『本願寺史』二巻（浄土真宗本願寺派宗務所、一九六八年）「第四章　教学の展開　九 宗主の蔵書と写字台文庫」、長田あかね「〔御風楼文庫蔵書目録〕（写字台文庫蔵）と廣如上人の蔵書整備」（『仏教文化研究所紀要』四〇集〈二〇〇一年〉所収、大取一馬主任「共同研究 龍谷大学図書館蔵「写字台文庫目録」の研究」に収める）を参照した。

（四〇）『論語秘本影譜』（斯文会、一九三五年）。

（四一）和田維四郎『訪書餘録』本文篇（私家版、一九一八年。後に弘文荘、一九三三年重刊。臨川書店、一九七八年）。

（四二）『天理図書館稀書目録 和漢書之部 第三』（天理大学出版部、一九六〇年）。

（四三）順庵が荻生徂徠の高弟宇野明霞に師事する等、阪本家の学統は古文辞学派に属する。準平の兄の文次は藤澤南岳（古文辞学派）に師事した。藤澤南岳（私塾泊園書院）もまた『論語義疏』を収蔵していた。現在、藤澤南岳旧蔵『論語義疏』は関西大学総合図書館泊園文庫が所蔵する。泊園書院は、南岳の父藤澤東畡が設けた。阪本家に関しては、岡本静心『尼崎藩学史』（尼崎市教育委員会・尼崎藩学史出版会、一九五四年）を参照した。

（四四）川瀬一馬編『石井積翠軒文庫善本書目』（積翠軒文庫石井光雄、一九四二年。後に臨川書店、一九八一年複製版）。

（四五）石井光雄氏については、『第十版人事興信録』（人事興信所、一九三四年。後に興信データ、二〇〇一年復刻版）、川瀬一馬「覆版のはじめに」（前掲注（四四）復製版本文篇所収）を参照した。

（四六）王重民『敦煌古籍叙録』（中文出版社、一九七九年）。前掲注（一九）高橋氏⑤論文、土田健次郎「Ⅳ儒教典籍　五『論語』」（『講座敦煌5　敦煌漢文文献』〈大東出版社、一九九二年〉所収）はともに、王重民氏の説を紹介している。

（四七）季羡林主編『敦煌学大辞典』（上海辞書出版社、一九九八年）、許建平『敦煌経籍叙録』（中華書局、二〇〇六年）。

（四八）明経博士を世襲し、更に外記局を主宰する局務の職を独占したのは中原氏も同様である。また、算博士を世襲した小槻氏も弁官局の大少史部門を主宰する左大史の上首の官務を独占した。このような官司請負制については、佐藤進一『日本中

世の国家』（岩波書店、二〇〇七年）、遠藤珠紀『中世朝廷の官司制度』（吉川弘文館、二〇一一年）を参照。

（四九）　青木晃・吾妻重二・井上克人・河田悌一「京都大学附属図書館『清家文庫』貴重漢籍目録（稿）」（『関西大学文学論集』三九巻三号、一九九〇年）、興膳宏・木津祐子編『京都大学附属図書館所蔵貴重書漢籍抄本目録』（京都大学附属図書館、一九九五年）。

（五〇）　〈図書寮叢刊〉『書陵部蔵書印譜』上（宮内庁書陵部、一九九六年）。

（五一）　橋本政宣編『公家事典』（吉川弘文館、二〇一〇年）。

（五二）　後水尾院の取立により賢忠が伏原家を興したことは、東京大学史料編纂所所蔵『伏原家譜』一冊（四一七五—二九四）、同所蔵『伏原家譜』一冊（四一七五—四七〇）の両本の「系図」の「賢忠」の右傍に「舎人親王後胤／後水尾院御取立／伏原始祖」と記されていることからわかる。

両本ともに外題「伏原家譜」、本文は一筆にて「系図」と「歴代事蹟」が記され、「系図」及び「歴代事蹟」の内題左下部に「華族／正三位伏原宣諭」と署名されている。〈四一七五—二九四〉は署名下部に、単郭円形陽刻墨印「宣／諭」（直径一・六糎。宣諭は一八二三年生～一八七六年歿）を蹈印する。両本の筆跡は同筆で、行款（行取り、字詰め）も一致する。宮内庁編『明治天皇紀』第三（吉川弘文館、一九六九年）の「明治七年一二月二四日」条に、「旧公卿及び現時華族に列せられたる神官・僧侶等諸家の系譜・事蹟は、公卿補任・公卿家伝・尊卑分脈・大系図等の諸書に之を記載すと雖も、畢竟任叙を記するに止まりて事蹟の顚末を綜記せるもの尠く、随ひて国史編修の考証に資するに足らず、是に於て廟議、正院歴史課の稟申を納れ、是の日、令を各府県に発し、其の貫属華族をして祖先以来の系譜・事蹟を録して之れを歴史課に致さしめ、且其の家に関する旧記等をも謄写して提出せしむ、尚其の庶流にして中古廃絶せるものは宗家をして調査・提出せしむ、而して期するに明年五月を以てす、〇太政官日誌、公文録」と記されること、両本の筆跡が同筆であること、両本に「華族／正三位伏原宣諭」と署名され、〈四一七五—二九四〉の署名に下部に「宣／諭」の墨印が捺されていることを勘案して、両本は伏原宣諭が太政官正院歴史課に提出した、家譜と推測する。両本ともに原本に拠った。

（五三）　林泰輔編『論語年譜』（大倉書店、一九一六年。後に『修訂論語年譜』〈国書刊行会、一九七六年〉）、前掲注（四一）『訪書餘録』本文篇、大阪府立図書館編『論語善本書影』（貴重図書影本刊行会、一九三一年）。
（五四）『萩市立図書館所蔵諸家旧蔵書籍目録』（萩市立図書館、一九九五年）。
（五五）笠井助治『近世藩校に於ける学統学派の研究』下（吉川弘文館、一九六九年）、近藤清石編・御薗生翁甫校訂『増補防長人物誌』（防長史談会、一九三三年。後にマツノ書店、一九八四年復刻版）、吉田祥朔『増補近世防長人名辞典』（山口県教育会、一九五七年。後にマツノ書店、一九七六年）。
（五六）『萩市立図書館所蔵和漢古書蔵書目録』（萩市立図書館、一九九四年）。
（五七）前掲注（二二）影山氏②校本等、前掲注（二二）（二三）を参照。
（五八）『昭和法宝総目録〔大正新脩大蔵経別巻〕』三巻（大正新脩大蔵経刊行会、一九七九年）所収。
（五九）『東京大学史料編纂所図書目録 第二部和漢書写本篇9』（東京大学出版会、一九七六年）19頁に著録される。同目録に「文科大學史料編纂掛編／写本　同掛令写　明治三九（一九〇六）」とある。原本に拠った。請求番号 RS四一〇〇—一〇。
（六〇）原本に拠った。請求番号 四—四九／ケ／五。
（六一）前掲注（五九）『東京大学史料編纂所図書目録 第二部和漢書写本篇9』19頁に著録される。同目録に「原蔵　建仁寺両足院（京都市下京区小松町）／写本　両足院令写　昭和二（一九二七）」とある。東京大学史料編纂所所蔵本に拠った。請求番号 RS四一〇〇—九六。

第一章　『令集解』所引『論語義疏』の性格——「五常」の条をめぐって——

はじめに

漢籍旧鈔本の研究や日本古典籍所引漢籍の研究については、長澤規矩也・阿部隆一両氏の基礎的な書誌学的研究がある。(一)しかし全体的には、必ずしも活発な研究が進んでいるとは言い難いのが現状である。その要因は、中国学・日本漢文学・日本史学・日本思想史学等の分野に亘る学際的研究が行われていないことにある。漢籍旧鈔本及び日本古典籍所引漢籍の性格や本文系統の考察を行うことは、漢籍受容史の研究を行う上で重要な課題の一つである。

稿者は、日本史学と中国学の学際的研究である日本古代に於ける『論語義疏』（以下、『義疏』と略称する）受容の一環として、日本古典籍所引『義疏』と室町時代書写の旧鈔本『義疏』とを比較することにより、奈良・平安時代に流布していた『義疏』の性格や本文系統の解明を企図している。

本章では、『令集解』所引『論語義疏』（以下、『集解』所引『義疏』と略称する）を対象として、その性格について考察を行いたい。

従来の『令集解』所引漢籍の研究には、以下の二つの文献学上の問題がある。

一、多くの研究では、『令集解』は、現在でも最良の活字本と認知されている新訂増補国史大系所収本（以下、国史大系本と略称する）を用いているが、その底本である国立歴史民俗博物館所蔵田中本（以下、田中本と略称する）を始めとする『令集解』の主要な写本の性格について充分考慮しないまま、研究が進められていること。

二、多くの研究は、引用漢籍の調査をする際に、日本に伝来していないテキストや『令集解』の撰述時代から考えて全く不適切なテキスト、また近現代の校訂本を用いていること。

これらのテキスト選定の問題は、『令集解』所引漢籍の性格や本文系統の文献学的考察に於いて、最も重要である。

本章では、この点に留意し、研究の原点にたちかえって『集解』所引『義疏』の文献学的考察を行いたい。

第一節　先行研究とその問題点

序章で述べた如く『義疏』は、主として武内義雄(二)・高橋均(三)・影山輝國(四)の三氏等により中国学の分野から研究が進められてきたが、日本古代に於ける漢籍受容史の観点からは、活発な研究は行われていない。これら『義疏』の先行研究のうち、本章が対象とする『集解』所引『義疏』に関わる研究は、次に挙げる高橋均・山口謠司両氏の二つの論考のみと言える。従って、本章の行論上、直接関わる高橋・山口両氏の論考について、ここで改めて詳述しておく。

高橋氏(五)は、『集解』所引『義疏』と旧鈔本『義疏』（天理大学附属天理図書館所蔵清熙園本を以て代表させる）とを比較検討して、両者は同系統に属するテキストであると結論づけている。更に、『集解』所引『義疏』の一部に、旧鈔本『義疏』とは異なったテキストを用いたものか、或いは『令集解』の撰述者が引用に際して書き改めたものかを判定するのが困難なケースがあること、また『令集解』の引用箇所を旧鈔本『義疏』に見出すことができない場合があり、皇侃疏以外の疏（例えば褚仲都『論語疏』）からの引用である可能性もあること、の二点を問題として指摘している。

一方、山口氏[六]は、旧鈔本『義疏』は宋刊本系統ではないかと言う長澤規矩也氏の問題提起[七]を証明するために、小島憲之氏[八]の『令集解』引用の訓詁は原本系『玉篇』の佚文と推定され、これは『令集解』以外の古代中世の古典籍の引用文にも適用できるという説、及び太田次男氏[九]の『政事要略』所引『白氏文集』は唐鈔本に由来する本文と推定され、その他の『政事要略』所引漢籍も日本に早くに伝来し、原本に近い良質の本文が保存されているという説に依拠し、『令集解』・『令義解』・『政事要略』・『性霊集略注』・『弘決外典鈔』・『世俗諺文』の日本古典籍に引く『義疏』を唐鈔本に由来する本文と想定する。氏は『令集解』等の日本古典籍所引『義疏』と旧鈔本『義疏』とを比較検討し、両者の異同は単純な誤写・衍字衍文・脱字脱文ではなく、日本古典籍所引『義疏』が唐鈔本に由来する本文と想定されることから、旧鈔本『義疏』は宋刊本に由来する本文と推定する。

以上のように、『集解』所引『義疏』の系統についての両氏の見解は、唐鈔本に由来する本文であることは一致するが、旧鈔本『義疏』との関係は対立している。『集解』所引『義疏』の系統について、独自に再検討し、その性格を解明することが本章の課題であるが、それに先立って、高橋・山口両氏が考察に用いた諸資料のテキスト選択について一言しておきたい。

高橋氏は『義疏』を引用する日本古典籍として『世俗諺文』・『論語総略』・『秘密曼荼羅十住心論』・『令集解』を利用している。このうち『世俗諺文』[一〇]は、遅くとも鎌倉時代初期書写の天理大学附属天理図書館所蔵観智院本を用い、『論語総略』[一一]は唯一の足本である鎌倉時代後期南北朝時代間書写の曼殊院門跡寄託京都国立博物館保管本を用いており、氏の選択は妥当と言える。しかし『秘密曼荼羅十住心論』（一二）については、高山寺所蔵天永二年（一一一一）写本・高野山大学図書館金剛三昧院文庫保管高野山金剛三昧院寄託平安時代末期写本が伝存するにもかかわらず、日本思想大系『空海』所収本と『弘法大師 空海全集』第一巻所収本を用いており（一三）、その選択には疑問がある。更に、『令集解』については、主要な写本として（一四）、田中本・宮内庁書陵部所蔵鷹司家本（以下、鷹司家本と略称する）・国立国会図書館所蔵清家本（以下、清家本と略称する）・国立公文書館内閣文庫所蔵紅葉山文庫本（以下、紅葉山文庫本と略称する）・宮内庁侍従職所管東山御文庫本（以下、東山御文庫本と略称する）・京都大学総合博物館所蔵『旧抄本経書』（一五）（以下、『旧抄本経書』と略称する）が挙げられるが、氏は国史大系本を用いており、この点にも疑問がある。このように氏のテキスト選定には問題があると言える。氏は後に加筆し、『政事要略』（高橋氏は国史大系本に依拠）・『令義解』「上令義解表」の注（高橋氏は国史大系本に依拠）・『五行大義』裏書（高橋氏は穂久邇文庫所蔵元弘相伝本に依拠）を加え、検討した。『政事要略』（一六）は『義疏』を引用する箇所については古写本が伝存しないので、校訂を経た国史大系本を用いた氏の選択もやむを得ない。『令義解』諸写本のうち、「上令義解表」を備えている写本には、鎌倉時代書写と推定される国立歴史民俗博物館所蔵廣橋本及び金沢文庫本を近世初頭に書写した国立公文書館内閣文庫所蔵紅葉山文庫本があり（一七）、これらを用いるべきであろう。なお、『五行大義』裏書は、穂久邇文庫所蔵元弘相伝本の紙背にのみ書入れられているものである。

山口氏は『令集解』・『令義解』「上令義解表」の注・『政事要略』・『性霊集略注』・『弘決外典鈔』・『世俗諺文』を利用している。このうち、『性霊集略注』（一八）は孤本である慶應義塾図書館（慶應義塾大学三田メディアセンター）所蔵嘉元四年（一三〇六）写本、『弘決外典鈔』（一九）は神奈川県立金沢文庫保管称名寺寄託弘安七年（一二八四）円種校合加点写本を用いており妥当と言える。『政事要略』は右に前述した如く、該当箇所の古写本が伝存しておらず、国史大系本を用いることも致し方ない。しかし、前述の如く、『令集解』・『令義解』は幾つかの主要な写本が伝存するにもかかわらず国史大系本を用い、『世俗諺文』は続群書類従所収本を用いており、何れも問題がある。『令集解』と『世俗諺文』については、前述の通り然るべき写本が伝存しており、それらに依拠すべきであろう。『令義解』は、前述の如く国立歴史民俗博物館所蔵廣橋本及び国立公文書館内閣文庫所蔵紅葉山文庫本が「上令義解表」を備えているので、両写本を用いるべきである。また、幾多の旧鈔本『義疏』が伝存するにもかかわらず、武内義雄『論語義疏坿校勘記』（以下、武内本と略称する）をもって代替していることにも問題がある。

高橋・山口両氏の論考の基礎とも言える日本古典籍のテキスト選定に問題があることは、以上の通りである。このように、先行研究は何れも中国学分野からの研究であることもあり、日本古典籍のテキストの性格を充分解明しないまま研究が進められていることに大きな問題がある。この点に鑑み、本章では、まず『令集解』の諸本を精査するとともに、平安・鎌倉・室町の各時代の典籍にそれぞれ引用される『義疏』、旧鈔本『義疏』、敦煌本『論語疏』とも比較検討することにより、奈良・平安時代に流布していた『義疏』の系統・性格を追究していく。

第二節　『令集解』の文献学的問題

日本古典籍所引漢籍が、唐鈔本に由来する本文であると言うことは、先学の研究[二〇]により、『政事要略』等の引用漢籍について解明されている。しかし、『令集解』所引漢籍の研究[二一]は原本系『玉篇』・『切韻』について先行研究があるものの、引用漢籍の性格や系統にまで及ぶ研究は進んでいない。

『令集解』の編纂は、貞観年間（八五九〜八七七）と言われている[二二]。従って、『令集解』に引用されている漢籍の本文は、それ以前に成立したものと言うことができる。特に、「古記」と「釈」の成立は奈良時代に溯るので、それらが引用する漢籍は、奈良時代以前に溯る本文[二三]、換言するならば、少なくとも唐鈔本に溯る本文である。『義疏』の現存するテキストは、唐代書写の敦煌本『論語疏』[二四]を除けば、室町時代[二五]から明治時代までの比較的新しい鈔本である。このようなことから、『集解』所引『義疏』の性格を解明することは、奈良時代に伝来していた『義疏』の本文復原、ひいては旧鈔本『義疏』の性格を解明する上に於いても、極めて重要である。

『集解』所引『義疏』が以上のような意義を有するとすれば、まず『義疏』を引く『令集解』の的確なテキスト選定が必要である。しかし前述の如く、高橋・山口両氏は、この点の検討を闕いたまま国史大系本を用いている。よってここでは、『令集解』のテキスト選定について検討したい。

『令集解』諸本の系統については、石上英一・水本浩典両氏[二六]による詳細な研究がある。石上氏作成の『令集解』諸写本の系統略図[二七]によれば、『令集解』の依拠すべき写本[二八]は次の四本である。

〈1〉田中本…国立歴史民俗博物館所蔵江戸時代前期写本
〈2〉鷹司家本…宮内庁書陵部所蔵江戸時代写本
〈3〉清家本…国立国会図書館所蔵慶長二年（一五九七）～同四年（一五九九）写本
〈4〉紅葉山文庫本…国立公文書館内閣文庫所蔵江戸時代初期写本

これらのうち田中本は、国史大系『令集解』の底本であり、最重要な写本と言われている。国史大系『令集解』前篇の凡例[二九]には、「底本たる田中忠三郎氏所蔵本は今存するところ三十六《ママ》冊、袋綴本にして金沢文庫の黒印を墨書し、本文の朱引きの外に行間又は鼇頭に朱墨の書入れ等を忠実に書写し、諸伝写本の中にあつて最も原本に近きものと鑑せらる」とあり、また、関靖氏[三〇]は、「奥書の新古によつて、その本の新古を判定することは出来ないが、奥書の沢山あるものほど、多数の人手に転々したものであることだけは想像することが出来る。若しその度毎に転写されたものであるとしたら、一番人手に多く渡らなかつたものほど、真を伝へてゐるものと見ることが出来る。この意味から内閣本と田中本が一番よいものではあるまいかとも考へてゐる」と述べている。日本思想大系『律令』の解題[三一]に於いても、「田中氏所蔵本は、金沢文庫本の転写本であって、三五冊。書写年代は明らかではないが、江戸時代と推定される。金沢文庫の黒印を墨書し、行間その他の書入れをも忠実に転写したもので、諸本のなかで最も金沢文庫本の原形に近いものとみられている」と記されている。田中本は、金沢文庫本系統の諸本中、最善本であるということは、通説となっているが、国立歴史民俗博物館所蔵となるまでは容易に閲覧することができず、このため田中本を底本としている国史大系『令集解』が最良の活字本として一般に使用されてきた。

しかし、田中本については、吉岡眞之「田中本『令集解』覚書」[三二]、石上英一「解題 令集解田中本」[三三]があるとは言え、より具体的な研究は行われていない。従って、高橋・山口両氏のように、田中本を底本としている国史大系本をテキストとして用いることは問題があり、稿者は、石上氏によって主要な写本とされた田中本・鷹司家本・清家本・紅葉山文庫本を用いて、『集解』所引『義疏』「五常」の条の本文を比較検討する。

なお、容易に閲覧することができない事情から、研究が進んでいるとは言い難い東山御文庫本、及び鎌倉時代書写の清家本『令集解』巻十九の断簡を含む『旧抄本経書』[三四]についても調査対象とした。

〈5〉東山御文庫本…宮内庁侍従職所管江戸時代写本

〈6〉『旧抄本経書』…京都大学総合博物館所蔵鎌倉時代写本

第三節　『令集解』諸本所引『論語義疏』の比較検討並びに校勘

『集解』の『義疏』引用文を精査した結果、管見の限りでは次の一三箇条が認められる。

	『集解』所引『義疏』	旧鈔本『義疏』
(1)	巻第三・職員令・中務省・画工司・釈　74－8左	巻第二・八佾第三
(2)	巻第五・職員令・左衛士府・古記　144－3右～左	巻第三・雍也第六
(3)	巻第六・後宮職員令・書司・古記　174－3左～4右	巻第一・皇序
(4)	巻第六・東宮職員令・傅・古記　183－1右～2右	巻第一・為政第二
(5)	巻第九・戸令・聴養条・釈　272－4左～5左	巻第二・八佾第三
(6)	巻第十一・戸令・国遣行条・讃　320－9右～321－1左	巻第一・為政第二
(7)	巻第十二・田令・園地条・古記　357－4右	巻第七・子路第十三
(8)	巻第十三・賦役令・孝子条・古記　412－3左	巻第六・先進第十一
(9)	巻第十五・学令・在学為序条・釈　446－7右～左	巻第四・述而第七
(10)	巻第十五・学令・在学為序条・古記　446－8右～左	巻第四・述而第七
(11)	巻第十七・選叙令・郡司条・釈　487－3右～左	巻第九・陽貨第十七
(12)	巻第十九・考課令・五常事・釈　557－4右～5右	巻第一・為政第二
(13)	巻第十九・考課令・徳義者内外称事・古記　557－9左～558－1左	巻第一・為政第二

凡例
○当該表の作成に当たっては、検索の便を考慮し、『令集解』の底本には国史大系本を用い、また、旧鈔本『義疏』には武内本を用いた。
○『令集解』の該当箇所は、国史大系本の頁数・行数・双行の左右によって示した。
　（例）「74－8左」は、「74頁第8行左」を指す。

そのうち「五常」の条は、四箇条が認められ、何れも後述する平安・鎌倉・室町の各時代の典籍、及び敦煌本『論語疏』に当該条を見出すことができる。これに対して他の九箇条は、日本古典籍所引『義疏』とは合致せず、比較検討の対象とはならない。よって、本章では「五常」の条に焦点を絞って、検討を加えることとする。

『義疏』「五常」の条は、巻第一・為政篇第二子張問十世可知也章の疏文に該当する。「五常」の条は、『令集解』では①巻第六（東宮職員令・傅・古記）、②巻第十一（戸令・国遣行条・讃）、③巻第十九（考課令・五常事・釈）、④巻第十九（考課令・徳義者内外称事・古記）の四箇所に引用されている。はじめに、それぞれについて、前述の諸本を比較検討して諸本間の字句の異同を明らかにすることとしたい。

なお、諸本間で異同がある箇所に●印を付した。

①『令集解』巻第六　東宮職員令　傅　古記

田中本

皇侃云五常謂仁義禮知●信也就五行論人稟此五氣而生則備有仁義禮智信也人有博受●之德謂之仁有嚴斷之德爲義有明辨尊卑敬讓之德爲禮有言不虛妄之德爲信有照了之德爲智是五掌之道不可變革也出論語疏

鷹司家本

皇侃云五常謂仁義禮智●信也就五行論人稟此五氣而生則備有仁義禮智信也人有博愛●之德謂之仁有嚴斷之德爲義有明辨尊卑敬讓之德爲禮有言不虛妄之德爲信有照了之德爲智是五掌之道不可變革也出論語疏

清家本

皇侃云五常謂仁義禮智●信也就五行論人稟此五氣而生則備有仁義禮智信也人有博愛●之德謂之仁有嚴斷之德爲義有明辨尊卑敬讓之德爲禮有言不虛妄之德爲信有照了之德爲智是五掌（常也）之道不可變革也出論語疏

紅葉山文庫本

皇侃云五常謂仁義禮智信也就五行論人稟此五氣而生則備有仁義禮智信也人有博愛之徳謂之仁有嚴斷之徳爲義有明辨尊卑敬讓之徳爲禮有言不虚妄之徳爲信有照了之徳爲智是五掌之道不可變革也出論語疏

東山御文庫本

皇侃云五常謂仁義禮智信也就五行論人稟此五氣而生則備有仁義禮智信也人有博愛之徳謂之仁有嚴斷之徳爲義有明辨尊卑敬讓之徳爲禮有言不虚妄之徳爲信有照了之徳爲智是五掌之道不可變革也出論語疏

〔校異〕

田中本	鷹司家本	清家本	紅葉山文庫本	東山御文庫本
知	智	智	智	智
受	愛	愛	愛	愛
掌	掌	掌 常也	掌	掌

当該箇所は、引用の冒頭に「皇侃云」、文末に「出論語疏」とあるので、『義疏』の引用文と認められる。諸本間の異同は「知」と「智」、「受」と「愛」の二箇所が認められ、また「掌」については清家本に校異が施されている。「知」と「智」についてであるが、田中本は「知」に作るが、鷹司家本・清家本・紅葉山文庫本・東山御文庫本では「智」に作り、また後述の②・④の諸本に於いても全て「智」に作る。これは田中本の「知」は「智」の誤りかと推定される。

続いて「受」と「愛」についてであるが、田中本は「受」に作るが、鷹司家本・清家本・紅葉山文庫本・東山御文庫本では「愛」に作り、また後述の②・③・④の諸本に於いても全て「愛」に作る。これは「受」と「愛」の筆写体が近似しているゆえの誤写かと推定される。

なお、「是五掌之道」の「掌」についてであるが、ここでは諸本全て「掌」に作る。ただし、清家本の「掌」に「常也」と本文と同筆と思われる校異が施されている。一方、後述の②・③・④では諸本全て「常」に作る。これらを勘案すれば、「掌」は、筆写体が近似しているゆえの「常」の誤写かと推定される。

②『令集解』巻第十一　戸令　国遣行条　讃

田中本

論語皇侃疏云五常謂仁義禮智信也就五行論人稟此五氣而生則備有仁義禮智信也釋名曰徳者得也得事宜也人有博愛之徳謂之仁有嚴斷之徳爲義有明辨尊卑敬讓之徳爲禮有言不虚妄之徳爲信有照了之徳爲智是五常之道不可變革也

鷹司家本

論語皇侃疏云五常謂仁義禮智信也就五行論人稟此五氣而生則備有仁義禮智信也釋名曰徳者得也得事宜也人有博愛之徳謂之仁有嚴斷之徳爲義有明辨尊卑敬讓之徳爲禮有言不虚妄之徳爲信有照了之徳爲智是五常之道不可變革也

清家本

論語皇侃疏云五常謂仁義禮智信也就五行論人稟此五氣而生則備有仁義禮智信也釋名曰徳者得也得事宜

也人有博愛之德謂之仁有嚴斷之德爲義有明辨尊卑敬讓之德爲禮有言不虛妄之德爲信有照了之德爲智是
五常之道不可變革也

紅葉山文庫本

当該巻は伝存していない。

東山御文庫本

論語皇侃疏云五常謂仁義禮智信也就五行論人稟此五氣而生則備有仁義禮智信也釋名曰德者得也得事宜
也人有博愛之德謂之仁有嚴斷之德爲義有明辨尊卑敬讓之德爲禮有言不虛妄之德爲信有照了之德爲智是
五常之道不可變革也

〔校異〕

諸本間の異同は認められない。

当該箇所は、引用の冒頭に「論語皇侃疏云」とあるので、『義疏』の引用文と認められる。

③『令集解』巻第十九　考課令　五常事　釈

田中本

人有博愛之德謂之仁有嚴斷之德爲義有明辨尊卑敬讓之德爲禮有言不虛妄之德爲信有明了之德爲智是五
常之道不可變革也

鷹司家本

人有博愛之德謂之仁有嚴斷之德爲義有明辨尊卑敬讓之德爲禮有言不虚妄之德爲信有明了之德爲智是五常之道不可變革也

清家本

人有博愛之德謂之仁有嚴斷之德爲義有明辨尊卑敬讓之德爲禮有言不虚妄之德爲信有明了之德爲智是五常之道不可變革也

紅葉山文庫本

当該巻は伝存していない。

東山御文庫本

人有博愛之德謂之仁有嚴斷之德爲義有明辨尊卑敬讓之德爲禮有言不虚妄之德爲信有明了之德爲智是五常之道不可變革也

『旧抄本経書』

当該箇所は伝存していない。

〔校異〕

諸本間の異同は認められない。

当該箇所は、典拠が明記されていないが、前述の①・②、後述の④の『義疏』の引用文と一致するので『義疏』の引用文と認めてさしつかえない。

④『令集解』巻第十九　考課令　徳義者内外称事　古記

田中本

皇侃疏云五常謂仁義禮智信也就五行論人稟此五氣而生則備有仁義禮智信也人有博愛之德謂之仁有嚴斷之德爲義有明辨尊卑敬讓之德爲禮有言不虚妄之德爲信有照了之德爲智是五常之道不可辨革也

鷹司家本

皇侃疏云五常謂仁義禮智信也就五行論人稟此五氣而生則備有仁義禮智信也人有博愛之德謂之仁有嚴斷之德爲義有明辨尊卑敬讓之德爲禮有言不虚妄之德爲信有照了之德爲智是五常之道不可辨革也

清家本

皇侃疏云五常謂仁義禮智信也就五行論人稟此五氣而生則備有仁義禮智信也人有博愛之德謂之仁有嚴斷之德爲義有明辨尊卑敬讓之德爲禮有言不虚妄之德爲信有照了之德爲智是五常之道不可辨革也

紅葉山文庫本

当該巻は伝存していない。

東山御文庫本

皇侃疏云五常謂仁義禮智信也就五行論人稟此五氣而生則備有仁義禮智信也人有博愛之德謂之仁有嚴斷之德爲義有明辨尊卑敬讓之德爲禮有言不虚妄之德爲信有照了之德爲智是五常之道不可辨革也

『旧抄本経書』

皇侃疏云五常謂仁義禮智信也就五行論人稟此五氣而生則備有仁義禮智信也人有博愛之德謂之仁有嚴斷之德爲義有明辨尊卑敬讓之德爲禮有言不虚妄之德爲信有照了之德爲智是五常之道不可辨革也

〔校異〕

諸本間の異同は認められない。

当該箇所は、引用の冒頭に「皇侃疏云」とあるので『義疏』と認められる。

以上、①～④の四箇条の引用を比較検討してきた。これらの結果に基づいて、『集解』所引『義疏』の当該条を校勘すると次の如くなる。

五常謂仁義禮智(1)信也就五行論人稟此五氣而生則備有仁義禮智信也人有博愛(2)之德謂之仁有嚴斷之德爲義有明辨尊卑敬讓之德爲禮有言不虛妄之德爲信有照(3)了之德爲智是五常(4)之道不可變(5)革也

次に、校勘の結果について逐次考察を加える。

（1）「智」は、①の田中本のみ「知」に作るが、①の鷹司家本・清家本・紅葉山文庫本・東山御文庫本では「智」に作り、②・④の諸本に於いても全て「智」に作ることから、①の田中本の「知」は「智」の誤りかと推定される。

（2）「愛」は、①の田中本のみ「受」に作るが、①の鷹司家本・清家本・紅葉山文庫本・東山御文庫本では「愛」に作り、②・③・④の諸本に於いても全て「愛」に作る。①の田中本の「受」は、「愛」と筆写体が近似しているゆえの誤写かと推定される。

（3）「照」は、③の諸本では全て「明」に作るが、①・②・④の諸本では全て「照」に作る。③の諸本の

「明」は、「照」と筆写体が近似しているゆえの誤写かと推定される。
（4）「常」は、①の諸本では全て「掌」に作るが、②・③・④の諸本では全て「常」に作る。一方、①の清家本の「掌」に「常也」と校異注が施されている。これは、「掌」と「常」の筆写体が近似しているゆえの誤写の可能性を窺わせ、本来は「常」とあるべきものと推定される。
（5）「變」は、④の諸本では全て「辨」に作るが、①・②・③の諸本では全て「變」に作ることから、「辨」は「變」の誤りかと推定される。ただし、「變」と「辨」は、仮借音通の関係にある。しかし、ここの「變」と「辨」が仮借音通であるか否かは、不明である。

第四節　『令集解』所引『論語義疏』と他の典籍諸本所引『論語義疏』との相異

前節での校勘の結果を踏まえて、『集解』所引『義疏』の性格について考察するためには、他の日本古典籍所引『義疏』「五常」の条と比較検討する必要があろう。そこで、『令集解』所引当該条と『秘密曼荼羅十住心論』・『般若心経秘鍵開門訣』・『性霊集注』・『悉曇輪略図抄』・『秘蔵宝鑰勘註』・『五行大義』裏書・『聖徳太子平氏伝雑勘文』・『太子伝玉林抄』・『論語抄』（笑雲清三編）のそれぞれに引用ないしは書入れられている当該条とを比較し、併せて室町時代書写の旧鈔本『義疏』、唐代書写と推定されている敦煌本『論語疏』も検討材料に加える。

まず、調査に用いた典籍諸本のテキストについて述べておく。

《1》『令集解』

・前節で行った校勘の結果を用いる。

《2》『秘密曼荼羅十住心論』(三五)

・高山寺所蔵天永二年（一一一一）写本（以下、高山寺本と略称する）

・高野山大学図書館金剛三昧院文庫保管高野山金剛三昧院寄託（以下、金剛三昧院本と略称する）巻第二・巻第四・又巻第四・巻第六　平安時代末期写本、巻第八　平安時代末期写本

《3》『般若心経秘鍵開門訣』(三六)

・高野山大学図書館光台院文庫保管高野山光台院寄託江戸時代写本（以下、光台院本と略称する）

・智積院智山書庫所蔵天明七年（一七八七）写本（以下、智積院本と略称する）

・高野山大学図書館高野山増福院文庫所蔵天保一五年（一八四四）写本（以下、増福院本と略称する）

《4》『性霊集注』(三七)

・真福寺寶生院真福寺文庫所蔵永和三年（一三七七）写本（以下、真福寺本と略称する）

・〈真福寺善本叢刊　一二巻〉『性霊集注』に翻印された高野山宝亀院所蔵写本（以下、宝亀院本と略称する）の独自の書入（以下、宝亀院本書入と略称する）

《5》『悉曇輪略図抄』(三八)

・神戸松蔭女子学院大学図書館所蔵鍬方建一郎旧蔵正徳四年（一七一四）～同五年（一七一五）写本（以下、鍬方本と略称する）

・高野山大学図書館三宝院文庫保管高野山三宝院寄託天保九年（一八三八）写本（以下、三宝院本と略称する）

・大正新脩大蔵経所収本（以下、大正蔵本と略称する）（大正蔵本の底本は高野山遍照光院所蔵貞和二年〈一三四六〉写本）

《6》『秘蔵宝鑰勘註』[三九]

・叡山文庫天海蔵所蔵応永一七年（一四一〇）～同一八年（一四一一）写本

《7》『五行大義』裏書[四〇]

・穂久邇文庫所蔵元弘相伝本

《8》『聖徳太子平氏伝雑勘文』[四一]

・宮内庁書陵部所蔵明治時代影写本

《9》『太子伝玉林抄』[四二]

・法隆寺所蔵尊英本（長享元年〈一四八七〉～延徳二年〈一四九〇〉写本）

《10》『論語抄』[四三]（笑雲清三編）

・宮内庁書陵部所蔵慶長五年（一六〇〇）写本（以下、宮内庁本と略称する）

・京都大学大学院文学研究科図書館所蔵室町時代末期江戸時代初期写本（以下、京大文学研究科本と略称する）

・一般財団法人　石川武美記念図書館　成簣堂文庫所蔵室町時代末期江戸時代初期写本（以下、成簣堂文庫本と略称する）

《11》旧鈔本『義疏』

《12》敦煌本『論語疏』

では具体的に右の典籍諸本を比較検討していきたい。

前掲の『令集解』の校勘の結果を改めて示し、次に典籍諸本の本文を列挙していく。

《1》『集解』所引『義疏』「五常」の条

五常謂仁義禮智信也就五行論人稟此五氣而生則備有仁義禮智信也人有博愛之德謂之仁有嚴斷之德爲義有明辨尊卑敬讓之德爲禮有言不虛妄之德爲信有照了之德爲智是五常之道不可變革也

なお、『集解』所引『義疏』に対応する他の典籍諸本所引『義疏』の箇所に傍線を施し、異同がある字句に●印、『集解』所引『義疏』に字句がなく、他の典籍諸本所引『義疏』に字句がある場合は、それに▲印をそれぞれ付す。

《2》『秘密曼荼羅十住心論』巻第二

・高山寺本

論語云殷因於夏禮所損益可知也馬融曰所因謂三綱五常也疏云三綱謂※夫婦父子君臣也五常謂仁義禮智信也就五行而謂則木爲仁火爲禮金爲義水爲信土爲智人稟此五氣而生則備有仁義禮智信之性也人有博愛之德謂之仁有嚴斷之德爲義有明辨尊卑敬讓之德爲禮有言不虛妄之德爲信有照了之德爲智此五者是人性恒不可暫捨故謂五常

※金剛三昧院本、「謂」無し。他は高山寺本と同文。

《3》『般若心経秘鍵開門訣』巻上

・光台院本

論語疏云謂仁義禮智信者人有博愛之德謂之仁云云

・智積院本及び増福院本

論語疏云謂仁義禮智信也人有博愛之德謂之仁云々

《4》『性霊集注』

・真福寺本

第六注

三綱五常者論語疏云三綱□□□子君□也五常謂仁義禮智信也就五行而謂則木爲仁火爲禮金爲義水爲信土爲智人稟此五氣而生則備有仁義禮智信之性也人有博愛之德謂之仁有嚴斷之德爲義有明辨尊卑敬讓之德爲禮有言不虚妄之德爲信有照了之德爲智此五者是人性恒不可暫捨故謂五常云々

※□は虫損により判読し難い。

・宝亀院本書入

第二注　「三明者倶舍云三明者一宿住智証明」の前

五常論語疏云仁義禮智信也就五行而論則木爲仁火爲禮金爲義水爲信上爲智人稟此五常而生則備有仁義禮智信之性也人有博愛之德謂之仁有嚴斷之德爲義有明辨尊卑敬讓之德爲禮有言不虚妄之德爲信有照了之德爲智此五者是人性之恒不可暫捨故謂五常也雖復時移世易事歷今古而三綱五常之道不可變革故世世相因百代仍襲也論語疏云三綱謂夫婦父子君臣也三事爲人生之綱領故云三綱也

《5》『悉曇輪略図抄』　巻第七　五経事

・鍬方本

論語皇侃疏云五常謂仁義禮智信也就五行而論則木爲仁火爲禮金爲義水爲信土爲智人稟北五常而生備有仁義禮智信之性也人有博愛之德謂之仁有嚴斷之德爲義有明辨尊卑敬讓之德爲禮有言不虚妄之德爲信有照了

之德爲智此五者是人性之恒不可暫捨故謂五常也文

・三宝院本

論語皇侃疏云五常謂仁義禮智信也就五行而論則木爲仁火爲禮金爲義水爲信土爲智人稟此五常而生備有仁義禮智信之性也人有博愛之德謂之仁有嚴斷之德爲義有明辨尊卑敬讓之德爲禮有言不虛妄之德爲信有照了之德爲智此五者是人性之恒不可暫捨故謂五常也文

・大正蔵本

論語皇侃疏云五常謂仁義禮智信也就五行而論則木爲仁火爲禮金爲義水爲信土爲智人稟此五常而生備有仁義禮智信之性也人有博愛之德謂之仁有嚴斷之德爲義有明辨導卑敬讓之德爲禮有言不虛妄之德爲信有照字之德爲智此五者是人性之恒不可暫捨故謂五常也文

《6》『秘蔵宝鑰勘註』巻上

五常

論語疏云五常謂仁義禮智信也有情※愛之德謂之仁有嚴斷之德爲義有明弁尊卑敬讓之德爲禮有言不虛妄之德爲信有照了之德爲智此五者是人性恒不可暫捨故謂五常文

※左傍に抹消符を付し、右傍に本文と同筆にて「博」と書す。

『秘蔵宝鑰勘註』巻上

外号五常内名五戒

論語疏云五常謂仁義禮智信也○人有博愛之德謂之仁有嚴斷之德爲義有明弁尊卑敬讓之德爲禮有言不虛妄之德爲信有照了之德爲智此五者是人性恒不可蹔捨故謂五常抄略

《7》『五行大義』巻第三　裏書

五常事

王侃云五常謂仁義禮知信也就五行而論則木爲仁火爲禮金爲義水爲信土爲智人稟此五常而生則備有仁義禮智信之性也人有博愛之徳謂之仁有嚴斷之徳爲義有明弁尊卑敬讓之徳爲禮有言不虚妄之徳爲信有昭了之徳爲智此五者是人性之恒不可暫捨故謂五常也

《8》『聖徳太子平氏伝雑勘文』上三　五常事

論語疏云人有博愛之徳謂之仁有嚴斷之徳爲義有明弁尊卑敬讓之徳爲禮有不虚妄之徳爲信有照□※之徳爲智此五者是人性恒不可暫捨故謂五常也文

※親本或いは祖本の虫損の形状を写し取っている。

《9》『太子伝玉林抄』巻第六

論語疏云人有博愛※徳謂之仁有嚴斷之徳爲義有明弁尊卑敬讓之徳爲禮有不虚妄之徳爲信有照了之徳爲智此五者常（恒イ）不可暫捨故謂五常也

※「愛」に「ノ」と送仮名が施されている。

『太子伝玉林抄』巻第十一

論語疏云人有博愛之徳謂之仁（五行木）有嚴斷之徳爲義（五行金）有辨尊卑敬讓之徳爲禮（五行火）有言不虚妄之徳爲信（五行水）有照了之徳爲智（五行土）

《10》『論語抄』為政第二

・宮内庁本

疏云此是周所因於殷々所因於夏之事也三綱謂夫婦父子君臣也三事爲人生之綱領故云三綱也五常謂仁義禮智信也就五行而論則木爲仁火爲禮金爲義水爲信土爲智人禀此五常而生則備有仁義禮智信之性也人有博愛之徳謂之仁有嚴斷之徳爲義有明辨尊卑敬讓之徳爲禮有言不虛妄之徳爲信有照了之徳爲智此五者是人性之恒不可暫捨故謂五常也雖復時移世易事歷今古而三綱五常之道不可變華※革故世々相因百代仍襲也所損益謂文質三統也

※「華」の右傍に墨筆による抹消符が付されている。

・京大文学研究科本

疏云此是周所因於殷々所因於夏之事也三綱謂夫婦父子君臣也三事爲人生之綱領故云三綱也五常謂仁義禮智信也就五行而論則木爲仁火爲禮金爲義水爲信土爲智人禀此五常而生則備有仁義禮智信之性也人有博愛之徳謂之仁有嚴斷之徳爲義有明辨尊卑敬讓之徳爲禮有言不虛妄之徳爲信有照了之徳爲智此五者是人性之恒不可暫捨故謂五常也雖復時移世易事歷今古而三綱五常之道不可變革故世々相因百代仍襲也所損益謂文質三統也

・成簣堂文庫本

疏云此是周所因於殷こ所因於夏之事也三綱謂夫婦父子君臣也三事爲人生之綱領故云三綱也五常謂仁義禮智信也就五行而論則木爲仁火爲禮金爲義水爲信土爲智人禀此五常而生則備有仁義禮智信之性也人有博愛※一○〔之徳謂〕之仁有嚴斷之徳爲義有明辨尊卑敬讓之徳爲禮有言不虛妄之徳爲信有照了之徳爲智此五者是人性之恒不可暫捨故謂五常也雖復時移世易事歷今古而三綱五常之道不可變革故世こ相因□※二百代仍襲也所損益謂文質三統也

※一　「愛」の下に墨筆にて補入符を付し、本文と同筆で「愛」の左傍に「之德謂」と墨書する。
※二　「百」を擦消する。

《11》『義疏』巻第一　為政第二

・応永三四年本

五常謂仁義禮智信也就五行而論則木爲仁火爲禮金爲義水爲信土爲智人禀此五常而生則備有仁義禮智信之性也人有博愛之德謂之仁有嚴斷之德爲義有明辨尊卑敬讓之德爲禮有言不虛妄之德爲信有照了之德爲智此五者是人性之恒不可暫捨故謂五常也雖■（墨滅）時移世易事歷今古而三綱五常之道不可變革故世ゝ相因百代仍襲也

・文明九年本

五常謂仁義禮智信也就五行而論則本《木》爲仁火○《爲》禮金爲義水爲信土爲智○《人※》票此五常而生則備有仁義禮智信之性也人有博愛之德謂之仁有嚴斷之德爲義有明辨尊卑敬讓之德爲禮有言不虛妄之德爲信有照了之德爲智此五者是人性之恒不可暫捨故謂五常也雖復時移世易事歷今古而三綱五常之道不可變革故世ゝ相因百代仍襲也

※脚注に「稟」と墨書する。

・清熙園本

五常謂仁義禮智信也就五行而論則木爲仁火爲禮金爲義木《水》爲信土爲智人禀此五常而生則備有仁義禮智信之性也人有博愛之德謂之仁有嚴斷之德爲義有明辨尊卑敬讓之德爲禮有言不虛妄之德爲信有照了之德爲智此五者是人性之恒不可暫捨故謂五常也雖復時移世易事歷今古而三綱五常之道不可變革故世ゝ相因百代仍襲

也

《12》敦煌本『論語疏』

五常謂仁義禮智信也就五行而論則木爲仁火爲禮金爲義水爲信土爲智人稟此五氣而生則備有仁義禮智信之性也木有博愛之徳謂之仁金有嚴斷之徳爲義火有明辯尊卑敬讓之徳爲禮水有照了之徳爲信土有信不虚忘之徳爲智此五者是人性之恒不可蹔捨故謂五常雖復時移代易事歴今古而三綱五常之道不可變革故世相因百代仍襲也

以上を整理し、『集解』所引『義疏』の校勘の結果に、典籍諸本との異同箇所を注記すると、次の如くなる。

五常謂仁義禮智①信也就五行　②論③　④人稟此⑤五氣⑥而生則備有　⑦仁義禮智信　⑧也⑨人⑩有博愛之徳謂之仁　⑪有嚴斷之徳爲義　⑫有明辨尊⑬卑敬讓之徳爲禮　⑭有言⑮不虚妄⑯之徳爲信　⑰有照⑱了⑲之徳爲智　⑳是㉑五常之道不可變革也㉒

右の①〜㉒の異同を生じた要因について、逐次考察を加えていきたい。

①　『令集解』は「智」に作り、『秘密曼荼羅十住心論』二本・真福寺本『性霊集注』・『性霊集注』宝亀院本書入・『悉曇輪略図抄』三本・『秘蔵宝鑰勘註』・『論語抄』三本・旧鈔本『義疏』三本・敦煌本『論語疏』も同じく「智」に作る。しかし、『五行大義』裏書のみ「知」に作る。『五行大義』裏書の「知」は「智」の誤写か、ないしは「智」と「知」は通用かと推定される。なお、『般若心経秘鍵開門訣』三本・『聖徳太子平氏伝

雑勘文』・『太子伝玉林抄』は当該箇所の引用はない。

② 『令集解』は当該箇所に字句がない。しかし、『秘密曼荼羅十住心論』二本・真福寺本『性霊集注』・『性霊集注』宝亀院本書入・『悉曇輪略図抄』三本・『五行大義』裏書・『論語抄』三本・旧鈔本『義疏』三本・敦煌本『論語疏』は当該箇所に「而」がある。『令集解』の引用は節略され、改変を受けたと推定される。なお、『般若心経秘鍵開門訣』三本・『秘蔵宝鑰勘註』・『聖徳太子平氏伝雑勘文』・『太子伝玉林抄』は当該箇所の引用はない。

③ 『令集解』は「論」に作り、『悉曇輪略図抄』三本・『性霊集注』宝亀院本書入・『五行大義』裏書・『論語抄』三本・旧鈔本『義疏』三本・敦煌本『論語疏』も同じく「論」に作る。しかし、『秘密曼荼羅十住心論』二本・真福寺本『性霊集注』は「謂」に作る。『秘密曼荼羅十住心論』二本・真福寺本『性霊集注』の「謂」は「論」と筆写体が近似しているゆえの誤写かと推定される。なお、『般若心経秘鍵開門訣』三本・『秘蔵宝鑰勘註』・『聖徳太子平氏伝雑勘文』・『太子伝玉林抄』は当該箇所の引用はない。

④ 『令集解』は当該箇所に文がなく、「就五行論」の後に「人稟此五氣而生」以下の文が続く。しかし、『秘密曼荼羅十住心論』二本・真福寺本『性霊集注』・『性霊集注』宝亀院本書入・『悉曇輪略図抄』三本・『五行大義』裏書・『論語抄』三本・旧鈔本『義疏』三本・敦煌本『論語疏』は「就五行而論」の後に「則木爲仁火爲禮金爲義水爲信土爲智」の一文があり、「人稟此五氣而生」に続く。『令集解』の引用は節略され、改変を受けたと推定される。因みに、『性霊集注』宝亀院本書入の「上爲智」の「上」は、「土」と字形が近似しているゆえの誤写か。ただし、宝亀院本の原本は閲覧することができなかったため、翻字の際の誤植の可能性も残る。なお、『般若心経秘鍵開門訣』三本・『秘蔵宝鑰勘註』・『聖徳太子平氏伝雑勘文』・『太子伝玉林

抄』は当該箇所の引用はない。

⑤『令集解』は「此」に作り、『秘密曼荼羅十住心論』二本・真福寺本『性霊集注』・『性霊集注』宝亀院本書入・三宝院本『悉曇輪略図抄』・大正蔵本『悉曇輪略図抄』・『五行大義』裏書・『論語抄』三本・旧鈔本『義疏』三本・敦煌本『論語疏』も同じく「此」に作る。しかし、鍬方本『悉曇輪略図抄』のみ「北」に作る。鍬方本『悉曇輪略図抄』の「北」は「此」と筆写体が近似しているゆえの誤写と推定される。なお、『般若心経秘鍵開門訣』三本・『秘蔵宝鑰勘註』・『聖徳太子平氏伝雑勘文』・『太子伝玉林抄』は当該箇所の引用はない。

⑥『令集解』は「氣」に作り、『秘密曼荼羅十住心論』二本・真福寺本『性霊集注』・敦煌本『論語疏』も同じく「氣」に作る。一方、『性霊集注』宝亀院本書入・『悉曇輪略図抄』三本・『五行大義』裏書・『論語抄』三本・旧鈔本『義疏』三本は「常」に作る。この異同は、誤字・誤写等の単純な要因によるものとは考え難いが、現時点では明確な鄙見を提示することができない。これについては更に後述する。なお、『般若心経秘鍵開門訣』三本・『秘蔵宝鑰勘註』・『聖徳太子平氏伝雑勘文』・『太子伝玉林抄』は当該箇所の引用はない。

⑦『令集解』は当該箇所に字句がなく、『秘密曼荼羅十住心論』二本・真福寺本『性霊集注』・『性霊集注』宝亀院本書入・『悉曇輪略図抄』三本・『五行大義』裏書・『論語抄』三本・旧鈔本『義疏』三本・敦煌本『論語疏』も同じく当該箇所に字句がない。しかし、『般若心経秘鍵開門訣』三本のみ当該箇所に「謂」がある。これは、『般若心経秘鍵開門訣』の引用が取意による改変を受けた可能性が窺われる。なお、『秘蔵宝鑰勘註』・『聖徳太子平氏伝雑勘文』・『太子伝玉林抄』は当該箇所の引用はない。

⑧『令集解』は当該箇所に字句がない。しかし、『秘密曼荼羅十住心論』二本・真福寺本『性霊集注』・『性霊

集注』宝亀院本書入・『悉曇輪略図抄』三本・『五行大義』裏書・『論語抄』三本・旧鈔本『義疏』三本・敦煌本『論語疏』は当該箇所に「之性」がある。これは、『令集解』の引用が節略され、改変を受けたかと推定される。なお、『般若心経秘鍵開門訣』三本・『秘蔵宝鑰勘註』・『聖徳太子平氏伝雑勘文』・『太子伝玉林抄』は当該箇所の引用はない。

⑨『令集解』は「也」に作り、『秘密曼荼羅十住心論』二本・智積院本『般若心経秘鍵開門訣』・増福院本『般若心経秘鍵開門訣』・真福寺本『性霊集注』・『性霊集注』宝亀院本書入・『悉曇輪略図抄』三本・『五行大義』裏書・『論語抄』三本・旧鈔本『義疏』三本・敦煌本『論語疏』も同じく「也」に作る。一方、光台院本『般若心経秘鍵開門訣』のみ「者」に作り、「謂仁義禮智信」の文と「人有博愛之徳謂之仁」の文を接続している。光台院本『般若心経秘鍵開門訣』の引用は、節略もしくは取意に伴う文章整定による改変の可能性、もしくは「者」は「也」の誤写の可能性、が窺われる。なお、『秘蔵宝鑰勘註』・『聖徳太子平氏伝雑勘文』・『太子伝玉林抄』は当該箇所の引用はない。

⑩『令集解』は「人」に作り、『秘密曼荼羅十住心論』二本・『般若心経秘鍵開門訣』三本・真福寺本『性霊集注』・『性霊集注』宝亀院本書入・『悉曇輪略図抄』三本・『五行大義』裏書・『聖徳太子平氏伝雑勘文』・『太子伝玉林抄』・『論語抄』三本・旧鈔本『義疏』三本も同じく「人」に作る。一方、敦煌本『論語疏』のみ「木」に作る。ただし、敦煌本『論語疏』の「木」は五行の一つである「木」の意であり、単純な誤字・誤写等ではない。後掲の⑪の「金」、⑫の「火」、⑭の「土」、⑰の「水」も、全て敦煌本『論語疏』は五行の一字を記しているのであり、このことは、他の典籍諸本所引『義疏』に対する敦煌本『論語疏』の独自性を示すものと言えよう。なお、『秘蔵宝鑰勘註』の当該箇所については、㉓に於いて後述する。

⑪『令集解』は当該箇所に字句がなく、『秘密曼荼羅十住心論』二本・真福寺本『性霊集注』・『性霊集注』宝亀院本書入・『悉曇輪略図抄』三本・『秘蔵宝鑰勘註』・『五行大義』裏書・『聖徳太子平氏伝雑勘文』・『太子伝玉林抄』・『論語抄』三本・旧鈔本『義疏』三本も同じく当該箇所に字句がない。一方、敦煌本『論語疏』は「金」がある。前述⑩の如く、これは敦煌本『論語疏』の独自性を示すものと言えよう。なお、『般若心経秘鍵開門訣』三本は当該箇所の引用はない。

⑫『令集解』は当該箇所に字句がなく、『秘密曼荼羅十住心論』二本・真福寺本『性霊集注』・『性霊集注』宝亀院本書入・『悉曇輪略図抄』三本・『秘蔵宝鑰勘註』・『五行大義』裏書・『聖徳太子平氏伝雑勘文』・『太子伝玉林抄』・『論語抄』三本・旧鈔本『義疏』三本も同じく当該箇所に字句がない。一方、敦煌本『論語疏』は当該箇所に「火」がある。これも⑩・⑪と同様、敦煌本『論語疏』の独自性を示すものと言えよう。なお、『般若心経秘鍵開門訣』三本は当該箇所の引用はない。

⑬『令集解』は「尊」に作り、『秘密曼荼羅十住心論』二本・真福寺本『性霊集注』・『性霊集注』宝亀院本書入・鍬方本『悉曇輪略図抄』・三宝院本『悉曇輪略図抄』・『秘蔵宝鑰勘註』・『五行大義』裏書・『聖徳太子平氏伝雑勘文』・『太子伝玉林抄』・『論語抄』三本・旧鈔本『義疏』三本・敦煌本『論語疏』も同じく「尊」に作る。しかし、大正蔵本『悉曇輪略図抄』は「導」に作る。大正蔵本は、その底本である遍照光院本『悉曇輪略図抄』の誤写を継承した可能性がある。ただし、遍照光院本の原本は閲覧することができなかったため、大正蔵本の本文校勘の際に生じた改変、もしくは翻字の際の誤植の可能性も残る。なお、『般若心経秘鍵開門訣』三本は当該箇所の引用はない。

⑭『令集解』は当該箇所に字句がなく、『秘密曼荼羅十住心論』二本・真福寺本『性霊集注』・『性霊集注』宝

亀院本書入・『悉曇輪略図抄』三本・『秘蔵宝鑰勘註』・『五行大義』裏書・『聖徳太子平氏伝雑勘文』・『太子伝玉林抄』・『論語抄』三本・旧鈔本『義疏』三本も同じく字句がない。一方、敦煌本『論語疏』は当該箇所に「土」がある。これも⑩・⑪・⑫と同じく、敦煌本『論語疏』の独自性を示すものと言えよう。なお、『般若心経秘鍵開門訣』三本は当該箇所の引用はない。

⑮『令集解』は「言」に作り、『秘密曼荼羅十住心論』二本・真福寺本『性霊集注』・『性霊集注』宝亀院本書入・『悉曇輪略図抄』三本・『秘蔵宝鑰勘註』・『五行大義』裏書・『太子伝玉林抄』巻第十一・『論語抄』三本・旧鈔本『義疏』三本も同じく「言」に作る。一方、『聖徳太子平氏伝雑勘文』・『太子伝玉林抄』巻第六は「言」がない。『太子伝玉林抄』巻第六に「言」がない要因は、『義疏』からの直接引用ではなく、先行する『聖徳太子平氏伝雑勘文』から間接引用したことによるものかとも推測される。『聖徳太子平氏伝雑勘文』・『太子伝玉林抄』巻第六に「言」がないのは脱字であろう。また敦煌本『論語疏』は「言」を「信」に作るが、「信」は「言」の誤写かと推定される。なお、『般若心経秘鍵開門訣』三本は当該箇所の引用はない。

⑯『令集解』は「妄」に作り、『秘密曼荼羅十住心論』二本・真福寺本『性霊集注』・『性霊集注』宝亀院本書入・『悉曇輪略図抄』三本・『秘蔵宝鑰勘註』・『五行大義』裏書・『聖徳太子平氏伝雑勘文』・『太子伝玉林抄』・『論語抄』三本・旧鈔本『義疏』三本も同じく「妄」に作る。しかし、敦煌本『論語疏』は「忘」に作る。敦煌本『論語疏』の「忘」は「妄」と筆写体が近似しているゆえの誤写かと推定される。なお、『般若心経秘鍵開門訣』三本は当該箇所の引用はない。

⑰『令集解』は当該箇所に字句がなく、『秘密曼荼羅十住心論』二本・真福寺本『性霊集注』・『性霊集注』宝亀院本書入・『悉曇輪略図抄』三本・『秘蔵宝鑰勘註』・『五行大義』裏書・『聖徳太子平氏伝雑勘文』・『太子

伝玉林抄』・『論語抄』三本・旧鈔本『義疏』三本も同じく当該箇所に字句がない。一方、敦煌本『論語疏』は「水」がある。前述⑩・⑪・⑫・⑭の如く、これも敦煌本『論語疏』の独自性を示すものと言えよう。なお、『般若心経秘鍵開門訣』三本は当該箇所の引用はない。

⑱『令集解』は「照」に作り、『秘密曼荼羅十住心論』二本・真福寺本『性霊集注』・『性霊集注』宝亀院本書入・『悉曇輪略図抄』三本・『秘蔵宝鑰勘註』・『五行大義』裏書・『聖徳太子平氏伝雑勘文』・『太子伝玉林抄』・『論語抄』三本・旧鈔本『義疏』三本・敦煌本『論語疏』も同じく「照」に作る。しかし、『五行大義』裏書のみ「昭」に作る。『五行大義』裏書の「昭」は「照」と筆写体が近似しているゆえの誤写かと推定される。なお、『般若心経秘鍵開門訣』三本は当該箇所の引用はない。

⑲『令集解』は「了」に作り、『秘密曼荼羅十住心論』二本・真福寺本『性霊集注』・『性霊集注』宝亀院本書入・鍬方本『悉曇輪略図抄』・三宝院本『悉曇輪略図抄』・『秘蔵宝鑰勘註』・『五行大義』裏書・『太子伝玉林抄』・『論語抄』三本・旧鈔本『義疏』三本・敦煌本『論語疏』も同じく「了」に作る。しかし、大正蔵本『悉曇輪略図抄』のみ「字」に作る。大正蔵本の底本である遍照光院本『悉曇輪略図抄』の誤写を継承した可能性がある。ただし、前述⑬の如く、遍照光院本の原本は閲覧することができなかったため、大正蔵本の本文校勘の際に生じた改変、もしくは翻字の際の誤植の可能性も残る。なお、『般若心経秘鍵開門訣』三本は当該箇所の引用はなく、また『聖徳太子平氏伝雑勘文』は親本或いは祖本の虫損の形状を忠実に写し取っているが、判読し難い。

⑳『令集解』は当該箇所に文がない。一方、『秘密曼荼羅十住心論』二本・真福寺本『性霊集注』・『性霊集注』宝亀院本書入・『悉曇輪略図抄』三本・『秘蔵宝鑰勘註』・『五行大義』裏書・『聖徳太子平氏伝雑勘文』・

『太子伝玉林抄』巻第六・『論語抄』三本・旧鈔本『義疏』三本・敦煌本『論語疏』は、「此五者」以下の文がある。『令集解』は「此五者」以下の文を省略したものである。なお、『般若心経秘鍵開門訣』三本・『太子伝玉林抄』巻第十一は当該箇所の引用はない。

㉑『令集解』は「是」に作るが、『性霊集注』宝亀院本書入・『論語抄』三本・旧鈔本『義疏』三本・敦煌本『論語疏』は「而三綱」に作る。『令集解』の「是」は、節略して引用したことに伴う文章整定のための改変と考えられる。なお、他の典籍諸本には当該箇所の引用はない。

㉒『令集解』は「也」に作るが、『性霊集注』宝亀院本書入・京大文学研究科本『論語抄』・成簣堂本『論語抄』・旧鈔本『義疏』三本・敦煌本『論語疏』は「不可變革」以下に文が続く。『令集解』は「不可變革」以下の文を節略するため、文末に「也」を附加し改変したものと考えられる。また、宮内庁本『論語抄』は「不可變華革」に作り、以下に文が続く。この「華」は、「華」（「華」の異体字）と「革」の筆写体が近似しているゆえ誤写したものを抹消したものと推定される。なお、他の典籍諸本には当該箇所の引用はない。

以上の他に次の点についても注意が必要である。

㉓『秘蔵宝鑰勘註』巻上 五常は「有情愛之徳謂之仁」の「有」の上に「人」がなく、『秘蔵宝鑰勘註』巻上外号五常内名五戒は「五常謂仁義禮智信也○[人]有博愛之徳謂之仁」の「也」と「有」の間に補入符を付し、右傍に本文と同筆にて「人」と記す。『令集解』・『秘密曼荼羅十住心論』二本・『般若心経秘鍵開門訣』三本・真福寺本『性霊集注』・『性霊集注』宝亀院本書入・『悉曇輪略図抄』三本・『五行大義』裏書・『聖徳太子平氏伝雑勘文』・『太子伝玉林抄』・『論語抄』三本・旧鈔本『義疏』三本は「人」に作る。敦煌本『論語疏』の

み「木」に作る。『秘蔵宝鑰勘註』五常に「人」がないのは、脱字と推定される。『秘蔵宝鑰勘註』外号五常内名五戒に補入符を付し、右傍に本文と同筆にて「人」と記すのは、（一）該本を書写した際に生じた脱字を書写者本人が補ったか、（二）親本もしくは祖本に存在した補入注記を本文とともに書写したか、（三）親本もしくは祖本に存在した脱字を、該本を書写した際に補ったか、等の可能性がある。なお、『令集解』等は「人」に作り、敦煌本『論語疏』は「木」に作ることについては前掲⑩を参照。

㉔『秘蔵宝鑰勘註』巻上五常の「有情《博》愛之徳謂之仁」は「情」の左傍に抹消符を付して、右傍に本文と同筆にて「博」と記す。『令集解』・『秘密曼荼羅十住心論』二本・真福寺本『性霊集注』・『性霊集注』宝亀院本書入・『悉曇輪略図抄』三本・『五行大義』裏書・『聖徳太子伝雑勘文』・『太子伝玉林抄』・『論語抄』三本・旧鈔本『義疏』三本・敦煌本『論語疏』は「博」に作る。『秘蔵宝鑰勘註』五常の「情」は「博」に字形が近似していることに起因する誤写が生じたと推測する。「情」の左傍に抹消符を付して、右傍に本文と同筆にて「博」と記すのは、（一）該本を書写した際に生じた誤字を書写者本人が訂正したか、（二）親本もしくは祖本に存在した訂正を本文とともに書写したか、（三）親本もしくは祖本に存在した誤字を、該本を書写した際に訂正した、等の可能性がある。

㉕敦煌本『論語疏』の「水有照了之徳爲信土有信不虚忘之徳爲智」は、『令集解』・『秘密曼荼羅十住心論』二本・『悉曇輪略図抄』三本・『秘蔵宝鑰勘註』・『五行大義』裏書・『聖徳太子平氏伝雑勘文』・『太子伝玉林抄』・『論語抄』三本・旧鈔本『義疏』三本では「有言不虚妄之徳爲信有照了之徳爲智」となっており、「有照了之徳」と「有信（言）不虚忘（妄）之徳」の位置が転倒している。敦煌本『論語疏』の誤写の可能性が窺われる。

㉖『太子伝玉林抄』巻第十一の双行注の「五行木」・「五行金」・「五行火」・「五行水」・「五行土」は、『令集解』・『秘密曼荼羅十住心論』二本・真福寺本『性霊集注』・『性霊集注』宝亀院本書入・『悉曇輪略図抄』三本・『秘蔵宝鑰勘註』・『五行大義』裏書・『論語抄』三本・旧鈔本『義疏』三本・敦煌本『論語疏』にはない。撰述者、或いは書写者により加筆挿入されたものと推定される。

㉗『性霊集注』宝亀院本書入・『悉曇輪略図抄』三本・『五行大義』裏書・『論語抄』三本・旧鈔本『義疏』三本は「此五者是人性之恒不可暫捨」に作るが、『秘密曼荼羅十住心論』二本・真福寺本『性霊集注』・『秘蔵宝鑰勘註』・『聖徳太子平氏伝雑勘文』は「此五者是人性恒不可暫捨」に作る。敦煌本『論語疏』は旧鈔本『義疏』三本等と同文である。この異同は、脱字、竄入、両者を書写する際の親本ないしはその祖本及び引用する際の藍本の性格が異なっていた、取意による改変を受けた、等の可能性が窺われるが、俄かには断じ難い。『太子伝玉林抄』巻第六は「此五者常《恒イ》不可暫捨」に作り、『太子伝玉林抄』巻第六は取意による改変を受けた可能性が窺われるが、文字の異同から見て、『秘密曼荼羅十住心論』二本等の後者に近いかと推測する。なお、『令集解』・『般若心経秘鍵開門訣』三本は当該箇所の引用はない。

以上、『集解』所引『義疏』「五常」の条と日本古典籍所引『義疏』・『義疏』の書入・旧鈔本『義疏』・敦煌本『論語疏』とを比較検討した。字句の異同が生じた要因は多様で、判断に窮する場合もあるが、これを以下の如く整理分類することができよう。

《一》誤写・脱字等に起因する異同

①・③・④・⑤・⑬・⑮・⑯・⑱・⑲・㉒・㉓・㉔・㉕

《二》節略・取意等に基づく改変に起因する異同
　②・④・⑦・⑧・⑨・⑳・㉑・㉒
《三》加筆挿入に起因する異同
　㉖
《四》字句が通用の関係にあるもの
　①
《五》その他の要因による異同
　⑥・⑩・⑪・⑫・⑭・⑰

以上の分類のうち《一》～《四》の異同は、『義疏』の本文系統の考察・分類に影響を与える性質のものではない。これに対して《五》は、『義疏』本文の性格を考察する上で重要な問題を含んでいる。以下、《五》を中心に検討を進める。

まず、⑩・⑪・⑫・⑭・⑰は、何れも敦煌本『論語疏』と他の典籍諸本所引『義疏』並びに『義疏』の書入との間に、内容に関わる異同があり、前述の如く、敦煌本『論語疏』の独自性と認められる箇所が存在する。この点で、日本古典籍所引『義疏』・『義疏』の書入・旧鈔本『義疏』と敦煌本『論語疏』とは、本文の系統に関して一線を画す必要がある。

次に、⑥に関しては、「五氣」に作る写本のグループ（『令集解』・『秘密曼荼羅十住心論』・『性霊集注』）と、「五常」に作る写本・鈔本のグループ（『悉曇輪略図抄』・『五行大義』裏書・『論語抄』・旧鈔本『義疏』）に大別が可能である。(四四) この分類の意味については、二つの想定が可能であろう。第一は、「五氣」のグループと「五常」のグループは本文の系統を異にするという想定である。第二は、一つの本文系統の中で、何らかの事情により「五氣」から「五常」に変化したという想定である。

まず第二の想定から述べれば、注意すべきは、「五氣」に作るグループ（『令集解』・『秘密曼荼羅十住心論』・『性霊集注』）が鎌倉時代初期頃までに成立した典籍諸本に引用されているのに対し、「五常」に作るグループ（『悉曇輪略図抄』・『五行大義』裏書・『論語抄』・旧鈔本『義疏』）は鎌倉時代中期以降に成立ないしは書写された典籍諸本に引用されており、「五氣」に作る典籍諸本は相対的に古く、「五常」に作る典籍諸本は相対的に時代が降るという事実である。(四五)事例としては必ずしも多くはないが、これを一つの傾向と認めるならば、何らかの事情に基づいて生じた、「五氣」から「五常」への変化をそこに想定することが可能であろう。「五氣」に作る本文を引用する『令集解』・『秘密曼荼羅十住心論』は、前述のように、平安時代初期頃までに成立しており、従ってそこに引用されている『義疏』は唐鈔本に由来する本文と見なし得るであろう。してみれば、『令集解』・『秘密曼荼羅十住心論』と同じく「五氣」に作る『性霊集注』所引『義疏』も唐鈔本に由来する本文と見なしてよかろう。因みに、敦煌本『論語疏』も「五氣」に作る。すなわち、「五氣」に作る本文は、「五常」の本文に比べ、より旧態を遺存していることになろう。ただ、『性霊集注』宝亀院本の原本は未見で、翻字に依拠しているため、本文の筆跡・筆致・字様等の原本の状態や、注の書入の形態等を窺うことができないが、右の「五氣」と「五常」のグループ分けを援用すると、宝亀院本に施注・引用された『義疏』の書入は、旧鈔本『義疏』、もしくは「五常」のグループと同じ性格の本文を有する日本古典籍所引『義疏』から、引用されたかと窺測される。

なお、高橋均氏は(四六)「五氣」と「五常」の異同について、『秘密曼荼羅十住心論』所引『義疏』・『集解』所引『義疏』・敦煌本『論語疏』・旧鈔本『義疏』の四本（後に氏の著書『論語義疏の研究』では『五行大義』裏書を加え、五本）を比較検討して、旧鈔本『義疏』が「五常」に作るのは、伝写の過程で「五氣」を「五常」に誤ったためで、『五行大義』裏書が「五常」に作るのは、『五行大義』裏書が依拠したテキストが既に「五常」となっていたためと推論している。

次に、第一の想定に関連して、冒頭に紹介した山口謠司氏(四七)は、『令集解』及び他の日本古典籍所引『義疏』を唐鈔本に由来する本文と想定し、これに対して旧鈔本『義疏』は宋刊本に由来する本文と推定している。山口氏のこの観点を援用すれば、「五氣」に作るグループが唐鈔本に由来する本文を有するのに対し、「五常」に作るグループは宋刊本に由来する本文と推定することも不可能ではない。しかし、そもそも宋刊本の『義疏』が存在したとの明証がなく(四八)、直ちに山口氏の説に依拠することはできないであろう。

以上の考察に基づいて『義疏』の本文の性格を分類すると、（一）唐鈔本である敦煌本『論語疏』、（二）日本伝存の唐鈔本の本文に由来するグループ、との二分類が可能であり、更に（二）の中では、より旧態を遺存しているると見られる『令集解』・『秘密曼荼羅十住心論』・『性霊集注』のグループ（「五氣」のグループ）と、『悉曇輪略図抄』・『五行大義』裏書・『論語抄』・旧鈔本『義疏』のグループ（「五常」のグループ）とに細分類することができよう。

本章が対象とする『集解』所引『義疏』に焦点を絞れば、第一に、この『義疏』は唐鈔本に由来する本文であり、その中でも相対的に旧態を遺存する「五氣」のグループ（小系統）に属するものと考える。この『義疏』は日本伝来当時の様態を留めるものであろう。ただし、敦煌本『論語疏』との区別は必要であり、この点から言えば、唐代には少なくとも、『集解』所引『義疏』の本文に近いテキストと、敦煌本『論語疏』系のテキストが存在したということが言えるのではないかと考える。

第二に、『集解』所引『義疏』には節略等の改変を受けていると推定される箇所が認められる。このことは、各明法家の法解釈に於ける漢籍引用の態度に関わる問題を含んでいる。日本に於ける漢籍受容史の一環として今後に取り組むべき課題である。

むすびに

現在の『令集解』所引漢籍を始めとする日本古典籍所引漢籍の文献学的研究は、文献に対する根本的批判、所謂、本文批判を必要としているように思われる。『令集解』の文献学的研究に於いては、テキストの系統が確定され、主要なテキストの調査も進んだが、国史大系本『令集解』の底本である田中本の性格等については充分解明されないまま、これを最善本と位置付け、それを底本とする国史大系本が使用されてきたところに、問題は如実に現れている。先行研究の高橋均・山口謠司両氏もやはり、国史大系本を底本として使用している。このようなテキスト選定の問題は、中国学・日本史学・日本文学・日本思想史等の何れの分野でも古典籍を扱う場合には、基盤ともいえる最重要事項である。従って、『令集解』所引漢籍の研究は、文献学的考察を経て、再検討されるべきであるとの観点から、本章では考察を進めた。その結果、日本古代に於ける『義疏』の受容のうち、現在のところ最も古い引用と考えられる『集解』所引『義疏』の性格の一斑を明らかにした。

また、前述の如く、『義疏』巻第一・為政篇第二 子張問十世可知也章の疏文「五常」の条は、「五氣」と表記するグループ（『令集解』・『秘密曼荼羅十住心論』・『性霊集注』）と「五常」と表記するグループ（『悉曇輪略図抄』・『五行大義』裏書・『論語抄』・旧鈔本『義疏』）に分類することができる。「五氣」と「五常」の相異については、伝写の過程で生じた単純な誤写と見なす高橋均氏の見解には、やや不安があり、何らかの思想的背景を想定すべきかと考えられ、両グループは、本文の系統に関わる相異ではなく、前者から後者への時代的変化、すなわち、古代から中世への社会体制の変化や、それに対応する思想上の転換等の要因が想定される。その転換期は鎌倉時代初期頃の可能性が窺われるものの、現時点では、これ以上の鄙見は提示できない。具体的な検討は、思想史的な考察を必要としており、今後取り組むべき課題であろう。

本章では視野に入れていない問題として、『令集解』所引漢籍が個々の典籍からの直接引用によるものではなく、原本系『玉篇』・『切韻』等の小学書・韻書や『修文殿御覧』等の先行類書からの間接引用によるものである可能性が指摘されている。この間接引用の問題は、『義疏』のみならず、『令集解』所引漢籍全般に関わる問題であることが言え、更には、日本古代の漢籍受容史にも関わる重要な問題である。とりわけ敦煌遺書には、原本系『玉篇』・『切韻』、また『修文殿御覧』もしくはその藍本と言われている『華林遍略』の可能性が指摘されているテキストが伝存しており（四九）、これらの典籍諸本と『令集解』所引漢籍との関係についての研究は進んでおらず、この問題についても今後の課題の一つとしたい。

注

（一）長澤規矩也・阿部隆一両氏には、多数の研究がある。ここでは、本章に関わる研究を以下に掲げる。
長澤規矩也
「論語義疏伝来に関する疑問」（『漢学会雑誌』一巻一号、一九三三年。後に『長澤規矩也著作集 第七巻 シナ文学概観・蔵書印表』〈汲古書院、一九八七年〉所収）

阿部隆一
①「室町以前邦人撰述論語孟子注釈書考（上）」（『斯道文庫論集』二輯、一九六三年）
②「金沢文庫蔵鎌倉鈔本周易注疏其他雑抄と老子述義の佚文」（『田山方南先生華甲記念論文集』〈田山方南先生華甲記念会、一九六三年〉所収。後に『阿部隆一遺稿集　第二巻　解題篇二』〈汲古書院、一九八五年〉所収）
③「室町以前邦人撰述論語孟子注釈書考（下）」（『斯道文庫論集』三輯　松本芳男先生古稀記念論集、一九六四年）
④「「聖徳太子平氏伝雑勘文」「上宮太子拾遺記」引書（漢籍）索引並証注」（『Library Science』No. 3、一九六五年）
⑤「本邦現存漢籍古写本類所在略目録」（一九六〇年代前半稿。後に『阿部隆一遺稿集　第一巻　宋元版篇』〈汲古書院、一九九三年〉所収）

（二）武内義雄氏の『義疏』についての研究には、以下のものがある。
①「梁皇侃論語義疏について」（『支那学』三巻二号、一九二二年。『支那学』三巻三号、一九二二年。『支那学』三巻四号、一九二三年。後に「校論語義疏雑識―梁皇侃論語義疏について―」に改題し、武内義雄『老子原始　附諸子攷略』〈弘文堂書房、一九二六年。後に一九二九年再版〉所収。『武内義雄全集　第一巻　論語篇』〈角川書店、一九七八年〉所収）
②『論語義疏坿校勘記』（懐徳堂記念会、一九二四年。後に『武内義雄全集　第一巻　論語篇』所収）
③「論語皇疏校訂の一資料―国宝論語総略について―」（『日本学士院紀要』六巻二・三号、一九四八年。後に『武内義雄全集　第一巻　論語篇』所収）
④「国宝論語総略について」（『関西大学東西学術研究所論叢』一、一九五三年）
（三）高橋均氏の『義疏』についての研究は、前掲序章注（一九）を参照。
（四）影山輝國氏の『義疏』についての研究は、前掲序章注（二二）（二三）を参照。
（五）前掲序章注（一九）高橋氏⑯論文を参照。
（六）山口謠司「論語義疏の系統に就いて」（『東洋文化』復刊六七号、無窮会、一九九一年）。
（七）前掲注（一）長澤氏論文を参照。

（八）　小島憲之「原本系『玉篇』佚文拾遺の問題に関して」（大坪併治教授退官記念国語史論集刊行会編『大坪併治教授退官記念国語史論集』〈表現社、一九七六年〉所収）。

（九）　太田次男「『政事要略』所引の白氏文集について」（『史学』四五巻四号、慶應義塾大学文学部内三田史学会、一九七三年。後に「『政事要略』所引の白氏文集」に改題し、太田次男『旧鈔本を中心とする白氏文集本文の研究』中〈勉誠社、一九九七年〉所収）。

（一〇）〈天理図書館善本叢書　和書之部　第五七巻〉『平安詩文残篇』（天理大学出版部、一九八四年）所収「解題」の後藤昭雄「本文解説」を参照。

（一一）　前掲注（二）阿部氏①論文、拙稿「曼殊院門跡所蔵『論語総略』影印・翻印」（『国立歴史民俗博物館研究報告』一七五集、二〇一三年）を参照。その他、『論語総略』に関する研究には、足利衍述『鎌倉室町時代之儒教』（日本古典全集刊行会、一九三二年。後に有明書房、一九七〇年復刻版。鳳出版、一九八五年復刻版）所収「附　経書講抄書目解題」、前掲注（二）武内氏③④論文、前掲序章注（一九）高橋氏⑯㉑㉒論文がある。

（一二）　高山寺本は、〈高山寺資料叢書第二三冊〉『高山寺古訓点資料』第四（東京大学出版会、二〇〇三年）所収小助川貞次「高山寺蔵秘密漫荼羅十住心論書誌解題」を参照。
　金剛三昧院本は、『補訂版国書総目録』第六巻（岩波書店、一九九〇年）801頁に「平安時代写」と、『定本弘法大師全集』第二巻（高野山大学密教文化研究所、一九九三年）所収「解説」に「平安末期～鎌倉初期写　五帖（巻二、四、四、六、八）」とあるが、本書では金剛三昧院本について、月本雅幸「空海撰述書伝本一覧稿―古訓点研究のために―写本の部（一）」（『茨城大学人文学部紀要　人文学科論集』一七号、一九八四年）を参考にした。後掲注（三五）を参照。

（一三）〈日本思想大系〉『空海』（岩波書店、一九七五年）所収本及び『弘法大師　空海全集』第一巻（筑摩書房、一九八三年）所収本。なお、高橋氏は、加筆した際に、『秘密曼荼羅十住心論』の底本は、〈日本思想大系〉『空海』所収本のみとする。前掲序章注（二〇）を参照。

（一四）　石上英一『日本古代史料学』（東京大学出版会、一九九七年）所収「第二編　古代史料の基本構造―線条構造と時系列的

重層構造― 第二章『令集解』金沢文庫本の再検討 結語」の図2・2・2を参照。

（一五）『旧抄本経書』については、後掲注（三四）を参照。

（一六）『政事要略』現存最古の古写本に前田育徳会尊経閣文庫所蔵本がある。これは、金沢文庫旧蔵本で、巻二十五 年中行事二十五、巻六十 交替雑事二十、巻六十九 糾弾雑事九のみの残巻である。テキストは、〈尊経閣善本影印集成36〉『政事要略』（八木書店、二〇〇六年）を使用した。同書所収吉岡眞之「尊経閣文庫所蔵『政事要略』解説」を参照。

（一七）石上英一「『令義解』金沢文庫本の成立」（土田直鎮先生還暦記念会編『奈良平安時代史論集』下巻〈吉川弘文館、一九八四年〉所収。後に加筆し、前掲注（一四）石上英一『日本古代史料学』所収）、『三色刷影印 紅葉山文庫本 令義解』（東京堂出版、一九九九年）所収「解説」（水本浩典氏執筆）を参照。

（一八）『性霊集略注』に関する研究には、以下のものがあり、これらを参照した。

阿部隆一

①「新に見出されたる鎌倉鈔本真弁撰「性霊集略注」」（『慶應義塾図書館月報』昭和三〇年〈一九五五〉八月。後に『阿部隆一遺稿集 第二巻 解題篇一』〈汲古書院、一九八五年〉所収）

②『慶應義塾図書館蔵和漢書善本解題』（慶應義塾図書館、一九五八年）の「性霊集略注」の項

山本真吾

「慶應義塾図書館蔵『性霊集略注』出典攷―類聚名義抄からの引用を中心として―」（『鎌倉時代語研究』一四輯、武蔵野書院、一九九一年）

佐藤道生

「慶應義塾図書館蔵『性霊集略注』（翻印）」（〈和漢比較文学叢書18〉『和漢比較文学の周辺』〈汲古書院、一九九四年〉所収）所収「解題」

山崎誠「解題 「性霊集注」解題」（〈真福寺善本叢刊 一二巻〉『性霊集注』〈臨川書店、二〇〇七年〉所収）

（一九）『金沢称名寺所蔵円種手校弘安本 弘決外典鈔 附成簣堂所蔵宝永対校本』（西東書房、一九二八年）及び「続天台宗全書

（第六回配本）顕教3　弘決外典鈔四巻・法華玄義外勘鈔十巻・文句外典要勘鈔四巻　解題」（天台宗典編纂所編『続天台宗全書　顕教3　弘決外典鈔四巻・法華玄義外勘鈔十巻・文句外典要勘鈔四巻』〈春秋社、一九八九年〉所収。後に天台宗典編纂所編『正続天台宗全書目録解題』〈春秋社、二〇〇〇年〉所収）の「弘決外典鈔四巻」の項（秋田光兆氏執筆）を参照。なお、『弘決外典鈔』については、第二章で詳述する。

（二〇）　例えば、以下のものを挙げることができる。

太田次男

前掲注（九）「『政事要略』所引の白氏文集について」

遠藤光正

①「校勘資料としての平安時代における金言集―特に経子部の校勘について―」（『日本中国学会報』二四集、一九七二年。後に加筆し、遠藤光正『明文抄の研究並びに語彙索引』〈現代文化社、一九七四年〉所収）

②「類書の伝来と軍記物語」（『日本中国学会報』二九集、一九七七年。後に加筆し、遠藤光正『類書の伝来と明文抄の研究―軍記物語への影響―』〈あさま書房、一九八四年〉所収）

小島憲之

前掲注（八）「原本系『玉篇』佚文拾遺の問題に関して」

（二一）『令集解』所引漢籍の研究、なかでも所引原本系『玉篇』・『切韻』の研究が進んでおり、以下のものを挙げることができる。

井上順理

「令集解引玉篇佚文考―孟子伝来考附論―」（『鳥取大学教育学部研究報告（人文・社会科学）』一七巻、一九六六年）

西宮一民

「令集解と玉篇」（『万葉』七〇、一九六九年）

蔵中進

「『令集解』所引「切韻」考」（『神戸外大論叢』一九巻三号、一九七〇年）

小島憲之
①「平安朝述作物の或る場合―「類書」の利用をめぐって―」(『大阪市立大学文学部紀要 人文研究』二一巻六冊〈国語・国文学〉、一九六九年。後に小島憲之『国風暗黒時代の文学 中(上)―弘仁期の文学を中心として―』〈塙書房、一九七三年〉所収)
②「上代に於ける学問の一面―原本系『玉篇』の周辺―」(『文学』三九巻一二号、一九七一年。後に『国風暗黒時代の文学 中(上)―弘仁期の文学を中心として―』所収)
③『国風暗黒時代の文学 中(上)―弘仁期の文学を中心として―』
森鹿三
「令集解所引玉篇考」(『東方学報 京都』四一冊 創立四十周年記念論集、京都大学人文科学研究所、一九七〇年)
林紀昭
「『令集解』所引反切攷」(大阪歴史学会編『古代国家の形成と展開』〈吉川弘文館、一九七六年〉所収)
京都大学令集解研究会
「『令集解』に於ける『玉篇』利用の実態」(『鷹陵史学』三・四合併号 森鹿三博士頌寿記念特集号、一九七七年。後に佛教大学歴史研究所・森鹿三博士頌寿記念会編『森鹿三博士頌寿記念論文集』〈同朋舎出版、一九七七年〉所収)

また、『令集解』所引漢籍全般の研究には、以下のものを挙げることができる。

奥村郁三
①「『令集解』講読覚書(二)―集解所引漢籍校訂稿(1)」(『日本上古史研究』三巻九号、一九五九年)
②「『令集解』講読覚書(三)―集解所引漢籍校訂稿(2)」(『日本上古史研究』四巻一号、一九六〇年)
③「『令集解』講読覚書(五)―集解所引漢籍校訂稿(3)」(『日本上古史研究』四巻八号、一九六〇年)
④「『令集解』講読覚書(六)―集解所引漢籍校訂稿(4)」(『日本上古史研究』五巻二号、一九六一年)

林紀昭
①『令集解漢籍出典試考（上）』（私家版、一九八〇年）
②「『令集解』所引『説文』攷」（『関西大学東西学術研究所紀要』二〇、一九八七年）
戸川芳郎・新井榮藏・今駒有子編
『令集解引書索引』（汲古書院、一九九五年訂正版）
奥村郁三編著
〈関西大学東西学術研究所研究叢刊一四〉『令集解所引漢籍備考』（関西大学出版部、二〇〇〇年）
黒田彰「令集解の引く孝子伝について」（『京都語文』三号、一九九八年。後に黒田彰『孝子伝の研究』〈思文閣出版、二〇〇一年〉所収）
水口幹記
①「書評と紹介　奥村郁三編著『令集解所引漢籍備考』」（『古文書研究』五六号、二〇〇二年）
②「『令集解』戸令鰥寡条の構成と論理」（早稲田大学古代文学比較文学研究所編『交錯する古代』〈勉誠出版、二〇〇四年〉所収。後に水口幹記『日本古代漢籍受容の史的研究』〈汲古書院、二〇〇五年〉所収）
③「引用書名からみた古代の学問」（『日本古代漢籍受容の史的研究』所収）
④「古代における『五経正義』の利用実態」（『日本古代漢籍受容の史的研究』所収）
東野治之
①「律令と孝子伝―漢籍の直接引用と間接引用―」（伊藤博・稲岡耕二編『萬葉集研究』二四集、塙書房、二〇〇〇年）
②「1　古代人が読んだ漢籍」（池田温編『日本古代史を学ぶための漢文入門』〈吉川弘文館、二〇〇六年〉「Ⅱ　日本古代の漢文史料　一―漢文史料を読む」所収）
（二二）　井上光貞「日本律令の成立とその注釈書」（〈日本思想史大系3〉井上光貞・関晃・土田直鎮・青木和夫校注『律令』「解説」〈岩波書店、一九七六年〉所収。後に『井上光貞著作集　第二巻　日本思想史の研究』〈岩波書店、一九八六年〉所収）を

参照。

（二三）「古記」が天平一〇年（七三八）頃、「釈」が延暦六～一〇年（七八七～七九一）に撰述されたとするのが通説とされている。前掲注（二二）を参照。

（二四）王重民氏は、敦煌本『論語疏』について、唐代末期の乾寧三年（八九六）以前の鈔本と推定している（王重民『敦煌古籍叙録』〈中文出版社、一九七九年〉）。

一方、許建平氏は、敦煌本『論語疏』について「其爲中原寫本可無疑矣」と述べ、敦煌に於いて書写されたテキストではなく、中原に於いて書写されたテキストと推定している（許建平『敦煌経籍叙録』〈中華書局、二〇〇六年〉）。前掲序章注（四七）を参照。

（二五）前掲序章注（一二）影山氏の諸論文を参照。

（二六）『令集解』諸本の系統については、石上英一・水本浩典の両氏による以下の研究がある。

石上英一

①「『令集解』金沢文庫本の行方」（『日本歴史』三七一号、一九七九年。後に前掲注（一四）『日本古代史料学』所収）

②「『令集解』金沢文庫本の再検討」（『史学雑誌』八八編九号、一九七九年。後に前掲注（一四）『日本古代史料学』所収）

水本浩典

①「『令集解』諸本所在目録」（『古代文化』三一巻四号、一九七九年。後に水本浩典『律令註釈書の系統的研究』〈塙書房、一九九一年〉所収）

②「『令集解』写本に関する一考察―内閣文庫本と菊亭文庫本―（上）」（『続日本紀研究』二〇二号、一九七九年。後に「『令集解』写本に関する一考察―紅葉山文庫本と菊亭文庫本―」に改題し、『律令註釈書の系統的研究』所収）

③「『令集解』写本に関する一考察―内閣文庫本と菊亭文庫本―（下）」（『続日本紀研究』二〇三号、一九七九年。後に「『令集解』写本に関する一考察―紅葉山文庫本と菊亭文庫本―」に改題し、『律令註釈書の系統的研究』所収）

④「『令集解』諸本に関する基礎的研究（『法制史研究』二九号、一九八〇年。後に「『令集解』諸本の系統的研究」に改題

し、『律令註釈書の系統的研究』所収）

⑤「ハーバード大学法学部所蔵『令集解』について―無名の国学者山川正彬との関係から―」（『神戸学院大学教養部紀要』二二号、一九八六年。後に「江戸期における『令集解』研究の一例―ハーバード大学法学部所蔵『令集解』を中心に―」に改題し、『律令註釈書の系統的研究』所収）

⑥「解題」（律令研究会編『訳註日本律令　十一　令義解訳註篇　別冊』〈東京堂出版、一九九九年〉所収）

なお、本書で『令集解』の主要な写本としてテキストに使用した田中本・鷹司家本・清家本・紅葉山文庫本・東山御文庫本・『旧抄本経書』の他に、秘閣本が伝存する。すなわち、大谷大学図書館所蔵秘閣本『令集解』巻第八僧尼令（神田喜一郎氏旧蔵）、宮内庁書陵部秘閣本『令集解』巻第十一戸令（秘閣旧蔵）・巻第十二田令（秘閣旧蔵）であって、大谷大学図書館所蔵本と宮内庁書陵部所蔵本は僚巻と言える。秘閣本は未だ系統や性格が詳らかになっていない。従って本書の検討材料からは除外した。田島公「焼失を免れていた秘閣本『令集解』―書陵部と大谷大学に分蔵される写本の由来―」（『日本歴史』六〇〇号　記念特集号、一九九八年）を参照。秘閣本『令集解』の系統・性格については、今後の課題としたい。

（二七）　前掲注（一四）を参照。

（二八）『令集解』の〈1〉～〈6〉のテキストについて触れたい。

〈1〉田中本は、原本を使用した。H―七四三―二三一。書誌は、『国立歴史民俗博物館資料目録［1］　田中穣氏旧蔵典籍古文書目録［古文書・記録類編］』（歴史民俗博物館振興会、二〇〇〇年）によれば、「231（館蔵資料番号―稿者注）令集解三五冊」、「江戸時代前期写、袋綴装、薄渋染表紙、二八・三×二〇・六、二四～六二丁（墨付二三～六〇丁）、楮紙、首尾に「金沢文庫」の黒方印を模写、一部訓点あり、一部表紙に押紙あり、山田清安旧蔵カ。（後略）」とある。なお、田中本の旧蔵者田中教忠・同忠三郎については、川瀬一馬編『田中教忠蔵書目録』（田中穣〔自家版〕、一九八二年）を参照。

〈2〉鷹司家本は、原本を使用した。『和漢図書分類目録』（宮内庁書陵部、一九五三年）に「惟宗直本　江戸写　（鷹）冊三五　函二六六　号七三四」とある。

〈3〉清家本は、原本を使用した。書誌は、『国立国会図書館所蔵貴重書解題　第七巻　古写本の部第二』（国立国会図書館、一九七五年）によれば、「四〇巻（内一、二、二五、二六、二七、三七、三九欠）三四冊 WAI6-37 惟宗直本撰、慶長二年から四年（一五九七―一五九九）清原秀賢等手写校合。清原家伝本。（中略）本書は、薄茶色の原表紙を付し、左肩に直書きで「令集解（巻数）（内容題）」と記している。この筆跡は、各巻秀賢の奥書と同筆である。書式は凡そ一定であるが、料紙は必ずしも定まらず、有界のものもあれば白紙のものもある。大きさ二七・五×二一、毎半葉八行、注文小字双行、又注小字双行、字数一七字。朱墨の校合書入れ、朱点、朱引きを施している。全体に虫損多く補修を行っている。（後略）」とある。

〈4〉紅葉山文庫本は、原本を使用した。『改訂内閣文庫国書分類目録』下（国立公文書館内閣文庫、一九七五年）に「（金沢文庫蔵本・来歴志著録本）存一〇巻（巻一―一〇）惟宗直本〔江戸初〕写（模写）楓 一〇軸 特一一〇（函） 二（号）」とある。

〈5〉東山御文庫本（勅封番号 七四―三）は、明治大学中央図書館所蔵の紙焼き写真『令集解（東山本）』1～11（三二二・一三／八〇／／H）を使用した。前掲注（二六）水本氏⑥論文によれば、近世期の『令集解』諸写本のうち、唯一の巻子装で、豊臣秀次が禁裏に献納した金沢文庫本『令集解』三五巻の系統に属するものと言う。

〈6〉『旧抄本経書』は、原本を使用した。壬生文書―八六九。後掲注（三四）を参照。

（二九）新訂増補国史大系『令集解』前篇（吉川弘文館、一九六六年）「凡例」（黒板勝美氏〈一九四三年〉）。

（三〇）関靖「訪書のために京洛に旅して（下）」（『書誌学』第二巻第六号、一九三四年。後に関靖・熊原政男『金沢文庫本之研究』〈青裳堂書店、一九八一年〉所収）。

（三一）前掲注（二二）『律令』「解題」所収早川庄八・吉田孝「解題」（早川氏執筆）。

（三二）吉岡眞之『古代文献の基礎的研究』（吉川弘文館、一九九四年）所収。

（三三）『国立歴史民俗博物館蔵貴重典籍叢書 歴史篇 第六巻〈令集解6〉』（臨川書店、一九九九年）所収。

（三四）『旧抄本経書』は、壬生官務家の旧蔵に係り、現在は京都大学総合博物館が所蔵する。前田本『玉燭宝典』二軸の褾紙に使用されていた。清家本巻十九考課二の闕けている巻首二紙に当たる鎌倉時代書写の極めて貴重な存在である。『旧抄本経書』については、今江廣道「京大古文書室蔵「旧抄本経書」をめぐって」（『國學院雑誌』第八〇巻第一一号、一九七九年。後に今江廣道編『前田本『玉燭宝典』紙背文書とその研究』〈続群書類従完成会、二〇〇二年〉所収）を参照。

右に掲げた今江氏による詳細な検討が存するので、ここでは極簡単な書誌事項を示すに止めておきたい。

京都大学総合博物館所蔵　〔旧抄本経書〕二軸　壬生文書―八六九　壬生官務家旧蔵

現状では、糊離れした二紙と軸付紙（壬生文書―八六九―一）、糊離れした一紙と軸に接続している一紙（壬生文書―八六九―二）、の計二軸。今江氏は、〈壬生文書―八六九―一〉の糊離れした二紙を甲とA㋑、〈壬生文書―八六九―一〉の軸付紙をA㋺、〈壬生文書―八六九―二〉の糊離れした一紙を乙、〈壬生文書―八六九―二〉の軸に接続している一紙をBとそれぞれ仮称する。本書でも氏の仮称に従う。

甲　現状では、本紙法量　縦　二八・〇×横　三二・四糎（縦横法量ともに、残存部の最大値を計測）。款式は、天地単辺　有界、界高　二二・七糎、界線一〇本、界幅　三・〇糎、烏糸欄。界間一一行、墨付一一行、全て小字双行で一行一九〜二一字。現状一一行のうち、第一行から第四行までの上半部が闕損する。墨付は表面のみ。本文書写は鎌倉時代と推定され、筆跡は一筆である。

A　㋑㋺の二紙からなる。

㋑は、本紙法量　縦　二八・四×横　一七・六糎。款式は、天地単辺　有界、界高　二二・一糎、左右の両端は僅かに界線を残し切断されているため界線は八本、界幅　二・六糎、烏糸欄。界間七行。第一行に「貞和四年（一三四八）十月十六日校合了」、第一行と第二行の界線上に「面山叟」、第二行に「（花押）」が各々墨書さる。以上の墨書は一筆。紙背文書あり。

㋺は、法量　縦二八・四×横　七・五糎（軸付部を除いた法量を計測）、㋑とは紙質が異なる。左端で木製の軸と接続。

乙　現状では、本紙法量　縦　二八・四×横　四八・一糎。款式は、天地単辺　有界、界高　二二・八糎、界線一五本、界幅　三・〇糎、烏糸欄。界間一六行、墨付一六行、第一〇行の「者為一善清慎顯著」のみ大字単行、第五行の双行右行の第一〇字は更に細字双行、その他は小字双行で一行一八〜二一字。本文書写は鎌倉時代と推定され、筆跡は一筆である。行間に、本文の筆跡と別筆の可能性がある墨筆による校異注が施さる。第一行と第二行の界線の第二字から第四字の位置の裏面に「寶典八」と墨書さる。裏面の墨書「寶典八」は表面の筆跡とは別筆。

B　本紙法量　縦　二八・四×横　四一・六糎（軸付部を除いた法量を計測）。款式は、天地単辺　有界、界高　二三・〇糎、界線一六本、界幅　二・五糎、烏糸欄。界間一六行、第一七行から木製の軸に接続（左端）。第一行に「貞和五年《（一三四九）》四月十二日一校了」、第二行に「面山叟」、第二行と第三行の界線上に「（花押）」が各々墨書さる。以上の墨書は一筆。

紙背文書あり。

甲と乙の筆跡は同筆。AとBの筆跡は同筆。甲の末行と乙の初行は文意が通じる。甲と乙が『令集解』巻十九考課二に該当する。

A㋑が前田育徳会尊経閣文庫所蔵『玉燭宝典』巻八奥書、Bが同巻二奥書にそれぞれ該当する。なお、該書のA㋑及びBに存する紙背文書は、当該注今江廣道『前田本『玉燭宝典』紙背文書とその研究』所収「史料篇―『玉燭宝典』紙背文書―」に翻印されている。詳しくは、「史料篇―『玉燭宝典』紙背文書―」を参照。

（三五）空海（七七四〜八三五）撰。天長七年（八三〇）成立。空海の主著であり、公的に真言宗の教義を内外に発表した綱要書である。本書は題名の示す通り、人間の心の在り方、特色、修行の在り方を眺めつつ、順次高所に至り、ついに至高の境地である密教・大日如来の境地に至る全過程を説く。『日本仏教典籍大事典』（雄山閣出版、一九八六年）を参照。

高山寺本は、前掲注（一二）『高山寺古訓点資料』第四所収影印を使用した。書誌事項は、前掲注（一二）所引小助川貞次「高山寺蔵秘密漫荼羅十住心論書誌解題」を参照。

金剛三昧院本（特一二―シ金―二〇）は、原本を使用した。

高野山大学図書館金剛三昧院文庫保管高野山金剛三昧院寄託　秘密漫荼羅十住心論　存巻第二・第四・又第四・第六・第八五帖　特一二―シ金―二〇。粘葉装。巻第二・巻第四・又巻第四・巻第六は同筆かと思われ、〔平安時代末期〕写。巻第八のみ別筆で〔平安時代末期〕写と推測する。書誌事項等の書誌学的検討は今後の課題としたい。金剛三昧院本については、前掲注（一二）月本氏論文を参照。

右の二本の他、古写本には智積院新文庫所蔵の巻第一・巻第五が存するが、『義疏』引用文辞は巻第二であるため、今回の調査からは除外した。鎌倉時代前期書写。四二函二三号　二―一／二―二。宇都宮啓吾「智積院新文庫蔵聖教略目録」（科学

研究費補助金（基盤研究（B））研究成果報告書（平成二〇～二二年度）課題番号二〇三二〇〇六七 研究代表者 宇都宮啓吾『智積院聖教における典籍・文書の基礎的研究』所収、二〇一一年）を参照。

（三六） 撰者の濟暹は、真言宗の密教に精通し京都慈尊院に住した学僧。該書は承徳元年（一〇九七）、濟暹七三歳の著作で、空海の『般若心経秘鍵』の注釈書では最古のものとして重要視されている。『大正新脩大蔵経索引 第三十二巻 続経疏部一』（大蔵経学術用語研究会、一九八七年）所収「収録收典籍解題」を参照。

『補訂版国書総目録』第六巻（岩波書店、一九九〇年）711頁によると、『般若心経秘鍵開門訣』は、①高野山大学、②高野山宝寿院（鎌倉末期写）、③高野山明王院、④智積院、のそれぞれに所蔵していることが記されている。

①は、高野山光台院より寄託を受け、高野山大学図書館光台院文庫で保管されている。書誌事項は以下の通りである。

高野山大学図書館光台院文庫保管高野山光台院寄託 般若心経秘鍵開門訣三巻三冊 〔江戸時代〕写 一―四六／ヒ光／二

一 高野山遍照尊院・栄秀・密門宥範師記念文庫（密門文庫）の逓蔵に係る。

該本は、袋綴装冊子本、上中下三巻三冊、朱色表紙（縦 二四・六×横 一六・六糎）、四ツ目綴。各冊表表紙左肩に「般若心経秘鍵開門訣巻上（～下）」と墨筆による打付外題がある。各冊表表紙右下部に「栄秀」と墨書。各冊表表紙の打付外題及び墨書「栄秀」は全て同筆。栄秀（文化四年〈一八〇七〉～明治一一年〈一八七八〉）は、金剛峯寺の塔頭遍照尊院に住し、数多くの真言諸流・神道諸流を伝授され、また伝授した学侶である。内題は、第一冊「（低一格）般若心経秘鍵開門訣巻上」、第二冊「（低一格）般若心経秘鍵開門訣巻中」、第三冊「般若心経秘鍵開門訣巻下」と書す（各冊の内題は本文と接行）。尾題は、第一冊・第二冊は無く、第三冊に「般若心經祕鍵開門訣巻下」（本文末行から隔三行）と書す。本文料紙は雁皮紙か、または斐楮交漉紙かと思われ、款式は無辺無界、字高 第一冊 二〇・三糎、第二冊 二〇・六糎、第三冊 二〇・七糎、第一冊は毎半葉九行、一行一六字内外、第二冊・第三冊は毎半葉九行、一行一八字、各冊の注は小字双行である。本文の筆跡は、第二冊と第三冊は同筆であるが、第一冊は別筆かと推測されることから、寄合書か。本文書写は江戸時代と推定される。墨筆による返点・送仮名・竪点があり、所々に墨筆による補入符・校異注・義注が付され、極稀に不審紙が貼付される。遊紙及び墨付の葉数は、第一冊 遊紙 前後各一葉、墨付三七葉、第二冊 遊紙 前後各一葉、墨付四七葉、第三冊 遊紙 前一葉、後無し、墨付四三葉である。第一冊表表紙下部、第一冊前遊紙表の右下部、第二冊前遊紙表の右下部、第三冊前遊紙表の右下部に双郭方形陽刻朱印「密門／藏書」（縦 二・四×横 二・四糎）各一顆、また各冊前遊紙裏の下部に単郭長方陽刻墨印「金剛峯寺／文庫／遍照尊院」（縦 四・〇×横 三・二糎）一顆を踏印する。「密門／藏書」印は密門宥範師記念文庫の蔵印で、密門宥範師（天保一四年〈一八四三〉～大正九年〈一九二〇〉）は古義真言宗聯合総裁高野派管長大僧正、金剛峯寺座主、高野山大学総理等を歴任した。密門師の蔵書は高野山大学図書館に寄贈された。「金剛峯寺／文庫／遍照尊院」印は、金剛峯寺の塔頭遍照尊院の蔵印である。栄秀については〈新典社選書一八〉三輪正胤『近代高野山の学問―遍照尊院栄秀事績考』（新典社、二〇〇六年）、密門宥範師については『近代高野山の学問―遍照尊院栄秀事績考』及び俵塚義光「明治以後の高野山典籍談」（『密教研究 六〇号 特輯号 明治・大正時代を中心とする高野山の研究』〈高野山大学内密教研究会、一九三六年〉所収）、密門宥範師記念文庫については『近代高野山の学問―遍照尊院栄秀事績考』及び高野山大学百年史編纂室編『高野山大学百年史』（高野山大学学監鷲峰本賢、一九八六年）を参照。

②は、高野山霊宝館に寄託されている。未見。

③は、高野山明王院当局へ御伺いしたところ、同院住職高岡隆州師より、昭和二七年（一九五二）五月の火災で、土蔵にも火が入り、多くの典籍・古文書が焼失したと御教示を頂いた。該本も焼失したか。高岡師に茲に記して御礼申し上げる。

④は、智積院智山書庫所蔵である。書誌事項は以下の通りである。

智積院智山書庫所蔵 般若心経秘鍵開門訣三巻三冊 天明七年（一七八七）写 二五棚二二箱／六／三―一、三―二、三―三 天明七年（一七八七）慈忍令写本か。智山常盤寮・隆瑜の逓蔵に係る。

該本は、袋綴装冊子本、上中下三巻三冊、縹色表紙（縦 二三・九×横 一六・八糎）、四ツ目綴。綴糸は苔色糸。第一冊は表表紙左肩に「祕鍵開門訣上 済暹」と墨書による打付外題が存する。第二冊表表紙左肩に墨筆の書き題簽「祕鍵開門訣中 済暹」（縦 一六・九×横 二・四糎）、第三冊表表紙左肩に墨筆の書き題簽「祕鍵開門訣下 済暹」（縦 一六・九×横 二・四糎）が貼付される。第二冊の書き題簽と第三冊のそれは同筆ではあるが、第一冊の打付外題のみ別筆である。各冊表表紙右上部に「十一函」と墨書、第一冊表表紙右端上部（綴じ糸第一穴の下部）に「共三冊」と朱書、同冊表表紙右下部に「観如□」（□は虫損。〔本カ〕。）と朱書、第二冊表表紙右上部及び第三冊表表紙右上部に「観如本」と朱書、がそれぞれある。各冊の墨書「十一函」は同筆、第一冊の朱書「観如□」と第二冊・第三冊の朱書「観如本」は同筆である。第一冊表表紙右上部の墨書「十一函」は、朱書を擦消した上に書している。各冊表表紙左下部に智山書庫の蔵書票が貼付さる。なお、各冊表表紙見返並びに裏表紙見返が剝離する。

第一冊表表紙見返に、

開宝鈔道範上板本廿二右云済暹開門決羅什所訣心
經五本（隔一格）又廿五左済暹僧都祕鍵開門訣古徳云等
瑜公祕鍵愚草上巻引用之但不出撰者名
釋敎目録下巻暹公所述書目之中无載此書

と墨筆による識語が存する。

内題は「般若心經祕鍵開門訣巻上（〜下）」、尾題は一定せず、第一冊は「般若心經祕鍵開門決上巻」（本文末行から隔一行）、第二冊は「般若心經祕鍵開門決巻中」（本文末行と接行）、第三冊は「般若心經開門訣巻下」（本文末行から隔一行）と書す。本文料紙は楮紙打紙かと思われ、款式は無辺無界、字高二一・三糎、毎半葉一〇行、一行二〇字、注は小字双行。所々に墨筆による返点・送仮名・校異注・補入符があり、また所々に朱筆による返点・送仮名・句点・合点・竪点・校異注・義注・補入符等が付される。本文の筆跡は、複数であることから、寄合書である。

第一冊末葉裏に、

以海住山寺藏本写得之訖彼本今在于洛北興聖
禅寺
天明七年丁未秋七月六日閣毫於智積敎院南杉
端察　　　　　　　　　　　東武沙門慈忍

第三冊末葉裏に、

以海住山寺藏本寫得之訖彼本今在于洛北興聖禅寺

天明七年丁未秋七月念日閣筆於智積院中南杉舎

武州沙門慈忍

と第一冊・第三冊にそれぞれ書写奥書を有する。第一冊の書写奥書と第三冊のそれとは同筆である。書写奥書に見える海住山寺とは真言宗智山派の補陀落山海住山寺（現在の京都府木津川市加茂町）、洛北興聖禅寺とは臨済宗興聖寺派の円通山興聖寺（現在の京都市上京区）のことを指すか。

各冊墨付葉数は、第一冊 二八葉、第二冊 三八葉、第三冊 三五葉である。各冊遊紙は前後ともに無し。

第一冊末葉裏の尾題の次行下部に「沙門聖澄」と墨書がある。各冊初葉表内題の下部に単郭長方陽刻朱印「智山常盤寮藏本」（縦 五・九×横 一・八糎）各一顆、更に各冊「智山常盤寮藏本」印の下部に単郭長方陽刻朱印「隆瑜藏」（縦 四・二×横 一・六糎）各一顆を踏印する。「智山常盤寮藏本」印は智積院内に宝永七年（一七一〇）に建立された寮舎の蔵印、「隆瑜藏」印は智積院第三三世隆瑜僧正（嘉永三年〈一八五〇〉七八歳にて歿）の蔵印である。なお、智山伝法院編『智山書庫所蔵目録』二巻（真言宗智山派宗務庁、一九九五年）では、書名を「秘鍵開門訣」とする。智山常盤寮・隆瑜については、村山正榮編『智積院史』（総本山智積院内弘法大師遠忌事務局、一九三四年）を参照。

以上の『補訂版国書総目録』に著録される①〜④の写本の他に、⑤増福院本がある。該本は、高野山大学附属高野山図書館編『高野山増福院文庫聖教文書類目録』（高野山大学、一九九七年）21頁に著録。原本を使用した。書誌事項は、以下の通りである。

高野山大学図書館高野山増福院文庫所蔵 般若心経秘鍵開門訣三巻三冊 天保一五年（一八四四）鑁善輝潭令写本 〇三一―〇二五―〇三 鑁善輝潭・高野山日光院・高野山増福院の逓蔵に係る。

該本は、袋綴装冊子本、上中下三巻三冊。後補栗皮表紙（縦 二四・四×横 一七・四糎）、七ツ目綴。原表紙は本紙共紙。

各冊表表紙左肩に「般若心経秘鍵開門訣上（〜下）」と墨書による打付外題、各冊表表紙右下に「日光院」の墨書に加え、第一冊表表紙右肩に「性信親王之附法／（低二格）濟暹僧都記」及び打付外題の下部（すなわち表表紙左下部）に「日光」、第一冊表表紙右端上部に「珍笈」、第二冊表表紙右上部並びに第三冊表表紙右上部に「共三」と各々墨書が存する。「性信親王之附法／（低二格）濟暹僧都記」と「珍笈」とは同筆と認められる。第一冊の表表紙見返右端部に「遍照尊院栄秀令傭筆惠託愚老示護沽之志須宜珍護矣」と墨書される。各冊表表紙見返が剝離し、現表表紙見返の裏側、すなわち本紙共紙の原表表紙左肩に、第一冊「般若心經祕鍵開門訣上」、第二冊「開門訣中」、第三冊「般若心經祕鍵開門訣下」と墨筆による打付外題が存することが確認し得る。各冊の本紙共紙の原表表紙に存する打付外題は全て同筆で、本文の筆跡とも同筆である。内題は、第一冊「（低一格）般若心經祕鍵開門訣巻上」、第二冊「（低一格）般若心経祕鍵開門訣巻中」、第三冊「般若心經祕鍵開門訣巻下」と書す。尾題は、第一冊・第二冊に無く、第三冊「般若心經祕鍵開門訣巻下」（本文末行から隔三行）と書す。本文料紙は雁皮紙か、または斐楮交漉紙かと思われ、款式は無辺無界、字高 第一冊 二一・三糎、第二冊 二一・一糎、第三冊 二一・〇糎、毎半葉九行、一行一八字、注は小字双行である。本文の筆跡は一筆と推測される。墨筆による返点・送仮名・竪点があり、所々墨筆による補入符・校異注・義注が付される。第一冊・第二冊に所々、朱筆による鉤点、朱引が付される。稀に不審紙が貼付される。各冊の遊紙は前後ともに無し。墨付葉数は、第一冊 三四葉、第二冊 四八葉、第三冊 四三葉である。

第一冊裏表紙見返に、

○行則十四事香象心経疏云若歴部備陳則言過廿万頌若撮其樞要則理盡一十四行是知詮真之教乍廣畧而隨縁超言之
天保十五龍星次甲辰夏五月以壽門主藏本使僧
傭寫而身自再三訂校訖抑壽○本元来甚麁漏洪
筆謬悞至多實以難讀因而経數日一々訂烏焉挍
刀刁便後覧冀擬報謝祖恩令法久住之勝計而己
前左学頭法本金剛鑁善輝潭謹誌世臘七十又一
于時在天野社邉僑居花之坊東窻之下

第二冊裏表紙見返左側に、

　天保十五年龍次甲辰夏五月中浣再三映校訖

　　金剛乗沙門鑁善世臘七十又一在天野祠側僑居之下誌

第三冊末葉裏に、

　天保十五歳龍次癸卯夏六月中浣使弟
　子僧繕寫几經一月映校研訂畢此則擬
　令法久住勝計但原本魚魯混淆烏焉
　参差實勞矚目唯事短攻伏遺可畏而已

　　金剛峯定額上綱鑁善潭現住壽七十又一記

と各冊に令写奥書・校合奥書を有する。

奥書には、天保一五年（一八四四）五月に弟子の僧に壽門主蔵本を親本に書写させ、鑁善自らも天野社（和歌山県伊都郡かつらぎ町の丹生都比売神社と推測する）付近の寓居花之坊に於いて度々校訂し、同年五月中旬にも鑁善が天野社付近の寓居にて度々校訂、更に同年六月中旬に弟子の僧に浄書させたこと等が記されている。第三冊末葉裏の奥書は「癸卯」に作るが、第一冊裏表紙並びに第二冊裏表紙の両見返に存する奥書の通り、天保一五年は「甲辰」であることから、第三冊末葉裏の奥書に見える「癸卯」は「甲辰」の誤りか。以上の令写奥書・校合奥書は全て同筆で、更に先述した第一冊表表紙の墨書「性信親王之附法／（低二格）濟暹僧都記」及び「珍笈」と同筆である。これらの筆跡について、高野山大学図書館課長心得・同大学密教文化研究所事務室長心得 木下浩良氏から、鑁善輝潭の筆跡との御教示を頂いた。木下氏からの御教示と令写奥書・校合奥書等を勘案するに、該本は天保一五年に鑁善輝潭が書写させたものと推定される。

鑁善輝潭に関する記事は、性心撰『即身義鈔』上之本（『真言宗全書第十三』〈真言宗全書刊行会、一九三三年〉所収に拠る）の長谷寶秀師蔵明治二〇年（一八八七）写本（『真言宗全書第十三』所収本の底本）の奥書に、

　文化十三年（一八一六）丙子秋九月以宇治本令惠教房繕寫再校對計正衍誤了

紀南…沙門「鑁（梵字）」善輝潭二十九夏

とあり、また藤原敦光撰『秘蔵宝鑰鈔』巻中（『真言宗全書第十二』〈真言宗全書刊行会、一九三六年〉所収に拠る）の高野山正智院蔵天保一〇年（一八三九）写本（『真言宗全書第十一』所収本の対校本）の奥書に、

天保六（一八三五）乙未秋八月講寶鑰砌繕寫之訖

南山沙門輝潭誌

同書巻下高野山正智院蔵天保一〇年写本の奥書に、

天保六乙未秋八月講寶鑰砌令傭寫畢本紙圓通寺妙瑞所寫

金剛乘沙門　輝潭誌

とある。

鑁善は、高野山増長院の一代で日光院を兼住した学侶。真言関係の典籍以外に華厳・天台関係も撰した（甲田宥吽「曼荼羅部解説」〈『続真言宗全書会報』36、一九八六年〉）。江戸時代初期の日光院英仙の系統に繋がる真明より御流神道を伝授され、天保一四年（一八四三）九月に栄秀に伝授した（前掲当該注『近代高野山の学問―遍照尊院栄秀事績考』）。高野山大学図書館高野山増福院文庫蔵書は、平成元年（一九八九）に高野山増福院住職鷲峰本賢師より、高野山大学図書館に寄贈された約五千点の聖教・古文書類のコレクションである。本コレクションは、学侶方 増福院の学道系、行人方 日光院の神道系、等の資料を多く含み、江戸時代初期に御流神道を集成した英仙とその法流を汲む鑁善の書写本が多いことに特徴がある（前掲当該注『高野山増福院文庫聖教文書類目録』）。

第一冊表表紙、第一冊・第二冊の裏表紙の裏張りに存する墨書「遍照尊院」が透けて見える。

なお、①光台院本と⑤増福院本とは、『義疏』引用部分で若干の文字の異同が認められるものの、行款（行取り、字詰め）、送仮名・返点・補入符・校異注の一致を見る。このことから、両本の祖本あるいは親本が同一の可能性を示唆する。

（三七）　山崎誠氏は『性霊集注』について、前掲注（一八）解題に於いて、「憶測を重ねるならば、本書は現在の証拠から見れば、覚蓮房聖範注そのものか、或いはこれに限りなく依拠した注釈であり、明玄の序題はその事実を韜晦したものであると見ら

れる」と述べている。覚蓮房聖範は鎌倉時代初期頃の人物で、明玄の序文が記されたのは、正応三年（一二九〇）である。山崎氏の説に従えば、該書は鎌倉時代初期頃に成立したかと考えられる。

真福寺本の第二帖末葉（第二七葉）裏に「于時永和三年（一三七七）卯月於勢州安芸郡栗真庄内安養寺書写一交了／金剛佛子頼恵」と書写奥書が存する。前掲注（一八）山崎氏の解題を参照。真福寺本は前掲注（一八）『性霊集注』所収影印に拠った。

また、宝亀院本は閲覧許可が下りなかったため、前掲注（一八）『性霊集注』所載の宝亀院本書入の翻印に拠った。山崎氏の解題によると、高野山宝亀院本は、①正保二年（一六四五）識語本五冊本、②巻一・巻二・巻四のみの零本、③成純房注九冊本、の三種の写本があり、③は別系統の聞書本で、翻印は①②に拠ったと言い、更に、高野山宝亀院本は『性霊集注』最古の写本である真福寺本に比べ、添注増補が見られると言う。高野山宝亀院本に存在する『義疏』を含めた書入と本文との関係等が、如何なる様態かは言及がない。

（三八）弘安一〇年（一二八七）、信範の弟子了尊の撰。承澄・信範の学問の伝統を踏まえ、韻学上の問題を項目別に取り上げて論述し、更に仏教哲学・中国思想・中国音韻学等を採り入れて韻学を一つの学として成立させようとしたものである。馬渕和夫『増訂日本韻学史の研究』Ⅰ（臨川書店、一九八四年）「第一篇 日本韻学史概論 第五章 中世の韻学 第四節 了尊『悉曇輪略図抄』」、同編『影印注解悉曇学書選集』第四巻（勉誠社、一九八九年）所収序を参照。

鍬方本は原本を使用した。鍬方本は、馬渕和夫『増訂日本韻学史の研究』Ⅲ（臨川書店、一九八四年）「第五篇 日本韻学書籍集録（悉曇篇） 第十章 悉曇研究書」及び『補訂版国書総目録』第四巻（岩波書店、一九九〇年）138頁には著録されていない。

まず、鍬方本の書誌事項を以下に示す。

神戸松蔭女子学院大学図書館所蔵 悉曇輪略図抄十巻十冊 正徳四年（一七一四）～同五年（一七一五）写 八二九．八／四九／一～一〇 仁和寺南勝院・智積院浄眼等慧・今泉雄作・鍬方建一郎秋芳園文庫の逓蔵に係る。

該本は袋綴装冊子本。一〇巻一〇冊。一帙に納められている。水浅葱色、ないしは瓶覗色（覗色）表紙（縦二六・七×横一八・一糎）、四ツ目綴、綴糸は表紙と同色の水浅葱色、ないしは瓶覗色の糸である。

各巻表表紙左肩に「悉曇輪略圖抄巻第一（～十）」と打付外題が墨書される。各巻の打付外題は全て同筆で本文とは別筆。巻一並びに巻一〇の、表表紙右上部に「倶十」、表表紙右下部に「淨眼求本」とそれぞれ墨書される。巻一と巻一〇の墨書「倶十」は同筆、巻一と巻一〇の墨書「淨眼求本」は同筆、である。「倶十」及び「淨眼求本」は、何れも外題とは別筆と推測する。なお、後述する如く、墨書「淨眼求本」に重ねて単郭長方陽刻朱印「无礙菴」を踏印する。

巻一に本文の前に序が配され、「悉曇輪略圖抄序」（序文と接行）と題署す。内題は、巻一「悉曇輪略圖抄巻第一」（本文と接行）、巻二「悉曇輪略圖抄巻弟二」（本文と接行）、巻三「悉曇輪略圖抄巻弟三」（本文と接行）、巻四「悉曇輪略圖抄巻第四」（本文と接行）、巻五「悉曇輪略圖抄巻第五」（本文と接行）、巻六「悉曇輪略圖抄巻弟六」（本文と接行）、巻七「悉曇輪略圖抄巻第七」（本文と接行）、巻八「悉曇輪略圖抄巻第八」（本文と接行）、巻九「悉曇輪略圖抄巻第九」（初葉表の欄上中央部に「北〔此〕圖虫損」と墨書し、章題「一形音句義事」とおおよそ表の三行分書さず）、巻一〇「悉曇輪略圖杪〔抄〕巻第十」（本文と接行）と各々書す。

本文料紙は楮紙で、虫損部に裏打修補を施しているところがある。款式は、序を含め、無辺無界、毎半葉一〇行、一行二一字内外である。注は小字双行で、一行三〇字内外、極稀に細字四行書きの注も存する。各巻の字高は、巻一　二二・三糎（序　二二・二糎）、巻二　二二・〇糎、巻三　二二・一糎、巻四　二二・一糎、巻五　二二・三糎、巻六　二二・一糎、巻七　二二・二糎、巻八　二二・一糎、巻九　二二・〇糎、巻一〇　二二・二糎である。墨筆による返点・送仮名・竪点・傍らに音訓、補入符を付して脱字注記、左傍に抹消符を付して右傍や欄外等に注記、行間に反切、等が存し、朱筆による句点・合点、補入符を付して脱字注記が稀に施される。その他、配当図等にも朱筆が認められる。

本文の筆跡は、①巻一～巻三・巻五・巻六・巻一〇と、②巻四・巻七～巻九、の二筆に分かれると推測されることから、二筆による寄合書であろう。なお、本文中に存する「裏書」は、本文の筆跡と同筆で墨筆である。

尾題は、巻一「輪略圖抄巻弟一」（本文末行と接行。末葉裏第一行）、巻二「輪略圖抄巻弟二」（本文末行から隔一行）、巻三「輪略圖抄巻弟三」（本文末行から隔一行）、巻四「輪略圖抄巻弟四」（本文末行から隔一行）、巻五　無し、巻六「輪略圖抄巻弟六」（本文末行から隔一行）、巻七「輪略圖抄巻弟七」（本文末行から隔一行）、巻八「輪略圖抄巻弟八」（本文末行から隔一行）、巻九「輪略圖抄巻第九」（本文末行から隔一行）、巻一〇「輪略圖抄巻第十」（本文末行から隔一行）である。

丁付と墨付葉数は、巻一 丁付「初丁」～「廿二」 墨付全二二葉、巻二 丁付「初丁」～「廿七終」・丁付無しの葉（奥書）墨付全二八葉、巻三 丁付「初丁」・「二丁上」・「二丁下」・「三」～「十七」 墨付全一八葉、巻四 丁付「一」～「廿七終」墨付全二七葉、巻五 丁付「一」～「十九」 墨付全一九葉、巻六 丁付「初丁」～「廿九」 墨付全二九葉、巻七 丁付「一」～「廿」 墨付全二〇葉、巻八 丁付「一」～「廿三」 墨付全二三葉、巻九 丁付「一」～「廿二」・「廿二」・「廿三」・「廿四終」 墨付全二五葉、巻一〇 丁付「一」・「三」～「廿一」 墨付全二一葉 第二葉柱題・丁付ともに無し、である。

巻五の、第五葉の丁付はもと「六」と書し、これに「五」と重書、第六葉の丁付はもと「七」と書し、これに「六」と重書、第七葉の丁付はもと「八」と書し、これに「七」と重書、更にこの下部に「七」と書す。巻六の第二〇葉の丁付は、「二十九」と書され、「九」を墨滅する。これは、もと「十九」と書したものを、「九」を墨滅し、更に「二」を加筆し、「二十」と訂正したものと推測する。巻八の第一四葉の丁付は、もと「十三」と書し、「三」に「四」と重書し、「十四」と訂正したものと推測する。

中縫やや上部に柱題、中縫やや下部に丁付が墨書される。柱題は、「輪略才幾」と、「輪略巻幾」「輪畧巻幾」、そして例外的に「輪畧七ノ」（巻七初葉）がある。

左記に各巻の柱題を掲げる。

巻一	初葉・第三葉～末（第二二）葉	輪略才一
	第二葉のみ	輪略巻一
巻二	奥書が書されている葉以外全て	輪略才二
巻三	全て	輪略才三
巻四	初葉～第六葉・第八葉～第二一葉・第二三葉～第二五葉・末（第二七）葉	輪略巻四
	第七葉	輪○略巻四
	第二二葉・第二六葉	輪畧巻四

巻五　全て　輪略才五
巻六　全て　輪略才六
巻七　初葉　輪畧七ノ
　第二葉～第五葉・第七葉・第八葉・第一〇葉～第一二葉・第一五葉～末（第二〇）葉　輪畧巻七
　第六葉・第九葉・第一三葉・第一四葉　輪略巻七
巻八　初葉・第五葉・第七葉・第一二葉　輪畧巻八
　第二葉～第四葉・第六葉・第八葉～第一一葉・第一三葉～末（第二三）葉　輪略巻八
　※巻八の第四葉の柱題は、もと「輪略巻七」と書し、「七」に「八」と重書する。
巻九　全て　輪略巻九
巻一〇　柱題・丁付が無い第二葉以外　輪略才十

柱題を整理すると、「輪略才幾」は巻一の第二葉以外、巻二・巻三・巻五・巻六・巻一〇、「輪略巻幾」並びに「輪畧巻幾」は巻一の第二葉のみ、巻四、巻七の初葉以外、巻八・巻九、例外として「輪畧七ノ」は巻七初葉、となる。

遊紙は、各巻前後ともに無し。

次の如く各巻に奥書・識語が存する。

巻一末葉裏に、

　正徳四甲午月※八月十八日以心蓮院経蔵之本謄写之
　　僧隆尋

　※「月」の左傍に抹消符を付し、「月」の右傍に「年」と書す。

巻二末葉表に、

　正徳四年十月廿日以心蓮院経蔵之本
　書写了偏為令法久住而已　隆尋

巻三末葉表に、

正徳四年[霜月日]以心蓮院経蔵之本書写之了

僧隆尋

巻四末葉表に、

正徳五歳次乙未仲春十八日書写了

挍正了

沙門秀瑜

巻五末葉裏に、

正徳四年十二月朔日以心蓮院経蔵之本書写之了

挍正了

隆尋

巻六裏表紙見返に、

正徳五年正月廿九日以心蓮院之経蔵本書写之

僧隆尋

巻七裏表紙見返に、

正徳四歳次甲午十月十五日書写之

同廿二日挍正了

秀瑜

巻八末葉裏に、

正徳四年十月廿日以心蓮院経蔵本写挍孚

秀瑜

巻九末葉表に、

正徳四甲午年霜月廿五日書写卆

同臘月三日挍正了　　　　末資秀瑜

巻一〇末葉裏に、

正徳五乙未年二月廿一日以心蓮院之本書写了一挍全部共ニ了

僧隆尋

維時天明六丙午孟夏於洛東智積教院立身端寮求

浄眼等慧

と各々墨書さる。

右に掲げた書写奥書から、正徳四年（一七一四）八月から同五年（一七一五）二月にかけ、心蓮院経蔵本を親本に隆尋が巻一～巻三・巻五・巻六・巻一〇を書写し、秀瑜が巻七～巻九・巻四を書写したこと等（巻八の書写奥書に秀瑜が心蓮院経蔵本を親本に書写したこと等）が記されている。また、巻一〇の書写奥書の次行の識語から、該本を天明六年（一七八六）四月に智積院（現、真言宗智山派総本山）の浄眼等慧が入手したことがわかる。心蓮院は仁和寺（現、真言宗御室派総本山）の塔頭である。

奥書の筆跡は、巻一～巻三・巻五・巻六・巻一〇の隆尋の奥書（以下、奥書Aと称する）と、巻四・巻七～巻九の秀瑜の奥書（以下、奥書Bと称する）の二筆である。奥書Bの筆跡は本文の筆跡②と同筆と推測される。ただし、奥書Aの筆跡は本文の筆跡①と同筆か否か、判断に窮する。

以上の本文の筆跡と奥書の筆跡の分類と、先に述べた柱題の「輪略才幾」と「輪略巻幾」「輪畧巻幾」との相異が、関連があるかと思われる。すなわち、巻一の第二葉は「輪略巻二」と書すが、それ以外の巻一及び巻二・巻三・巻五・巻六・巻一〇は「輪略才幾」と書す。巻七の初葉は「輪畧七ノ」と書すものの、巻四、巻七の初葉以外、巻八・巻九は「輪略巻幾」ないしは「輪畧巻幾」と書す。「輪略才幾」は本文の筆跡①及び奥書A、「輪略巻幾」並びに「輪畧巻幾」は本文の筆跡②及び奥書B、に分類が可能であろう。柱題の「才幾」と「巻幾」の相異は、親本あるいは祖本を忠実に書写した可能性もあろうが、寧ろ書写者の違いに起因する可能性が想定される。

左記に示す七種の印記が認められる。

（1）単郭長方陽刻朱印「无礙菴」（縦　五・一×横　一・八糎）（今泉雄作氏所用）

巻一　表表紙右下部の墨書「淨眼求本」に重ねて蹈印す。初葉表右端。末葉裏左端部。

巻二　表表紙右下部。初葉表右端。末葉（丁付がない奥書が書された葉）表中央やや左側。

巻三　表表紙右下部。初葉表右端。末葉表左端部。

巻四　表表紙右下部。初葉表右端。末葉表左端部。

巻五　表表紙右下部。初葉表右端。末葉裏左端部。

巻六　表表紙右下部。初葉表右端。裏表紙見返中央部。

巻七　表表紙右下部。初葉表右端。裏表紙見返中央部やや左側。

巻八　表表紙右下部。初葉表右端。末葉裏左端部。

巻九　表表紙右下部。初葉表右端。末葉表左端部。

巻一〇　表表紙右下部の墨書「淨眼求本」に重ねて蹈印す。初葉表右端。末葉裏左端部。

今泉雄作氏（一八五〇〜一九三一）は美術史家。岡倉天心等と東京美術学校（現、東京藝術大学美術学部）を創立。後に京都市立美術工芸学校長（現、京都市立芸術大学）、帝室博物館（現、独立行政法人 国立文化財機構東京国立博物館）美術部長、大倉集古館館長等を歴任。

（2）単郭楕円陽刻朱印「秋芳園文庫」（縦　三・六×横　一・五糎）（鍬方建一郎氏所用）

各巻初葉表右下部

神戸松蔭女子学院大学図書館によると、鍬方建一郎氏（一九一三〜）は国語学者・高等学校教員。三重・兵庫両県の高等学校長を歴任後、一九八三年四月から一九九八年三月まで神戸松蔭女子学院大学に勤務したと言う。

（3）双郭長方陽刻朱印「仁和寺／南勝院」（縦　四・四×横　二・八糎）（仁和寺の塔頭南勝院所用）

各巻初葉表右下部

（4）単郭楕円陽刻朱印「天坭爲／書籍冐／授證明」（縦 五・一×横 三・五糎）（所用者不明）
各巻初葉表右下部の印「仁和寺／南勝院」に重ねて蹈印す。当該印記の印文については、復旦大学出土文献与古文字研究中心教授 施謝捷氏の御教示に拠る（施謝捷氏は、山梨県立大学国際政策学部准教授 名和敏光氏の紹介）。両氏に茲に記して御礼申し上げる。なお、馬渕氏は当該印記の印文は「亜坭房書籍冐□證明」とする（『影印注解悉曇学書選集』第四巻所収「解題」）。

（5）単郭方形陽刻朱印「釋氏／浄眼」（縦 三・六×横 三・六糎）
巻一末葉裏並びに巻一〇末葉裏、の左下部。識語に見える智積院の浄眼等慧所用の印と思われる。

（6）単郭長方陽刻墨印「　　殿寄贈」（縦 七・八×横 一・一糎）（神戸松蔭女子学院大学図書館所用）
各巻表表紙見返左下部。「殿寄贈」の上部に「鍬方建一郎」とボールペン書きされる。

（7）無郭長方陽刻緑印「KOBE／SHOIN WOMEN'S／UNIVERSITY」（神戸松蔭女子学院大学図書館所用）
各巻書根

該本は、紺色の布張りの帙に納められている。帙の法量はおおよそ縦 二七・〇×横 一八・六×高さ 九・五糎、上蓋の左肩に題簽（縦 一七・九×横 三・三糎）が貼付されるが、書名等は記されておらず、背には「悉曇輪略圖抄」とペン書きされた題簽（縦 一四・〇×横 四・三糎）が貼付される。

帙の背の内側に、

悉曇輪略圖抄十巻
昭和丙戌孟冬上浣購求於神田山本書店
秋芳園

と墨書される。秋芳園、すなわち鍬方建一郎氏が昭和二一年（一九四六）一〇月上旬に神田神保町の山本書店にて該本を購入したことがわかる。

なお、馬渕氏による書誌解題及び影印が『影印注解悉曇学書選集』第四巻に収められる。書誌解題に「秋芳園文庫」印が鍬方氏の所用印であることが記されている。

『補訂版国書総目録』第四巻138頁によると、『悉曇輪略図抄』は、

①高野山金剛三昧院（室町末期写）
②高野山三宝院（巻九欠、天保九写、一〇冊）
③高野山親王院（巻一・二前半、貞享三写）（「悉曇輪略図抄序」）
④高野山遍照光院（貞和二写）

と著録され、『増訂日本韻学史の研究』Ⅲによると、

1悉曇輪略図抄　『大正新修大蔵経』二七〇九所収　十軸　高野山遍照光院蔵
2悉曇輪略図抄　高野山親王院蔵　ふくろとじ破本　巻一と巻二前半　大本　一面八行　一行十六字
3悉曇輪略図抄　高野山大（三宝院）蔵　ふくろとじ十冊（巻九欠）
4悉曇輪略図抄序　高野山親王院蔵　大本破本　一面八行　一行十六字　序二丁と四行　巻第一は三丁オ五行より題

と記し、1の高野山遍照光院蔵の項に、高楠順次郎「悉曇撰書目録」に「此書の写本高野山明王院及金剛三昧院にあれども何れも闕本なり此に示せるもの唯一の完本とす」と著録されていることを記す。また、『増訂日本韻学史の研究』Ⅲには、諸本の奥書を翻字する。ただし、「高野山大（三宝院）蔵」の奥書は、若干省略して翻字する。高楠順次郎「悉曇撰書目録」は『大日本仏教全書』30（大日本仏教全書発行所、一九二二年）並びに『高楠順次郎全集』九巻（教育新潮社、一九七八年）を参照した。

なお、「悉曇撰書目録」では、高野山明王院にも『悉曇輪略図抄』が蔵されているとするが、『補訂版国書総目録』並びに『増訂日本韻学史の研究』Ⅲには著録されていない。あるいは、「高野山明王院」は「高野山親王院」の誤りの可能性もあろうか。以下、当該注では便宜的に『補訂版国書総目録』の通し番号に従って記していく。

右のうち、③高野山親王院所蔵の二本は、『義疏』の引用箇所が『悉曇輪略図抄』巻第七のため、今回は調査から除外した。

①は、未見。

②は、高野山三宝院より寄託を受け、高野山大学図書館で保管されている。書誌事項は以下の通りである。

高野山大学図書館三宝院文庫保管高野山三宝院寄託　悉曇輪略図抄十巻（闕巻九）九冊・又巻五（一冊）　天保九年（一八三八）写　四五一―三―八三

該本は、袋綴装冊子本、一〇巻（闕巻九）九冊、又巻五（一冊）を付す。天保九年（一八三八）隆鮮書写と同年の隆鮮令写とに分けられる。後補練色表紙（縦二四・七×横一六・九糎）、四ツ目綴。巻三～巻一〇及び又巻五に水浅葱色の角裂が施されている。巻一～巻八・巻一〇の表表紙左肩にそれぞれ「『悉曇《梵字》』輪略圖抄　一（～八・十）」、又巻五表表紙左肩に「『悉曇《梵字》』輪略圖抄　五」と各々墨筆による打付外題。打付外題は全て同筆である。巻四～巻八・巻一〇の表表紙見返の裏側に、巻四「輪畧圖抄弟四」、巻五「輪畧圖抄五」、巻六～巻八「輪畧圖抄六（～八）」、巻一〇「輪畧圖抄十」とそれぞれ墨書され、巻四～巻八・巻一〇の表表紙及び裏表紙の見返が本文料紙と同質であることから、前に記した巻四～巻八・巻一〇の表表紙見返の裏側の墨書は、本紙共紙の原表表紙に墨書された打付外題であると推定される。巻一〇裏表紙は、綴糸から書背にかけては残存するものの、大部分が闕損している。巻一表表紙右肩に細字で「欠巻九」と記す。

巻一表表紙見返に、

序　　弄紐
声字實相
鬼文之事
四声
㇏（虫損。〔入カ〕）声
反切
声韻

巻二表表紙見返に、

摩多躰文事
不可得之事
十八章之事
十五或説事
両番帖釈事
生字之事
巻三表表紙見返に、
單餘重章事　連聲音便之事
三内之事
五音之事
當中間事
直拗音事
耎密麁顯事
巻五表表紙見返に、
自重異重之事
自重太呼之事
無音非字之事
首尾非不之事
省事所用之事
字形同異之事
翻譯之事

とそれぞれ目録と思われる事項が墨書される。

巻一に本文の前に序があり、序文と接行で「悉曇輪略圖抄序」と題署する。内題は、全て本文と接行にて、巻一「悉曇輪略圖抄巻第一未再治」、巻二「悉曇略圖抄巻弟二」、巻三「悉曇輪略圖抄巻第三」、巻四「悉曇輪略圖抄巻第四」、巻五「悉曇輪略圖抄巻第五」、巻六「悉曇輪略圖抄巻第六」、巻七「悉曇輪略圖抄巻第七」、巻八「悉曇輪略圖抄巻第八」、巻一〇「悉曇輪略圖抄巻第十」、又巻五「悉曇輪略圖抄巻第五」と各々書す。本文料紙は、巻一～巻八・巻一〇が雁皮紙か、または斐楮交漉紙かと思われ、又巻五が楮紙である。款式は、無辺無界、字高 序 二三・四糎、巻一 二三・一糎、巻二 二一・八糎、巻三 二三・四糎、巻四 二三・三糎、巻五 二三・四糎、巻六 二二・〇糎、巻七 二一・二糎、巻八 二一・四糎、巻一〇 二一・五糎、又巻五 二三・五糎、毎半葉五行、一行二〇字内外で、注は小字双行、一行二八字内外である。墨筆による返点・送仮名・傍らに音訓・梵字の傍らに音（片仮名・漢字）・反切・竪点を付し、また、朱筆による返点・送仮名・傍らに音訓・鉤点・合点・竪点・校異注・義注・梵字・引用書の撰者、朱引を付す。巻七には、朱筆による「裏書云」が散見され、多くの外典を引用する。「裏書」は、高野山遍照光院所蔵貞和三年本（大正蔵本の底本）に記されていたものであろう。又巻五は、墨筆による返点・送仮名・傍らに音訓を付し、朱筆は「字形同異事」に存する配当図の一部にのみ付す。所々不審紙が貼付される。尾題は、巻一「悉曇輪略圖抄巻弟一」（本文末行から隔二行）、巻二「輪略圖抄巻弟二」（本文末行から隔三行）、巻三「輪略圖抄巻第三」（本文末行から隔一行）、巻四「輪略圖抄巻第四」（本文末行から隔一行）、巻五「輪略圖抄巻第五」（本文末行から隔一行）、巻六「輪略圖抄巻第六」（本文末行から隔三行）、巻七「輪略圖抄巻第七」（本文末行の後に朱書「裏書云」が存し、これと接行）、巻八「輪略圖抄巻第八」（本文末行から隔三行）、巻一〇「輪略圖抄弟十」（本文末行から隔一行）、又巻五「悉輪圖抄巻弟五」（本文末行と接行）とそれぞれ書す。

墨付葉数は、巻一 四一葉、巻二 五〇葉、巻三 三三葉、巻四 三九葉、巻五 三三葉、巻六 四三葉、巻七 四五葉、巻八 三〇葉、巻一〇 三五葉、又巻五 三三葉で、遊紙は各巻及び又巻五全て、前遊紙・後遊紙ともになし。

巻一末葉に、

貞和二年丙戌十月八日亥剋於高野山一心院奥坊書写訖

金剛資融濟五十四

貞享三丙寅年六月廿日酉尅於攝津国畑原村都賀庄安田性屋敷

①為天下安全万民豊樂為佛法紹隆興隆密教

悲母居室令書写訖※為弘法利生二利滿足○為悲母二世悉地

②為顕密成就万徳圓滿　為三宝四恩謝徳成就

報恩為六道功徳如意

如意圓滿為慈父尊霊決定成佛○為自他同性无上芿焉

為護持法主行願圓滿

為法界聖霊成等正覚

金剛佛子理智門

五十二歳

」（表）

天保九年

六月日令閑徒書写旱同九月廿三日夜加朱点

一校旱　　吉祥子隆鮮

」（裏）

と墨書する。

※「訖」字の下に①「為天下安全万民豊樂為佛法紹隆興隆密教」、その下に②「為顕密成就万徳圓滿」がそれぞれ挿入されると考えられる。

巻二末葉表に、

貞和二年十一月日於高野山一心院知足蘭書写之

悉曇末學阿覺五十四

貞享三丙寅年七月九日未尅於攝津國畑原村都賀庄安田性屋敷

悲母居室令書写之訖為天下安全万民豊樂為佛法紹隆興隆
密教為顯密成就万徳圓滿為弘法利生二利満足為三宝四恩
と墨書する。
巻二末葉裏に、
報恩謝徳為六道功徳如意成就為悲母二世悉地如意圓滿
為慈父尊令〔霊〕決定成佛為護持法主行願圓滿為自他
同性无上菩提焉
金剛佛子理智門
五十二歳
天保九年七月日令写得𠀋同八月廿四一挍且加朱点
了
と墨書する。
巻二裏表紙見返の右下部に、
吉祥子隆鮮
と墨書する。
巻三末葉表尾題に接行で、
天保第九戊戌歳七月日令書写𠀋同八月廿四日
一挍且加朱點畢　　吉祥子　隆鮮
と朱書する。
巻三末葉裏に、
貞和二年丙戌十月之比於高野山一心院知足蘭誂

書寫之年自挍合卆　舜了房

（梵字）『悉曇』　末学融濟五十四歳

貞享三丙寅年霜月十月申尅於攝津國畑原村都賀荘安田性屋敷

悲母居室令書寫之訖為天下安全万民豊樂為佛法紹隆

巻三裏表紙見返に、

興隆密敎為顯密成就万德圓滿為弘法利生二利滿足為

三寶四恩報恩謝德為六道功德如意成就為悲母二世悉地

如意圓滿為慈父尊靈決定成佛為護持法主行願

圓滿為自他同性无上菩提焉

金剛佛子理智門　五十二歳

と墨書する。

巻四第三八葉裏の尾題から隔一行に、

貞和二年丙戌十月八日一夜之中書寫終功畢

于時高野山一心院内金光院中寮寒嵐拂砌甚

と墨書する。

巻四末葉表に、

雨灑窓獨挑紅燭愁馳紫毫畢

金剛資本明

一挍了　阿覺

貞享三丙寅年霜月廿五日酉尅於攝州兎原郡都賀莊
畑原村安田性屋敷悲母居室令書寫訖為天下安全万民

と墨書する。

巻四末葉裏に、

豊樂為佛法紹隆興隆密教為顯密成就万徳圓滿為
弘法利生二利滿足為三寶四恩報恩謝徳為六道功徳
如意成就如意圓滿為悲母二世悉地如意圓滿為慈父
尊霊決定成佛為法界聖霊成等正覺為護持
法主行願圓滿為自他同性无上菩提焉

と墨書する。

巻四裏表紙見返に、

金剛佛子理智門　五十二歳

天保九年戊戌八月廿八日以右御本書写之
吉祥子隆鮮

と墨書する。

巻五第三二葉裏の尾題から隔一行に、

貞和二年丙戌十月十三日子尅於高野山一心院之内

と墨書する。

巻五末葉表に、

知足園爐邊書寫訖

金剛資融濟五十四歳
後同年自挍了
貞享三丙寅年十二月廿九日申尅於攝州兎原郡
都賀荘畑原村安田性屋敷悲母居室令書寫訖

と墨書する。

巻五末葉裏に、

為天下安全万民豊樂為伽藍安穏興隆密教
為顯密成就万徳圓滿為弘法利生二利滿足為
三寶四恩報恩謝徳為六道功徳如意成就如意
圓滿為悲母二世悉地如意圓滿為慈父尊靈
決定成佛為法界聖靈成等正覺為護持法主

と墨書する。

巻五裏表紙見返に、

行願圓滿為自他同證无上菩提焉
金剛佛子理智門五十二歳
天保九年戊戌歳八月十八日写之了
(朱書)『同八月廿四日一挍加朱点』　隆鮮
(朱書)『了吉祥子　鮮』

とある。

巻六第四二葉表に、

貞和二年十月中旬之比於高野山一心院知足蘭誂

本明房書写了辟事等多之年自挍合直付之尚
不審等甚多後説之人莫謬之以證本重可挍合者也
阿覺年五十四

と墨書する。

巻六第四二葉裏に、

貞享四丁卯年六月六日未尅於攝州兎原郡都賀庄畑原
村安田性屋敷悲母居室令書写訖為天下安全万民豊樂
為佛法興隆密教紹隆為顯密成就万徳圓満為弘法
利生二利満足為三寶四恩報恩謝徳為六道功徳如意

と墨書する。

巻六末葉表に、

成就如意圓満為悲母二世悉地如意圓満為慈父尊霊
決定成佛為法界聖霊成等正覺為護持法主行願
圓満為自他同證无上菩提焉
金剛佛子理智門　五十三歳

と墨書する。

巻六裏表紙見返に、

天保九七月日令書写之了同八月廿七日挍之
且加朱点畢　吉祥子隆鮮

と朱書する。

巻七裏表紙見返に、

天保九戊年七月日以理智門阿遮梨御自筆本
　令書写卆
（朱書）『同年八月廿八日一挍且加朱點畢』
　　　　　　　　　　吉祥子隆鮮

とある。

巻八裏表紙見返に、
天保九戊戌歳七月日以理観大遮梨御本令書写了
（朱書）『同八月廿八日一挍且加朱点畢』
　　　　　　　　　　吉祥子隆鮮

とある。

巻一〇裏表紙見返に、
天保九年七月日令写了
　　　　　　　　　　隆鮮
（朱書）『同八月廿八日一挍且加朱点了』

とある。

又巻五末葉表に、
貞和二年丙戌十月十三日子尅於高野山一心院之内
知足園爐邊書寫訖
　　　　　　　　金剛資融濟五十四歳
　後同年自挍了
貞享三丙寅年十二月廿九日於《申尅》摂於攝州兎原郡

と墨書する。

又巻五末葉裏に、

都賀荘畑原村安田姓屋敷悲母居室令書寫訖
為天下安全万民豊樂為伽藍安穏興隆密教
為顕密成就万徳円満為弘法利生二利満足為
三寳四恩報恩謝徳為六道功徳如意成就如意
円満為悲母二世悉地如意円満為慈父尊霊

と墨書する。

又巻五裏表紙見返に、

決定成佛※為法界聖靈成等正覺為護持法主
行願円満為自佗同證无上菩提焉
金剛佛子理智門五十歳
天保九戊戌年五月四日書写𤰞
金剛佛子隆鮮

と墨書する。※もと「備」と書し、「佛」と重書する。

以上の如く、各巻・又巻五各々奥書を有する。これら奥書から、南北朝時代貞和二年（一三四六）に書写・校合した写本を江戸時代初期貞享三年（一六八六）から貞享四年（一六八七）にかけて書写し、この貞享三年、四年書写本を江戸時代末期天保九年（一八三八）五月から八月にかけ書写し、同年八月から九月にかけて校合し朱点を加えたことが看取され、該本は天保九年写、同年校合朱点と推定される。

『増訂日本韻学史の研究』Ⅲ、『補訂版国書総目録』、大正蔵本を見るに、貞和二年に書写したものが高野山遍照光院所蔵本（大正蔵本の底本）、貞享三年から同四年に書写したものが高野山親王院所蔵本、と窺測される。

本文の筆跡は、

【あ】巻一（初葉〜第一七葉）・巻四（第六葉〜末葉。天保九年の書写奥書を含む）・巻五（全。天保九年の書写奥書と校合朱加点奥書を含む）・又巻五（第二八葉〜末葉。天保九年の書写奥書を含む）

【い】巻一（第一八葉〜末葉。天保九年の書写奥書と朱加点校合奥書を除く）・巻二（全。天保九年の書写奥書と校合朱加点奥書を除く）・巻六（全。天保九年の書写奥書と校合朱加点奥書を除く）・巻七（全。天保九年の書写奥書と校合朱加点奥書を除く）・巻八（全。天保九年の書写奥書と校合朱加点奥書を除く）・巻一〇（全。天保九年の書写奥書と校合朱加点奥書を除く）

【う】巻三（全。天保九年の書写奥書と校合朱加点奥書を除く）・巻四（初葉〜第五葉）・又巻五（初葉〜第二八葉）

の【あ】【い】【う】の三筆に分けられることから、寄合書である。天保九年の書写奥書と同年の朱筆による校合・朱加点奥書（ただし、又巻五は朱書による奥書なし）は、全て同筆、且つ本文【あ】と同筆と推測する。

縷々、奥書を掲出したように、試みに筆跡を分類した【あ】から【う】のうち、【あ】は隆鮮の筆跡（隆鮮が書写した）かと思われ、【い】【う】に該当する部分は隆鮮が書写させたものかと思われる。隆鮮については未詳である。

本奥書に見える貞和二年に高野山一心院に於いて書写した僧侶の融濟に関する記事は、鼎龍暁『西院流能禅方伝授録一六巻』（『真言宗全書第三二』〈真言宗全書刊行会、一九三四年〉所収に拠る）巻第九灌頂部聖教幷同記録に、

伝法灌頂記　壹巻

是一心院奥之坊融濟記也

とある。馬渕和夫氏は「融濟」と「阿覺」とが同人である可能性を指摘し、「融濟」を俗号、「阿覺」を僧名とする（『影印注解悉曇学書選集』第四巻所収「解題」）。

各巻・又巻五に「懐／□」（縦 二・七×横 二・七糎）かと思しい単郭方形陽刻朱印、一顆を踏印する。第七冊第三葉表欄上に本文と別筆の「淤ハ游ナリ」と墨書された付箋がある。

巻一〇第二一葉裏と第二二葉表に左記の如く墨書された挟紙あり。

挟紙上段に、

裏書

金界

成身會自浄三業至極喜三昧耶

降三世會降三世大樂不空

理趣會召罪浄菩提

微細會五相成身振鈴

羯磨會

三昧耶會

大供養會

四印會金剛薩埵大印羯磨大印

一印

挟紙中段から下段に、

胎界　青龍軌平等開悟

如来身院　自示三昧耶○至除蓋障

観音院　觀自在○地藏

文殊院　曼殊室○諸奉教

除蓋障院　大愛敬○不思議惠

地藏院　地藏旗○堅固意

虚空藏院　虚空无垢○安住惠

金剛手院　執金剛○金剛拳
釋迦院　　無能勝○諸菩薩
遍知院
五大院
蘓悉地院
四大護院

とある。この挟紙は、本文の脱した部分を後に補写したものと思われ、筆跡は前述の筆跡【あ】と同筆と推定される。また、料紙は雁皮紙か、もしくは斐楮交漉紙かと思われ、又巻五以外の各巻の本文料紙と同質紙と推定される。

④は未見。④を底本とする『大正新脩大蔵経』八四巻（大正新脩大蔵経刊行会、一九六三年）所収本を用いた。

（三九）永仁三年（一二九五）、頼瑜（一二二六～一三〇四）の撰。弘法大師空海の撰に係る『秘蔵宝鑰』の注釈書で、多くの内外典を引用し、該書に先行する藤原敦光撰『秘蔵宝鑰鈔』を参考にしているところが多い。頼瑜は、興教大師覚鑁の系統に連なり、高野山の大伝法院に学び、南都の東大寺に於いて三論・華厳、興福寺に於いて瑜伽・唯識を学び、後に高野山から弟子達を連れ根来に移った。多くの仏典の注釈を撰した。原本（天海―内典―二四―一七―三九五）は状態が芳しくなく、閲覧の許可が下りなかったため、今回の調査では叡山文庫所蔵マイクロフィルム（延暦寺―マイクロ―二〇）に拠った。叡山文庫天海蔵所蔵　秘蔵宝鑰勘註四巻　二帖　応永一七年～同一八年写。なお、該書の書誌事項を含めた調査研究は、原本閲覧の機会を得てからの課題としたい。

（四〇）隋代の蕭吉撰。漢代より魏晋南北朝時代にかけて盛行した陰陽五行説をまとめた書。穂久邇文庫所蔵元弘相伝本の表書・裏書に『五行大義』中の本文の字句に関する多くの箋注が施され、多数の文献が引用されている。

書誌は、石塚晴通「五行大義元弘本の書誌」（〈古典研究会叢書　漢籍之部　第八巻〉『五行大義（二）』〈汲古書院、一九九〇年〉所収）によれば、「鎌倉時代元弘三年頃書写、巻子装ヲ後ニ折本装ニ改ム、楮交斐紙、縦三十三・一糎（界高二十六・三糎、十六字）横五十一・三糎（十八行）ノ料紙ヲ継グ巻子装ヲ横二十二・八糎（片面八行）ノ折本装ニ改ム、柿渋表紙、（後略）」と、「鎌倉鶴岡宮の社僧であった智円が相伝した本書（穂久邇文庫所蔵元弘相伝本―稿者注）は、鎌倉相承院・談山壽命院・粟田青蓮院と伝来し、穂久邇文庫の蔵に帰したことが、蔵書印より知られる」とある。テキストは、『五行大義（二）』を使用した。

〔四二〕　正和三年（一三一四）、釈法空の撰。『聖徳太子伝暦』の注釈書で、内外典を多く引用する。阿部隆一「室町以前成立聖徳太子伝記類書誌」（聖徳太子研究会編『聖徳太子論集』〈平楽寺書店、一九七一年〉所収。後に『阿部隆一遺稿集　第三巻解題篇二』〈汲古書院、一九八五年〉所収）、前掲注（一）阿部氏④論文、飯田瑞穂「聖徳太子平氏伝雑勘文・上宮太子拾遺記」（『国文学　解釈と鑑賞』五四巻一〇号、至文堂、一九八九年。後に『聖徳太子伝の研究　飯田瑞穂著作集1』〈吉川弘文館、二〇〇〇年〉所収）を参照。テキストは、原本を使用した。

書誌は、当該注阿部隆一「室町以前成立聖徳太子伝記類書誌」によれば、「宮内庁書陵部蔵明治影写本六冊。（中略）法隆寺蔵本の影写」とあるように、夙に阿部氏による『聖徳太子伝』関連の書誌解題が存するので、氏の「法隆寺本の影写」との推定に依拠し、ここでは簡単な書誌事項を記すに止めておく。

宮内庁書陵部所蔵　聖徳太子伝雑勘文　六冊　〔明治時代〕写　五五七―七五

袋綴装冊子本、薄柿色浮線綾菊散型押表紙（縦　二六・七×横　一八・五糎）。大和綴で綴紐は上下二本。第一冊下部の綴紐のみ深緑色であるが、それ以外の紐は緑青色である。各冊全て上下二箇所に紺色の角裂あり。

外題は、各冊表表紙中央部に、第一冊「平氏傳雑勘文　上一」、第二冊「平氏傳雑勘文　上二」、第三冊「平氏傳雑勘文　上三」、第四冊「平氏傳雑勘文　下一」、第五冊「平氏傳雑勘文　下二」、第六冊「平氏傳雑勘文　下三」と各々墨筆による書き題簽（縦　一九・六×横　四・二糎程度）が貼付される。以上の書き題簽、全て同筆。

第一冊表表紙見返の右端部に「聖徳太子傳雑勘文」と墨書された貼紙（縦　一五・一×横　二・八糎）あり。

各冊初葉表に、該本の親本である法隆寺本の表表紙に存する外題等を影写したと思われる墨書が、以下の如く存する。第一冊の左肩に「平氏傳雑勘文上一」、左下部に「静見」、中央やや右下部に「法隆寺公物学問中」、右上部に「共六」、右下部に「傳實秀」と、第二冊の左肩に「平氏傳雑勘文上二」、右下部に「法隆寺公物学問中」、右上部に「共六」と、第三冊の左肩に「平氏傳雑勘文上三」、中央やや右下部に「法隆寺公物学問中」、右上部に「共六」、右下部に「傳實秀」と、第四冊の左肩に「平氏傳雑勘文下二」、左下部に「静見」、中央やや右下部に「法隆寺公物学問中」、右上部に「共六」、右下部に「傳實秀」と、第五冊の左肩に「平氏傳雑勘文下二」、左下部に「静見」、中央やや右下部に「法隆寺公物学問中」、右上部に「共六」、右下部に「傳實秀」と、第六冊の左肩に「平氏傳雑勘文下三」、右下部に「法隆寺公物学問中」、右上部に「共六」と。以上の墨書、全て同筆。

内題は各冊「聖徳太子平氏傳雑勘文上一（上二・上三・下一・下二・下三）」と書す。尾題は各冊何れも無し。本文の筆跡は一筆、本文書写は明治時代と推測する。本文料紙は雁皮紙薄様かと思われる。款式は、無辺無界、字高 一八・五糎、毎半葉七行、一行一二～二〇数字不等である。注は小字双行で、一行の字詰は一定しない。墨筆による返点・送仮名・傍らに音訓・合点・竪点、朱筆による返点・送仮名・傍らに音訓・合点・竪点・校異注・義注・訓の校異・補入符・聖徳太子の年齢を付す。また、墨筆及び朱筆で虫損の形状を写し取る。稀に、引用典籍の右上に「外典」「内典」と墨書する。所々、不審紙が貼付さる。

各冊墨付葉数は、第一冊 八四葉、第二冊 四七葉、第三冊 六一葉、第四冊 五一葉、第五冊 六七葉、第六冊 二七葉で、各冊全て前後の遊紙は無し。

第六冊の本文の後に、法空の起請文が書され、その末行より隔一行に（第二六葉裏）、

正和三年（一三一四）二月十八日金剛仏子法空

と本文と同筆且つ、同じ書体で本奥書が書され、

同冊裏末葉表に、

右抄全部六冊自春學房五師方預相傳訖適悦
不斜者也
天正十年（一五八二）壬午八月五日　上宮門葉法相末資實秀

と本文及び右の正和三年成立を示す本奥書と書体が異なる、相伝を示す本奥書が書さる。

各冊初葉表上部に単郭方形陽刻印「圖書／寮印」（縦 五・六×横 五・六糎）、及び単郭長方陽刻印「明治八年改」（縦

一・八×横一〇・八糎）各一顆を蹈印する。各冊書根に、墨筆にて「平氏傳雑勘文　一（～六終）」と小口書が存する。

（四二）　文安五年（一四四八）、法隆寺の釈訓海の撰。『聖徳太子伝暦』の注釈書で、『聖徳太子平氏伝雑勘文』と同様に、内外典を多く引用する。飯田瑞穂「法隆寺蔵尊英本『太子伝玉林抄』解説」（法隆寺編『法隆寺蔵尊英本太子伝玉林抄』下巻〈吉川弘文館、一九七八年〉所収。後に前掲注（四一）『聖徳太子伝の研究　飯田瑞穂著作集1』所収）を参照。

テキストは、『法隆寺蔵尊英本太子伝玉林抄』上巻（吉川弘文館、一九七八年）、『法隆寺蔵尊英本太子伝玉林抄』中巻（吉川弘文館、一九七八年）、『法隆寺蔵尊英本太子伝玉林抄』下巻を使用した。

書誌は、当該注「法隆寺蔵尊英本『太子伝玉林抄』解説」によれば、「写本。袋綴十九冊（但し内一冊新写後補）。楮紙。縦二四・六センチメートル、横一九・七センチメートル。（後略）」とある。

（四三）　永正一一年（一五一四）に笑雲清三が、師の湖月信鏡の講義を基礎として、これに景徐周麟の聞書を交えて編纂したものである。

笑雲清三は臨済宗聖一派の僧で、『古文真宝』を講じ、更に『四河入海』を撰した。明応（一四九二～一五〇一）から永正（一五〇四～一五二一）頃の人。

湖月信鏡は臨済宗聖一派の僧で、学藝に精通し『古文真宝』・『三体詩』・『論語』を講じた。三条西実隆と交友があった。天文二年（一五三三）頃歿。

景徐周麟（宜竹和尚）は臨済宗夢窓派の僧で、詩文に長じ、語録詩文集『翰林葫蘆集』、壽春妙永と有馬温泉に遊び、『湯山聯句』の各々を作った。永正一五年（一五一八）歿、七九歳。

該書の注について、阿部隆一氏は前掲注（一）③「室町以前邦人撰述論語孟子注釈書考（下）」に於いて、詳細な実見調査を基に、「集解皇疏を主とし、それを邢昺の正義を以て補い、大体は旧注によるが、間々朱子の集註・精義・輯釈・四書章図大成・四書大全を引用して、新注を採用する所もある。併しその新注の折衷の程度は清家のそれに比し、遙に少く、それも宋学の注を思想的に摂取しようとするのはなく、その多くは単に章句字義の上で、旧注の意の足らざる所、或は一異説として旧注の訓詁を補助する意味で使用するのであって、清家の態度動機とは異ったものがあることに注意せねばならぬ」と述べ、宮内庁書陵部所蔵本・京都大学大学院文学研究科図書館所蔵本・一般財団法人 石川武美記念図書館 成簣堂文庫所蔵本・陽明文庫所蔵本の各本の書誌解題を記している。禅僧については、玉村竹二『五山禅僧伝記集成 新装版』（思文閣出版、二〇〇三年）を参照。テキストは、宮内庁書陵部所蔵本・京都大学大学院文学研究科図書館所蔵本・一般財団法人 石川武美記念図書館 成簣堂文庫所蔵本、何れも原本を用いた。なお、陽明文庫所蔵本は未見。陽明文庫所蔵本は大阪府立図書館編『論語善本書影』（貴重図書影本刊行会、一九三一年）に著録され、書影が掲載される。

右に触れた如く阿部氏の書誌解題が存するので、ここでは三本の簡単な書誌事項を記すに止めておく。

○宮内庁書陵部所蔵〔論語抄〕十巻五冊 慶長五年（一六〇〇）写 四〇一―七三 紅葉山文庫・図書寮の逓蔵に係る。

袋綴装冊子本、青磁色二重亀甲繋型押艶出表紙（縦 二九・六×横 二一・八糎）。四ツ目綴、綴糸は白緑色の糸。

外題は、各冊左肩に、第一冊「論語抄 一之四」（縦 一九・六×横 四・二糎）、第二冊「論語抄 五之八」（縦 一九・六×横 四・二糎）、第三冊「論語抄 九之十二」（縦 一九・七×横 四・二糎）、第四冊「論語抄 十三之十六」（縦 一九・七×横 四・二糎）、第五冊「論語抄 十七之二十止」（縦 一九・七×横 四・一糎）と各々墨筆による書き題簽が貼付さる。各冊全て書き題簽は同筆で、本文の筆跡とは別筆。

内題は、学而第一のみ「論語学而第一（隔一格）斉論改学而作時習（隔六格）何晏集解」と、その他は「論語為政第二」の如く「論語篇名第幾」と書す。

本文の前に序が配され、「論語序」と題署し、皇侃序及び何晏集解序疏と、それらのカナ交じり文の注釈を記す。本文の筆跡は一筆と推測する。款式は、無辺無界、字高 二五・五糎、毎半葉一三行、一行二〇～三〇数字不等である。本文料紙は楮紙で、所々大きく破損し、裏打修補を施すことから、本文にも大きく闕損しているところが存する。

経文は行頭（天）より記されるが、『義疏』の引用文等の注釈やカナ交じり文の注釈は低一格で記される。墨筆による返点・送仮名・傍らに音訓・補入符、朱筆による返点・送仮名・傍らに音訓・句点・合点・竪点・補入符・校異注、朱引を付す。第四冊の初葉と第二葉を錯綴す。

尾題は第五冊末葉表の本文末行から隔一行にて「論語巻第二十終」と書す。

第五冊末葉表の尾題の次行に、

是書者湖月老人所講也前後二十三席始惠泉終方廣予
僅聞万之一鈔之傍執宜竹和尚聴書而贅矣曽参○《曽参》之嘲
傅説傅説之錯不知聚畿州鑄箇一愚鈔乎
永正十一壬戌九月望　清三志

（是ハ筆者之錯也
維時文禄五年辛未仲冬上澣於正法山下養源院書焉
旹時慶長五年庚子小春廿六於海門山圓福寺書之

と奥書を有する。永正一一年（一五一四）九月に笑雲清三が該書を書き記したこと等を示す本奥書、慶長五年（一六〇〇）一〇月二六日に海門山円福寺に於いて該本を書写したことを示す書写奥書、「筆者之錯也」と注記する文禄五年（一五九六）一一月上旬に正法山下養源院で書写したことを示す奥書を各々有する。書写奥書に記されている該本を書写した海門山円福寺とは、現在、大分県豊後高田市にある臨済宗大徳寺派海門山円福寺のことを指すか。また、正法山下養源院は、現在の臨済宗妙心寺派大本山正法山妙心寺の山内塔頭養源院のことを示しているのであろう。なお、本奥書に「永正十一壬戌」と記されているが、永正一一年は「甲戌」である。以下に書誌事項を掲げた京都大学大学院文学研究科図書館所蔵本・一般財団法人　石川武美記念図書館　成簣堂文庫所蔵本の二本も、該本と同様に「永正十一壬戌」に作る。阿部氏によると、陽明文庫所蔵本も、「永正十一壬戌」に作り、「壬」は「甲」の誤記と言う（「室町以前邦人撰述論語孟子注釈書考（下）」）。阿部氏の指摘の如く、「壬」は「甲」の誤りであろう。

墨付葉数は、第一冊　九五葉、第二冊　七六葉、第三冊　六八葉、第四冊　七八葉、第五冊　八二葉で、各冊全て前後の遊紙なし。

各冊初葉表の、右上部に①単郭方形陽刻朱印「秘閣／圖書／之章」（縦　六・八×横　六・八糎）、右下部に②単郭方形陽刻

朱印「帝室／圖書／之章」（縦 五・七×横 五・七糎）各一顆を蹈印する。①は旧紅葉山文庫本に明治時代以降捺された蔵書印、②は明治時代以降に図書寮で使用された蔵書印で、更に②は石印の印記を思しい。②が石印の印記であるなら、印記は明治三六年（一九〇三）以降に捺されたものとなる（〈図書寮叢刊〉『書陵部蔵書印譜』下〈宮内庁書陵部、一九九七年〉）。該本は、紅葉山文庫旧蔵であることがわかる。

各冊書根に「論語抄　一（〜五）」と墨筆による小口書が存する。小口書は各冊全て同筆。

なお、該本は、『論語善本書影』に「慶長五年鈔論語抄　五冊　宮内省図書寮蔵」と著録、併せて尾題・奥書の書影が一葉掲載され、また『図書寮典籍解題』漢籍篇（大蔵省印刷局、一九六〇年）に解題が収録される。

○京都大学大学院文学研究科図書館所蔵　〔論語抄〕十巻五冊　一帙　〔室町時代末期江戸時代初期〕写　貴重―国文学―Tg―44

袋綴装冊子本、栗皮表紙（縦 二五・九×横 一九・五糎）。四ツ目綴、綴糸は第一冊のみ紺色の糸、第二冊〜第五冊は錆浅葱色の糸。帙（縦 二六・九×横 二一・〇×高さ 八・五糎）は新しいもので、薄い枇杷茶色の布張り、題簽が帙上蓋の左肩（縦 一七・九×横 四・二糎）及び帙の背（縦 一七・九×横 三・〇糎）にそれぞれ貼付され、両題簽には「論語抄 慶長頃古写本 一帙五冊」とそれぞれ墨書する。

外題は、第二冊表表紙左肩に「論語鈔　三之四」（縦 一六・〇×横 三・六糎）、第三冊表表紙左肩に「論語鈔　五之六」（縦 一七・六×横 三・五糎）、第四冊表表紙左肩に「論語鈔　七之八」（縦 一七・六×横 三・五糎）、第五冊表表紙左肩に「論語鈔　□之十」（□は〔九カ〕）（縦 一七・六×横 三・五糎）と各々墨筆による書き題簽が貼付さる。第二冊〜第五冊の書き題簽の筆跡は同筆で、本文の筆跡とは別筆である。第一冊は表表紙左肩に題簽貼付の痕跡あり。また、各冊表表紙上部に、第一冊「学而／為政／八佾／里仁」、第二冊「公冶長／雍也／述而／泰伯」、第三冊「子罕／郷黨／先進／顔渕」、第四冊「子路／憲問／衛霊公／季氏」、第五冊「陽貨／微子／子張／尭曰」の如く、篇名を墨筆にて打付書きする。各冊篇名の筆跡は全て同筆。

第一冊・第二冊ともに表表紙・裏表紙の両見返、第三冊裏表紙見返が剥離する。

内題は、学而第一のみ「論語学而第一（隔一格）斉論改学而作時習（隔二格）何晏集解」と、その他は「論語為政第二」の如く「論語篇名第幾」と書す。

本文の前に序が配され、「論語序」と題署し、皇侃序及び何晏集解序疏と、それらのカナ交じり文の注釈を記す。本文の筆跡は複数認められ、寄合書と推定される。款式は、無辺無界、字高二四・三糎、毎半葉一〇行、一行二〇～三〇数字不等である。本文料紙は楮紙である。

経文は行頭（天）より記されるが、『義疏』の引用文等の注釈やカナ交じり文の注釈は低一格ないしは低二格で記される。墨筆による返点・送仮名・傍らに音訓・補入符・竪点・校異注、朱筆による句点・合点・補入符・校異注、朱引を付す。

尾題は第五冊末葉表の本文末行から隔一行にて「論語巻第二十終」と書す。

第五冊末葉表の尾題の次行に、

是書者湖月老人所講也前後二十三席始恵泉終方廣予

同冊末葉裏に、

僅聞万之一鈔之傍執宜竹和尚聴書而贅矣曽参魯

参之嘲傳説○〔傳説〕之錯不知聚鐖州銕鑄箇一愚鈔乎

永正十一壬戌九月望　清三志

と本奥書を有する。右の本奥書は直前の尾題並びに本文の筆跡と同筆である。

第四冊末葉裏の左端中央部に、本文と同筆と思しき墨書「除表裏之両帋計一百六丁」が存する。

墨付葉数は第一冊一一九葉、第二冊一〇四葉、第三冊八九葉、第四冊一〇七葉、第五冊一一四葉で、各冊全て前後の遊紙各一葉である。

各冊初葉表の上部に、単郭方形陽刻朱印「京都／大學圖／書之印」（縦四・四×横四・四糎）一顆を踏印する。

各冊書根に「論語抄一（～五）」と墨筆による小口書が存し、各冊書背中央部に「共五」と墨書さる。小口書は全て同筆で、書背の墨書も全て同筆である。なお、小口書と書背の墨書は、同筆かと推測する。

○一般財団法人　石川武美記念図書館　成簣堂文庫所蔵〔論語抄〕十巻（闕巻八～巻十）四冊一箱〔室町時代末期江戸時代

初期〕写　徳富蘇峰成簣堂文庫旧蔵

川瀬一馬編著『お茶の水図書館蔵新修成簣堂文庫善本書目』（石川文化事業財団　お茶の水図書館、一九九二年）に著録。

袋綴装冊子本、栗皮表紙（縦　二六・五×横　二〇・二糎）。四ツ目綴、綴糸は白糸、改糸。該本が収められている木箱は、桐箱、縦　二九・四×横　二三・〇×高さ　一一・七糎、落とし戸に「論語／集解／假名／鈔本」と墨筆による箱書、落とし戸中央部（「集解」と「假名」との行間）に「廿六」と墨書された貼紙が各々存す。『お茶の水図書館蔵新修成簣堂文庫善本書目』によると、箱書は徳富蘇峰手題とある。

外題は、次の如く各冊表表紙左肩に墨筆による書き題簽が貼付さる。

第一冊「論語集解　学而」（縦　一七・五×横　三・八糎）

第二冊「論語集解　公冶長」（縦　一七・六×横　三・八糎）

第三冊「論語集解　子罕　郷黨　先進　顔渕」（縦　一七・六×横　上辺　三・九　下辺　三・五糎）

第四冊「論語集解　子路　憲問　衛靈公季氏」（縦　一七・五×横　三・九糎）

書き題簽は各冊全て同筆である。また、各冊表表紙に、第一冊「学而　為政／八佾　里仁」、第二冊「公冶長　雍也／述而　泰伯」、第三冊「子罕　郷黨／先進　顔渕」、第四冊「子路　憲問／衛霊公　季氏」の如く、篇名を墨筆にて打付書きする。篇名は各冊全て同筆である。なお、書き題簽の筆跡と篇名のそれは別筆である。

内題は、学而第一のみ「論語学而第一（隔二格）斉論改孛而作時習也（隔二格）何晏集解」と、その他は「論語篇名第幾」と書す。為政第二は「第」を「才」に作る。

本文の前に序が配され、「論語序」と題署し、皇侃序及び何晏集解序疏と、それらのカナ交じり文の注釈を記す。本文の筆跡は一筆。款式は、無辺無界、字高　二三・四糎、毎半葉一二行、一行二〇数字不等である。本文料紙は楮紙である。

経文は行頭（天）より記されるが、『義疏』の引用文等の注釈やカナ交じり文の注釈は低一格で記される。墨筆による返点・送仮名・傍らに音訓・補入符・竪点・訂正・見せ消ち・語注、朱筆による句点・合点・補入符・訂正、朱引、所々朱筆の返点・送仮名・傍らに音訓・竪点が、各々施される。

欄上に、江戸時代に複数の人物により書入れられたと察せられる墨書が存する。とりわけ、第一冊の欄上には、「足利皇本…」「足利本…」と記され、足利学校所蔵『論語義疏』との校異を書入れている点が注目される。また、これと同筆と察せられる本文に対する訂正注記も認められる。「足利皇本…」「足利本…」を書入れた者は、足利学校所蔵『論語義疏』を目睹し得る環境にあった可能性も考えられる。

尾題は第一冊から第四冊（存巻一～巻七）には無い。

第一冊初葉表右端に、

是書者湖月老人所講也　十一代 足利義澄　永正十一壬戌九月望　清三志

と本奥書が墨書される。何晏集解序の初行の前に、本奥書と同筆で「論語集解序　魏 何晏 撰 梁皇侃義疏」と墨書される。両者の筆跡は、第一冊欄上の書入「足利皇本…」「足利本…」と同筆かと推測され、江戸時代の筆と思しい。

第一冊裏表紙中央部に、

山王院

高□山北室院内龍快

と墨筆による識語が存する。識語に見える北室院は、金剛峯寺の塔頭高野山北室院の可能性がある。

墨付葉数は第一冊　一一五葉、第二冊　一〇九葉、第三冊　一一五葉、第四冊　一一四葉で、各冊全て前後の遊紙は無い。

次の四種の印記を蹈印する。

①単郭長方陽刻朱印「徳富／猪弌郎／之章」（縦　六・七×横　六・五糎）…各冊初葉

②単郭長方陽刻朱印「蘓峯／珍臧」（縦　二・三×横　一・五糎）…第二冊末葉裏左端部・第三冊末葉裏中央部

③単郭長方陽刻朱印（左右郭太し）「蘇峰文庫」（縦　二・九×横　〇・九糎）…第二冊末葉裏左端部

④単郭方形陰刻朱印「徳富／猪一郎」（縦　三・四×横　三・四糎）…第三冊末葉裏中央部

印記は何れも、徳富蘇峰成簣堂文庫の蔵書印であることから、徳富蘇峰成簣堂文庫の旧蔵書であることがわかる。

次の如く各冊書根に墨筆による小口書が存する。

第一冊「一論語集解」、第二冊「二論語集解」、第三冊「三論語集解」、第四冊「四三論語集解」の如し。小口書は各冊全て同筆。

なお、該本は『論語善本書影』に「永正一一年鈔論語抄　外題 論語集解 五冊　徳富蘇峰氏蔵」と著録、論語序の首と第一冊初葉表右端の本奥書、の書影が各一葉掲載される。

（四四）『性霊集注』宝亀院本書入は「五常」に作るが、宝亀院本の原本調査を実施できず未見であることから、やむを得ず、前掲注（一八）『性霊集注』所収影印に拠った。山崎誠氏の解題（前掲注（三七）を参照）では書入が施された時期等について言及がなく、『性霊集注』宝亀院本書入の実態は未詳である。従って、本書では「五氣」と「五常」のグループ分けから除外する措置をとった。

（四五）北家閑院流の洞院公賢（一二九一～一三六〇）の撰による『拾芥抄』巻下 五常部第十七に「五常 仁 義 禮 智 信」とあるが、何れの典籍を参考にしたか、あるいは公賢が有する学識によるものか（公賢は如何なる方法で知り得た知識か）等、不明である。『拾芥抄』は、〈尊経閣善本影印集成17〉『拾芥抄 上中下』（八木書店、一九九八年）に拠った。該書については、同書所収「尊経閣文庫所蔵『拾芥抄』解説」（橋本義彦・菊池紳一両氏執筆）を参照。

（四六）前掲序章注（一九）⑯を参照。

（四七）前掲注（六）を参照。

（四八）例えば、橋本秀美「日本旧抄本の位置づけ―高橋均『論語義疏の研究』―」（『創文』二〇一三・冬・№12、創文社、二〇一四年）は、『論語義疏』の宋刊本は刊行されなかった可能性を示唆する。詳しくは前掲序章注（二七）を参照。

（四九）敦煌でフランス人ポール・ペリオ氏により発見され、現在、パリ国立図書館が所蔵している整理番号 P.2526のテキストがある。該書は、零本ではあるが『修文殿御覧』もしくはその藍本と言われている『華林遍略』の可能性が指摘されている貴重なテキストである。これを『修文殿御覧』と推定する説には、例えば羅振玉「敦煌本修文殿御覧跋」（『羅振玉校刊群書叙録』〈江蘇広陵古籍刻印社、一九九八年〉所収）、王三慶（池田温訳）「Ⅶ 類書　1『修文殿御覧』」（『講座敦煌5 敦煌漢文文献』〈大東出版社、一九九二年〉所収)、「法 Pel.chin.2526『修文殿御覧』」(〈敦煌吐魯番文献集成〉上海古籍出版社・法国国家図書館編『法国国家図書館蔵敦煌西域文献⑮』〈上海古籍出版社、二〇〇一年〉所収)を挙げることができる。一方、『華林遍略』と推定する説には、例えば洪業「所謂修文殿御覧者」(『燕京学報』第一二期、一九三二年)、季羨林主編『敦煌学大辞典』(上海辞書出版社、一九九八年)の「華林遍略」の項(李鼎霞氏執筆)を挙げることができる。その他、許建平「敦煌本《修文殿御覧》録校補正」(『敦煌研究』二〇一〇年第一期。後に許建平『読巻校経:出土文献与伝世典籍的二重互証』〈浙江大学出版社、二〇一四年〉所収)を参照。

第二章　『弘決外典鈔』所引『論語義疏』の性格

はじめに

『弘決外典鈔』についての研究(一)は、先学による影印・校訂本・索引等があり、研究基盤は整いつつあるかのように思われている。しかし、後述する等閑視されているかの如き写本が存在し、一部の写本について個別的検討が行われているに過ぎない。また、引用される漢籍（外典）の検討は、管見の及ぶ限り、内野熊一郎(二)・河野貴美子(三)両氏の研究が存するのみで、研究が進んでいるとは言い難い。このような研究状況に鑑み、本章では、書誌学・文献学的見地から、未検討と思われる『弘決外典鈔』の写本を検討材料に加え、『弘決外典鈔』所引『論語義疏』（以下、『論語義疏』を『義疏』と略称する）の性格を究明し、第一章に引き続き日本古代に於ける『義疏』の受容の一端を考察する。

第一に、『弘決外典鈔』諸本のうち、未検討の日蓮宗総本山身延山久遠寺身延文庫所蔵鎌倉時代写本（以下、身延文庫鎌倉写本と略称する）並びに同文庫所蔵江戸時代写本（以下、身延文庫江戸写本と略称する）の書誌事項を提示し、『弘決外典鈔』所引漢籍の研究を行う際に前提となる基礎的研究の資料を提供する。第二に、『弘決外典鈔』諸本所引『義疏』の性格を解明するために、諸旧鈔本『義疏』及び『三教指帰注集』・『和漢朗詠註略抄』の両書に引用される『義疏』、文永五年（一二六八）鈔本『論語集解』巻第八（以下、文永五年本『論語集解』と略称する）の経文・行間書入を材料に選定し、比較検討する。第三に、『弘決外典鈔』諸本所引『義疏』と諸旧鈔本『義疏』等との比較検討から、『弘決外典鈔』諸本の性格・系統についても考察し、特に身延文庫鎌倉写本・身延文庫江戸写本について鄙見を提出する。

第一節　『弘決外典鈔』の特徴と身延文庫所蔵二本の書誌事項

該書は、正暦二年（九九一）に具平親王（九六四～一〇〇九）の撰述に係り、唐の天台僧の妙楽大師湛然（七一一～七八二）『止観輔行伝弘決』の注釈書に該当する。『止観輔行伝弘決』もまた、隋の天台僧の智者大師智顗（五三八～五九七）『摩訶止観』の注釈書に該当する。『止観輔行伝弘決』は内典の他に漢籍（外典）を引用する。漢籍の謂いをもって言うならば、経は『摩訶止観』、伝は『止観輔行伝弘決』、注は『弘決外典鈔』のそれぞれに該当する関係になろう。

該書は、『止観輔行伝弘決』所引漢籍の出典を明示し、更に、所引漢籍の注や疏、音義、具平親王による案語を示す等、訓詁学的解釈（注釈）を加えることから、漢唐訓詁学の影響が看取される。従って、『弘決外典鈔』所引漢籍の研究は、具平親王の漢籍の利用や平安時代中期に於ける学問実態の解明、及び平安時代中期の天台教学に於ける漢籍の受容等、注釈史・学問史の研究に裨益しよう。(四)

他方、中国学の観点から見れば、該書に引用される漢籍は、経・史・子・集の各部に及んでおり、更に『三礼義宗』・『修文殿御覧』(五)・『老子述義』・『荘子講疏』等の佚書や、佚存書の『孝経述義』・原本系『玉篇』・『黄帝内経太素』・『黄帝内経明堂』等の引用文辞も尠なくなく、原本復原や佚文蒐集等の校勘学・輯佚学の進展に於いても重要な典籍資料（六）と言える。

以上の二点から推すならば、『弘決外典鈔』の研究は、日本古代史・中国学の両分野に資するといっても過言ではなかろう。

『弘決外典鈔』の諸本（七）は、以下のものが伝存している。

〈1〉天理大学附属天理図書館所蔵三条家旧蔵『五臣注文選巻二十』紙背　平安時代写本（存巻一。巻首闕）（以下、天理本と略称する）

〈2〉神奈川県立金沢文庫保管称名寺寄託弘安七年（一二八四）円種校合加点写本（巻三尾闕・闕巻四）（以下、金沢文庫本と略称する）

〈3〉身延文庫鎌倉写本

〈4〉身延文庫江戸写本

〈5〉宝永四年（一七〇七）刻・同六年（一七〇九）跋刊本（以下、宝永本と略称する）

〈6〉一般財団法人　石川武美記念図書館　成簣堂文庫所蔵昭和三年（一九二八）影写本（以下、成簣堂文庫影写本と略称する）

〈7〉北京大学図書館所蔵余嘉錫校『弘決外典鈔』抄本（以下、余嘉錫抄本と略称する）

〈8〉国立国会図書館古典籍資料室所蔵輪池叢書二七所収本

〈9〉神奈川県立金沢文庫保管称名寺寄託金沢文庫古文書「氏名未詳書状」（古文書番号二六七〇、整理番号一二〇七）紙背『弘決外典鈔』注釈断簡

これらのうち、〈3〉は零本ではあるが、鎌倉時代写本と推定される。『身延文庫典籍目録（八）』・『山梨県史（九）』の両

書に著録・紹介され、また河野氏[一〇]も触れているが、写本そのものの検討が行われておらず、性格及び伝来経緯も明らかでない。〈4〉もまた『身延文庫典籍目録』[一一]に著録され、先の河野氏[一二]が触れているものの、未だ本格的な研究が見られず、新出資料といっても過言ではない写本である。

〈6〉〈7〉についても、河野氏[一三]がその存在を指摘しており、氏は〈6〉を〈4〉の転写本と推定している。稿者は徳富蘇峰の命により、昭和三年（一九二八）九月三日に蘇峰の門人田中幸二郎が、身延山珍蔵本を成簣堂文庫に於いて影写したもので、〈4〉の影写本と推測する。〈7〉は、余嘉錫が北京人文科学研究所旧蔵の宝永本『弘決外典鈔』の影印本（中国科学院国家科学図書館現蔵）、すなわち『金沢称名寺所蔵円種手校弘安本　弘決外典鈔附成簣堂所蔵宝永対校本』（西東書房、一九二八年）所収の成簣堂所蔵宝永対校本を書写し、更に同書所収の金沢文庫本と対校し校異を欄上に朱書したものであると言う。〈6〉は〈4〉の影写本であるため、本章の考察ではひとまず除外する。なお、〈7〉は未見。

〈8〉は『補訂版国書総目録』に著録されるが、『弘決外典鈔』の極一部を抄録するに過ぎない。〈9〉は納富常天氏[一四]によると、真言密教の学僧である明忍坊釼阿（一二六一～一三三八）が、『弘決外典鈔』の第一の尾部から第二の前半部の本文を抽出し、注釈を加えたもので、その抽出された本文が金沢文庫本と一致することから、抽出に際して金沢文庫本に依拠したものと言う。ただし、〈8〉〈9〉は何れも『義疏』の引用条は認められない。従って、〈8〉〈9〉は本章の考察から、除外する。

以上の如く、『弘決外典鈔』諸本のうち、伝本が決して多くない状況下に於いて、〈3〉〈4〉の二本について個別的検討ないしは検討材料とした研究は、管見に及ぶ限り、未だ見られず『弘決外典鈔』の研究は十全とは言えない。

最古の写本と推定されている〈1〉、弘安七年の校合加点奥書を有する〈2〉、身延山経蔵の本を浄書し訂正して刊刻した[一五]とされる〈5〉の三本の他、研究が行われていない〈3〉〈4〉の二本を材料に加え、『弘決外典鈔』所引『義疏』の性格の考察を行う。以上の考察から、具平親王の『論語義疏』利用や平安時代中期の学問実態の一端の解明を企図する。

前述の如く、『弘決外典鈔』諸本のうち、身延文庫所蔵の〈3〉〈4〉は、影印本が存在せず、且つ『続天台宗全書』所収本の対校本[一六]にも採用されていない。以上のように、〈3〉〈4〉は全貌が明らかではない状況に鑑み、両本の書誌事項を以下に示す。

〈3〉身延文庫鎌倉写本

一二　日蓮宗総本山身延山久遠寺身延文庫所蔵　弘決外典鈔　零本　二冊　〔鎌倉時代〕写　諸宗部・珍本（写本）

『紙本墨書弘決外典鈔』の名称で昭和三五年（一九六〇）一一月七日に山梨県重要文化財に指定。

該本は、上下二冊本、第一冊（上）・第二冊（下）ともに粘葉装、第一冊　縦　二四・六×横　一五・〇糎、第二冊　縦　二四・七×横　一五・三糎である。表紙は、第一冊・第二冊ともに表表紙のみ存し、後半部が散佚しているため裏表紙はない。表表紙は、後補練色表紙、左肩に「弘決／止観外典抄上（下）」と打付外題があり、「弘決」に朱引、「止観」の左傍に墨筆による抹消符をそれぞれ施し、右端中央やや下部に「共二」、左下部に「花王蔵」とそれぞれ墨書し、中央下部に二行に亘り墨滅があり、もと「本能寺／円珠院[一七]」と墨書されていた。また、右下部に「日純[一八]」と墨書する。「弘決／止観外典抄上（下）」と「花王蔵」は同筆であるが、「共二」「日純」はそれとは別筆である。第一冊は表表紙及び最後の二葉を除き、右端の上下各一箇所に綴じ穴が存し、また最後の二葉には、綴じ代と反対側の上下各一箇所に綴じ穴が存する。ただし、右端の上下の綴じ穴とは位置が異なっており、従って穿孔した時期も異なる。第二冊の末葉にも綴じ代と反対側に綴じ穴が上下各一箇所存する。内題は、第一冊 巻第一の本文の前に「弘決外典鈔序」、「外典目」、「年代略記」が存する。第一冊「弘決外典鈔巻弟一複一二」、第二冊「弘決外典鈔巻第三複五六」と書し、尾題は第一冊・第二冊ともに後半部が散佚しているため不明である。本文料紙は楮紙打紙かと推定される。款式は、第一冊・第二冊ともに押界が存し、天地単辺 有界、界幅は第一冊 一・九糎内外、第二冊 一・八糎内外、界高は第一冊 二〇・七糎内外、第二冊 一九・六糎内外。第一冊・第二冊ともに毎半葉七行、一行一八字内外、注は小字双行である。第一冊は、墨筆による返点・送仮名・付訓・声点・行間の反切、朱筆による送仮名・付訓・読点・ヲコト点・竪点・行間の反切がそれぞれ施され、欄上・欄脚に墨筆による書入がある。更に欄脚の書入の下部は裁断されている。第二冊は、朱筆による送仮名・付訓・読点・声点・ヲコト点・竪点・校異、欄脚に墨筆による音義注がそれぞれ施される。奥書・識語はないが、本文の筆跡は第一冊・第二冊とも一筆で鎌倉時代書写か。墨付は第一冊 一五葉、第二冊 九葉、遊紙は第一冊 前一葉、後無し、第二冊 前一葉、後無しである。表紙を含め二冊ともに虫損が尠なくない。なお、第一冊に縦 三四・五×横 四七・八糎、第二冊に縦 三四・五×横 四七・九糎の包紙がそれぞれ存し、第一冊包紙外面に「弘決外典抄上／鎌倉時代之筆（徳富蘇峰鑑定）／宝永刊本之台本歟／十二号（写本）」、同包紙内面に「宝永刊本之丁付／一ノ一ヲ／一ノ一ウ／一ノ四ウ／一ノ七ヲ／一ノ八ウ／一ノ一ウ／一ノ三ウ／二ノ十七ヲ　表紙共九枚」、第二冊包紙外面に「弘決外典抄下」、同包紙内面に「宝永刊本之丁付／三ノ一ヲ／三ノ一ウ／三ノ三ウ／三ノ七ヲ

／四ノ十一ウ／表紙共六枚」とそれぞれ墨書される。第一冊包紙外面と同内面とは別筆、第二冊包紙外面と同内面も別筆、ただし、第一冊包紙外面と第二冊包紙外面とは同筆、第一冊包紙内面と第二冊包紙内面とは同筆である。

該本は、前述の如く、奥書がなく具体的な書写年代を示すものがない零本ではあるが、筆跡・字様・紙質等から鎌倉時代書写かと思われ、平安時代書写の天理本や、円種による弘安七年校合加点奥書を有する金沢文庫本と並ぶ貴重な写本と言える。

〈4〉身延文庫江戸写本

日蓮宗総本山身延山久遠寺身延文庫所蔵　弘決外典鈔四巻二冊　〔江戸時代〕写　諸宗部・天台　一一二〇

該本は、天地二冊本、第一冊（天）・第二冊（地）ともに袋綴装冊子本、第一冊　縦　三二・五×横　二一・五糎、第二冊　縦　三二・四×横　二一・六糎である。表紙は栗皮表紙。各冊表表紙左肩に「外典抄天（地）」と打付外題がある。打付外題は、第一冊・第二冊ともに同筆であるが、第一冊・第二冊の本文の何れとも別筆である。第一冊巻第一の本文の前に「弘決外典鈔序」、「外典目」、「年代略記」が存する。内題は、第一冊巻第一「弘決外典鈔巻苐一複二三」、同巻第二「弘決外典鈔巻苐二」、第二冊巻第三「弘決外典鈔苐三複五六」、同巻第四「弘決外典鈔巻苐四（隔一格）複七八九十」と、尾題は、第一冊巻第一「弘決外典鈔巻苐一」、同巻第二「弘決外典鈔巻苐二」、第二冊巻第三「弘決外典鈔巻苐三」、同巻第四「弘決外典鈔巻苐四千五百八十九巻」とそれぞれ書す。本文料紙は楮紙、款式は無辺無界、第一冊は毎半葉七行、一行二〇字内外、第二冊は毎半葉九行、一行一八字内外、注は小字双行である。第一冊は、墨筆による返点・送仮名・付訓・声点・校異、朱筆による読点・ヲコト点・竪点・校異がそれぞれ施されている。第二冊は、墨筆による校異・行間に反切が施されている。本文の筆跡は、第一冊と第二冊とは別筆かと思われる。墨付は、第一冊 六〇葉、第二冊 四六葉、遊紙は第一冊 前一葉、後一葉、第二冊 前一葉、後無しである。識語は第二冊末葉表の尾題の次行に「助教海宿祢廣澄點」(一九)と墨書される。また、第二冊の大部分の各葉裏左端に丁付、第二冊末葉裏左端に「四十六丁終」とそれぞれ墨書される。識語及び第二冊末葉裏左端の丁付は、第二冊の本文と同筆である。

該本は、奥書がなく具体的な書写年代を示すものがないが、筆跡・字様・紙質等から江戸時代書写かと思われる。平安時代書写の天理本、円種による弘安七年校合加点奥書を有する金沢文庫本、身延文庫鎌倉写本の三写本に比して、書写年代は江戸時代と降るものの、管見の及ぶ限り、『弘決外典鈔』諸写本のうち、唯一の足本であり、更に、異同から察するに、該本は身延文庫鎌倉写本が祖本ないしは親本の可能性を強く示唆する。

第二節 『弘決外典鈔』所引『論語義疏』と旧鈔本『論語義疏』との比較検討

『弘決外典鈔』に引用される『義疏』は、次の五箇条が認められる。それぞれ『義疏』の対応箇所を掲げると次の如くである。

〈一〉『弘決外典鈔』巻第一 序――『義疏』巻第八 衛霊公第十五
〈二〉『弘決外典鈔』巻第一 第二―『義疏』巻第三 雍也第六
〈三〉『弘決外典鈔』巻第三 第五―『義疏』巻第九 陽貨第十

〈四〉『弘決外典鈔』巻第三 第五―『義疏』巻第九 微子第十八
〈五〉『弘決外典鈔』巻第三 第六―『義疏』巻第五 子罕第九

該書に引用される『義疏』は、日本古代では『令集解』所引『義疏』の一三箇条に次いで多く、日本古代に於ける『義疏』の受容の研究から注目される。第一章に於いて、古代の法制書である『令集解』に引用される『義疏』について個別に検討した。日本古代に於ける『義疏』の受容の実相を窺うには、『令集解』等とは異なる性格の典籍資料からの『義疏』の引用を検討することが必要であろう。従って、本章では、『令集解』等と同時代資料とは言え、天台宗の仏典注釈書という性格が異なる該書に引用される『義疏』の性格を検討していく。

なお、『弘決外典鈔』には、前掲の五箇条の他に、『義疏』を利用した具平親王による案語が、『弘決外典鈔』巻第一 第一[二〇]に一箇条認められ、これは『義疏』巻第八 季氏第十六を参考にしている。本章では、『義疏』の引用を考察の対象としているため、ひとまず、案語は除外する。

旧鈔本『義疏』の他に、文永五年本『論語集解』には『弘決外典鈔』所引『義疏』と対応する経文・行間書入を各一箇条、『三教指帰注集』及び『和漢朗詠註略抄』の両書には『義疏』の引用を各一箇条見出すことができる。従って、文永五年本『論語集解』は〈一〉、『三教指帰注集』及び『和漢朗詠註略抄』は〈三〉に、それぞれ比較検討の材料として加える。

《1》東洋文庫所蔵文永五年本『論語集解』[二一]
《2》大谷大学博物館所蔵『三教指帰注集』[二二]長承二年（一一三三）上巻本・上巻末・中巻書写移点、同三年（一一三四）下巻書写、仁平元年（一一五一）校合の各奥書を有する写本
《3》『和漢朗詠註略抄』[二三]鎌倉時代中期写本（黒木典雄氏・小林正直氏に逓蔵されたが、現在は所在不明である）

次に、『弘決外典鈔』所引『義疏』・旧鈔本『義疏』・文永五年本『論語集解』・『三教指帰注集』所引『義疏』・『和漢朗詠註略抄』所引『義疏』の該当箇所を列挙し、比較検討を行う。

なお、本章では、『弘決外典鈔』所引『義疏』・『三教指帰注集』所引『義疏』・『和漢朗詠註略抄』所引『義疏』・文永五年本『論語集解』と旧鈔本『義疏』との比較検討に際し、旧鈔本『義疏』・文永五年本『論語集解』の本文を〔経文〕、何晏集解を〔集解〕、皇侃義疏を〔義疏〕と記す。また、『弘決外典鈔』所引『義疏』との対応箇所のうち、経文は実線で囲い、義疏には傍線をそれぞれ施す。更に、双行箇所は〈 〉で括る。

〈一〉『弘決外典鈔』巻第一 序

金沢文庫本

左溪深相器異誓以傳燈嘗言止観二門乃統萬行圓頓之設一以貫之〈古亂反論語曰予一以貫之①皇侃②義云③④貫猶⑤穿⑥也言我所以多⑦識⑧者以一善⑨※之理⑩○穿⑪萬事自然可識故得知之⑫⑬〉

※欄上に「貫」と墨書する。

天理本

散佚して伝わらない。

身延文庫鎌倉写本

左溪深相器異誓以傳燈嘗言止観二門乃統萬行圓頓之設一以貫之〈古亂反論語曰予一以貫之①皇侃②義疏③曰④貫猶⑤穿⑥也言我所以多識者⑦我⑧以一善之⑨理貫穿⑩萬事⑪自然可識故得知也⑫⑬〉

身延文庫江戸写本

左溪深相器異誓以傳燈嘗言止觀二門乃統萬行圓頓之設一以貫之〈古亂反論語曰予一以貫之①皇②侃③義④疏曰貫⑤猶⑥穿也言我所以多識者我⑦以⑧一善⑨之理貫⑩穿⑪萬事自然可識故得知也⑫⑬〉

宝永本

左溪深相器異誓以傳燈嘗言止觀二門乃統萬行圓頓之設一以貫之〈古亂反論語曰予一以貫之①皇②侃③義④疏曰貫⑤猶⑥穿也言我所以多識者我⑦以⑧一善⑨之理貫⑩穿⑪萬事而萬事自然得知也⑫⑬〉

『義疏』巻第八　衛霊公第十五

応永三四年本

〔経文〕予一以貫之①

〔義疏〕貫猶⑤穿⑥也既答云非也故此更答所以不多學而識之由也言我所以多識者我⑦以⑧一善之理⑨貫穿萬事而萬⑩事自然可識⑪故得知之⑫故⑬云予一貫之也

文明九年本

〔経文〕予一以貫之①

〔義疏〕貫猶⑤※寂⑥也既答云非也故此更答所以不多學而識之由也言我所以多識者我⑦以⑧一善之理⑨貫穿萬事而萬⑩事自然可識⑪故得知之⑫故⑬云予一貫之也

※抹消符を施して欄上に「穿」と墨書する。

清熙園本

〔経文〕予一以貫之①

〔義疏〕貫猶⑤穿⑥也既答云非也故此更答所以不多學而識之由也言我所以多識者我⑦此以⑧一善之理⑨貫穿萬事而萬⑩

事自然可識⑪故得知之⑫故⑬云予一貫之也

文永五年本『論語集解』

〔経文〕予一以貫之哉①

「⑦以⑧一善之□〔理カ〕⑨貫□〔穿カ〕萬事⑩とと自然可識⑪」（行間書入）

① 『弘決外典鈔』諸本、旧鈔本『義疏』三本は当該箇所に文字がないが、文永五年本『論語集解』は「哉」が存する。異同が生じた要因は不明である。

② 『弘決外典鈔』金沢文庫本は「偘」に作るが、『弘決外典鈔』身延文庫鎌倉写本・身延文庫江戸写本・宝永本はそれぞれ「侃」に作る。「偘」は「侃」の異体字（別体字）である。

③ 『弘決外典鈔』金沢文庫本は当該箇所に文字がないが、『弘決外典鈔』身延文庫鎌倉写本・身延文庫江戸写本・宝永本はそれぞれ「疏」が存する。金沢文庫本の脱字か。

④ 『弘決外典鈔』金沢文庫本は「云」に作るが、『弘決外典鈔』身延文庫鎌倉写本・身延文庫江戸写本・宝永本はそれぞれ「曰」に作る。異同が生じた要因は不明である。

⑤ 『弘決外典鈔』金沢文庫本・身延文庫鎌倉写本・身延文庫江戸写本・宝永本、旧鈔本『義疏』応永三四本・清熙園本はそれぞれ「穿」に作るが、旧鈔本『義疏』文明九年本は「寂」に作り、左傍に抹消符を付し、欄上に校異注「穿」が施されている。「寂（穽）」は「穿」と筆写体が近似しているゆえの文明九年本の誤写か。

⑥ 『弘決外典鈔』諸本は当該箇所に文がないが、旧鈔本『義疏』三本は「既答云非也故此更答所以不多學而識之由也」の文が存する。（一）『弘決外典鈔』撰述時の具平親王による節略か、（二）『弘決外典鈔』諸本の

伝写の過程による節略か、等の可能性が考えられるが、何れとも判断し難い。

⑦『弘決外典鈔』金沢文庫本、文永五年本『論語集解』の行間書入はともに当該箇所に文字がないが、『弘決外典鈔』身延文庫鎌倉写本・身延文庫江戸写本・宝永本、旧鈔本『義疏』三本はそれぞれ「我」が存する。金沢文庫本、文永五年本『論語集解』の行間書入の両者の脱字か。

⑧『弘決外典鈔』諸本、旧鈔本『義疏』応永三四年本・文明九年本、文永五年本『論語集解』の行間書入はそれぞれ「以」に作るが、旧鈔本『義疏』清熙園本は「此」に作り、右傍に校異注「以」が施されている。「此」は「以」と筆写体が近似しているゆえの清熙園本の誤写か。

⑨『弘決外典鈔』金沢文庫本は補入符を付し、欄上に「貫」と注記している。『弘決外典鈔』身延文庫鎌倉写本・身延文庫江戸写本・宝永本、旧鈔本『義疏』三本、文永五年本『論語集解』の行間書入はそれぞれ「貫」が存する。金沢文庫本は「貫」を脱したか。

⑩『弘決外典鈔』金沢文庫本・身延文庫鎌倉写本・身延文庫江戸写本は当該箇所に字句がないが、『弘決外典鈔』宝永本、旧鈔本『義疏』三本はそれぞれ「而萬事」が存する。『弘決外典鈔』金沢文庫本・身延文庫鎌倉写本・身延文庫江戸写本の（一）脱文か、（二）節略、等の可能性が考えられるが、何れとも判断し難い。また、『弘決外典鈔』金沢文庫本・身延文庫鎌倉写本・身延文庫江戸写本と『弘決外典鈔』宝永本との異同が生じた要因は不明である。なお、文永五年本『論語集解』の行間書入は文字がない。文永五年本『論語集解』の（三）脱字か、（四）節略、等の可能性が考えられるが、何れとも判断し難い。

⑪『弘決外典鈔』金沢文庫本・身延文庫鎌倉写本・身延文庫江戸写本、旧鈔本『義疏』三本はそれぞれ「可識故」が存するが、『弘決外典鈔』宝永本は当該箇所に字句がない。『弘決外典鈔』宝永本の脱文か。なお、

文永五年本『論語集解』の行間書入は「可識」に作る。文永五年本『論語集解』の行間書入に「故」がないのは、(三)節略か、「故得知之」以下の文を(四)省略したか、(五)脱文したか、等が考えられるが、何れとも判断し難い。

⑫『弘決外典鈔』金沢文庫本、旧鈔本『義疏』三本は「之」に作るが、『弘決外典鈔』身延文庫鎌倉写本・身延文庫江戸写本・宝永本は「也」に作る。筆写体が近似しているゆえ両様の表記が生じたか。

⑬『弘決外典鈔』諸本は当該箇所に文がないが、旧鈔本『義疏』三本は「故云予一貫之也」の文が存する。(一)『弘決外典鈔』撰述時の具平親王による節略か、(二)『弘決外典鈔』諸本の伝写の過程による節略か、等の可能性が考えられるが、何れとも判断し難い。

〈二〉『弘決外典鈔』巻第一　第二

金沢文庫本

論語曰君子不可罔〈論語曰①君子可逝也不可陥也②可欺也不可罔也③義疏云李充曰④⑤君子之人若於道理宜爾身
猶⑥※可云⑦故曰可逝〻亡⑧也若理有不可不肯陥⑨不知故云不可陥⑩也⑪君子不逆詐⑫故不可以⑬闇昧⑭欺大⑮徳不可以非道罔
之⑯〉

※抹消符を施して欄上に「亡」と墨書する。

天理本

論語曰君子不可罔〈論語曰①君子可逝也不可陥也②可欺也不可罔也③義疏云李充曰④⑤君子之人若於道理宜爾身
猶⑥可亡⑦故曰可逝〻亡⑧也若理有不可不肯陥⑨不知故云不可陥⑩也⑪君子不逆詐⑫故不可以⑬闇昧⑭欺大⑮徳不可以非道罔

之〉⑯

身延文庫鎌倉写本

散佚して伝わらない。

身延文庫江戸写本

論語曰君子不可罔〈論語曰①若子可逝也不可陥也②不可欺也不可③罔也義疏云李充曰④⑤君子之人若於道理宜爾身猶可⑥亡故⑦曰可逝ゝ⑧亡也若理有不可不肯⑨陥不知故云不可⑩陥也⑪君子不逆詐故⑫可以闇昧⑬欺大⑭徳不⑮可非以道罔之〉⑯

宝永本

論語曰君子不可誷〈論語曰①君子可逝也不可陥也②可欺也不可③誷也義疏云李充曰④⑤君子之人若於道理宜爾身猶可⑥亡故⑦曰可逝逝⑧亡也若理有不可不肯⑨陥不知故云不可⑩誷也君⑪子不逆詐故可⑫以闇昧欺⑬大徳⑭不可以⑮非道罔之〉⑯

『義疏』巻第三　雍也第六

応永三四年本

〔経文〕①君子可逝也不可陥也

〔義疏〕逝往也（後略）

〔集解〕苞氏曰逝往也（後略）

〔経文〕②可欺也不可罔③也

〔義疏〕欺者謂遙相語也（後略）

〔集解〕馬融曰可欺者可使往也（後略）

〔義疏〕或問曰仁人救物（中略）又李充云④欲⑤極言仁設⑥云⑦救井爲⑧仁便當從不耶故夫子答⑨云何爲其然也⑩言何至
如此是君子之人若於道理宜爾身猶可亡故云可逝ゝ往也若理有不可不肯陷於不知故云不可陷也⑪君
子不逆詐故可以⑫闇昧○大。⑬欺⑭德居正故⑮不可以非道罔也⑯

文明九年本

〔経文〕①君子可逝也不可陷也

〔義疏〕逝往也（後略）

〔集解〕苞氏曰逝往也（後略）

〔経文〕②可欺也不可③罔也

〔義疏〕欺者謂遙相語也（後略）

〔集解〕馬融曰可欺者可使往也（後略）

〔義疏〕或問曰仁人救物（中略）又李充曰④欲⑤極言仁設⑥云⑦救井爲⑧仁便當從不邪※故夫子答⑨曰何爲其然也⑩言何至
如此是君子之人若於道理宜爾身猶可亡故云可逝ゝ往也若理有不可不肯陷於不知故云不可誣罔令
投下也君⑪子不逆詐故可以⑫闇昧欺⑬大德居⑭正故不可以⑮非道罔也⑯

※右傍に「耶イ」と墨書する。

清熙園本

〔経文〕①君子可逝也不可陷也

〔義疏〕逝往也（後略）

〔集解〕苞氏曰逝往也（後略）

〔経文〕②可欺也不可罔③也

〔義疏〕欺者謂遙相語也（後略）

〔集解〕馬融曰可欺者可使往也（後略）

〔義疏〕或問云仁人救物（中略）又李充云④⑤欲極言仁設云救井爲仁便當從不邪故夫子答云何爲其然也言何至如此是君子之人若於道理宜爾身猶可亡⑥故⑦云可逝⑧ゝ往也若理有不可不肯陥於不知⑨故云不可誣⑩罔令投下也⑪

①『弘決外典鈔』金沢文庫本・天理本・宝永本、旧鈔本『義疏』三本はそれぞれ「君」に作るが、『弘決外典鈔』身延文庫江戸写本は「若」に作る。「若」は「君」と字形が近似しているゆえの身延文庫江戸写本の誤写か。

②『弘決外典鈔』金沢文庫本・天理本・宝永本、旧鈔本『義疏』三本は当該箇所にそれぞれ文字がないが、『弘決外典鈔』身延文庫江戸写本は「不」が存する。身延文庫江戸写本の衍字か。

③『弘決外典鈔』金沢文庫本・天理本・身延文庫江戸写本、旧鈔本『義疏』三本はそれぞれ「罔」に作るが、『弘決外典鈔』宝永本は「誷」に作る。両者は通用する。

④『弘決外典鈔』諸本、旧鈔本『義疏』文明九年本はそれぞれ「曰」に作るが、旧鈔本『義疏』応永三四年本・清熙園本はそれぞれ「云」に作る。異同が生じた要因は不明である。

⑤『弘決外典鈔』諸本は当該箇所に文がないが、旧鈔本『義疏』三本はそれぞれ「欲極言仁」以下「言何至如此是」までの文が存する。（一）『弘決外典鈔』撰述時の具平親王による節略か、（二）『弘決外典鈔』諸本

の伝写の過程による節略か、等の可能性が考えられるが、何れとも判断し難い。

⑥『弘決外典鈔』金沢文庫本は「云」を抹消し、欄上に校異注「亡」が施されている。一方、『弘決外典鈔』天理本・身延文庫江戸写本・宝永本、旧鈔本『義疏』三本はそれぞれ「亡」に作る。「云」は「亡」と筆写体が近似しているゆえの金沢文庫本の誤写か。

⑦『弘決外典鈔』諸本は「曰」に作るが、旧鈔本『義疏』三本は「云」に作る。異同が生じた要因は不明である。

⑧『弘決外典鈔』諸本は「亡」に作るが、旧鈔本『義疏』三本は「往」に作る。

因みに、管見に入った旧鈔本『義疏』(一四)の当該箇所は、慶應義塾大学附属研究所斯道文庫所蔵周防国明倫館旧蔵大槻文彦旧蔵文明一九年（一四八七）本（以下、大槻本と略称する）・東京都立中央図書館青淵論語文庫所蔵渋沢栄一旧蔵本（以下、青淵本と略称する）・宮内庁書陵部所蔵徳山毛利家旧蔵本（以下、図書寮本と略称する）・慶應義塾大学附属研究所斯道文庫所蔵宝勝院芳郷光隣手沢本（以下、宝勝院本と略称する）・慶應義塾大学附属研究所斯道文庫所蔵小嶋宝素旧蔵林泰輔旧蔵本（以下、林本と略称する）・慶應義塾大学附属研究所斯道文庫所蔵江風山月荘稲田福堂旧蔵本（以下、江風本と略称する）・足利学校遺蹟図書館所蔵本（以下、足利本と略称する）・名古屋市蓬左文庫所蔵神村忠貞旧蔵本（以下、蓬左本と略称する）・関西大学総合図書館泊園文庫所蔵藤澤南岳泊園書院旧蔵本（以下、泊園書院本と略称する）・市島酒造株式会社市島家史料館所蔵弘化二年（一八四五）市島謙（東里）書写本（以下、市島本と略称する）・萩市立萩図書館所蔵繁澤寅之助旧蔵本（以下、萩図書館本と略称する）の全て「往」に作る。右の「亡」と「往」の異同は誤字・誤写等の単純な要因によるとは考え難い。

⑨『弘決外典鈔』諸本は当該箇所に文字がないが、旧鈔本『義疏』三本は「於」が存する。異同が生じた要因は不明である。

⑩『弘決外典鈔』金沢文庫本・天理本・身延文庫江戸写本、旧鈔本『義疏』応永三四年本はそれぞれ「陷」に作るが、『弘決外典鈔』宝永本は「諂」、旧鈔本『義疏』文明九年本・清熙園本は「誣罔令投下」にそれぞれ作る。宝永本が「諂」に作る要因は不明である。

因みに、管見に入った旧鈔本『義疏』の当該箇所は、大槻本・青淵本・図書寮本・萩図書館本は「陷」、宝勝院本・林本・江風本・足利本・蓬左本・泊園書院本・市島本は「誣罔令投下」にそれぞれ作る。

以上を勘案すると、「陷」と「誣罔令投下」の異同は、旧鈔本『義疏』間に於ける系統を示すものかと思われ、「陷」に作る『弘決外典鈔』金沢文庫本・天理本・身延文庫江戸写本と一致する応永三四年本・大槻本・青淵本・図書寮本・萩図書館本は、「誣罔令投下」に作る文明九年本・清熙園本・宝勝院本・林本・江風本・足利本・蓬左本・泊園書院本・市島本に比して、旧態を遺存していることを示すか。

⑪『弘決外典鈔』金沢文庫本は「君子不逆詐故不可以闇昧欺大德不可以非道罔之」、『弘決外典鈔』天理本・宝永本は「君子不逆詐故可以闇昧欺大德不可以非道罔之」、『弘決外典鈔』身延文庫江戸写本は「君子不逆詐故可以闇昧欺大德不可非以道罔之」、旧鈔本『義疏』応永三四年本は「君子不逆詐故可以闇昧○大。欺德居正故不可以非道罔也」、旧鈔本『義疏』文明九年本は「君子不逆詐故可以闇昧欺大德居正故不可以非道罔也」の文がそれぞれ存するが、旧鈔本『義疏』清熙園本は文がない。

因みに、管見に入った旧鈔本『義疏』の当該箇所は、大槻本・青淵本・図書寮本・宝勝院本・林本・江風本・足利本・蓬左本・泊園書院本・市島本・萩図書館本の全て文明九年本と同文が存する。

以上を勘案すると、清熙園本の脱文か。

⑫『弘決外典鈔』金沢文庫本は「不」が存するが、『弘決外典鈔』天理本・身延文庫江戸写本・宝永本、旧鈔本『義疏』応永三四年本・文明九年本は当該箇所にそれぞれ文字はない。因みに、管見に入った旧鈔本『義疏』の当該箇所は、大槻本・青淵本・図書寮本・宝勝院本・林本・江風本・足利本・蓬左本・泊園書院本・市島本は文字がないが、萩図書館本は「不」が存する。当該箇所は、『弘決外典鈔』金沢文庫本、旧鈔本『義疏』萩図書館本の衍字か。

⑬『弘決外典鈔』諸本、旧鈔本『義疏』文明九年本は「歟」に作るが、旧鈔本『義疏』応永三四年本は補入符を付し、本文と同筆と思われる「歟」が施されている。応永三四年本を書写する際に「歟」を脱したため、行末に「歟」を記し、補入符によって、本来あるべき位置に移す指示をしたものである。

⑭『弘決外典鈔』諸本は当該箇所に字句がないが、旧鈔本『義疏』応永三四年本・文明九年本はそれぞれ「居正故」が存する。『弘決外典鈔』諸本の（一）脱文、もしくは（二）節略か。

⑮『弘決外典鈔』金沢文庫本・天理本・宝永本、旧鈔本『義疏』応永三四年本・文明九年本はそれぞれ「以非道」に作るが、『弘決外典鈔』身延文庫江戸写本は「非以道」に作る。身延文庫江戸写本の誤写か。

⑯『弘決外典鈔』諸本は「之」に作るが、旧鈔本『義疏』応永三四年本・文明九年本はそれぞれ「也」に作る。筆写体が近似しているゆえ両様の表記が生じたか。

〈三〉『弘決外典鈔』巻第三 第五

金沢文庫本

論語云鑽燧改火四時不同〈論語義疏云鑽〉①〔已下注也〕燧者鑽木取火之名也②改火者年有四時〻〻所鑽之○③〔木〕不同④⑤改火之
木隨五行之⑥⑦色變也楡柳色青春是木〻⑧色青故春用楡柳也⑨〔棗〕集杏⑩色赤故夏用之⑪桑柘〈章夜反〉⑫色黄故季夏用之⑬
⑭柞之柞〈子各反〉楢〈羊又反又音由〉⑮色白故秋用之⑯槐檀⑰色黒故冬用之⑱⑲⑳人若依時而食者㉑其父㉒則得氣㉓㉔宜人㉕㉖
㉗㉘無灾厲也〈已上注也〉

天理本

散佚して伝わらない。

身延文庫鎌倉写本

散佚して伝わらない。

身延文庫江戸写本

論語云鑽燧改火四時不同〈論語義疏云鑽①燧者鑽木取火之名也②改火者年有四時々々所鑽之木③不同④⑤改火之木
隨五行之⑥⑦色而變也楡柳色青春是木⑧色青故春用楡柳也⑨桒杏⑩色赤故夏用之⑪桑柘〈章夜反〉⑫色黄故季夏用之⑬柞
⑭〈子各反〉楢〈羊□〔又カ〕反又音由〉⑮色白故秋用之⑯槐檀〈徒干反〉⑰色黒故冬用之⑱⑲⑳人若依時而食㉑其火㉒則得氣㉓㉔宜㉕
㉖㉗㉘又无灾厲也

宝永本

論語云鑽燧改火四時不同〈論語義疏云鑽①燧者鑽木取火之名也②改火者年有四時四時所鑽之木③不同④⑤改火之木
隨五行之⑥⑦色而變也楡柳色青春是木⑧色青故春用楡柳也⑨棗杏⑩色赤故夏用之⑪桑柘〈章夜反〉⑫色黄故季夏用之⑬柞
⑭〈子各反〉楢〈半又反又音由〉⑮色白故秋用之⑯槐檀〈徒干反〉⑰色黒故冬用之⑱⑲⑳若依時而食㉑其火㉒則得氣㉓㉔宜人㉕㉖
㉗㉘無災厲也

『義疏』巻第九　陽貨第十七

応永三四年本

〔経文〕鑽燧改火

〔義疏〕鑽燧①者鑽木取火之名也②內則云小觿木燧是也改火者年有四時〻〻所鑽之木③不同④若一年則鑽之一周
變改已遍也

〔経文〕期可已矣

〔義疏〕宰予斷之也（後略）

〔集解〕馬融曰周書月令有更火春取楡柳之火夏取棗杏之火季夏取桑柘之火秋取柞楢之火冬取槐檀之火一
季之中鑽火各異木故曰改火也

〔義疏〕⑤引國語周書中月令之語有改火之事來爲證也更猶改也改火之木隨五行之⑥色⑦而變也楡柳色青春是木
⑧〻色青故春用楡柳也⑨棗杏色赤⑩是火〻色赤故夏用⑪棗杏也桑柘色黃⑫季夏是土〻色黃故季夏用⑬桑柘也
⑭柞楢色白⑮秋是金〻色白故秋用⑯柞楢也槐檀色黑⑰冬是水〻色黑故冬用⑱槐檀也⑲所以一年必改火者⑳人若
依時而食㉑其㉒火則得㉓氣㉔又宜㉕㉖人㉗无㉘灾厲也

文明九年本

〔経文〕鑽燧改火

〔義疏〕鑽燧①者鑽木取火之名也②內則云小觿木燧是也改火者年有四時〻〻所鑽之木③不同④若一年則鑽之一周
變改已遍也

〔経文〕期可已矣

〔義疏〕宰予斷之也（後略）

〔集解〕馬融曰周書月令有更火之文※1春取揄柳之火夏取棗杏之火季夏取桑柘之火秋取柞楢《音昨由》之火冬取槐檀之
火一季之中鑚火各異木故曰改火也

〔義疏〕⑤引國語周書中月令之語有改火之事未※2爲證也更猶改也改火之木隨五行之色⑥而⑦變也楡柳色靑春是木
⑧ゝ色靑故春用楡柳也⑨棘杏色赤⑩是火ゝ色赤故夏用棘杏⑪也桑柘色黄⑫季夏是土ゝ色黄故季夏用桑柘⑬也
⑭柞楢色白⑮秋是金ゝ色白故秋用柞楢也⑯槐檀色黒⑰冬是水ゝ色黒故冬用槐檀⑱也所以⑲一年必改火者人若⑳
依時而食其㉑火㉒則得㉓※3㉔乞　又宜令㉕人㉖无㉗灾㉘厲也

※1左傍に抹消符を施し、右傍に「非歟」と墨書する。
※2抹消符を施し、右傍に「來イ」と墨書する。
※3欄上に「氣」と墨書する。

清熙園本

〔経文〕鑚燧改火

〔義疏〕鑚燧①者鑚木取火之名也②内則云小觿木燧是也改火者年有四時ゝゝ所鑚之木③不同④若一年則鑚之一周
變改已遍也

〔経文〕期可已矣

〔義疏〕宰予斷之也（後略）

〔集解〕馬融曰周書月令有更火之文春取楡柳之火夏取棗杏之火季夏取桑柘之火秋取柞楢之火冬取槐檀之
火一年之中鑚火各異木故曰改火也

〔義疏〕引⑤國語周書中月令之語有改火之事來爲證也更猶改也改火之木隨五行之色而⑥⑦變也楡柳色靑春是木⑧ゝ色靑故春用楡柳也⑨棗杏色赤⑩是火ゝ色赤故夏⑪用棗杏也桑柘色黃⑫季夏是土ゝ色黃故季夏用⑬桑柘也柞⑭楢色白秋⑮是金ゝ色白故秋用⑯柞楢也槐檀色黑⑰冬是水ゝ色黑故冬用⑱槐檀也⑲所以一年必改火者⑳人若依時而食㉑其㉒火則得㉓氣㉔又宜㉕令㉖人㉗無㉘災厲也

『三教指帰注集』巻上本

焰於鑽燧　註云論語云鑽燧改火注云周書月令有更火春取楡柳之火夏取朿杏之火季夏取桑柘之火秋取柞楢之火冬槐檀之火一年之中鑽火各異木故曰改火義疏云鑽①燧者鑽木取火之名也②

『和漢朗詠註略抄』冬　爐火

論語云舊穀既盡新穀既升鑽燧改火期可已矣四時不同馬融曰〈注也〉周書月令有更火春取楡柳之火夏取棗杏之火季夏取桑柘之火秋取柞楢之火冬槐檀之火一年之中鑽火各異木故曰改火也論語義疏云鑽①遂者鑽木取火之名也②改火者年有四時ゝゝ所鑽之③木不④⑤同改火之木隨五行之色⑥⑦楡柳色青春是木⑧ゝ色青故春用楡柳也棗⑨杏色赤⑩故夏用之⑪桑柘色黃⑫故季夏用⑬之⑭柞楢色白⑮故秋用之⑯槐檀色黑⑰故冬用⑱之〈文〉

①　『弘決外典鈔』諸本、旧鈔本『義疏』三本、『三教指帰注集』はそれぞれ「燧」に作るが、『和漢朗詠註略抄』は「遂」に作る。「遂」は「燧」と字形が近似しているゆえの『和漢朗詠註略抄』の誤写か。

②　『弘決外典鈔』諸本、『和漢朗詠註略抄』は当該箇所に文がないが、旧鈔本『義疏』三本はそれぞれ「内則云小觿木燧是也」(『礼記』内則第十二)が存する。(一)『弘決外典鈔』撰述時の具平親王による節略か、(二)『弘決外典鈔』諸本の伝写の過程による節略か、等の可能性が考えられるが、何れとも判断し難い。

③　『弘決外典鈔』金沢文庫は補入符を付し、右傍に本文と別筆にて「木」と注記している。『弘決外典鈔』身

延文庫江戸写本・宝永本、旧鈔本『義疏』三本、『和漢朗詠註略抄』はそれぞれ「木」が存する。金沢文庫本は「木」を脱したか。

④『弘決外典鈔』諸本、『和漢朗詠註略抄』は当該箇所に文がないが、旧鈔本『義疏』三本は「若一年則鑽之一周變改已遍也」の文が存する。(一)『弘決外典鈔』撰述時の具平親王による節略か、(二)『弘決外典鈔』諸本の伝写の過程による節略か、等の可能性が考えられるが、何れとも判断し難い。

⑤『弘決外典鈔』諸本、『和漢朗詠註略抄』は当該箇所に文がないが、旧鈔本『義疏』応永三四年本・清熙園本はともに「引國語周書中月令之語有改火之事來爲證也更猶改也」、文明九年本は「引國語周書中月令之語有改火之事未《來イ》爲證也更猶改也」がそれぞれ存する。(一)『弘決外典鈔』撰述時の具平親王による節略か、(二)『弘決外典鈔』諸本の伝写の過程による節略か、等の可能性が考えられるが、何れとも判断し難い。

⑥『弘決外典鈔』金沢文庫本、『和漢朗詠註略抄』は当該箇所に文字がないが、『弘決外典鈔』身延文庫江戸写本・宝永本、旧鈔本『義疏』三本は「而」が存する。『弘決外典鈔』金沢文庫本は脱字か。なお、『和漢朗詠註略抄』については、次の⑦にて述べる。

⑦『弘決外典鈔』諸本、旧鈔本『義疏』三本は「變也」が存するが、『和漢朗詠註略抄』は当該箇所に「而變也」がない。『和漢朗詠註略抄』は(一)節略、もしくは(二)脱文か。

⑧『弘決外典鈔』金沢文庫本、旧鈔本『義疏』三本、『和漢朗詠註略抄』はそれぞれ「こ〔木〕」が存するが、『弘決外典鈔』身延文庫江戸写本・宝永本は当該箇所に文字がない。身延文庫江戸写本・宝永本の脱字か。

⑨『弘決外典鈔』金沢文庫本は「桒」に作り、左傍に墨筆及び淡墨の抹消符を各々付し、右傍及び欄上に本

文と別筆の淡墨で「棗」と注記する。『弘決外典鈔』身延文庫江戸写本は「桊」に作る。一方、『弘決外典鈔』宝永本、旧鈔本『義疏』応永三四年本・清熙園本は「棗」に作り、旧鈔本『義疏』文明九年本は「棘」に作る。また、『和漢朗詠註略抄』は「蕀」に作る。「棗」と「棘」は通用する。なお、身延文庫江戸写本の「桊」及び『和漢朗詠註略抄』の「蕀」は、「棗」の異体字と推測される。この推測が妥当だとするならば、両字も「棗」と通用するだろう。(二五)

⑩ 『弘決外典鈔』諸本、『和漢朗詠註略抄』は当該箇所に字句がないが、旧鈔本『義疏』三本は「是火ゝ色赤」が存する。

ここで、『弘決外典鈔』は金沢文庫本を用いて上段に「楡柳色青」から「故冬用之」まで、旧鈔本『義疏』は応永三四年本を用いて下段に「楡柳色青」から「故冬用槐檀也」までのそれぞれ文を次に掲げると、

『弘決外典鈔』

楡柳色青春是木ゝ色青故春用楡柳也
集《棗》杏色赤故夏用之
桑柘色黄故季夏用之
柞楢色白故秋用之
槐檀色黒故冬用之

旧鈔本『義疏』

楡柳色青春是木ゝ色青故春用楡柳也
棗杏色赤是火ゝ色赤故夏用棗杏也
桑柘色黄季夏是土ゝ色黄故季夏用桑柘也
柞楢色白秋是金ゝ色白故秋用柞楢也
槐檀色黒冬是水ゝ色黒故冬用槐檀也

の如くなる。右に掲げた箇所は、『弘決外典鈔』と旧鈔本『義疏』ともに対句の形態であることが看取できよう。『弘決外典鈔』の第二行以降は、第一行や旧鈔本『義疏』に比して、節略していることがわかる。

従って、(一)『弘決外典鈔』撰述時の具平親王による節略か、(二)『弘決外典鈔』諸本の伝写の過程によ

る節略か、等の可能性が考えられるが、何れとも判断し難い。また、『和漢朗詠註略抄』も『弘決外典鈔』と同様の節略をしている。

⑪『弘決外典鈔』諸本、『和漢朗詠註略抄』は「之」に作るが、旧鈔本『義疏』応永三四年本・清熙園本は「棗杏也」、旧鈔本『義疏』文明九年本は「棘杏也」にそれぞれ作る。異同の要因は前掲⑩を参照。また、「棗」と「棘」は通用する。

⑫『弘決外典鈔』諸本、『和漢朗詠註略抄』は当該箇所に字句がないが、旧鈔本『義疏』三本は「季夏是土之色黄」が存する。異同の要因は前掲⑩を参照。

⑬『弘決外典鈔』諸本、『和漢朗詠註略抄』は「之」に作るが、旧鈔本『義疏』三本「桑柘也」に作る。異同の要因は前掲⑩を参照。

⑭『弘決外典鈔』金沢文庫本は「柞之」両字の左傍に墨筆の抹消符を付し、更に「柞之」の如く墨筆を以て抹消する。金沢文庫本は誤写したものを抹消したか。

⑮『弘決外典鈔』諸本、『和漢朗詠註略抄』は当該箇所に字句はないが、旧鈔本『義疏』三本は「秋是金之色白」が存する。異同の要因は前掲⑩を参照。

⑯『弘決外典鈔』諸本、『和漢朗詠註略抄』は「之」に作るが、旧鈔本『義疏』三本は「柞楢也」に作る。異同の要因は前掲⑩を参照。

⑰『弘決外典鈔』諸本、『和漢朗詠註略抄』は当該箇所に字句がないが、旧鈔本『義疏』三本は「冬是水之色黒」が存する。異同の要因は前掲⑩を参照。

⑱『弘決外典鈔』諸本、『和漢朗詠註略抄』は「之」に作るが、旧鈔本『義疏』三本は「槐檀也」に作る。異

同の要因は前掲⑩を参照。

⑲『弘決外典鈔』諸本は当該箇所に文がないが、旧鈔本『義疏』三本は「所以一年必改火者」の文が存する。(一)『弘決外典鈔』撰述時の具平親王による節略か、(二)『弘決外典鈔』諸本の伝写の過程による節略か、等の可能性が考えられるが、何れとも判断し難い。

⑳『弘決外典鈔』金沢文庫本・身延文庫江戸写本、旧鈔本『義疏』三本は「人」が存するが、『弘決外典鈔』宝永本は当該箇所に文字がない。宝永本の脱字か。

㉑『弘決外典鈔』金沢文庫本は「者」が存するが、『弘決外典鈔』身延文庫江戸写本・宝永本、旧鈔本『義疏』三本は当該箇所にそれぞれ文字がない。(一)金沢文庫本の衍字か、(二)身延文庫江戸写本・宝永本、旧鈔本『義疏』三本の脱字か、等の可能性が考えられるが、何れとも判断し難い。

㉒『弘決外典鈔』金沢文庫本は「父」に作るが、『弘決外典鈔』身延文庫江戸写本・宝永本、旧鈔本『義疏』三本はそれぞれ「火」に作る。「父」は「火」に字形が近似しているゆえの金沢文庫本の誤写か。

㉓『弘決外典鈔』諸本、旧鈔本『義疏』応永三四年本・清熙園本はそれぞれ「氣」に作る。一方、旧鈔本『義疏』文明九年本は「乞」に作り、欄上に校異注「氣」を墨書する。文明九年年本の「乞」は「氣(气)」に字形が近似しているゆえ誤写か。

㉔『弘決外典鈔』諸本は当該箇所に文字がないが、旧鈔本『義疏』三本は「又」が存する。『弘決外典鈔』諸本は、(一)脱字、もしくは(二)節略か。

㉕『弘決外典鈔』諸本、旧鈔本『義疏』応永三四年本は当該箇所に文字がないが、旧鈔本『義疏』文明九年本・清熙園本は「令」が存する。異同が生じた要因は不明である。

㉖『弘決外典鈔』金沢文庫本・宝永本、旧鈔本『義疏』三本は「人」に作るが、『弘決外典鈔』身延文庫江戸写本は「又」に作る。「又」は「人」に字形が近似しているゆえの身延文庫江戸写本の誤写か。

㉗『弘決外典鈔』金沢文庫本・宝永本、旧鈔本『義疏』清熙園本はそれぞれ「無」に作るが、『弘決外典鈔』身延文庫江戸写本、旧鈔本『義疏』応永三四年本・文明九年本は「无」に作る。「無」と「无」は通用する。

㉘『弘決外典鈔』金沢文庫本・身延文庫江戸写本、旧鈔本『義疏』三本は「灾」に作るが、『弘決外典鈔』宝永本は「災」に作る。「灾」は「災」の異体字（別体字）である。

なお、『弘決外典鈔』所引『義疏』当該条には、反切が見えるが、武内義雄・内野熊一郎両氏[二六]によれば、反切は『義疏』に存在したものではなく、『経典釈文』等を用いて補ったものとする。本章では、武内・内野両氏の説に従い、ここでは扱わない。

〈四〉『弘決外典鈔』巻第三　第五

金沢文庫本

論語第九有狂人接輿見孔子領徒而行乃爲歌曰鳳〻号〻※何徳之衰〈皇侃曰接輿楚人也姓陸名通字接輿昭王①時②政令無常乃被髮③陽狂不仕時人謂之爲楚狂也時孔子適楚而接輿行④哥従孔子邊過⑤欲感切孔子也〉

※左傍に墨筆の抹消符を付し、右傍に「兮」と墨書し、欄脚に淡墨にて「兮」と書す。

天理本

散佚して伝わらない。

身延文庫鎌倉写本

散佚して伝わらない。

身延文庫江戸写本

論語第九有狂人接輿見孔子領徒而行乃爲歌曰鳳々号々何徳之衰〈皇侃曰接輿楚人也姓陸名通字接輿照王①
時②政令无常乃被髮陽③狂不仕時人謂之爲楚狂也時孔子適楚而接輿行④哥從孔子邊過欲咸⑤切孔子也〉

宝永本

論語第九有狂人接輿見孔子領徒而行乃爲歌曰鳳兮鳳兮何徳之衰〈皇侃曰接輿楚人也姓陸名通字接輿昭王①
時②之人口無常乃被髮楊③狂不仕時人謂之爲楚狂也時孔子適楚而接輿行④哥從孔子邊過欲感⑤切孔子也〉

『義疏』巻第九　微子第十八

応永三四年本

〔経文〕楚狂接輿歌而過孔子之門

〔義疏〕接輿楚人也姓陸名通字接輿昭①王時②政令无常乃被髮佯③狂不仕時人謂之爲楚狂也時孔子適楚而接輿
行歌從④孔子邊過欲感⑤切孔子也

〔集解〕孔安國曰接輿楚人也（後略）

〔経文〕曰鳳兮〻〻何徳之衰

〔義疏〕此接輿歌曲也（後略）

文明九年本

〔経文〕楚狂接輿歌而過孔子之門

〔義疏〕接輿楚人也姓陸名通字接輿昭①王時政②令无常乃被③髪佯狂不仕時人謂之爲楚狂也時孔子過楚而接輿
行④歌從孔子邊過欲咸⑤※切孔子也
〔集解〕孔安國曰接輿楚人也（後略）
〔経文〕曰鳳兮〻〻何德之衰也
〔義疏〕此接輿歌曲也（後略）

※左傍に「感イ」と墨書する。

清熙園本

〔経文〕楚狂接輿歌而過孔子之門
〔義疏〕接輿楚人也姓陸名通字接輿昭①王時政②令无常乃被③髪佯狂不仕時人謂之爲楚狂也時孔子適楚而接輿
行④歌從孔子邊過欲感⑤切孔子也
〔集解〕孔安國曰接輿楚人也（後略）
〔経文〕曰鳳兮〻〻何德之衰也
〔義疏〕此接輿歌曲也（後略）

① 『弘決外典鈔』金沢文庫本・宝永本、旧鈔本『義疏』三本はそれぞれ「昭」に作るが、『弘決外典鈔』身延文庫江戸写本は「照」に作る。「照」は「昭」と筆写体が近似しているゆえの身延文庫江戸写本の誤写か。

② 『弘決外典鈔』金沢文庫本は「政令無常」、『弘決外典鈔』身延文庫江戸写本、旧鈔本『義疏』三本は「政令无常」にそれぞれ作る。一方、『弘決外典鈔』宝永本は「之人口無常」に作る。宝永本は、「政」を脱したか。また、宝永本の「之」及び「人口」は「令」の筆写体に近似しているゆえの誤りか。なお、「無」と

「无」は通用する。

③『弘決外典鈔』金沢文庫本・身延文庫江戸写本は「陽」、『弘決外典鈔』宝永本は「楊」、旧鈔本『義疏』三本は「佯」にそれぞれ作る。「楊」は「陽」と字形が近似しているゆえの宝永本の誤りか。なお、「陽」と「佯」は通用する。

④『弘決外典鈔』諸本は「哥」に作るが、旧鈔本『義疏』三本は「歌」に作る。両者は通用する。

⑤『弘決外典鈔』金沢文庫本・宝永本、旧鈔本『義疏』応永三四年本・清熙園本はそれぞれ「感」に作る。一方、『弘決外典鈔』身延文庫江戸写本、旧鈔本『義疏』文明九年本はそれぞれ「咸」に作り、更に旧鈔本『義疏』文明九年本には左傍に本文と別筆かと思われる校異注「感イ」が施されている。「咸」は「感」と字形が近似しているゆえの『弘決外典鈔』身延文庫江戸写本、旧鈔本『義疏』文明九年本の誤写か。

〈五〉『弘決外典鈔』巻第三 第六

金沢文庫本

臾有※1五明于字※2六藝〈論語義疏云六藝者①一曰五禮二曰六樂三曰五射②四曰五御③五曰六書六曰九數也

※1「臾有」の右傍に「唐无」と墨書し、各字の左傍に墨筆の抹消符を二点ずつ記し、総計四点記す。

※2「于字」の右傍に「イ无」と墨書し、各字の左傍に墨筆の抹消符を二点ずつ記し、総計四点記す。

天理本

散佚して伝わらない。

身延文庫鎌倉写本

散佚して伝わらない。

身延文庫江戸写本

六藝〈論語義疏云六藝者①一曰五禮二曰六樂三曰五躰②四曰五駟③五曰六書六曰九數也

宝永本

五明六藝〈論語義疏云六藝者①一曰五禮二曰六樂三曰五射②四曰五御③五曰六書六曰九數也

『義疏』巻第五　子罕第九

応永三四年本

〔経文〕吾執御矣

〔義疏〕向欲合以射御自許（後略）

〔集解〕鄭玄曰聞人美之承以謙也（後略）

〔義疏〕六藝①一曰五禮二曰六樂三曰五射②四曰五馭③五曰六書六曰九數也今云執御〻比禮樂射爲卑

文明九年本

〔経文〕吾執御矣

〔義疏〕向欲合以射御自許（後略）

〔集解〕鄭玄曰聞人美之承以謙也（後略）

〔義疏〕六藝①一曰五禮二曰六樂三曰五射②四曰五馭③五曰六書六曰九數也今云執御〻比禮樂射爲卑也

清熙園本

〔経文〕吾執御矣

〔義疏〕向欲合以射御自許（後略）

〔集解〕鄭玄曰聞人美之承以謙也（後略）

〔義疏〕六藝①一曰五禮二曰六樂三曰五射②四曰五馭③五曰六書六曰九數也今云執御と比禮樂射爲卑也

① 『弘決外典鈔』諸本は「者」が存するが、旧鈔本『義疏』三本は当該箇所に文字がない。異同が生じた要因は不明である。

② 『弘決外典鈔』金沢文庫本・宝永本、旧鈔本『義疏』三本はそれぞれ「射」に作るが、『弘決外典鈔』身延文庫江戸写本は「躰」に作る。「躰」は「射」と字形が近似しているゆえの身延文庫江戸写本の誤写か。

③ 『弘決外典鈔』金沢文庫本・宝永本は「御」、『弘決外典鈔』身延文庫江戸写本は「駁」、旧鈔本『義疏』三本は「馭」にそれぞれ作る。「御」と「馭」は通用する。また、「駁」は「馭」と字形が近似しているゆえの身延文庫江戸写本の誤写か。

第三節　『弘決外典鈔』所引『論語義疏』と旧鈔本『論語義疏』との相異の要因

前節では、『弘決外典鈔』所引『義疏』と旧鈔本『義疏』とを比較検討し、加えて文永五年本『論語集解』は〈一〉、『三教指帰注集』・『和漢朗詠註略抄』の両書に引用される『義疏』は〈三〉にて、それぞれ比較検討した。前節の〈一〉～〈五〉の比較検討の結果を踏まえ、以下、相異の要因について分類し考察していく。

〈一〉『弘決外典鈔』巻第一　序

A　『弘決外典鈔』の節略（具平親王による節略、もしくは伝写の過程による節略）

イ　諸本…⑥（一）（二）・⑬（一）（二）

ロ　金沢文庫本・身延文庫鎌倉写本・身延文庫江戸写本…⑩（二）

B　『弘決外典鈔』の誤写・脱字

イ　金沢文庫本…③・⑦・⑨・⑩（一）

ロ　身延文庫鎌倉写本…⑩（一）

ハ　身延文庫江戸写本…⑩（一）

ニ　宝永本…⑪

C　『弘決外典鈔』諸本間の字句が正字と異体字の関係のもの…②

D　旧鈔本『義疏』の誤写

イ　文明九年本…⑤

ロ　清熙園本…⑧

E　文永五年本『論語集解』の行間書入の節略…⑩（四）・⑪（三）

F　文永五年本『論語集解』の行間書入の省略…⑪（四）

G　文永五年本『論語集解』の行間書入の脱字・脱文…⑦・⑩（三）・⑪（五）

H　その他…①・④・⑩・⑫

当該箇所は、『義疏』巻第八　衛霊公第十五の引用である。A～Gは、『弘決外典鈔』所引『義疏』と旧鈔本『義疏』の本文系統の相異に起因する差異ではないと考えられる。

〈二〉『弘決外典鈔』巻第一 第二

A 『弘決外典鈔』の節略（具平親王による節略、もしくは伝写の過程による節略）…⑤（一）（二）・⑭（二）

B 『弘決外典鈔』の誤写

イ 金沢文庫本…⑥

ロ 身延文庫江戸写本…①・⑮

C 『弘決外典鈔』の衍字

イ 金沢文庫本…⑫

ロ 身延文庫江戸写本…②

D 『弘決外典鈔』諸本の脱文…⑭（一）

E 旧鈔本『義疏』の脱字・脱文

イ 応永三四年本…⑬

ロ 清熙園本…⑪

F 『弘決外典鈔』の字句と旧鈔本『義疏』の字句が通用の関係のもの…③

G その他…④・⑦・⑧・⑨・⑩・⑯

当該箇所は、『義疏』巻第三 雍也第六の引用である。A～Fは、『弘決外典鈔』所引『義疏』と旧鈔本『義疏』の本文系統の相異に起因する差異ではないと考えられる。ただし、G⑧の「亡」と「往」の異同は誤字・誤写等の単純な要因によるとは考え難く、後に詳述する。

〈三〉『弘決外典鈔』巻第三　第五

A　『弘決外典鈔』の節略（具平親王による節略、もしくは伝写の過程による節略）…②（一）（二）・④（一）（二）・⑤（一）（二）・⑩（一）（二）・⑪・⑫・⑬・⑮・⑯・⑰・⑱・⑲（一）（二）・㉔（二）

B　『弘決外典鈔』の誤写・脱字

イ　金沢文庫本…③・⑥・⑭・㉒

ロ　身延文庫江戸写本…⑧・㉑（二）・㉖

ハ　宝永本…⑧・⑳・㉑（二）

ニ　諸本全て…㉔（一）

C　『弘決外典鈔』の衍字

イ　金沢文庫本…㉑（一）

D　『和漢朗詠註略抄』の節略…⑦（一）・⑩・⑪・⑫・⑬・⑮・⑯・⑰・⑱

E　『和漢朗詠註略抄』の誤写・脱文…①・⑦（二）

F　旧鈔本『義疏』の誤写・脱字

イ　文明九年本…㉓

ロ　三本全て…㉑（二）

G　『弘決外典鈔』の字句と旧鈔本『義疏』の文字が通用の関係のもの及び正字と異体字の関係のもの…⑨・㉗・㉘

H　『和漢朗詠註略抄』の字句と旧鈔本『義疏』の文字が通用の関係のもの…⑨

Ｉ　その他…㉕

当該箇所は、『義疏』巻第九　陽貨第十の引用である。Ａ～Ｆは、『弘決外典鈔』所引『義疏』と旧鈔本『義疏』の本文系統の相異に起因する差異ではないと考えられる。一方、Ｇは、何れの相異も一字に留まっており、比較検討の材料としては充分とは言えない。従って本文系統の問題には、踏み込まず、系統分類に関わる可能性を認めつつ、最終的な結論は保留しておきたい。

『弘決外典鈔』と『和漢朗詠註略抄』の関係については、ＡとＤで多くの一致が認められ、『弘決外典鈔』所引『義疏』と『和漢朗詠註略抄』所引『義疏』の親近性が窺われる。更に、『和漢朗詠註略抄』所引『義疏』は、『弘決外典鈔』所引『義疏』からの間接引用、もしくは、両書の藍本が共通している可能性を示唆する。

〈四〉『弘決外典鈔』巻第三　第五

Ａ　『弘決外典鈔』の誤写・誤り・脱字

イ　身延文庫江戸写本…①・⑤

ロ　宝永本…②・③

Ｂ　旧鈔本『義疏』の誤写

イ　文明九年本…⑤

Ｃ　『弘決外典鈔』の字句と旧鈔本『義疏』の字句が通用の関係のもの…②・③・④

当該箇所は、『義疏』巻第九　微子第十八の引用である。Ａ・Ｂは、『弘決外典鈔』所引『義疏』と旧鈔本『義疏』の本文系統の相異に起因する差異ではないと考えられる。Ｃの差異は本文系統に関わる可能性がある。ただし、これらの相異は一字に留まっており、比較検討の材料としては充分とは言い難く、先述の〈三〉Gと同様、本文系統の問題には、踏み込まず、系統分類に関わる可能性を認めつつ、最終的な結論は保留しておきたい。

〈五〉『弘決外典鈔』巻第三　第六

A　『弘決外典鈔』の誤写

　イ　身延文庫江戸写本…②・③

B　『弘決外典鈔』の字句と旧鈔本『義疏』の字句が通用の関係のもの…③

C　その他…①

当該箇所は、『義疏』巻第五　子罕第九の引用である。Aは、『弘決外典鈔』所引『義疏』と旧鈔本『義疏』の本文系統の相異に起因する差異ではないと考えられる。Bの差異は本文系統に関わる可能性がある。しかし、ここでも、先述の〈三〉G並びに〈四〉Cと同じく、相異は一字に留まっており、比較検討の材料としては充分とは言えない。よって、本文系統の問題には、踏み込まず、系統分類に関わる可能性を認めつつ、最終的な結論は保留しておきたい。

以上、〈一〉～〈五〉にて『弘決外典鈔』所引『義疏』と、文永五年本『論語集解』及びその行間書入、『三教指帰注集』所引『義疏』、『和漢朗詠註略抄』所引『義疏』、旧鈔本『義疏』との異同の要因を分類し、考察を行ってきた。材料不足や調査が行き届かず、判断に窮する場合も尠なくない。多くの課題は残るが、『弘決外典鈔』所引『義疏』と旧鈔本『義疏』は、大局的に見て、本文系統を異にすると言い得るような相異はない。従って、『弘決外典鈔』所引『義疏』と旧鈔本『義疏』は同系統のテキストであることが言える。更に、第一章に於いて、旧鈔本『義疏』は、唐鈔本に由来する『令集解』等の日本古典籍所引『義疏』と同系統と推定され、唐鈔本に由来する本文を遺存しているとの結論を得たことから、『弘決外典鈔』所引『義疏』もまた唐鈔本に由来する本文を遺存していると言える。

ただし、『弘決外典鈔』所引『義疏』の「亡」と旧鈔本『義疏』の「往」の異同〈二〉⑧は、前述した如く、誤字・誤写等の単純な要因によるものとは考え難く、唐鈔本に由来する本文内の異同の可能性が推測される。「亡」と「往」の異同の要因として、時代的変化に伴う社会思想・意識の転換、等による可能性が想定されようが、現時点では具体的な鄙見は示し得ない。これは、具平親王が『弘決外典鈔』を撰述する際に利用した漢籍の性格、更には具平親王の学問実態を検討する上で、重要な手がかりとなる。

むすびに

『弘決外典鈔』の諸本研究は、内野熊一郎氏(二七)によって検討され、近時、河野貴美子氏(二八)等が触れているに過ぎず、『弘決外典鈔』の研究自体も活発な議論は行われずにきた。此の如き研究状況に鑑みて、本章では、これまで俎上に載ることがなかった身延文庫鎌倉写本・身延文庫江戸写本を考察に加え、日本古代に於ける『義疏』受容の実相の一環として、『弘決外典鈔』所引『義疏』の性格の考察を行ってきた。

考察及び行論の過程にて次の二点を明らかにした。

第一に、『義疏』の引用から見ると、『弘決外典鈔』の諸本の系統は、金沢文庫本と、身延文庫鎌倉写本・身延文庫江戸写本・宝永本の二系統に分類できる。ただし、天理本の『義疏』の引用は、一箇条が残存するに過ぎず、本章にて系統分類するに至らなかった。従来、写本は金沢文庫本及び天理本のみと見られていたが、身延文庫鎌倉写本は零本とは言え、最古の写本である天理本に比肩する重要な写本であり、更に、『義疏』の引用から見るに、身延文庫江戸写本は身延文庫鎌倉写本と同系統と見なすことができる。従って、身延文庫江戸写本は、今後、金沢文庫本とは別系統の写本として、参照すべき写本と言える。

第二に、『弘決外典鈔』所引『義疏』と『和漢朗詠註略抄』所引『義疏』に、共通の節略が多く認められ、両書の親近性が窺われる。更に、『和漢朗詠註略抄』所引『義疏』は、（一）『弘決外典鈔』所引『義疏』からの間接引用、（二）具平親王が利用したものと同系統の『義疏』の存在、（三）両書共通の藍本（例えば、類書）の存在、の各々が想定されよう。

『和漢朗詠註略抄』は、山崎誠氏[二九]によると、院政期最末期から鎌倉時代極初期に係るもので、撰者は、序文に見える「桑門隠士無名」と目され、更に信救撰の『和漢朗詠集私注』と『和漢朗詠註略抄』との密接な関係から、信救と同時代の興福寺の緇侶の可能性を指摘でき、結論として式家周辺の緇侶の無名氏により『和漢朗詠集私注』を簡抄したものと言う。

この山崎氏の説に依拠して述べるならば、『和漢朗詠註略抄』の撰者は、右の（一）・（二）・（三）の想定を満たし得る環境にあったであろう。

前述の第二の『弘決外典鈔』所引『義疏』と『和漢朗詠註略抄』所引『義疏』の親近性についての指摘は、具平親王が『弘決外典鈔』を撰述する際に、利用した漢籍、すなわち、類書を含めた所引漢籍の藍本、及び『和漢朗詠註略抄』所引漢籍の藍本の解明に関わり、総じて日本古代・中世に於ける漢籍受容研究の重要な手がかりとなり得ると思われる。これらの課題は、『義疏』以外の『弘決外典鈔』並びに『和漢朗詠註略抄』を始めとする

『和漢朗詠集』古注釈書のそれぞれに引用される漢籍に対象を広げ検討する必要があり、今後の課題としたい。
以上の検討の前提となる良質な鈔本・写本に基づいた文献学的考察、すなわちテキストクリティークは不可欠と考える。

注

（一）『弘決外典鈔』についての先行研究には、次のものがある。

○影印

『金沢称名寺所蔵円種手校弘安本　弘決外典鈔　附成簣堂所蔵宝永対校本』（西東書房、一九二八年）

〈東方文化叢書　第九〉『文選巻二十』（東方文化学院、一九三七年）

〈天理図書館善本叢書　漢籍之部　第二巻〉『文選　趙氏集　白氏文集』（天理大学出版部、一九八〇年）

○校訂本

天台宗典編纂所編『続天台宗全書　顕教3　弘決外典鈔四巻・法華玄義外勘鈔十巻・文句外典要勘鈔四巻』（春秋社、一九八九年）

○索引

尾崎康「弘決外典鈔引書考並索引」（『斯道文庫論集』三輯、一九六四年）

矢野玄亮

①「「弘決外典鈔」索引稿（上）」（『金沢文庫研究』一三七号、一九六七年）

②「「弘決外典鈔」索引稿（下）」（『金沢文庫研究』一三八号、一九六七年）

③「「弘決外典鈔索引稿」余録」（『金沢文庫研究』一七一号、一九七〇年）

○論文・解題

内野熊一郎
①「弘決外典抄の経書学的研究（一）」（『日本学士院紀要』八巻一号、一九五〇年。後に内野熊一郎著・内野熊一郎博士米寿記念論文集刊行会編『内野熊一郎博士米寿記念論文集　日本漢文学研究』〈名著普及会、一九九一年〉所収）
②「弘決外典抄の経書学的研究（二）」（『日本学士院紀要』八巻二号、一九五〇年。後に『内野熊一郎博士米寿記念論文集　日本漢文学研究』所収）
山田孝雄「弘決外典鈔を薦むる辞」（一九二八年稿。後に山田孝雄『典籍説稿』〈西東書房、一九三四年〉所収）
熊原政男「弘決外典鈔について」（『神奈川県博物館協会々報』三号、一九五九年。後に『金沢文庫研究』昭和三四年四・五月特輯号　通巻四五号、一九五九年。『金沢文庫研究紀要』一号　金沢文庫書誌の研究、一九六一年。〈日本書誌学大系一九〉関靖・熊原政男『金沢文庫本之研究』〈青裳堂書店、一九八一年〉所収）
大谷哲夫「道元禅師における引用外典の基礎的研究―二―弘決外典鈔を中心にして」（『宗学研究』一四号、曹洞宗総合研究センター、一九七二年）
納富常天
①「東国仏教における外典の研究と受容―一―」（『金沢文庫研究』二二六号、一九七五年。後に納富常天『金沢文庫資料の研究』〈法蔵館、一九八二年〉所収）
②「東国仏教における外典の研究と受容―二―」（『金沢文庫研究紀要』一三号、一九七六年。後に『金沢文庫資料の研究』所収）
小川環樹「解題　五臣注文選紙背文書　弘決外典鈔」（〈天理図書館善本叢書　漢籍之部　第二巻〉『文選　趙志集　白氏文集』所収。後に『小川環樹著作集』五巻〈筑摩書房、一九九七年〉所収）
川口久雄「第一七章　寛弘期漢文学とその特質（その一）　第三節　具平親王の文学と弘決外典鈔」（川口久雄『三訂平安朝日本漢文学史の研究　中篇―王朝漢文学の中興―』〈明治書院、一九八二年〉所収）
秋田光兆「弘決外典鈔　四巻」（『続天台宗全書　顕教3　弘決外典鈔四巻・法華玄義外勘鈔十巻・文句外典要勘鈔四巻』所収。

後に加筆し、天台宗典編纂所編『正続天台宗全書目録解題』〈春秋社、二〇〇〇年〉所収）

山城喜憲「河上公章句『老子道徳経』古活字版本文系統の考索（上）」（『斯道文庫論集』三四輯、二〇〇〇年。後に加筆して「本編　序章　河上公注本の伝流と受容　第二節　我が国に於ける河上公注『老子道徳経』の受容　二、平安時代に於ける受容の事例」〈山城喜憲『河上公章句『老子道徳経』の研究　慶長古活字版を基礎とした本文系統の考索』〈汲古書院、二〇〇六年〉所収〉）

河野貴美子

①「具平親王『弘決外典鈔』の方法」（吉原浩人・王勇編『海を渡る天台文化』〈勉誠出版、二〇〇八年〉所収）

②「『弘決外典鈔』音釈小考」（『注釈史と考証』創刊号　戸川芳郎先生喜壽記念号、注疏考証学会、二〇〇九年）

③「北京大学図書館蔵余嘉錫校『弘決外典鈔』について」（『汲古』58号、二〇一〇年）

④「日本古代仏典註釈書与《論語》」（《日本《論語》古鈔本綜合研究》劉玉才主編『従鈔本到刻本：中日《論語》文献研究』〈北京大学出版社、二〇一三年〉）

右の河野氏①～④論文のうち、①は特に本章と関わるので、若干触れたい。氏は、宝永四年（一七〇七）刻・同六年（一七〇九）跋刊本（以下、宝永本と略称する）を底本に選定し、身延山久遠寺身延文庫鎌倉時代写本（以下、身延文庫鎌倉写本と略称する）（氏は身延文庫甲本と称す）、同文庫江戸時代写本（以下、身延文庫江戸写本と略称する）（氏は身延文庫乙本と称す）、神奈川県立金沢文庫保管称名寺寄託弘安七年（一二八四）円種校合加点写本（以下、金沢文庫本と略称する）、天理大学附属天理図書館所蔵三条家旧蔵『五臣注文選巻二十』紙背　平安時代写本（以下、天理本と略称する）のそれぞれを適宜参照する。具平親王が『弘決外典鈔』の撰述に際して引用した漢籍が、直接引用ないしは間接引用かを推定し、間接引用に使用された藍本として『修文殿御覧』の存在を指摘する。ただし、氏のテキスト選定や身延文庫江戸写本を「書写年不明、室町期か」と推定する点で鄙見とは異なる。なお、③については後掲注（一二）で触れる。

その他、『弘決外典鈔』諸本のうち、刊本について整理したものに、三橋広延「『弘決外典鈔』の版本」（『注釈史と考証』創刊号　戸川芳郎先生喜壽記念号）があり、末尾に「附　写本『弘決外典鈔』の残存一覧」が付される。

また、『令集解』を始めとする日本古典籍所引『論語義疏』の一つとして、『弘決外典鈔』に引用されるそれを用いた研究に、山口謠司「論語義疏の系統に就いて」(『東洋文化』復刊六七号、無窮会、一九九一年)がある。

『弘決外典鈔』所引『弁正論』を校勘の一資料としたものに、武内義雄「教行信証所引弁正論に就いて」(『大谷学報』一二巻一号、一九三〇年。後に『武内義雄全集　第九巻　思想史篇二』〈角川書店、一九七九年〉所収)がある。氏は同論文中、『弘決外典鈔』所引諸書について、「その中(『弘決外典鈔』―稿者注)に引用せられたる諸書はいづれも王朝時代に我が国に伝鈔されし古写本によれるものにして、今本の訛語を訂正し得るもの多し」と校勘資料としての有効性を説く。

更に、中国人で早くから、『弘決外典鈔』のみならず、日本に伝存する漢籍や、漢籍の引用を有する日本古典籍に着目した人物に、楊守敬がいる。楊の撰述に係る『日本訪書志』に、「弘決外典鈔四巻宝永丁亥刻本」の項がある(『日本訪書志』巻四〈広文書局、一九六七年〉)。

他方、『弘決外典鈔』の撰者である具平親王についての研究には、次のものがある。

大曾根章介

①「具平親王考」(『国語と国文学』三五巻一二号、一九五八年。後に『大曾根章介　日本漢文学論集』二巻〈汲古書院、一九九八年〉所収)

②「具平親王の生涯(上)」(〈古代文学論叢一〇輯〉紫式部学会編『源氏物語とその周辺の文学　研究と資料』〈武蔵野書院、一九八六年〉所収。後に『大曾根章介　日本漢文学論集』二巻所収)

③「具平親王の生涯(下)」(〈和漢比較文学叢書12〉『源氏物語と漢文学』〈汲古書院、一九九三年〉所収。後に『大曾根章介　日本漢文学論集』二巻所収)

後藤昭雄「一条詩壇と『本朝麗藻』」(『国語と国文学』四六巻八号、一九六九年。後に後藤昭雄『平安朝漢文学論考』〈桜楓社、一九八一年〉所収)

平林盛得「中書大王と慶滋保胤―日本往生極楽記の補訂者」(『説話文学研究』一六号、一九八一年。後に平林盛得『慶滋保胤と浄土思想』〈吉川弘文館、二〇〇一年〉所収)

なお、具平親王に関する研究について、詳しくは第五章を参照。

（二）前掲注（一）内野氏①②論文を参照。氏は、『弘決外典鈔』諸本のうち、天理本、金沢文庫本、宝永本の三本を比較検討した結論として、天理本が最も原形を遺存しており、次いで宝永本、金沢文庫本の順で原形に近いこと、金沢文庫本と宝永本は密接な関係にはないこと、金沢文庫本は天理本と同系統ではあるが訛衍が多いこと、等を指摘する。

（三）前掲注（一）河野氏①②③論文を参照。

（四）具平親王に於ける漢籍の利用の一端を知り得る事跡として、藤原行成（九七二～一〇二七）の日記である『権記』に、以下の二箇条の具平親王と漢籍に関する記事が認められる。〈増補史料大成〉所収本（臨川書店、一九七五年）では長保三年（一〇〇一）三月廿八日条、〈史料纂集〉所収本（続群書類従完成会、一九八七年）では長保三年三月二日条のそれぞれに藤原行成が具平親王に『荘子』一部・『唐暦』二帙を返却した記事、寛弘六年（一〇〇九）四月七日条に藤原行成が具平親王に『草玉篇』三巻を返却した記事が認められる。〈増補史料大成〉と〈史料纂集〉が同一記事を異なる月日に記されているのは、〈史料纂集〉の底本である宮内庁書陵部所蔵伏見宮本に闕巻があり、更にそれを補う諸本の長保三年三月の巻に日次が前後するところがあること（〈増補史料大成〉所収本　解題〈矢野太郎氏執筆〉）から、〈増補史料大成〉（底本は伏見宮家従浦野直輝が伏見宮本を転写したものを更に井上頼圀氏が転写させたもの）が、錯簡を補正したことに起因する異同である。なお、伏見宮本は、国立歴史民俗博物館所蔵『宮内庁書陵部蔵伏見宮家本　行成卿記』（紙焼き写真）を用いた。

（五）敦煌でフランス人ポール・ペリオ氏により発見され、現在、パリ国立図書館が所蔵している整理番号 P.2526のテキストがある。該書は、零本ではあるものの、『修文殿御覧』もしくはその藍本と言われている『華林遍略』の可能性が指摘されている貴重なテキストである。先行研究については、前掲第一章注（四九）を参照。

（六）『弘決外典鈔』所引漢籍を佚文の蒐集資料に採用したものに、新美寛編・鈴木隆一補『本邦残存典籍による輯佚資料集成』（京都大学人文科学研究所、一九六八年）、同『本邦残存典籍による輯佚資料集成　続』（京都大学人文科学研究所、一九六八年）がある。両書は、『弘決外典鈔』のテキストに宝永本を用いている。

（七）『弘決外典鈔』の諸本のテキストには、次のものを用いた。

〈1〉天理本は、前掲注（一）『文選 趙氏集 白氏文集』所収本を用いた。

〈2〉金沢文庫本は、原本を用いた。以下に書誌事項を略記する。

神奈川県立金沢文庫保管称名寺寄託 弘決外典鈔存巻一・巻二・巻三（巻一 第四〇葉・第四一葉闕、巻三尾闕、闕巻四）三帖 弘安七年（一二八四）円種校合加点 審海手沢本・称名寺旧蔵 重要文化財
該本は粘葉装。表紙は本紙共紙表紙、巻第一 縦 二四・五×横 一六・〇糎、巻第二 縦 二四・七×横 一五・九糎、巻第三 縦 二四・二×横 一六・〇糎である。巻第三は現状では第二六葉以降が散佚しているので、裏表紙も闕。巻第三は、表表紙左下部及び第一葉下部が闕損しているため、これを修補する。後述の如く、巻第三は現状では第二六葉以降が散佚しているので、裏表紙も闕。

外題は、各巻表表紙左肩に、「弘決外典抄」と墨筆にて打付書きさる。各巻の外題は同筆で、本文の筆跡とは別筆。また、各巻表表紙右下部に「妙性之」と墨書さる。各巻表表紙右端中央やや上部に、巻第一「一」、巻第二「二」、巻第三「三」と各々墨書さる。各巻の、墨書「妙性之」と外題とは同筆と推測される。「妙性」は称名寺開山の妙性房審海である（前掲注（一）納富氏①論文）。

巻第一 本文の前に「弘決外典鈔序」、「年代略記」が存し、また「弘決外典鈔序」と「年代略記」との間に「外典目」の題署を闕いているものの、その内容を記す。以上の款式は、毎半葉七行、一行一八字内外で、初葉・第六葉〜第七葉は本文（巻第一 第八葉以降、巻第二、巻第三）と同様の天地単辺 有界である。第二葉〜第五葉は、本文と同様の款式に加えて、天界から下へ一〇・二糎に、横に一本、押界を引く。

内題は、巻第一「弘決外典鈔第一複一二」、巻第二「弘決外典鈔巻第二複三四」、巻第三「弘決外典鈔巻第三複五六」と。

款式は、押界を以て天地単辺 有界、天界・地界は糊り代を残し、毎半葉 一五・二糎で、界高 二〇・一糎（両端の界線は料紙の天（上端）から地（下端）まで引く）、界幅 二・〇糎、界線 八本、界間 七行、一行字数一九字内外。注は小字双行、一行の字数は二〇数字不等である。

墨筆による返点・送仮名・傍らに音訓・声点・竪点・補入符・校異注記、抹消符を付しての訂正、「唐本」との校異、等が施され、淡墨による校異注記、朱筆による返点・送仮名・傍らに音訓・声点・ヲコト点・竪点・異本注記・訂正注

記・人名符が施される。以上の墨筆・朱筆は一筆ではない。

本文の筆跡は一筆。本文料紙は楮紙打紙である。更に、本文の筆跡が、後に掲げる円種による弘安七年の校合加点奥書と同筆と推定されることから、該本は弘安七年六月一五日以前に円種により書写されたと推測される。

尾題は、巻第一「弘決外典鈔巻苐一」（本文末行から隔一行）、巻第二「弘決外典鈔巻苐二」（本文末行から隔一行）と。巻第三は、現状では第二五葉までで、それ以降が闕けているため、尾題も闕。

墨付葉数は、巻第一 四〇葉、巻第二 二三葉、巻第三 二五葉である。巻第一は現状では全四〇葉ではあるが、第三九葉裏の尾と現状の第四〇葉（末葉）表の首とでは文意が通じない。身延文庫江戸写本・宝永本と比較対照すると、該本は第三九葉の後の、第四〇葉と第四一葉の二葉が闕葉していると推され、本来第四二葉となるべき料紙が現状では第四〇葉に綴じられている。遊紙は巻第一・巻第二は前後ともになし。巻第三は前遊紙がなく、前述した如く同巻は尾が闕けているため、後遊紙の有無は不明である。また、巻第三は現状の末葉である第二五葉の後に、二葉の料紙が新補されている。

各巻以下の如く、糊り代に丁付が墨書さる。巻第一は「外典抄　幾丁」（「弘決外典鈔序」から「年代略記」まで）と「外一　幾丁」（「弘決外典鈔序第一」以降）の二種あり。巻第二「外二　幾丁」、巻第三「外三　幾丁」と。

巻第二　第二三葉裏の尾題の次行に、

　予感　金澤長老弘法之志
弘安七年六月十五日乗侍
讀之餘暇交合他本芟除脱
誤之畢於點者散〻也明
眼之人誰不傷嗟奈何〻〻
　　相似佛子　圓種記

と円種による校合加点奥書が存する。この校合加点奥書には、称名寺長老審海の弘法の志に感じて、円種が弘安七年六月一五日に他本と校合し、加点したことが記されている。前述の如く、校合加点奥書の筆跡と本文の筆跡は同筆と推定される。

各巻初葉表右下部に双郭長方陽刻墨印「金澤称名寺」（縦五・二×横一・六糎）（称名寺所用）一顆を蹈印する。納富氏は、前掲注（一）①論文に於いて、当該印記が存すること、各巻表表紙に「妙性之」と墨書されることから、該本が審海手沢本であったと推定する。

巻第一尾の「円覚鈔才六下」から始まる全五行の墨書と巻第一・巻第三の文中の注記は、〈9〉金沢文庫古文書「氏名未詳書状」紙背『弘決外典鈔』注釈断簡（釼阿の筆）と同筆である。前掲注（一）納富氏①論文によると、「円覚鈔才六下」以下の墨書五行は、釼阿の筆であることが指摘されている。

吉田金彦・築島裕・石塚晴通・月本雅幸編『訓点語辞典』（東京堂出版、二〇〇一年）の「弘決外典鈔」の項（土井光祐氏執筆）に、（一）各巻表紙に外題と同筆と推測される墨書「妙性之」が存し、審海手沢本であったこと、（二）校合加点奥書の内容から、審海の命により円種が校合加点したものと指摘されている。

鄙見は、右の（一）と（二）の指摘に、先述の如く、校合加点奥書の筆跡と本文の筆跡とが同筆と推定されることから、弘安七年六月一五日以前に円種により書写されたと推測されることを勘案すると、該本は、審海の命により円種が書写し、弘安七年六月一五日に校合加点したものと推測する。

なお、該本と金沢文庫古文書「氏名未詳書状」の調査では、神奈川県立金沢文庫学芸課長　西岡芳文氏に数々の御教示を頂いた。茲に記して御礼申し上げる。

〈3〉身延文庫鎌倉写本及び〈4〉身延文庫江戸写本は、原本を用いた。

〈5〉宝永本は、前掲注（一）『金沢称名寺所蔵円種手校弘安本　弘決外典鈔　附成簣堂所蔵宝永対校本』所収本を用いた。

〈6〉一般財団法人　石川武美記念図書館　成簣堂文庫所蔵昭和三年（一九二八）影写本（以下、成簣堂文庫影写本と略称する）は、原本を用いた。該本の書誌事項は後掲注（一二）を参照。

〈7〉北京大学図書館所蔵余嘉錫校『弘決外典鈔』抄本（以下、余嘉錫抄本と略称する）は未見。

〈8〉国立国会図書館古典籍資料室所蔵輪池叢書二七所収本は、原本を用いた。

〈9〉神奈川県立金沢文庫保管称名寺寄託金沢文庫古文書「氏名未詳書状」（古文書番号二六七〇、整理番号一二〇七）紙背『弘決外典鈔』注釈断簡は、原本を用いた。

当該文書は、一紙、法量 縦 二八・六×横 三九・八糎。表面には、氏名未詳書状が記されている。書状は『金沢文庫古文書』四輯 闕名書状篇（二）（金沢文庫、一九五二年）「二六七〇号」に翻字されている。

（八）身延文庫典籍目録編集委員会編集『身延文庫典籍目録』下（身延山久遠寺、二〇〇五年）。

（九）『山梨県史』文化財編（一九九九年、山梨県）。

（一〇）前掲注（一）河野氏①論文を参照。

（一一）前掲注（八）を参照。

（一二）前掲注（一）河野氏①論文を参照。

河野氏は、成簣堂文庫影写本については、前掲注（一）河野氏③論文で、本書で呼称するところの身延文庫江戸写本の転写本と推定している。稿者も成簣堂文庫所蔵『弘決外典鈔』を実見した。以下に簡単な書誌事項を記す。

一般財団法人 石川武美記念図書館 成簣堂文庫所蔵 弘決外典鈔四巻二冊 昭和三年（一九二八）影写

該本は、全二冊、袋綴装冊子本、肌色表紙（縦 二七・六×横 一九・八糎）、四ツ目綴、綴糸は白糸、である。第一冊・第二冊ともに水浅葱色の角裂が付される。表表紙左肩に書き題簽「身延山本／弘決外典鈔 一二（三 四）」（縦 一九・六×横四・六糎）が貼付され、第一冊のみ表表紙右下部に「共貳」と墨書される。内題は、第一冊 巻第一「弘決外典鈔巻第一複一二」、同 巻第二「弘決外典鈔巻第二」、第二冊 巻第三「弘決外典鈔巻第三複五六」、同 巻第四「弘決外典鈔巻第四複七八九十」と、尾題は、第一冊 巻第一「弘決外典鈔巻第一」、同 巻第二「弘決外典鈔巻第二」、第二冊 巻第三「弘決外典鈔巻第三」、同 巻第四「弘決外典鈔巻第四千五百八十九巻」とそれぞれ書す。款式は無辺無界、第一冊は毎半葉七行、一行二〇字内外、第二冊は毎半葉九行、一行一八字内外で、各巻全て小字双行である。本文料紙は雁皮紙薄様である。墨付は第一冊 六〇葉、第二冊 四六葉、遊紙は第一冊 前二葉・後一葉、第二冊 前一葉・後無し、である。識語は第二冊末葉表の尾題の次行に「助教海宿祢廣澄點」と墨書される。なお、第一冊・第二冊ともに初葉表の右下部に単郭方形陽刻朱印「蘇／峯」（縦二・〇×横二・〇糎）（徳富蘇峰成簣堂文庫所用）一顆を蹈印する。

以上の、内題、尾題、行款（行取り、字詰め）、墨付の葉数、識語が全て、身延文庫江戸写本と一致を見る。また、身延文庫江戸写本に存する、墨筆の返点・送仮名・付訓・声点・校異、朱筆の読点・ヲコト点・竪点・校異、墨筆の書入、虫損の形状、字形を忠実に写している。また、身延文庫江戸写本で抹消されている文字を「塗抹」と記す場合がある。ただし、第二冊の本文料紙裏の左端の多くに存する丁付、末葉裏左端の「四十六丁終」は記されていない。

更に、第二冊末葉裏に、

本書係身延山珍藏又※奉

蘇峰先生命於成簣堂文庫

影写之了

昭𣈱三年九月初三日　門人田中幸二郎

※「又」の右傍に同筆にて抹消符を付し、「今」と墨書する。

と書写奥書を有する。

書写奥書から、徳富蘇峰の命により、昭和三年九月三日に門人の田中幸二郎が、身延山珍蔵本を成簣堂文庫に於いて影写したことが看取される。

右の書写奥書の記載内容、内題・尾題・行款・書入等が身延文庫江戸写本と一致すること、身延文庫江戸写本の虫損の形状を写し取っていること、本文料紙が雁皮紙薄様であること等、から、該本は身延文庫江戸写本の影写本と推測される。

（一三）　前掲注（一）の河野氏③論文を参照。

（一四）　前掲注（一）の納富氏①論文を参照。

（一五）　宝永本「弘決外典鈔跋」に「此書散亡近世不傳談岑僧光榮有耽古書之癖捜索已多年矣獲之於甲州身延經藏繕寫訂正刻梓行世」とある。

（一六）『続天台宗全書』所収本の対校本には、金沢文庫本、並びに天理本が選定されている。

（一七）前掲注（九）『山梨県史』文化財編には、「本書が久遠寺に収められたのはいつ頃か不明であるが、その表紙にある消された「本能寺、円珠院」の六文字から推定して、京都本能寺の塔頭円珠院が所持していたものを本能寺の変によって京都から下った僧が久遠寺に納めたものと考えられる」とある。

（一八）『日蓮宗事典』（日蓮宗宗務院、一九八一年）によると、日純と名乗る緇侶は、

①生年不詳～一四二四　精進房と号し、後、日道と改める。越中射水郡浅井郷の出身と伝えられ、日存は俗兄で、ともに妙顕寺日霽に入門した。応永一二年（一四〇五）に日霽が歿し、月明が後職を継いだが、日純・日存等は摂受的な寺風の改革を主張し、妙本寺を退出した。後に月明の下へ帰ったが、再び、月明と袂を分かった。尼崎本興寺の開基とされる。

②一四八二～一五五〇　恵眼院または東眼院と号す。池上・比企両山九世。幼き時、池上・比企両山八世日調に入門した。一〇歳で池上大坊の主となり、二〇歳まで武蔵仙波の板鼻和などで天台を学んだ。師範日調が文亀元年（一五〇一）に歿したため、二〇歳で両山の猊座にのぼった。入山の後も、宇都宮・簗瀬・足立・河辺などで学問を続け、池上に好学の士を招いて外典を講学し、また足利学校で学んだ。両山の興隆に尽力し、山内上杉顕定、扇谷上杉朝良、北条氏綱・氏康等とも親交があった。

③一六二四～一六八四　谷中感応寺九世領玄院日長の資で同一二世を継いだ。感応寺一三世日映の弟子日員が伊予宇和島に創建した妙長山法門寺の開山祖となっている。寛文六年（一六六六）に「感応寺縁起」を記した。感応寺は不受不施派に属していたが、寛文五年の御朱印再交付に際し、日純は碑文谷法華寺日禅、小湊誕生寺日明と行動をともにし、朱印寺領を慈悲供養・悲田供養として受け取ったため、信徒の不評をかうことになった。

の三者が収録される。

鷲尾順敬『増訂再版日本仏家人名辞書』（東京美術、一九八七年）及び日本仏教人物辞典編纂委員会編集『日本仏教人物辞典』（法蔵館、一九九二年）には日純と名乗る緇侶は、右の②と、

④生年不詳～一六二二　日什門流の僧で京都妙満寺三〇世、駿河妙立寺一〇世を歴任。日経・日淵と同時期で宗学に秀で、上総宮谷に檀林を創設した。号は仏眼院。

が収録される。

しかし、身延文庫鎌倉写本の表表紙に墨書される「日純」は特定できない。

（一九）「海宿祢廣澄」は、清原広澄〈承平四年〈九三四〉～寛弘六年〈一〇〇九〉〉のことで、一条天皇の時代に明経博士となった人物である。

（二〇）『弘決外典鈔』諸本の当該箇所の案語は、次の如くである。傍線は稿者が私設した。

金沢文庫本

論語云生而知之者上〈案皇偘義疏是謂聖人也〉學而知之者次〈案義疏是謂上賢也〉○※困而不學民斯爲下矣〈案義疏謂下愚也〉

※補入符を施して欄上に「困而學之其次也〈案義疏是謂中賢以下也〉」と墨書する。

天理本

論語云生而知之者上〈案皇侃義疏是謂聖人也〉學而知之者次〈案義疏是謂上賢也〉困而學之又其次也〈案義疏是謂中賢以下也〉困而不學民斯爲下○矣〈案義疏謂下愚也〉

身延文庫鎌倉写本

散佚して伝わらない。

身延文庫江戸写本

論語云生而知之者上〈案皇侃義疏是謂聖人也〉學而知之者次〈案義疏是謂上賢也〉困而學之又其次也〈案義疏是謂中賢以下也〉困而不學民斯爲下矣〈案義疏謂下愚也〉

宝永本

論語云生而知之者上〈案皇侃義疏是謂聖人也〉學而知之者次〈案義疏是謂上賢也〉困而學之又其次也〈案義疏是謂中賢以

下也〉困而不學民斯爲下矣〈案義疏謂下愚也〉

（二二）東洋文庫所蔵原本を用いた。該書の書誌解題は、石塚晴通・小助川貞次「文永本論語集解巻第八」（『訓点語と訓点資料』八一輯、一九八八年）、東洋文庫日本研究委員会編『岩崎文庫貴重書書誌解題』Ⅰ（東洋文庫、一九九〇年）が存するので、ここでは書誌事項を略記するに止めておく。

東洋文庫所蔵　論語〔集解〕存巻八（巻首闕）　文永五年（一二六八）写・移点　一軸　函架番号　一C36A。醍醐寺三宝院・和田維四郎雲村文庫・岩崎文庫の逓蔵に係る。重要文化財。

該書は、巻子装、一軸、新補百塩茶色地水玉表紙（横　二五・〇糎）、八双あり。表紙に、墨筆による書き題簽「文永鈔本論語巻第八」（縦　一四・三×横　一・一糎）が貼付される。本文料紙一三紙と軸付紙から構成されている。本文料紙は斐楮交漉紙。本文料紙の法量は、縦　二九・六糎、第一紙　横　一六・五糎（巻首は闕損しているため、本紙残存部の最大値を計測）、第二紙　横　五〇・二糎、第三紙　横　五〇・四糎、第四紙　横　五〇・三糎、第五紙　横　五〇・五糎、第六紙　横　五〇・四糎、第七紙　横　五〇・六糎、第八紙　横　五〇・三糎、第九紙　横　五〇・六糎、第一〇紙　横　五〇・四糎、第一一紙　横　五〇・四糎、第一二紙　横　五〇・四糎、第一三紙　横　九・五糎で、各紙糊り代は約〇・三糎である。軸付紙は新補で、横　一三・四糎。軸の材質は象牙、軸先の形状は頭切。款式は、天地単辺　有界、烏糸欄、界幅　二・七糎、界高　二二・九糎、第二紙〜第一二紙は一紙一八行、第一紙は現状六行、第一三紙は三行半（そのうち、第一行は尾題、第二行は墨付なし、第三行は書写奥書、第四行〈一行分なく半行分〉は移点奥書）で、一行一二字から一三字、経は大字単行、注は小字双行で一行一五字である。本文の筆跡は一筆。墨筆による返点・送仮名・ヲコト点・声点・傍らに音訓・竪点・音義注・校異注（「才」・「疏」・「或本」・「家本」等との校異）、朱筆によるヲコト点がそれぞれ施される。紙背に漢籍の書入あり。内題は巻首が闕損しているため現状では闕。尾題は第一三紙第一行に「論語巻第八」と書す。なお、第七紙第五行に「論語季氏第十六凡十四章（隔一格）何晏集解」と篇名を書す。

本文は、巻八のうち、巻首を闕いていることから、衛霊公篇の「子曰賜」より始まり、「也汝以予爲多學」が闕損し、「而識之者與對曰然也」が残存する。続く「孔安國曰然謂多學而識也」のうち、「孔安國曰」「多學」が闕損する。「非與」以下、巻八尾（季氏篇末、巻八尾題）まで存する。

次の如き奥書が存する。第一三紙第三行に、

文永五年（一二六八）八月三日以家本書寫畢

（花押）

と書写奥書が記され、同紙第四行（一行分なく半行分）に、

九月十一日移點了

と移点奥書が記されている。

右の奥書から、中原師秀が文永五年八月三日に書写した後、同年九月一一日に移点したことが看取される。

第一紙右下部（修補紙）に、単郭長方陽刻朱印「雲邨文庫」（縦 四・〇×横 一・〇糎）（和田維四郎氏所用）一顆を蹈印する。

箱は、桐箱で、蓋の表面に「（朱筆）『國寶』／文永鈔本論語巻第八　壹巻」、蓋の内側に「三寶院舊藏本奥書／論語巻第八／文永五年八月三日以家本書寫畢／（花押）／九月十一日移點了」と墨書された黄朽葉色の料紙が貼付される。該書は、年紀を有する最古の『論語集解』の鈔本である。

前掲当該注『岩崎文庫貴重書書誌解題』Ⅰによると、本書は文永五年に中原師秀の書写に係り、醍醐寺所蔵『論語集解』巻第七の僚巻で清原家系の本文を書写したものに中原家の訓点を加えたものと言う。翻印に、石塚・小助川「文永本論語集解巻第八」（当該注所引）がある。また、該書に施されている古訓点の価値等の国語学的な意義については、石塚・小助川「文永本論語集解巻第八」、前掲注（七）『訓点語辞典』の「論語集解 二巻 醍醐寺・東洋文庫蔵（重要文化財）」（小助川貞次氏執筆）等を参照。なお、該書と僚巻の醍醐寺所蔵『論語〔集解〕』存巻七（巻首闕）については、後掲第三章注（一二）を参照。

（一二）テキストには、佐藤義寛『大谷大学図書館蔵『三教指帰注集』の研究』（大谷大学、一九九二年）所収影印を用いた。該書には、次の如く各冊に奥書を有する。

第一冊（上巻本）末葉表に、

此注為末學至要也非為□□〔注カ〕意不及勘注□〔抄カ〕
成安入道也於赴隙間依隆照阿闍梨初
於周坊堂　法額〔華〕蓮寺僧房廊□了
於序□〔題カ〕者南岳房筆作也阿闍梨□
謹窺東寺教迹言者則成安所作元序初句也

長承二年（一一三三）十月七日於弥勒寺谷房移點了
金剛仏子厳寛　六十四
及耄愚餘齢合勘注抄断簡了
同八十二
仁平元年（一一五一）四月二十七日
一交了

第二冊（上巻末）末葉表に、

長承二年二月四日於弥勒寺谷房書寫畢
金剛仏子厳寛之
行年六十四
同十一月七日辰刻移點畢

第三冊（中巻）末葉表に、

長承二年四月十日於弥勒寺谷房書寫畢
真言宗金剛佛子厳寛
年六十四

一交了

同十一月十二日於同所移點畢

第四冊（下巻）末葉表に、

長承三年（一一三四）六月七日於弥勒寺谷房書寫畢

金剛仏子厳寛行年六十五

以上の奥書から、長承二年（一一三三）二月四日に第一冊（上巻本）及び第二冊（上巻末）、同年四月一〇日に第三冊（中巻）のそれぞれを書写終了し、同一〇月七日に第一冊（上巻本）、同年一一月七日に第二冊（上巻末）、同年一一月一二日に第三冊（中巻）のそれぞれを移点終了し、同三年（一一三四）六月七日に第四冊（下巻）を書写終了し、更に、仁平元年（一一五一）四月二七日に『三教勘注抄』（式家、藤原敦光撰）と校合したことが看取される。

『大谷大学図書館蔵『三教指帰注集』の研究』によると、成安注は該書の他、天理大学附属天理図書館所蔵建保六年（一二一八）写本、前田育徳会尊経閣文庫所蔵本（鎌倉時代書写）が伝存するのみで、該書以外は何れも完本ではなく、該書は成安注の三写本のうち、最古の書写奥書を有すると言う。なお、同書に翻印が付される。

（一二）　黒田彰「室町以前〈朗詠注〉書誌稿」（『中世文学』二八、一九八三年。後に加筆して黒田彰『中世説話の文学史的環境』〈和泉書院、一九八七年〉所収。改題して「和漢朗詠註抄・註略抄伝本解題」〈伊藤正義・黒田彰・三木雅博編著『和漢朗詠集古注釈集成』第一巻〈大学堂書店、一九九七年〉所収〉）によると、私注（応保元年〈一一六一〉信救（一名信阿）撰―稿者注）系成立後間もなく、桑門の隠士無名による註抄・註略抄があり、伝本は東北大学本・身延文庫本・黒木氏旧蔵本が存し、何れも鎌倉時代中期書写と言う。その他、山崎誠「身延文庫蔵和漢朗詠註抄影印並びに翻刻」（『鎌倉時代語研究』五輯、武蔵野書院、一九八二年。後に加筆改題して「「和漢朗詠註抄」攷」〈『国語と国文学』五九巻三号、一九八二年。山崎誠『中世学問史の基底と展開』〈和泉書院、一九九三年〉所収〉）を参照。

「冬部　爐火」の「此火應鑽花樹取對來終夜有春情〈菅三品題同上〉」に対する注釈に『義疏』の引用が認められ、当該箇所が伝存するのは黒木氏旧蔵本のみである。テキストには、佛教大学文学部教授 黒田彰氏所蔵紙焼き写真を用いた。書誌は

『和漢朗詠集古注釈集成』第一巻を参照。同書に翻印が収載される。

なお、鎌田正『忠孝両全の黒木典雄学士を偲ぶ』（黒木矩雄、二〇〇七年）、黒木矩雄「三代の漢学者―黒木茂矩・安雄・典雄―」（『斯文』一一六号、二〇〇八年）によると、黒木典雄氏（一九〇六～一九四四）は、安雄の長男、旧制浦和高等学校を経て、東京帝国大学文学部支那文学科を卒業。同大学在学中には塩谷温教授の薫陶を受けた。その後、東京帝国大学研究室副手、日本大学医学部予科・中央大学の各講師、陸軍士官学校教官を歴任した。ニューギニア沖ニューブリテン島近海にて戦死した。陸軍工兵大尉。

黒木家は、茂矩（蘐圃。一八三二～一九〇五）―安雄（欽堂。一八六六～一九二七）―典雄、と三代続いた漢学者の家系であるとともに、茂矩までは代々讃岐国吉野村大宮神社の社家でもあった。茂矩は上田萬年監修『国学者伝記集成』続編（名著刊行会、一九七八年）、國學院大學日本文化研究所編『和学者総覧』（汲古書院、一九九〇年）、長澤規矩也監修・長澤孝三編『改訂増補漢文学者総覧』（汲古書院、二〇一一年）に、安雄は小柳司氣太監修・小川貫道編『漢学者伝記及著述集覧』（関書院、一九三五年。後に名著刊行会、一九七〇年）、『改訂増補漢文学者総覧』に、それぞれ著録される。

だが、現時点では、本書で用いた『和漢朗詠註略抄』の旧蔵者黒木典雄氏と右にて触れた黒木典雄氏とを同定し難い。

（二四）管見に入った旧鈔本『義疏』の函架番号を以下に掲げる。

大槻本（〇九二―ト六―五）
青淵本（青淵論語文庫―五八）
図書寮本（四五八―二九）
宝勝院本（〇九一―ト一三―一〇）
林本（〇九一―ト五―七）
江風本（〇九二―ト七―五）
足利本（一〇九―一三）
蓬左本（一一〇―二〇ロ）

泊園書院本（ＬＨ二―一・〇七―一四）
市島本（函架番号なし）
萩図書館本（二甲五―二七五）
なお、全て原本を用いた。

（二五）「棗」の異体字について言及するものに、東野治之「玉來の詩賦―藤原宇合「棗賦」に関連して―」（『続日本紀研究』一六七号、一九七三年。後に東野治之『正倉院文書と木簡の研究』〈塙書房、一九七八年〉所収）がある。

（二六）武内義雄氏は、当該条について『論語義疏坿校勘記』（懐徳堂記念会、一九二四年。後に『武内義雄全集 第一巻 論語篇』〈角川書店、一九七八年〉所収）の校勘記・巻第九・陽貨第十七の「鑽燧改火」（第六九葉左）にて、「弘決外典鈔引此下疏文云、鑽燧者鑽木取火之名也、改火者年有四時、四時所鑽之木不同、改火之木隨五行之色而變也、楡柳色青春、是木色青、故春用楡柳也、棗杏色赤、故夏用之、桑柘章夜反色黃、故季夏用之、柞子各反楢羊久反又音由色白、故秋用之、槐檀徒干反色黑、故冬用之、若依時而食其火、則得氣宜人無災厲也、按此文比本疏甚略、想外典鈔所引有刪節也、但其内所注音釋四事、則本疏所無、參之陸氏釋文大略相同、疑是後人依釋文所補、非皇本原有也」と述べる。なお、「羊久反又音由」の「久」はママ。
　内野熊一郎氏は、前掲注（一）①論文にて、「檀徒干反」のみ『唐韻』によるもので、これ以外の「柘章夜反」「柞子各反」「楢羊又反」の各反切は『経典釈文』に拠るものとする。

（二七）前掲注（一）内野氏①②論文及び前掲注（二）を参照。

（二八）前掲注（一）河野氏①及び三橋氏両論文を参照。

（二九）前掲注（二三）山崎氏論文を参照。

第三章　『政事要略』所引『論語義疏』の性格

はじめに

　第一章では、最も古い引用事例と考えられる『令集解』所引『論語義疏』（以下、『集解』所引『義疏』と略称する）「五常」の条に対象を絞り、『令集解』の主要な写本を検討して当該条の本文校勘を行い、これを旧鈔本『論語義疏』（以下、旧鈔本『義疏』と略称する）、敦煌本『論語疏』、『令集解』以外の日本古典籍所引『義疏』と比較検討した。その結果、『集解』所引『義疏』と旧鈔本『義疏』は唐鈔本に由来する本文を遺存していると考えられる。ただし、唐鈔本である敦煌本『論語疏』は、『集解』所引『義疏』・旧鈔本『義疏』とは多くの異同があり、特異な本文を有している。このような点から見れば、本文の系統に関して敦煌本『論語疏』は、それらと一線を画す必要があり、唐代には少なくとも『集解』所引『義疏』の本文に近いテキストと、敦煌本『論語疏』系のテキストが存在したことを明らかにした。

　この結論をより確実なものにするためには、他の日本古典籍所引『義疏』の性格を旧鈔本『義疏』、敦煌本『論語疏』と比較検討する必要があろう。この点に鑑みて、本章では平安時代中期の長保四年（一〇〇二）頃に明法博士惟宗（令宗）允亮（一）により撰せられた法制書『政事要略』（二）（以下、『要略』と略称する）に引用される『義疏』の性格を考察することにしたい。

『要略』に於ける『義疏』の引用は四箇条に過ぎないが、『令集解』等の他の日本古典籍と比較して、各条の『義疏』引用字数が極めて豊富である。このことは、日本古代史の観点からは、『要略』所引漢籍に於ける明法家の漢籍引用法の解明、及び『要略』の本文校勘に資する点が多い。他方、中国学の観点から見れば、諸旧鈔本『義疏』は室町時代以降の書写に係るものであるのに対し、『要略』所引『義疏』は平安時代中期に溯る本文を有しており、『義疏』の本文校勘上、看過し得ない文献と言える。以上の如く、日本古代史・中国学の両分野に裨益すると言える。

ただし、『要略』所引『義疏』は、撰者により『要略』に引用された『義疏』であり、換言するなら、『要略』に引用された二次的様態である。また、現存する『要略』諸写本の殆どが近世以降のもので(三)あり、それらには誤脱等が尠なからず見受けられる。考察するに際し、このような限界があることを、予め断っておく。

本章では、以上述べてきた問題意識に立脚し、『要略』所引『義疏』の書誌学的・文献学的考察を行う。

第一節　大阪市立大学学術情報総合センター福田文庫所蔵『政事要略』の書誌事項

『要略』の写本が多数伝存することは、『補訂版国書総目録』(四)・『古典籍総合目録―国書総目録続編』(五)から見て取れる。一般的に、本文の校勘・復原、写本の性格、引用典籍の性格等の文献学的研究を行うには、現存する諸本の悉皆調査を実施し、諸本の書承関係から本文系統を明らかにした上で、依拠すべきテキストを選定することが研究の階梯と言える。しかし、研究の状況は写本の悉皆調査も行われておらず、従って本文系統の解明も進んでいない。

現時点で稿者が調査し得た写本は次の九本である。(六)

1　宮内庁書陵部所蔵諸陵寮本（一七二―八五）

2　宮内庁書陵部所蔵勢多本（一七三―一四〇）

3　国立公文書館内閣文庫所蔵九条家蔵本（楓―一七九―八九）

4　国立公文書館内閣文庫所蔵稲葉通邦自筆書入本（内―一七九―九三）

5　国立公文書館内閣文庫所蔵校正本（元―一七九―一〇七）

6　東京大学総合図書館所蔵本（A〇〇―六〇七三）

7　大阪市立大学学術情報総合センター福田文庫所蔵本（三三二・一―KOR―福田文庫）

8　名古屋市蓬左文庫所蔵神村本（五―四三）

9　名古屋市立鶴舞中央図書館河村文庫所蔵河村秀根本（河セ―三）

本章では、『要略』の写本系統が明らかになっていない現状に鑑みて、現在の学界で『要略』のテキスト研究の到達点と認知されている新訂増補国史大系所収『要略』（以下、国史大系本『要略』と略称する）が底本と定めた(七)大阪市立大学学術情報総合センター福田文庫所蔵本（以下、福田文庫本と略称する）をテキストに選定した。

ここで福田文庫本の特徴について述べたい。第一に、校合奥書から対校本として紀伊古学館本・官之異本を用いたことが明らかなこと、第二に、朱筆及び代赭による校異が見られること、第三に、書写年代が江戸時代末期と推定されること、が挙げられる。特に、他の『要略』諸写本と比較して、対校本が明らかなこと、及び書写年代が推定できることは特筆すべき特徴と言える。

本論に先立って福田文庫本の書誌事項について触れておきたい。

大阪市立大学学術情報総合センター福田文庫所蔵　政事要略　存巻二二〜巻三〇・巻五一・巻五三〜巻五七・巻五九〜巻六二・巻六七・巻六九・巻七〇・巻八一・巻八二・巻八四・巻九五　二六冊　〔江戸時代末期〕写　三二一・一―KOR―福田文庫　狩谷棭斎・小中村清矩・福田徳三・大阪市経済研究所の逓蔵に係る。

第一項　形状

該本は、袋綴装冊子本で全二六冊からなり、これを二帙に納める。[八]帙（縦二六・五×横一九・〇×高さ八・五糎）は紺布張りで、金砂子題簽が帙上蓋の左肩（縦一五・〇×横二・三糎）、及び帙の背（縦一五・〇×横二・五糎）にそれぞれ存し、帙の背の題簽には「政事要略　一帙」（第一帙）、「政事要略　二帙」（第二帙）とそれぞれ墨書する。

現表紙は後補横刷毛目渋引表紙、原表紙は本紙共紙表紙。各冊の法量はおおよそ縦二六・四×横一八・六糎、綴糸は縹色の糸で、四ツ目綴である。

第二項　本文款式

本文書写は、（一）本文中に江戸時代末期の光格天皇（在位安永八年〈一七七九〉〜文化一四年〈一八一七〉）の諱である兼仁の「兼」に闕筆が認められること、（二）後述する如く、狩谷棭斎（一七七五〜一八三五）の蔵書印が認められ、棭斎の歿年一八三五年以前書写であること、を勘案するに、江戸時代末期と推定される。また、本文の筆跡は複数認められ、寄合書である。

本文料紙は楮紙、款式は無辺無界、巻二二〜巻二五・巻二七〜巻二九・巻五一・巻五三〜巻五七・巻五九〜巻六二・巻六七・巻六九・巻七〇・巻八二は毎半葉一〇行、一行二〇字、巻二六・巻三〇・巻八四は毎半葉八行、

一行二〇字、巻八一は毎半葉八行、一行一七字である。ただし、巻九五は概ね毎半葉一〇行、一行二〇字であるが、同巻の前半部では双行注のある場合に毎半葉八行～九行、一行一七字のこともある。各巻の注は小字双行である。朱筆による合点・校異、朱引、代赭による校異、欄上に墨筆並びに朱筆の書入、所々朱筆による句点、極稀に墨筆による返点・送仮名、同じく極稀に朱筆による返点がそれぞれ付される。

　各巻の字高は次の如し（単位は糎）。

巻二二	二一・〇	巻五六	二〇・六
巻二三	二一・〇	巻五七	二〇・五
巻二四	二〇・九	巻五九	二〇・五
巻二五	二一・三	巻六〇	二〇・四
巻二六	二一・六	巻六一	二〇・六
巻二七	二一・二	巻六二	二〇・四
巻二八	二一・二	巻六七	二〇・六
巻二九	二〇・五	巻六九	二〇・四
巻三〇	二〇・六	巻七〇	二〇・〇
巻五一	二〇・四	巻八一	二〇・五
巻五三	二〇・〇	巻八二	二〇・六
巻五四	二〇・二	巻八四	二一・〇
巻五五	二〇・二	巻九五	二〇・五

第三項　外題等

左記の如く各巻表表紙左端に打付外題がある。

巻二二「政事要略　廿二」	巻五六「政事要略　五十六」
巻二三「政事要略　廿三」	巻五七「政事要略　五十七」
巻二四「政事要略　廿四」	巻五九「政事要略　五十九」
巻二五「政事要略　廿五」	巻六〇「政事要略　六拾」
巻二六「政事要略　廿六」	巻六一「政事要略　六拾一」
巻二七「政事要略　廿七」	巻六二「政事要略　六拾二」
巻二八「政事要略　廿八」	巻六七「政事要略　六拾七」
巻二九「政事要略　廿九」	巻六九「政事要略　六拾九」
巻三〇「政事要略　三拾」	巻七〇「政事要略　七拾」
巻五一「政事要略　五拾一」	巻八一「政事要略　八拾一」
巻五三「政事要略　五十三」	巻八二「政事要略　八拾二」
巻五四「政事要略　五十四」	巻八四「政事要略　八拾四」
巻五五「政事要略　五十五」	巻九五「政事要略　九十五」

また、巻二二を除く各巻表表紙右下部に「二（～廿六□）」（□は〔止カ〕）と各冊の順序が朱書される。巻二二表表紙右下部は大阪市立大学による函架番号票が貼付されていて、各冊の順序が記されているか否か不明である。

巻二二表表紙右上部に「共貳拾六本」と墨書される。

原表表紙に貼紙（縦九・五×横三・五糎）が存し、左記の如く貼紙に墨書されている。

巻二三「政事　二拾三」　巻五三「政事　五拾三」
巻二四「政事　二十四」　巻五四「政事　五拾四」
巻二五「政事　二拾五」　巻五五「政事　五拾五」
巻二六「政事　二拾六」　巻五六「政事　五十六」
巻二七「政事　二拾七」　巻五七「政事　五拾七」
巻二八「政事　二拾八」　巻五九「政事　五拾九」
巻二九「政事　二拾九」　巻六〇「政事　六拾」
巻三〇「政事　三拾」　巻六一「政事　六拾一」
巻六二「政事　六拾二」

また、巻二二現表表紙見返に、

政事要略現存書目
廿二　廿三　廿四　廿五　廿六　廿七　廿八
廿九　三十　五十一　五十三　五十四　五十五　五十六　五十七
五十九　六十　六十一　六十二　六十七　六十九　七十
八十一　八十二　八十四　九十五
通計貳十陸本

と墨書される。

巻二五現表表紙見返の右上部に「今上正暦四年（九九三）」と朱書される。

更に、巻五一原表表紙に、

永正十四年（一五一七）丁丑正月　時〻飛〔飛カ〕□雪　八座閑叟孝

一日丁丑天晴　天晴陰

政事要畧　五十一

と墨書される。

なお、以下の原表表紙には貼紙に代わるものとして、左記の墨書が存する。

巻六七「政事要略　六十七」

巻六九「政事要略　六十九」

巻七〇「政事要略　七拾」

第四項　内題

内題は左記の如くである。

巻二二　「政事要畧第廿二年中行事廿二」

巻二三　「政事要畧第廿三年中行事廿三」

巻二四　「政事要畧第廿四（隔一格）年中行事廿四」

巻二五　「政事要畧第二十五年中行事二十五」

巻二六　「政事要畧第廿六年中行事廿六」

巻二七　「政事要畧第二十七年中行事二十七」

巻二八　「政事要畧第廿八年中行事廿八」

巻二九　「政事要畧第廿九年中行事卅〔廿〕九」

巻三〇　「政事要畧第卅（隔一格）年中行事卅」
巻五一　「政事要略第五十一交替雑事十一」
巻五三　「政事要略苐五十三」
巻五四　「政事要略第五十四交替雑事十四」
巻五五　「政事要略弟五十五（隔一格）交替雑事十五」
巻五六　「政事要略第五十六（隔一格）交替雑事十六」
巻五七　「政事要略第五十七（隔一格）交替雑事」
巻五九　「政事要略第五十九交替雑事五十九」
巻六〇　「政事要略第六十（隔一格）交替雑事廿」
巻六一　「政事要略第六十一（隔一格）糺弾雑事一」
巻六二　「政事要略巻第六十二按六十九歟」
巻六七　「政事要略第六十七」
巻六九　「政事要略第六十九糺弾雑事九」
巻七〇　「政事要略第七十（隔二格）糺弾雑事十」
巻八一　「政事要略弟八十一（隔二格）紀〔糺〕弾雑事廿一」
巻八二　「政事要略弟八十二糺弾雑事二」
巻八四　「政事要畧第八十四糺弾雑事廿四」
巻九五　「政事要略九十五（隔一格）下（隔一格）至要雑事五下」

第五項　尾題

尾題は左記の如くである。

巻二二　「政事要畧巻第廿二終」
巻二三　「政事要畧弟二十三」
巻二四　「政事要畧巻第廿四」
巻二五　「政事要畧巻弟廿五」
巻二六　「政事要畧巻第廿六」
巻二七　「政事要畧巻第廿七」
巻二八　「政事要畧第廿八」
巻二九　「政事要略弟廿九」
巻三〇　「政事要略弟卅」
巻五一　「政事要略第五十一」
巻五三　「政事要略巻第五十三」
巻五四　「政事要略第五十四」

巻五五　「政事要略巻弟五十五」
巻五六　「政事要略巻第五十六」
巻五七　無し
巻五九　「政事要略巻第五十九」
巻六〇　「政事要略巻第六十」
巻六一　無し
巻六二　無し
巻六七　「政事要略巻第六十七」
巻六九　「政事要略巻第六十九」
巻七〇　「政事要畧巻第七十」
巻八一　無し
巻八二　「政事要略巻第八十二」
巻八四　「政事要畧巻第八十四」
巻九五　「政事要略巻第九十五」

第六項　奥書

左記の如く校合奥書が存する。

巻二二末葉裏右端（代赭）、

明治二年（一八六九）二月廿五日以紀伊古學舘本与小中村清矩對挍畢

挍字下標イ字者此也次巻效之　　勝田元徳

巻二三末葉裏右端（代赭）、

明治二年三月五日以紀伊古學舘本与小中村清矩對挍畢

勝田元徳

巻二四末葉裏の本文末行と尾題との間（代赭）、

明治二年三月十六日以紀伊古学舘本与小中村清矩對挍

勝田元徳

巻二五末葉表の本文末行と尾題との間（代赭）、

本云

甲戌秋七月於林家以官之異本比挍了

明治二年五月十六日以紀伊古學舘本与小中村清矩對挍了

勝田元徳

以上の校合奥書は全て同筆である。

第七項　印記・旧蔵者

印記は、左記の六種が認められる。

（1）単郭方形陽刻朱印「福田徳／三臧書」（縦 二・九×横 二・九糎）

（2）単郭方形陽刻朱印「大阪市／經濟研究／所圖書印」（縦 四・八五×横 四・八五糎）

（3）単郭長方陽刻朱印「福田文庫」（縦 七・〇×横 二・〇糎）

（4）単郭長方隅丸陽刻朱印「陽春／廬記」（縦 三・一×横 二・五糎）

（5）単郭楕円陽刻朱印「椷齋」（縦 三・七×横 一・八五糎）

（6）単郭方形陽刻朱印「湯島狩／谷氏求古樓／圖書記」（縦 三・一×横 三・一糎）

（7）単郭方形陽刻朱印　印文不明（縦 七・〇×横 七・〇糎）

（1）〜（4）は各巻初葉表、（5）は巻二二前遊紙右下部、（6）は巻九五末葉裏右下部、（7）は巻九五裏表紙見返内側下部にそれぞれ各一顆を蹈印する。（1）（3）は福田徳三、（2）は大阪市立大学の前身である大阪市経済研究所、（4）は小中村清矩、（5）（6）は狩谷棭斎のそれぞれの蔵書印である。

福田徳三氏（一八七四〜一九三〇）は明治時代後期から昭和時代初期の経済学者。高等商業学校（現、一橋大学）、同研究科卒業。福田氏の蔵書は大阪市立大学学術情報総合センターの福田文庫に収められている。

小中村清矩（一八二一〜一八九五）は江戸時代後期から明治時代の国学者。三河の原田次郎八の男。小中村春矩の養嗣子となる。西嶋蘭渓に漢籍、亀田鶯谷に漢学、伊能穎則に国史律令の学を学び、後に本居内遠に師事した。和歌山藩古学館の教授となり、更に林大学頭の命にて和学講談所に出仕した。明治時代には太政官・内務省に出仕、後に『古事類苑』編纂に従事、貴族院議員となった。

狩谷棭斎（一七七五〜一八三五）は江戸時代後期の考証学者。書肆青裳堂の高橋高敏の男。弘前藩御用達の湯島の商人狩谷保古の養嗣子となる。屋代弘賢に師事し、清水浜臣等と交流した。和漢典籍の善本を蒐集し、各地の文庫を訪ねた。

第二節　『政事要略』所引『論語義疏』と対応する諸旧鈔本『論語義疏』の比較検討並びに校勘

『要略』所引『義疏』は次の三箇条である。それぞれ『義疏』の対応箇所を記すと次の如くである。

〈一〉『要略』巻廿九　年中行事十二月下（追儺）―『義疏』巻第五　郷党第十

〈二〉『要略』巻六十七　糺弾雑事（男女衣服幷資用雑物）―『義疏』巻第七　憲問第十四

〈三〉『要略』巻六十九　糺弾雑事（致敬拝礼下馬）―『義疏』巻第二　八佾第三

この他、『要略』巻六十七　糺弾雑事（男女衣服幷資用雑物）に『義疏』巻第五　郷党第十の引用があるが、これは「講書私記[九]」を介しての間接引用であるため、本章の課題である『要略』所引『義疏』の性格の考察からは、ひとまず除外する。

次に、『要略』所引『義疏』と対応する諸旧鈔本『義疏』を列挙し、以下の諸旧鈔本『義疏』間の字句の異同を明らかにし、異同の結果を踏まえ校勘していく。

なお、本章では、『要略』所引『義疏』と旧鈔本『義疏』との比較検討に際し、旧鈔本『義疏』の本文を〔経文〕、何晏集解を〔集解〕、皇侃義疏を〔義疏〕と記し、両者の対応箇所のうち、経文は実線で囲い、集解には破線、義疏には傍線を施す。

〈一〉『要略』巻廿九　年中行事十二月下（追儺）の引用に該当する箇所は、旧鈔本『義疏』巻第五　郷党第十である。

○応永三四年本

〔経文〕郷人儺

〔義疏〕〻者逐疫鬼也爲陰陽之氣不卽時退①癘鬼隨而爲人作禍故天子使方相氏黄金四目蒙熊皮執戈揚楯玄衣朱裳口作儺〻之②聲③以敺疫鬼也一年三過爲之三月八月十二月也故月令季春云命國儺④〻⑤⑥鄭玄云此儺〻陰氣也陰氣至此不止害將及人厲鬼隨之而出行至仲秋又云天子乃儺⑦⑧鄭玄云此儺〻陽氣也陽暑至此不衰害亦將及人厲鬼亦隨人而出行至季冬又云命有司大儺⑨⑩鄭云此儺〻陰氣也至此不止害將及

人厲鬼將隨强陰出害人也侃⑪按三儺二是儺陰一是儺陽⑫陰陽⑬乃異倶是天子所命春是一季⑭之始彌畏灾
害故命國民家ゝ悉儺八月儺陽ゝ是君法臣民不可儺君故稱天子乃儺也十二月儺雖是陰既非一季⑮之
急故民亦不得同儺也今云郷人儺是三月也

〔経文〕朝服而立於阼階

〔義疏〕阼階東階主人之階也孔子聞郷人逐鬼恐見驚動宗廟故着⑯朝服而立⑰於阼階以侍先祖爲孝之心也朝服
者玄冠緇布衣素積⑱裳是卿大夫之祭服也禮唯孤卿爵弁自祭若卿大夫以下悉玄冠以自齋祭ゝゝ不異
冠服也

○文明九年本

〔経文〕郷人儺

〔義疏〕ゝ者逐疫鬼也爲陰陽之氣①不卽時退厲鬼隨而爲人作禍故天子使方相氏黄金四目蒙熊皮執戈揚楯玄
衣朱裳口作儺ゝ之②聲孝③以驅疫鬼也一年三過爲之三月八月十二月也故月令季春云命國儺④鄭⑤玄⑥云曰此儺
ゝ陰氣也陰氣至此不止害將及人厲鬼隨之而出行至仲秋又云天子乃儺⑦鄭⑧玄曰此儺ゝ陽氣也陽暑至
此不衰害亦將及人厲鬼亦隨人而出行至季冬又云命有司大儺⑨鄭⑩玄曰此儺ゝ陰氣也至此不止害將及
人厲鬼將隨强陰出害人也侃案⑪三儺二是儺陰一是儺陽⑫陰陽⑬乃異倶是天子所命春是一年⑭之始彌畏灾
害故命國民家ゝ悉儺八月儺陽ゝ是君法臣民不可儺君故稱天子乃儺也十二月儺雖是陰既非一⑮年之
急故民亦不得同儺也今云郷人儺是三月也

〔経文〕朝服而立於阼階

〔義疏〕ゝゝ東階主人之階也孔子聞郷人逐鬼恐見驚動宗廟故⑯着朝服⑰而立阼階以侍先祖爲孝之心也朝服者

玄冠緇布衣素績⑱裳是卿大夫自祭之服也禮唯孤卿爵弁自祭若卿大夫以下悉玄冠以自齋祭齋祭不異
冠服也

○清熙園本

〔経文〕鄉人儺

〔義疏〕ゝ者逐疫鬼也爲陰陽之氣不卽時退①厲鬼隨而爲人作禍故天子使方相氏黃金四目蒙熊皮執戈揚楯玄
衣朱裳口作儺②ゝ③之聲以歐疫鬼也一年三過爲之三月八月十二月也故月令季春云命國④儺⑤⑥鄭云此儺ゝ
陰氣也陰氣至此不止害將及人厲鬼隨之而出行至⑦⑧仲秋又云天子乃儺鄭云此儺ゝ陽氣也陽暑至此不
哀害亦將及人厲鬼亦隨人而出行至季冬⑨⑩又云命有司大儺鄭云此儺ゝ陰氣也至此不止害將及人厲鬼
將隨强陰出害人⑪也侃案三儺二是儺陰一是儺陽⑫ゝ陰⑬及異俱是天子所命春是一⑭年之始彌畏災害故命
國民家ゝ悉儺八月儺陽ゝ是君法臣民不可儺君故稱天子乃儺也十二月儺雖是陰既⑮非一年之急故民
亦不得同儺也今云鄉人儺是三月也

〔経文〕朝服而立於阼階

〔義疏〕阼階東階主人之階也孔子聞鄉人逐鬼恐見驚動宗廟⑯故著朝服而⑰立阼階以侍先祖爲孝之心也朝服者
玄冠緇布衣素積⑱裳是卿大夫祭之服也禮唯孤卿爵弁自祭若卿大夫以下悉玄冠以自齋ゝ祭ゝ不異冠
服也

以下、字句の異同について考察する。

① 応永三四年本は「癘」に作るが、文明九年本・清熙園本は「厲」に作る。「癘」と「厲」は通用する。

② 応永三四年本・清熙園本は「聲」に作るが、文明九年本は「孝」に作り、左傍に本文と同筆と思われる校

異注「聲」が施されている。これを勘案すれば、「孝」は「聲（声）」に筆写体が近似しているゆえの誤写か。

③ 応永三四年本は「毆」、文明九年本は「驅」、清熙園本は「歐」にそれぞれ作る。これらは通用する。

④ 応永三四年本は「儺こ〔儺〕」に作るが、文明九年本・清熙園本には「こ」がない。応永三四年本の「こ」は衍字か。因みに『礼記』巻五 月令第六（一〇）は「難」（「儺」に通用する）に作る。

⑤ 応永三四年本・文明九年は「玄」が存するが、清熙園本は「玄」がない。異同が生じた要因は不明である。

⑥ 応永三四年本・清熙園本は「云」に作るが、文明九年本は「曰」に作る。ただし、文明九年本は「曰」の右下に本文と同筆と思われる校異注「云」が施されている。異同が生じた要因は不明である。

⑦ 応永三四年本・文明九年は「玄」が存するが、清熙園本は「玄」がない。異同が生じた要因は不明である。

⑧ 応永三四年本・清熙園本は「云」に作るが、文明九年本は「曰」に作る。異同が生じた要因は不明である。

⑨ 応永三四年本・清熙園本は「玄」がないが、文明九年本は「玄」が存する。異同が生じた要因は不明である。

⑩ 応永三四年本・清熙園本は「云」に作るが、文明九年本は「曰」に作る。異同が生じた要因は不明である。

⑪ 応永三四年本は「按」、文明九年本・清熙園本は「案」に作る。両者は通用する。

⑫ 応永三四年本・文明九年本は「陰陽」に作るが、清熙園本は「こ陰〔陽〕」に作る。清熙園本は誤写（転倒）か。

⑬ 応永三四年本・文明九年本は「乃」に作るが、清熙園本は「及」に作る。字形が近似しているゆえの清熙園本の誤写か。

⑭ 応永三四年本は「季」に作るが、文明九年本・清熙園本は「年」に作る。「季」は「年」の異体字（本字）である。

⑮ 応永三四年本は「季」に作るが、文明九年本・清煕園本は「年」に作る。前掲⑭を参照。
⑯ 応永三四年本・文明九年本は「着」に作るが、清煕園本は「著」に作る。両者は通用する。
⑰ 応永三四年本は「於」が存するが、文明九年本・清煕園本は「於」がない。文明九年本・清煕園本は脱字か。
⑱ 応永三四年本・清煕園本は「積」に作るが、文明九年本は「績」に作る。両者は通用する。ただし、字形が近似しているゆえの何れかの誤写の可能性がある。

以上の考察の結果を基に校勘すると次の如くなる。

〔経文〕鄉人儺

〔義疏〕〻者逐疫鬼也爲陰陽之氣不卽時退癘鬼隨而爲人作禍故天子使方相氏黃金四目蒙熊皮執戈揚楯玄衣朱裳口作儺〻之聲以敺疫鬼也一年三過爲之三月八月十二月也故月令季春云命國儺鄭玄云此儺〻陰氣也陰氣至此不止害將及人癘鬼隨之而出行至仲秋又云天子乃儺鄭玄云此儺〻陽氣也陽暑至此不衰害亦將及人癘鬼亦隨人而出行至季冬又云命有司大儺鄭云此儺〻陰氣也至此不止害將及人癘鬼將隨强陰出害人也侃按三儺二是儺陰一是儺陽陰陽乃異俱是天子所命春是一季之始彌畏灾害故命國民家〻悉儺八月儺陽〻是君法臣民不可儺君故稱天子乃儺也十二月儺雖是陰既非一季之急故民亦不得同儺也今云鄉人儺是三月也

〔経文〕朝服而立於阼階

〔義疏〕阼階東階主人之階也孔子聞鄉人逐鬼恐見驚動宗廟故着朝服而立於阼階以侍先祖爲孝之心也朝服者玄冠緇布衣素積裳是卿大夫之祭服也禮唯孤卿爵弁自祭若卿大夫以下悉玄冠以自齋祭〻〻不異

冠服也

〈二〉『要略』巻六十七　糺弾雑事（男女衣服并資用雑物）の引用に該当する箇所は、旧鈔本『義疏』巻第七　憲問第十四である。

○応永三四年本

〔経文〕子貢曰管仲非仁者與

〔義疏〕問孔子嫌管仲非是仁者乎

〔経文〕桓公殺公子糾不能死又相之

〔義疏〕此擧管仲非仁之迹（後略）

〔経文〕子曰管仲相桓公霸諸侯一匡天下

〔義疏〕孔子說管仲爲仁之迹也（後略）

〔集解〕馬融曰匡正也天子微弱桓公率諸侯以尊周室一正天下也

〔経文〕民到于今受其賜

〔義疏〕こ猶恩惠也（後略）

〔集解〕受其賜者謂不被髮左衽之惠也

〔義疏〕王弼曰于時戎狄交侵（後略）

〔経文〕微管仲吾其①被髮左衽矣

〔義疏〕此擧受賜之事也被髮不結也左衽衣前也②従右③來向左④孔子言若无管仲則今我亦爲夷狄故被髮左衽矣

也

〔集解〕馬融曰微⑤无也⑥无管仲則君不君臣不臣皆爲夷狄也

○文明九年本

〔経文〕子貢曰管仲非仁者與

〔義疏〕問孔子嫌管仲非是仁者乎

〔経文〕桓公殺公子糾不能死又相之

〔義疏〕此擧管仲非仁之迹（後略）

〔経文〕子曰管仲相桓公霸諸侯一匡天下

〔義疏〕孔子說管仲爲仁之迹也（後略）

〔集解〕馬融曰匡正也天子微弱桓公率諸侯以※魯（尊）周室一正天下也

〔経文〕民到于今受其賜

〔義疏〕ゝ猶恩惠也（後略）

〔集解〕受其賜者謂不被髪左衽之惠也

〔義疏〕王弼曰于時戎狄交侵（後略）

〔経文〕微管仲吾①被髪左衽矣

〔義疏〕此擧受賜之事也被髪不結也左衽衣前②也○從③左來向右④左へ若孔子言若无管仲則今我亦爲夷狄故被髪左衽矣

也

〔集解〕馬融曰微⑤無也⑥无管仲則君不君臣不臣皆爲夷狄也

※「魯」の左傍に抹消符を付し、「魯」の右傍に本文と同筆にて「尊」と墨書する。

○清熙園本

〔経文〕子貢曰管仲非仁者與

〔義疏〕問孔子嫌管仲非是仁者乎

〔経文〕桓公殺公子糾不能死又相之

〔義疏〕此舉管仲非仁之迹（後略）

〔経文〕子曰管仲相桓公霸諸侯一匡天下

〔義疏〕孔子説管仲爲仁之迹也（後略）

〔集解〕馬融曰匡正也天子微弱桓公率諸侯以尊周室一正天下也

〔経文〕民到于今受其賜

〔義疏〕〻猶恩惠也（後略）

〔集解〕受其賜者謂不被髮左衽之惠也

〔義疏〕王弼曰于時戎狄交侵（後略）

〔経文〕微管仲吾①其被髮左衽矣

〔義疏〕此舉受賜之事也被髮不結也左衽衣前也②從③右來向左④孔子言若无管仲則今我亦爲夷狄故被髮左衽矣
也

〔集解〕馬融曰微⑤无也⑥無管仲則君不君臣不臣皆爲夷狄也

以下、字句の異同について考察する。

①　応永三四年本・清煕園本は「其」が存するが、文明九年本は「其」がない。文明九年本は脱字か。
②　応永三四年本・清煕園本は「也」が存するが、文明九年本は「也」がなく、当該箇所に補入符を付し、左傍に本文と同筆と思われる校異注「也」が施されている。
③　応永三四年本・清煕園本は「右」に作るが、文明九年本は「左」に作る。文明九年本の「左」は「右」の誤写か。
④　応永三四年本・清煕園本は「左」に作るが、文明九年本の「左」はもと「若」に作り、右傍に抹消符を付し、「若」の右上に本文と同筆と思われる校異注「右」、校異注「右」の下に抹消符、「若」の左上に本文と同筆と思われる校異注「左」がそれぞれ施されている。文明九年本の「若」は「左」の誤写か。
⑤　応永三四年本・清煕園本は「无」に作るが、文明九年本は「無」に作る。両者は通用する。
⑥　応永三四年本・文明九年本は「无」に作るが、清煕園本は「無」に作る。両者は通用する。

以上の考察の結果を基に校勘すると次の如くなる。なお、底本を改める程の異同はない。

〔経文〕子貢曰管仲非仁者與
〔義疏〕問孔子嫌管仲非是仁者乎
〔経文〕桓公殺公子糾不能死又相之
〔義疏〕此擧管仲非仁之迹（後略）
〔経文〕子曰管仲相桓公霸諸侯一匡天下
〔義疏〕孔子説管仲爲仁之迹也（後略）
〔集解〕馬融曰匡正也天子微弱桓公率諸侯以尊周室一正天下也

〔経文〕民到于今受其賜
〔義疏〕〻猶恩惠也（後略）
〔集解〕受其賜者謂不被髪左衽之惠也
〔義疏〕王弼曰于時戎狄交侵（後略）
〔経文〕微管仲吾其被髪左衽矣
〔義疏〕此擧受賜之事也被髪不結也左衽衣前也從右來向左孔子言若无管仲則今我亦爲夷狄故被髪左衽矣也
〔集解〕馬融曰微无也无管仲則君不君臣不臣皆爲夷狄也

〈三〉『要略』巻六十九　糺弾雑事（致敬拝礼下馬）の引用に該当する箇所は、旧鈔本『義疏』巻第二　八佾第三である。

○応永三四年本
〔経文〕王孫賈
〔義疏〕〻〻〻者周靈王之孫名賈也是時仕衞爲大夫也
〔経文〕問曰與其媚於奧寧媚於竈何謂也
〔義疏〕此世俗舊語也媚趣向也奧内也謂室〇（中）西南角室向東南開戸西南安牖〻内隱奧无事恒令尊者所居之處也竈謂人家爲飲食之處也賈仕在衞執政爲一國之要能爲人之益欲自比如竈雖卑外而實要爲衆人所急也又侍君之近臣以喩奧也近君之臣雖近君爲尊而交无事如室之奧雖尊而无事也并於人无益也

時孔子至衛賈誦此舊語以感切孔子欲令孔子求媚於己如人之媚竈也故云與其媚於奥寧當媚竈問於孔子何謂使孔子悟之也

〔集解〕孔安國曰王孫賈衛大夫也奥内也以喩近臣也竈以喩執政也賈者執政者也欲使孔子求昵之故微以世俗之言感動之也

○文明九年本

〔経文〕王孫賈

〔義疏〕こここ者周靈王之孫名賈也是時仕衛爲大夫也

〔経文〕問曰與其媚於奥寧媚於竈何謂也

〔義疏〕此世俗舊語也媚趣向也奥（内）向也謂室（中）○西南角室向東南開戸西南安牖ゝ内隱奥無事恒令尊者所居之處也竈謂人家爲飲食之處也賈仕在衛執政爲一國之要能爲人之益欲自比如竈雖卑外而實要爲衆人所急也又侍君之近臣以喩奥也近君之臣雖近君爲尊而交無事如室之奥雖尊而無事也○（并）於人無益也時孔子至衛賈誦此舊語以感切孔子欲令孔子求媚於己如人之媚竈也故云與其媚於奥寧當媚竈問於孔子何謂使孔子悟之也

〔集解〕孔安國曰王孫賈衛大夫也奥内也以喩近臣也竈以喩執政也賈者執政者也欲使孔子求昵之故微以世俗之言感動之也

○清熙園本

〔経文〕王孫賈

〔義疏〕こここ者周靈王之孫名賈也是時仕衛爲大夫也

〔経文〕問曰與其媚於奥寧媚於竈何謂也
〔義疏〕此世俗舊語也媚趣向也奥内也謂室西南角室向東南開戸西南安牖〻内隱奥無事恒令尊者所居之處也竈謂人家爲飲食之處也賈仕在衛執政爲一國之要能爲人之益欲自比如竈雖卑外而實要爲衆人所急也又侍君之近臣以喩奥也近君之臣雖近君爲尊而交無事如室之奥雖尊而無事也於人無益也時孔子至衛賈誦此舊語以感切孔子欲令孔子求媚於己如人之媚竈也故云與其媚於奥寧媚竈問於孔子何謂使孔子悟之也
〔集解〕孔安國曰王孫賈衛大夫也奥内也以喩近臣也竈以喩執政也賈者執政者也欲使孔子求昵之故微以世俗之言感動之也

当該箇所は、諸本間の異同が認められない。

〈二〉旧鈔本『義疏』巻第五　郷党第十

右の〈一〉~〈三〉の応永三四年本・文明九年本・清煕園本の異同を分類すると、次の如くなる。

A　応永三四年本の衍字…④
B　文明九年本の誤写・脱字…②・⑰
C　清煕園本の誤写・脱字…⑫・⑬・⑰
D　諸本の字句が通用の関係のもの及び正字と異体字の関係のもの…①・③・⑪・⑭・⑮・⑯
E　不明…⑤・⑥・⑦・⑧・⑨・⑩
F　その他…⑱

〈二〉旧鈔本『義疏』巻第七　憲問第十四

A　文明九年本の誤写・脱字…①・③・④

B　諸本の字句が通用の関係のもの…⑤・⑥

C　その他…②

〈三〉旧鈔本『義疏』巻第二　八佾第三

当該箇所は、諸本間の異同が認められない。

以上の結果をまとめると、応永三四年本・文明九年本・清熙園本のうち、文明九年本に誤写・脱字が最も多く認められた。

第三節　『政事要略』所引『論語義疏』・『小野宮年中行事裏書』所引『論語義疏』と旧鈔本『論語義疏』との相異

本節では、前節の旧鈔本『義疏』の校勘の結果と『要略』所引『義疏』・『小野宮年中行事裏書』所引『義疏』・文永五年鈔本『論語集解』巻第七裏書（以下、『論語集解』裏書と略称する）とを比較検討する。前節の冒頭で示した如く、『要略』所引『義疏』は以下に示す〈一〉～〈三〉の三箇条である。なお、『小野宮年中行事裏書』には『義疏』の引用を一箇条、『論語集解』裏書に『要略』所引『義疏』に対応する書入を見出すことができるので、『小野宮年中行事裏書』は〈三〉、『論語集解』裏書は〈二〉にそれぞれ比較検討の材料として加える。

まず、調査に用いた典籍諸本のテキストを示す。

《1》『要略』

福田文庫本

《2》『小野宮年中行事裏書』

国立歴史民俗博物館所蔵江戸時代初期写本（一）

《3》『論語集解』裏書

醍醐寺所蔵文永五年（一二六八）鈔本『論語集解』巻第七裏書（二）

《4》旧鈔本『義疏』

前節で行った校勘の結果を用いる。

次に、『要略』所引『義疏』・『小野宮年中行事裏書』所引『義疏』・『論語集解』裏書・旧鈔本『義疏』の該当箇所を列挙し、比較検討を行う。

〈一〉『要略』巻廿九　年中行事十二月下（追儺）

論語疏云郷人儺々者逐疫鬼也爲陰陽之氣不節①時退癘鬼隨而爲人作禍故天子使方相氏黄金四
目蒙熊②及執戈揚楯玄衣朱裳口作儺々之聲改③斂疫鬼也一年④之過爲之三月八月十二月也故月令季
春云⑤令國儺鄭⑥云此儺⑦陰氣也陰氣至此不止害將及人癘⑧鬼隨之而出行至仲秋又云天子及儺⑨鄭⑩云⑪
儺々陽氣⑫陽暑至此不哀⑬害亦將及人⑭癘鬼只⑮隨⑯而出行至季冬又云命有司大　儺⑰⑱之陰氣也至此不止害
將及人⑲勵鬼將隨⑳殆陰出害人也侃㉑案三儺二是儺陰　一是儺陽㉒こ陰乃異俱是㉓天子所命春是一年之始

彌畏灾厲㉔故命國民家々㉕追儺八月儺陽々是君㉖故㉗偁天子乃儺也十二月儺雖是陰既非㉘一年之急故民
亦不得同儺也今云郷人儺是三月㉙ 朝服而立於阼階 々東階主人之階也孔子聞郷人逐鬼恐見驚動
㉚宗廟故着朝服而立於阼階以侍先祖爲孝之心也㉛朝服者㉜玄冠㉝緇布衣素積裳是

旧鈔本『義疏』巻第五　郷党第十

〔経文〕郷人儺

〔義疏〕こ者逐疫鬼也爲陰陽之氣不卽①時退癘鬼隨而爲人作禍故天子使方相氏黄金四目蒙熊皮②執戈揚楯玄衣朱裳口作儺こ之聲③以敺疫鬼也一年④三過爲之三月八月十二月也故月令季春云⑤命國儺鄭玄⑥云此儺⑦こ陰氣也陰氣至此不止害將及人⑧厲鬼隨之而出行至仲秋又云天子乃⑨儺鄭⑩玄云⑪此儺こ陽氣也⑫陽暑至此不衰⑬害亦將及人厲⑭鬼亦⑮隨人⑯而出行至季冬又云命有司大儺⑰鄭云此儺⑱こ陰氣也至此不止害將及人⑲厲鬼將隨⑳強陰出害人也侃按㉑三儺二是儺陰一是儺陽陰陽㉒乃異俱是天子所命春是一季之㉓始彌畏灾害㉔故命國民家こ㉕悉儺八月儺陽こ是君㉖法臣民不可儺君故㉗稱天子乃儺也十二月儺雖是陰既非一季㉘之急故民亦不得同儺也今云郷人儺是三月也㉙

〔経文〕朝服而立於阼階

〔義疏〕阼階東階主人之階也孔子聞郷人逐鬼恐見驚動㉚宗廟故着朝服而立於阼階以侍先祖爲孝之心也朝服者玄㉛冠緇布㉜衣素積㉝裳是卿大夫之祭服也禮唯孤卿爵弁自祭若卿大夫以下悉玄冠以自齋祭ここ不異冠服也

以下、字句の異同について考察する。

① 『要略』は「節」に作るが、『義疏』〔義疏〕は「卽」に作る。字形が近似しているゆえの『要略』の誤写

か。

② 『要略』は「及」に作るが、『義疏』〔義疏〕は「皮」に作る。字形が近似しているゆえの『要略』の誤写か。

③ 『要略』は「改歛」に作るが、『義疏』〔義疏〕は「以毆」に作る。筆写体が近似しているゆえの『要略』の誤写か。

④ 『要略』は「之」に作るが、『義疏』〔義疏〕は「三」に作る。筆写体が近似しているゆえの『要略』の誤写か。

⑤ 『要略』は「令」に作るが、『義疏』〔義疏〕は「命」に作る。筆写体が近似しているゆえの『要略』の誤写か。

⑥ 『要略』は「玄」がないが、『義疏』〔義疏〕は「玄」が存する。『要略』の脱字、もしくは節略が想定されるが、何れかは不明である。

⑦ 『要略』は「こ」がないが、『義疏』〔義疏〕は「こ」〔儺〕が存する。『要略』の脱字か。

⑧ 『要略』は「癘」に作るが、『義疏』〔義疏〕は「厲」に作る。両者は通用する。

⑨ 『要略』は「及」に作るが、『義疏』〔義疏〕は「乃」に作る。字形が近似しているゆえの『要略』の誤写か。

⑩ 『要略』は「玄」がないが、『義疏』〔義疏〕は「玄」が存する。『要略』の脱字、もしくは節略が想定されるが、何れかは不明である。

⑪ 『要略』は「此」がないが、『義疏』〔義疏〕は「此」が存する。『要略』の脱字か。

⑫『要略』は「也」がないが、『義疏』〔義疏〕は「也」が存する。『要略』の脱字、もしくは節略が想定されるが、何れかは不明である。
⑬『要略』は「哀」に作るが、『義疏』〔義疏〕は「衰」に作る。字形が近似しているゆえの『要略』の誤写か。
⑭『要略』は「癘」に作るが、『義疏』〔義疏〕は「厲」に作る。両者は通用する。
⑮『要略』は「只」に作るが、『義疏』〔義疏〕は「亦」に作る。筆写体が近似しているゆえの『要略』の誤写か。
⑯『要略』は「人」がないが、『義疏』〔義疏〕は「人」が存する。『要略』の脱字か。
⑰『要略』は「鄭云此儺」がないが、『義疏』〔義疏〕は「鄭云此儺」が存する。『要略』の脱文、もしくは節略が想定されるが、何れかは不明である。
⑱『要略』は「之」に作るが、『義疏』〔義疏〕は「こ《儺》」に作る。筆写体が近似しているゆえの『要略』の誤写か。
⑲『要略』は「勵」に作るが、『義疏』〔義疏〕は「厲」に作る。両者は通用する。
⑳『要略』は「殆」に作るが、『義疏』〔義疏〕は「强」に作る。筆写体が近似しているゆえの『要略』の誤写か。
㉑『要略』は「案」に作るが、『義疏』〔義疏〕は「按」に作る。両者は通用する。
㉒『要略』は「こ《陽》陰」に作るが、『義疏』〔義疏〕は「陰陽」に作る。『要略』の誤写（転倒）か。
㉓『要略』は「年」に作るが、『義疏』〔義疏〕は「秊」に作る。「秊」は「年」の異体字（本字）である。

㉔『要略』は「厲」に作るが、『義疏』〔義疏〕は「害」に作る。「厲」と「害」は「わざわい」の意で通用する。

㉕『要略』は「追儺」に作るが、『義疏』〔義疏〕は「悉儺」に作る。嵐義人氏によると[一三]、「貞観十一、二年に儺儀の称呼が「大儺」から「追儺」に変更した」ことが明らかにされている。嵐氏の説に依拠すれば、『要略』の撰述時には「追儺」の名称が定着していると思われ、撰述時の実状を踏まえた『要略』の撰者による本文整定かと推定される。

㉖『要略』は当該箇所に字句がないが、『義疏』〔義疏〕は「法臣民不可儺君」がある。『要略』の脱文か。

㉗『要略』は「儛」に作るが、『義疏』〔義疏〕は「稱」に作る。両者は通用する。

㉘『要略』は「年」に作るが、『義疏』〔義疏〕は「秊」に作る。前掲㉓を参照。

㉙『要略』は「也」がないが、『義疏』〔義疏〕は「也」が存する。『要略』の脱字、もしくは節略が想定されるが、何れかは不明である。

㉚『要略』は「廟」に作るが、『義疏』〔義疏〕は「庿」に作る。「庿」は「廟」の異体字（古字）である。

㉛『要略』は「縮」に作るが、『義疏』〔義疏〕は「緇」に作る。『要略』の誤写か。

㉜『要略』は「績」に作るが、『義疏』〔義疏〕は「積」に作る。両者は通用する。ただし、字形が近似しているゆえの何れかの誤写の可能性がある。

㉝『要略』は当該箇所に文がないが、『義疏』〔義疏〕は「卿大夫之祭服也」以下「ここ不異冠服也」までの文が存する。『要略』の節略か。

以上の考察をまとめる。

A　『要略』の誤写等……①・②・③・④・⑤・⑨・⑬・⑮・⑱・⑳・㉒・㉛・㉜

B　『要略』の脱字・脱文……⑥・⑦・⑩・⑪・⑫・⑯・⑰・㉖・㉙

C　『要略』の節略……⑥・⑩・⑫・⑰・㉙・㉝

D　『要略』の本文整定……㉕

E　『要略』の字句と『義疏』の字句が通用の関係のもの及び正字と異体字の関係のもの……⑧・⑭・⑲・㉑・㉓・㉔・㉗・㉘・㉚・㉜

A～Dについては、『要略』所引『義疏』と旧鈔本『義疏』の本文系統の相異に起因する差異ではないと考えられる。これに対してEは系統の分類に関わる相異である可能性がある。しかし、それらは何れも一字の相異に止まっており、比較検討の材料としては充分とは言えず、これをもって本文系統の問題に踏み込むことは躊躇される。よってここでは、系統分類に関わる可能性を認めつつ、最終的な結論は保留しておく。

〈二〉『要略』巻六十七　糺弾雑事（男女衣服幷資用雑物）

論語憲問篇云 子貢曰管仲非仁者與 ①云餘 子曰管仲相桓公霸諸侯②壹匡天下民到于今受其賜微管
仲吾其被髮左衽矣 注云微无也无管仲則君不君臣不臣皆爲夷狄也疏云被髮不結也③④衽衣前也⑤左
⑤―イ衽 ⑤―ロ之從右來向左也⑥中⑦國⑦―イ結髮而衣衽⑦―ロ向右夷狄被⑦―ハ領而衣衽向左⑧君 ⑧―イ⑧―ロ十⑨時无管仲則⑩令我亦爲夷狄故
⑪云被髮左祇⑫⑬也
⑭无管仲則君不君臣不臣皆爲狄也

旧鈔本『義疏』巻第七　憲問第十四

〔経文〕子貢曰管仲非仁者與①

〔義疏〕問孔子嫌管仲非是仁者乎

〔経文〕桓公殺公子糾不能死又相之

〔義疏〕此擧管仲非仁之迹（後略）

〔経文〕子曰管仲相桓公霸諸侯②一匡天下

〔義疏〕孔子說管仲爲仁之迹也（後略）

〔集解〕馬融曰匡正也天子微弱桓公率諸侯以尊周室一正天下也

〔経文〕民到于今受其賜

〔義疏〕こ猶恩惠也（後略）

〔集解〕受其賜者謂不被髮左衽之惠也

〔義疏〕王弼曰于時戎狄交侵（後略）

〔経文〕微管仲吾其被髮左衽矣

〔義疏〕此擧受賜之事也被髮不結也左③④衽衣前也⑤從右來向左⑥⑦⑧孔子言若⑨无管仲則今我⑩亦爲夷狄故⑪被髮左衽⑫
矣⑬也

〔集解〕馬融曰微⑭无也无管仲則君不君臣不臣皆爲夷狄也

『論語集解』裏書
③④衽衣前也左⑤衽⑤—イ⑤—ロこ從右來向左也⑥中⑦國⑦—イ紒髮而衣⑦—ロ衽向右夷狄被⑦—ハ頑而衣衽向左若⑧⑧—イ⑧—ロ 于時无⑨天管仲則⑩今我
亦爲夷狄故云⑪ーーー

以下、字句の異同について考察する。

①『要略』は「云餘」が存するが、『義疏』〈経文〉には「云餘」がない。『要略』の衍字か。

②『要略』は「壹」に作るが、『義疏』〈経文〉は「一」に作る。両者は通用する。

③『要略』・『論語集解』裏書は「左」がないが、『義疏』〈義疏〉は「左」が存する。（一）『要略』・『論語集解』裏書の脱字、（二）『要略』・『論語集解』裏書と『義疏』とは異なるテキストからの引用、等の可能性が考えられるが、何れとも判断し難い。

④『要略』・『義疏』〈義疏〉は「衽」に作るが、『論語集解』裏書は「袵」に作る。「袵」は「衽」の異体字〈別体字〉である。

⑤『要略』は「左衽之」、『論語集解』裏書は「左袵ᄅ」がそれぞれ存するが、『義疏』〈義疏〉は当該箇所に字句がない。（一）『要略』・『論語集解』裏書の衍字、もしくは本文整定のための附加、（二）『要略』・『論語集解』裏書と『義疏』とは異なるテキストからの引用、等の可能性が考えられるが、何れとも判断し難い。

⑤―イ　『要略』は「衽」に作るが、『論語集解』裏書は「袵」に作る。「袵」と「衽」との関係は前掲④を参照。

⑤―ロ　『要略』は「之」に作るが、『論語集解』裏書は「ᄅ」に作る。「之」と「ᄅ」の筆写体が近似しているゆえの何れかの誤写か。ただし、国史大系本『要略』は「衣前」と校勘し、鼇頭注に「衣前、原作之一字、據中本改補」とある。国史大系本『要略』の凡例によると、中本とは黒板勝美氏の所蔵に係り、九条公爵家旧蔵中原章純本〈天明六年（一七八六）書写〉とあるが未見。

⑥『要略』・『論語集解』裏書は「也」が存するが、『義疏』〈義疏〉は「也」がない。（一）『要略』・『論語集

解』裏書の「也」は本文整定のため附加、(二)『要略』・『論語集解』裏書と『義疏』とは異なるテキストからの引用、等の可能性が考えられるが、何れとも判断し難い。

⑦『要略』は「中國結髮而衣衽向右夷狄被領而衣衽向左」、『論語集解』裏書は「中國紒髮而衣袵向右夷狄被頑而衣袵向左」の文がそれぞれ存するが、『義疏』〈義疏〉は当該箇所に文がない。『要略』・『論語集解』裏書は、『義疏』とは異なるテキストから引用したか。

⑦―イ『要略』は「結」に作るが、『論語集解』裏書は「紒」に作る。両者は通用する。

⑦―ロ『要略』は「衽」に作るが、『論語集解』裏書は「袵」に作る。「袵」と「衽」との関係は前掲④を参照。

⑦―ハ『要略』は「領」に作るが、『論語集解』裏書は「頑」に作る。「領」と「頑」は「髮」の異体字(「頬」等)に字形が近似しているゆえの誤写か。ただし、国史大系本『要略』は「髮」と校勘し、鼇頭注に「髮、原作領、據寮本改」とある。国史大系本『要略』の凡例によると、寮本とは宮内省図書寮所蔵本とある(一四)。

⑧『要略』は「君十時」、『論語集解』裏書は「若于時」に作るが、『義疏』〈義疏〉は「孔子言若」に作る。(一)『要略』・『論語集解』裏書は何らかの誤写、(二)『要略』・『論語集解』裏書と『義疏』とは異なるテキストからの引用、等の可能性が考えられるが、何れとも判断し難い。

⑧―イ『要略』は「君」に作るが、『論語集解』裏書は「若」に作る。字形が近似しているゆえの『要略』の誤写か。

⑧―ロ『要略』は「十」に作るが、『論語集解』裏書は「于」に作る。字形が近似しているゆえの『要略』の誤写か。

⑨『要略』・『義疏』〔義疏〕は「无」に作るが、『論語集解』裏書は「天」に抹消符を付し、右傍に同筆にて「无」と記す。『論語集解』裏書は文永七年（一二七〇）の「見合」の際に発見した誤写を訂正したものか。

⑩『要略』は「令」に作るが、『論語集解』裏書・『義疏』〔義疏〕は「今」に作る。字形が近似しているゆえの『要略』の誤写か。

⑪『要略』・『論語集解』裏書は「云」が存するが、『義疏』〔義疏〕は「云」がない。(一)『要略』・『論語集解』裏書の「云」は本文整定のため附加、(二)『要略』・『論語集解』裏書と『義疏』とは異なるテキストからの引用、等の可能性が考えられるが、何れとも判断し難い。

⑫『要略』は「袛」に作るが、『義疏』〔義疏〕は「衽」に作る。「袛」と「衽」との関係は前掲④を参照。

⑬『要略』は「矣」がないが、『義疏』〔義疏〕は「矣」が存する。『要略』の脱字、もしくは節略が想定されるが、何れかは不明である。

⑭『要略』は集解の文章「无管仲則君不君臣不臣皆爲狄也」が存するが、冒頭の経文の後にも集解の文章「注云微无也无管仲則君不君臣不臣皆爲夷狄也」が存する。『要略』の当該箇所は衍文か。

以上の考察の結果をまとめる。

A　『要略』の誤写……⑧―イ・⑧―ロ・⑩

B　『要略』の脱字・脱文……⑬

C　『要略』の衍字・衍文……①・⑭

D　『要略』の節略……⑬

E　『要略』の字句と『義疏』の字句が通用の関係のもの及び異体字と正字の関係のもの……②・⑫

F　『要略』・『義疏』の字句と『論語集解』裏書の字句が正字と異体字の関係のもの……④
G　『要略』の字句と『論語集解』裏書の字句が正字と異体字の関係のもの及び通用のもの……⑤―イ・⑦―イ・⑦―ロ
H　『要略』と『論語集解』裏書の誤写……⑦―ハ・⑧（一）
I　『要略』と『論語集解』裏書の脱字……③（一）
J　『要略』と『論語集解』裏書の衍字……⑤（一）
K　『要略』と『論語集解』裏書の附加…⑤（一）・⑥（一）・⑪（一）
L　『要略』か『論語集解』裏書の何れかの誤写……⑤―ロ
M　その他の要因……③（二）・⑤（二）・⑤―ロ・⑥（二）・⑦・⑧（二）・⑨・⑪（二）

A～L・M⑨については、『要略』所引『義疏』と旧鈔本『義疏』の本文系統の相異に起因する差異ではないと考えられる。これに対してM③（二）・⑤（二）・⑥（二）・⑧（二）・⑪（二）の差異は本文系統に関わる可能性がある。しかし、これらは比較検討の材料としては充分とは言えない。このことから本文系統の問題には踏み込まず、系統分類に関わる可能性を認めつつ、最終的な結論は保留しておきたい。ただし、⑦の差異は大きく、本文系統の検討に与える影響を示唆する。⑦の『論語集解』裏書は、『要略』所引『義疏』とほぼ一致を見、『義疏』の引用と考えられるが、この文は『義疏』の諸鈔本・刊本に全く見えない。第一章で得た旧鈔本『義疏』は唐鈔本に由来する本文を遺存しているという結論と以上の事実を勘案すると、『要略』所引『義疏』・『論語集解』裏書と旧鈔本『義疏』の相異は、唐鈔本に由来する本文内に於ける系統（小系統）の相異である。

これに対し、高橋均氏は、⑦の『要略』所引『義疏』について、当該箇所を旧鈔本『義疏』（清熙園本・文明九年本）と比較検討した結果、『要略』の「中國結髪而衣衽向左」の文は『義疏』からの引用文ではなく、『要略』の撰述者（惟宗允亮）により、補い書き換えられたものと推定している（一五）。しかし、右に述べた如く、鄙見は、『要略』の「中國結髪而衣衽向右夷狄被領而衣衽向左」の文とほぼ一致する文が『論語集解』裏書に存することから、『要略』の当該文が惟宗允亮により、補い書き換えられたものではなく、旧鈔本『義疏』では佚した、旧態を遺存する『義疏』の引用文であると推定する。以上の理由から、高橋氏の説には疑問があり、氏の説に賛意を表することはできない。

〈三〉『要略』巻六十九　紀弾雑事（致敬拝礼下馬）

論語去〔云〕王孫賈問曰與其媚於奧寧媚於竈何謂也　注云王孫賈衛大夫奥内奥①以喩近臣也竈以喩執
②政者也③疏云④賈⑤仕衛執政爲⑥十國之要⑦

『小野宮年中行事裏書』第三葉裏

論語云　王孫賈問曰與其媚於奧寧媚於竈何謂也　注云王孫賈衛大夫奥内也①以喩近臣也竈以喩執
②政者也③疏云④賈⑤仕衛執政爲⑥一國之要⑦

旧鈔本『義疏』巻第二　八佾第三

〔経文〕王孫賈
〔義疏〕ゝゝ者周靈王之孫名賈也是時仕衛爲大夫也
〔経文〕問曰與其媚於奧寧媚於竈何謂也
〔義疏〕④此世俗舊語也媚趣向也奥内也謂室○中西南角室向東南開戸西南安牖ゝ内隱奥无事恒令尊者所居

之處也竈謂人家爲飲食之處也賈仕⑤在衛執政爲⑥一國之要⑦能爲人之益欲自比如竈雖卑外而實要爲衆人所急也又侍君之近臣以喩奥也近君之臣雖近君爲尊而交无事如室之奥雖尊而无事也幷於人无益也時孔子至衛賈誦此舊語以感切孔子欲令孔子求媚於己如人之媚竈也故云與其媚於奥寧當媚竈問於孔子何謂使孔子悟之也

〔集解〕孔安國曰王孫賈衛大夫也奥内也①以喩近臣也竈以喩執政②也賈者執政者也③欲使孔子求昵之故微以世俗之言感動之也

以下、字句の異同について考察する。

①『要略』は「奥」に作るが、『小野宮年中行事裏書』・『義疏』〔集解〕はともに「也」に作る。『要略』の誤写か。

②『要略』・『小野宮年中行事裏書』はともに当該箇所に字句がないが、『義疏』〔集解〕は「也賈者執政」が存する。『要略』・『小野宮年中行事裏書』は脱文か。

③『要略』・『小野宮年中行事裏書』はともに当該箇所に文がないが、『義疏』〔集解〕は「欲使孔子求昵之故微以世俗之言感動之也」が存する。『要略』・『小野宮年中行事裏書』は節略か。

④『要略』・『小野宮年中行事裏書』はともに当該箇所に文がないが、『義疏』〔義疏〕は「此世俗舊語也」以下「竈謂人家爲飲食之處也」までの文が存する。『要略』・『小野宮年中行事裏書』は節略か。

⑤『要略』・『小野宮年中行事裏書』はともに「在」がないが、『義疏』〔義疏〕は「在」が存する。『要略』・『小野宮年中行事裏書』は脱字か。

⑥『要略』は「十」に作るが、『小野宮年中行事裏書』・『義疏』〔義疏〕はともに「一」に作る。『要略』の誤

写か。

⑦『要略』・『小野宮年中行事裏書』はともに当該箇所に文がないが、『義疏』〔義疏〕は「能爲人之益」以下「使孔子悟之也」までの文が存する。『要略』・『小野宮年中行事裏書』は節略か。

以上の考察の結果をまとめる。

A　『要略』の誤写……①・⑥

B　『要略』と『小野宮年中行事裏書』の脱字・脱文……②・⑤

C　『要略』と『小野宮年中行事裏書』の節略……③・④・⑦

これらは何れも本文系統の相異に起因する差異ではないと考えられる。なお、②・③・④・⑤・⑦は、何れも『要略』と『小野宮年中行事裏書』に共通の脱字・脱文・節略があることを示しており、両書の親近性を窺わせる。

第四節　『政事要略』所引『論語義疏』・『小野宮年中行事裏書』所引『論語義疏』と敦煌本『論語疏』との相異

本節では、前節で用いた旧鈔本『義疏』に代えて、敦煌本『論語疏』を検討の対象とする。

まず、調査に用いた典籍諸本のテキストについて述べておく。

《1》『要略』

福田文庫本

《2》『小野宮年中行事裏書』

国立歴史民俗博物館所蔵江戸時代初期写本（一六）

《3》敦煌本『論語疏』

以下、『要略』所引『義疏』・『小野宮年中行事裏書』所引『義疏』・敦煌本『論語疏』の該当箇所を列挙し、比較検討を行う。

『要略』巻六十九　糺弾雑事（致敬拝礼下馬）

論語去〔云〕②王孫賈問曰與其媚於奥寧媚於竈何謂也　注云①王孫賈衛大夫奥内也以喩近臣也竈以喩執
政者也疏云賈仕衛執政爲十國之要

『小野宮年中行事裏書』第三葉裏

論語云②王孫賈問曰與其媚於奥寧媚於竈何謂也　注云①王孫賈衛大夫奥内也以喩近臣也竈以喩執
政者也疏云賈仕衛執政爲一國之要

敦煌本『論語疏』

〔経文〕王孫賈問曰與其媚於奥寧媚於竈何謂也　子曰不然獲罪於天無所禱

〔集解〕注天以喩君云〻

〔義疏〕此明王孫賈引代俗之言問於孔子曰言人與其趣向於奥寧趣向於竈何謂也　云奥内者　爾雅云室
中西南隅曰奥東南開戸西南安牖〻内爲隠奥無事令尊者所居之處也　竈謂人家爲飲食處也　②賈
仕於衛時孔子注衛賈誦此舊語以感切孔子欲令孔子求媚於己如人媚竈也　問孔子云何謂使孔子

以悟之也　欒肇云奥尊而無事竈卑而有求時周室衰微權在諸侯賈自周出仕衞故託代俗之言以自解於孔と子と云獲罪於天無所禱者明天神無上王尊無二當事尊卑不足媚也　王孫賈者周靈王之子孫名賈也　入廟下更云入太廟者　對或人之時下錄平常行之禮故兩出之也

①『要略』・『小野宮年中行事裏書』はともに、集解の文章「王孫賈衞大夫奥内奥（也）以喩近臣也竈以喩執政者也」を引用するが、敦煌本『論語疏』には該当する集解は省略されており、比較検討の対象とはならない。

②『要略』・『小野宮年中行事裏書』はともに、義疏である「賈仕衞執政爲十（一）國之要」を引用する。一方、敦煌本『論語疏』〔義疏〕には、これに対応する文章は見えない。

右の考察では、比較検討の材料が僅かであるため、明確な結論を示すことには慎重でなければならない。ただし、②は『要略』・『小野宮年中行事裏書』に対する敦煌本『論語疏』の独自性を示している可能性があろう。

むすびに

本章では、日本古代に於ける『義疏』受容の一環として、第一章で行った考察と同様の視点に立って、『要略』所引『義疏』の性格について考察を行ってきた。材料不足や調査が行き届かず、判断に窮する場合も尠なくない。従って、多くの課題は残るが、以下の点を明らかにした。

字句の異同に関しては、大局的に見て、旧鈔本『義疏』と『要略』所引『義疏』は本文系統を異にすると言い得るような相異はなく、第一章で得た結論と一致すると考えられる。

次に、敦煌本『論語疏』は、『要略』所引『義疏』・『小野宮年中行事裏書』所引『義疏』・旧鈔本『義疏』に対し、本文系統に独自性が窺われる。この点でも第一章の結論と一致している。

また、第三節の〈二〉で詳述した如く、『要略』所引『義疏』と『論語集解』裏書はほぼ一致した。これと第一章で得た旧鈔本『義疏』は唐鈔本に由来する本文を有しているという結論を勘案すると、『要略』所引『義疏』・『論語集解』裏書と旧鈔本『義疏』の相異は、唐鈔本に由来する本文内に於ける小系統の相異であり、『要略』所引『義疏』・『論語集解』裏書は、旧鈔本『義疏』に比して、より旧態を遺存していると言える。してみれば、文永五年鈔本『論語集解』巻第七裏書は、文永五年（一二六八）に本文を書写した後、同七年（一二七〇）に校合し勘物を移写したものではあるが、『要略』所引『義疏』と文永五年鈔本『論語集解』巻第七裏書がほぼ一致を見ることから、鎌倉時代に書写した裏書とは言え、裏書に引く『義疏』の祖本は平安時代のテキストと推測される。

更に、『要略』所引『義疏』と『小野宮年中行事裏書』所引『義疏』に共通の脱字・脱文・節略が認められ、両書の親近性を窺わせる。

しかしながら、第一章では視野に入らなかった新たな三つの問題が出来した。

第一に、『義疏』に於ける経文・義疏・集解の排列である。旧鈔本『義疏』に於けるこれらの排列は、高橋均氏[一七]によると、「経文→義疏→集解」が基本である。然るに、『要略』所引『義疏』・『小野宮年中行事裏書』所引『義疏』及び敦煌本『論語疏』では、「経文→集解→義疏」の順序である。『令集解』所引の『義疏』のうち、第一章で検討したのは疏文のみを引用する箇所であったため、『義疏』の構成については、対象になり得なかった。しかし、このような構成の相異は、『義疏』の鈔本系統に関わっている可能性があり、古代に流布通行した『義疏』の性格を解明する上で、今後の課題としなければならない。

なお本章では、『要略』と密接な関わりを持つとされている『小野宮年中行事』の裏書に引く『義疏』を検討対象としたが、『義疏』の引用の比較からも、また右の「経文→集解→義疏」という排列の点でも、『要略』と『小野宮年中行事』の親近性が認められよう。

第二に、前述の『要略』と『小野宮年中行事裏書』の親近性は、先に触れた和田・太田・虎尾・所の諸氏の説(一八)を、補強することができる。諸氏の説と両書の親近性を勘案すると、『要略』・『小野宮年中行事裏書』の両書に引用される『義疏』は、惟宗家もしくは小野宮家に伝来した『義疏』を藍本とした可能性を示唆する。

第三に、第一章では視野に入れていない問題として、『令集解』所引漢籍が、個々の典籍からの直接引用によるものではなく、原本系『玉篇』・『切韻』等の小学書や『修文殿御覧』等の先行類書によるものである可能性が指摘されている(一九)。このことから、先行類書として、敦煌佚名類書(二〇)、『北堂書鈔』・『藝文類聚』・『初学記』・『太平御覧』(二一)、そして、日本に於ける類書の嚆矢である『秘府略』(二二)の各書について、『義疏』の引用の有無を精査した。その結果、『義疏』の引用は管見の限り各書全てに見出すことはできなかった(二三)。敦煌佚名類書・『秘府略』は、何れも極僅かに残存するのみの片鱗であって、これらに『義疏』の引用がないことをもって直ちに、『修文殿御覧』・『華林遍略』・『秘府略』の引用漢籍の全貌を判断することはできず、また先行類書の調査範囲も限られているが(二四)、『義疏』の引用が一連の先行類書に認められないことから、『令集解』所引『義疏』は、唐鈔本、ないしはそれを親本あるいは祖本とする鈔本『義疏』からの直接引用の可能性があると考えられる。

そして、『要略』・『小野宮年中行事裏書』の両書に引く『義疏』は、（一）敦煌佚名類書・中国類書・『秘府略』の各書に『義疏』の引用が見られないこと、（二）前述した如く『要略』・『小野宮年中行事裏書』の両書に引用される『義疏』に共通性が認められ、両書の親近性が窺われること、(三)和田氏を始めとする諸氏の『要略』と小野宮家・『小野宮年中行事』が密接な関係にあったとする説、の三点を勘案すると、惟宗家に伝来していた(一五)『義疏』を藍本としたという仮説が成り立とう。

更に、第一章と関連する問題がある。第一章に於いて、日本伝存の唐鈔本の本文に由来する『義疏』を、「五氣」に作る写本のグループと「五常」に作る写本・鈔本のグループに大別した。(一六)「五氣」のグループ(『令集解』・『秘密曼荼羅十住心論』・『性霊集注』)が鎌倉時代初期頃までに成立した典籍諸本に引用されているのに対し、「五常」のグループ(『悉曇輪略図抄』・『五行大義』裏書・『論語抄』・旧鈔本『義疏』)は鎌倉時代中期以降に成立ないしは書写された典籍諸本に引用されており、「五氣」に作る典籍諸本は相対的に古く、「五常」に作る典籍諸本は相対的に時代が降るという事実を明らかにした。本章での『要略』所引『義疏』・『論語集解』裏書と旧鈔本『義疏』の相異は、唐鈔本に由来する本文内に於ける小系統の相異であり、『要略』所引『義疏』・『論語集解』裏書は、旧鈔本『義疏』に比して、より旧態を遺存しているという結論と第一章の結論から導くに、『要略』所引『義疏』・『論語集解』裏書は「五氣」のグループ、旧鈔本は「五常」のグループに対応させることができよう。従って『要略』所引『義疏』・『論語集解』裏書は、日本伝来当時の様態を留めていると言えよう。先に触れたが、『論語集解』は奥書から文永五年(一二六八)に本文を書写した後、同七年(一二七〇)に校合し、勘物等を移写したと認められ、このことから、該書の裏書は親本に存していた勘物を文永七年に書写したものと推定される。(一七)ただし、前述の如く「五常」のグループは、鎌倉時代中期以降に成立ないしは書写された典籍諸本に引用されていて、『論語集解』裏書は書写年代の分類に合致しない。『論語集解』裏書の親本については不明であるが、『要略』所引『義疏』と『論語集解』裏書がほぼ一致するという事実から、祖本は平安時代のテキスト、すなわち「五氣」のグループに属するテキストから伝写され『論語集解』裏書が成ったかと推測される。
以上が本章で得た結論及び、新たに生じた課題である。

注

（一）　惟宗家については、和田英松「惟宗氏と律令」（『國學院雑誌』二〇巻一号、一九四一年。後に和田英松『国史説苑』〈明治書院、一九三九年〉所収）、早川庄八「延暦交替式・貞観交替式・延喜交替式」（坂本太郎・黒板昌夫編『国史大系書目解題』上巻〈吉川弘文館、一九七一年〉所収。後に早川庄八『日本古代の文書と典籍』〈吉川弘文館、一九九七年〉所収）を参照。

（二）　『要略』は、平安時代中期の長保四年（一〇〇二）頃に明法博士惟宗（令宗）允亮により撰せられた法制書で、元来は一三〇巻から構成されていたと考えられているが、現存は二五巻である。

『要略』についての基礎的研究には次の諸氏の研究がある。

和田英松「政事要略考」（『史学雑誌』二六編一一号、一九一五年。後に「政事要略 百三十巻」に改題し、和田英松『本朝書籍目録考証』〈明治書院、一九三六年〉所収）

太田晶二郎「『政事要略』補考」（『日本歴史』六七号、一九五三年。後に『新訂増補国史大系月報』6〈吉川弘文館、一九六四年〉所収。『太田晶二郎著作集』第二冊〈吉川弘文館、一九九一年〉所収）

利光三津夫「政事要略―その逸文について―」（『新訂増補国史大系月報』6所収。後に「政事要略の逸文について」に改題し、利光三津夫『続 律令制とその周辺』〈慶應義塾大学法学研究会、一九七三年〉所収）

飯田瑞穂「『政事要略』所引聖徳太子伝について」（『中央大学文学部紀要』通巻六一号 史学科一六号、一九七一年。後に『聖徳太子伝の研究 飯田瑞穂著作集1』〈吉川弘文館、二〇〇〇年〉所収）

虎尾俊哉「政事要略」（前掲注（一）『国史大系書目解題』上巻所収。後に虎尾俊哉『古代典籍文書論考』〈吉川弘文館、一九八二年〉所収）

所功「政事要略所引「西宮記」と現行文との対比」(『皇學館大学紀要』一一輯 創立九十年再興十年記念号、一九七二年。後に『西宮記』の成立」に改題・加筆し、所功『平安朝儀式書成立史の研究』〈国書刊行会、一九八五年〉所収)

清水潔

①「『政事要略』の欠佚篇部の復原—『国史大系書目解題』上巻の補遺と修正—」(『皇學館論叢』六巻五号 通巻三四号、一九七三年)

②「「国史」について—『政事要略』所引「国史」を中心として—」(『皇學館論叢』七巻一号 通巻三六号、一九七四年)

③「本朝月令と政事要略の編纂」(『神道史研究』二四巻三号、一九七六年)

④「国史の引用より見たる政事要略の編纂態度と編者の日本紀観」(『皇學館論叢』一三巻二号 通巻七三号、一九八〇年)

⑤「本朝月令の成立」(『皇學館大学神道研究所紀要』一七輯、二〇〇一年)

⑥「『本朝月令』『政事要略』所引聖徳太子伝について」(『神道史研究』四九巻二号、二〇〇一年)

木本好信「解題 『政事要略』と惟宗允亮」(木本好信・大島幸雄・正野順一・吉永良治編『政事要略総索引』〈国書刊行会、一九八二年〉所収。後に「『政事要略』と惟宗允亮」に改題し、木本好信『平安朝日記と逸文の研究—日記逸文にあらわれたる平安公卿の世界—』〈桜楓社、一九八七年〉所収)

押部佳周「政事要略の写本に関する基礎的考察」(『広島大学学校教育学部紀要』二部五号、一九八三年)

相曾貴志「政事要略にみえる式—糺弾雑事を中心に—」(『書陵部紀要』四六号、一九九五年)

川尻秋生「国立歴史民俗博物館所蔵『太刀節刀契等事 小右記中右記抜書』—政事要略・詐偽律・日記逸文—」(『日本歴史』五八六号、一九九七年)

吉岡眞之「尊経閣文庫所蔵『政事要略』解説」(〈尊経閣善本影印集成36〉『政事要略』〈八木書店、二〇〇六年〉所収)

五十嵐基善

①「『政事要略』所引『令集解』に関する基礎的考察」(明治大学 学術フロンティア推進事業 日本古代文化における文字・図像・伝承と宗教の総合的研究『古代学研究所紀要』三号、二〇〇六年)

②「『政事要略』における「説者」・「旧説」の性格について―『令集解』逸文との関係をめぐって―」（『古代学研究所紀要』一〇号、明治大学古代学研究所、二〇〇九年）

矢越葉子「『政事要略』所引の『西宮記』勘物について」（『東京大学史料編纂所研究紀要』一九号、二〇〇九年）

古藤真平「『政事要略』阿衡事所引の『宇多天皇御記』―その基礎的考察―」（『日本研究』四四集、国際日本文化研究センター、二〇一一年）

また、『要略』所引漢籍の研究に太田次男「『政事要略』所引の白氏文集について」（『史学』四五巻四号、慶應義塾大学文学部内三田史学会、一九七三年。後に「『政事要略』所引の白氏文集」に改題し、太田次男『旧鈔本を中心とする白氏文集本文の研究』中〈勉誠社、一九九七年〉所収）、陳翀「『政事要略』所収の「白居易伝」を読み解く―白居易の生卒年・家庭環境・成仏に関する諸問題―」（『白居易研究年報』一〇号、勉誠出版、二〇〇九年）、高橋均「『論語義疏』の日本伝来とその時期」（高橋均『論語義疏の研究』〈創文社、二〇一三年〉）、『要略』所引『義疏』を資料の一つとして用いた研究に山口謠司「論語義疏の系統に就いて」（『東洋文化』復刊六七号、無窮会、一九九一年）がある。

（二）吉岡氏論文で指摘されている。

（三）古写本は、前田育徳会尊経閣文庫所蔵金沢文庫旧蔵本（三軸）の他、穂久邇文庫所蔵室町時代末期写本（二四巻）が存すると言う（『補訂版国書総目録』五巻〈岩波書店、一九九〇年〉）が、未見。なお、穂久邇文庫所蔵本の存在は、既に前掲注索引に、前掲当該注『政事要略総索引』、阿部猛編『詳細 政事要略索引』（同成社、二〇〇七年）がある。

（四）前掲注（三）『補訂版国書総目録』五巻を参照。

（五）『古典籍総合目録―国書総目録続編』二巻（岩波書店、一九九〇年）を参照。

（六）稿者が調査し得た九本の他、吉岡眞之氏から以下の二本の情報提供を受けた。

○陽明文庫所蔵本（近―一七七―一）

○大阪府立中之島図書館石崎文庫所蔵本（石―四九一―一）

（七）新訂増補国史大系『政事要略』（吉川弘文館、一九六四年）「凡例」（黒板勝美氏〈一九三五年〉）。

(八) 第一帙は巻二二~巻三〇・巻五一・巻五三・巻五四の一二冊、第二帙は巻五五~巻五七・巻五九~巻六二・巻六七・巻六九・巻七〇・巻八一・巻八二・巻八四・巻九五の一四冊をそれぞれ納める。
各巻全て前遊紙が一葉あり、後遊紙はない。
墨付葉数は左記の如し。

巻二二	四七葉	巻五六	三〇葉
巻二三	三〇葉	巻五七	三六葉
巻二四	二九葉	巻五九	五三葉
巻二五	四九葉	巻六〇	四五葉
巻二六	五〇葉	巻六一	二九葉
巻二七	二四葉	巻六二	一一葉
巻二八	三三葉	巻六七	四四葉
巻二九	四九葉	巻六九	二二葉
巻三〇	四八葉	巻七〇	三九葉
巻五一	四一葉	巻八一	三八葉
巻五三	六〇葉	巻八二	四五葉
巻五四	三八葉	巻八四	三一葉
巻五五	三五葉	巻九五	三六葉

(九) 「講書私記」については、早川庄八「貞観講書と延喜講書」(『新訂増補国史大系月報』50〈吉川弘文館、一九六六年〉所収。後に加筆し前掲注(一)『日本古代の文書と典籍』所収)を参照。

(一〇) テキストは、宮内庁書陵部所蔵『礼記』(五五六―一八)の原本を用いた。詳しくは、『図書寮典籍解題』漢籍篇(大蔵省印刷局、一九六〇年)を参照。

（一一）　テキストは、国立歴史民俗博物館所蔵原本を用いた。函架番号　H—一七六二。
　ここで、『小野宮年中行事裏書』と『要略』の関係について一言しておきたい。『小野宮年中行事裏書』は、鹿内浩胤「『小野宮年中行事裏書』（田中教忠旧蔵『寛平二年三月記』）影印・翻刻」（田島公編『禁裏・公家文庫研究』一輯〈思文閣出版、二〇〇三年〉所収。後に鹿内浩胤『日本古代典籍史料の研究』〈思文閣出版、二〇一一年〉所収）によると、「寛平二年三月記」と打付外題があるが、その内容から『小野宮年中行事』の裏書・首書を書写したもので、田中教忠旧蔵に係るものと考察されている。『要略』が小野宮家と密接な関係にあったことは、和田英松氏（前掲注（二）和田氏論文を参照）が「実資特にこれ（『要略』—稿者注）を借覧したるものなるべく、よりて一本を書写して、これ（『要略』—稿者注）を子孫に伝へたるものならんか」と指摘している。更に太田晶二郎氏（前掲注（二）太田氏論文を参照）は「小野宮家と本書（『要略』—稿者注）との縁故は殊に緊密と謂ふべきである」、「政事要略の編纂にも藤原実資が何程かの関係与力が有つたのではなかろうか。（少クトモ、要略ノ多数ノ引用書ノ中ニハ実資ノ蔵書モ有ツタコトデアラウ）」と指摘している。和田・太田両氏の指摘を承けて虎尾俊哉氏（前掲注（二）虎尾氏論文を参照）は「小野宮家と『政事要略』との間にある特殊な関係の存することは疑いない。太田氏は慎重に「少クトモ、要略ノ多数ノ引用書ノ中ニハ実資ノ蔵書モ有ツタコトデアラウ」と言うにとどめられたが、しかし、天下の孤本として小野宮家に相伝され、「小野宮家政事要略」とさえ言われ、しかも『小右記』にもわざわざその編纂終了の日を記載しているところから見ると、この際、一歩すすめて、小野宮実資の命により、あるいは依頼によりこの書（『要略』—稿者注）の編纂が企てられたと見て、おそらく誤たないであろう」と指摘している。

　ただ、虎尾氏の「天下の孤本として小野宮家に相伝され」たとの指摘に対し、木本好信氏（前掲注（二）木本氏論文を参照）は、『中右記』康和四年（一一〇二）九月一一日条に「中宮大夫属正則ニ政事要略ト云文候之由風聞」と記されていることと、大江匡房の『江家次第』、藤原通憲の『法曹類林』の両書にも『要略』に多くの引拠を求めていることから、「いくらか流布本が存在したことが想像される」と述べ、『要略』が天下の孤本として小野宮家に相伝されたとは限らないことを指摘している。

　なお、小野宮実資が『小野宮年中行事』を編纂する際に、『要略』を参考にしていたことは所功「『小野宮年中行事』の成立」（『国史学』一二四号、一九八四年。後に前掲注（二）『平安朝儀式書成立史の研究』所収）により解明されている。

（一二）　テキストは、小林芳規「醍醐寺蔵論語巻第七文永五年点」（『研究紀要』二号、醍醐寺文化財研究所、一九七九年）所収「影印」を用いた。醍醐寺所蔵 論語〔集解〕存巻七（巻首闕）文永五年（一二六八）写、同七年（一二七〇）校合。巻子装一軸。

該書には次の奥書が存する。

文永五年閏正月六日書寫之早
（花押）
五月七日移點了
同七年後九月二日重見合之移勘物等了
（別筆）「文永七年十二月十三日以累家之
説奉授三品羽林尊閣早
主殿権助中原師秀
文永七年十二月廿八日以累家之
説奉授三品羽林尊閣早
主殿権助中原師秀」

以上の奥書から、文永五年閏正月六日に本文を書写した後、同年五月七日に移点を終え、同七年閏九月二日に校合し、勘物等を移写したことがわかる。このことから、該書の裏書は親本に存していた勘物を文永七年に書写したものと推定される。ただし、該書の親本については不明である。なお、該書の書誌事項等は小林氏による影印・翻印所収「解題」、吉田金彦・築島裕・石塚晴通・月本雅幸編『訓点語辞典』（東京堂出版、二〇〇一年）の「論語集解 二巻 醍醐寺・東洋文庫蔵（重要文化財）」（小助川貞次氏執筆）等を参照。該書と僚巻の東洋文庫所蔵『論語〔集解〕』存巻八（巻首闕）については、前掲第二章注（一一）を参照。

（一三）　嵐義人「儺儀改称年代考―大儺から追儺へ―」（『國學院大学日本文化研究所紀要』四六輯、一九八〇年）、大日方克己『古代国家と年中行事』（吉川弘文館、一九九三年。後に〈講談社学術文庫〉講談社、二〇〇八年）「大晦日の儺」を参照。

（一四）　国史大系本『要略』が「髪」と校勘する拠り所とした寮本、すなわち宮内省図書寮所蔵本とは、宮内庁書陵部所蔵『要略』諸写本の当該箇所を調査した結果、函架番号「一七一―一五九」の写本である。

（一五）　高橋均「旧抄本『論語義疏』の研究」（前掲注（二）『論語義疏の研究』所収）を参照。

（一六）　前掲注（一一）を参照。

（一七）　高橋均「敦煌本論語疏について―経文を中心として―」（『日本中国学会報』三八集、一九八六年。後に「敦煌本『論語疏』経文の検討」に改題し、前掲注（二）『論語義疏の研究』所収）。

（一八）　前掲注（一一）を参照。

（一九）　小島憲之

①「平安朝述作物の或る場合―「類書」の利用をめぐって―」（『大阪市立大学文学部紀要　人文研究』二一巻六冊〈国語・国文学〉、一九六九年。後に小島憲之『国風暗黒時代の文学　中（上）―弘仁期の文学を中心として―』〈塙書房、一九七三年〉所収）

②「上代に於ける学問の一面―原本系『玉篇』の周辺―」（『文学』三九巻一二号、一九七一年。後に『国風暗黒時代の文学　中（上）―弘仁期の文学を中心として―』所収）

③『国風暗黒時代の文学　中（上）―弘仁期の文学を中心として―』

④『上代日本文学と中国文学　上―出典論を中心とする比較文学的考察―』（塙書房、一九六二年）

⑤『国風暗黒時代の文学　上―序論としての上代文学―』（塙書房、一九六八年）

⑥「原本系『玉篇』佚文拾遺の問題に関して」（大坪併治教授退官記念国語史論集刊行会編『大坪併治教授退官記念国語史論集』〈表現社、一九七六年〉所収）

⑦「上代官人の「あや」―「類書」をめぐって―」（伊藤博・渡瀬昌忠編『上代文学考究　石井庄司博士喜寿記念論集』

〈塙書房、一九七八年〉所収。後に「上代官人の「あや」その二―「類書」をめぐって―」に改題し、小島憲之『万葉以前―上代びとの表現―』〈岩波書店、一九八六年〉所収）

（二〇）敦煌佚名類書とは、敦煌でフランス人ポール・ペリオ氏により発見され、現在は、パリ国立図書館が所蔵しているテキストを指す。整理番号P.2526。該書は、零本ではあるが『修文殿御覧』もしくはその藍本と言われている『華林遍略』の可能性が指摘されている貴重なテキストである。『修文殿御覧』・『華林遍略』の両説が存するため、本章では敦煌佚名類書と称した。詳しくは、前掲第一章注（四九）を参照。なお、テキストは、「法 Pel.chin.2526『修文殿御覧』」（〈敦煌吐魯番文献集成〉上海古籍出版社・法国国家図書館編『法国国家図書館蔵敦煌西域文献⑮』〈上海古籍出版社、二〇〇一年〉所収）を用いた。

（二一）テキストには、『北堂書鈔 附子目索引』（宏業書局、一九七四年）、『藝文類聚 附索隠』（新興書局、一九七三年）、『初学記 附索隠』（新興書局、一九七一年）、『太平御覧』（中華書局、一九九八年）のそれぞれを用いた。なお、『藝文類聚』は汪紹楹校『藝文類聚（附索隠）』（上海古籍出版社、一九九九年）、『初学記』（中華書局、一九六二年）を適宜参照した。

（二二）テキストには、『秘府略巻第八百六十四』（古典保存会、一九二九年）、〈尊経閣善本影印集成13〉『秘府略 巻八百六十八 附巻八百六十四』（八木書店、一九九七年）を用いた。

（二三）類書に『義疏』と思しい一文が引かれている。敦煌遺書『勤読書抄』（P.2607）に「論語云子曰吾嘗終日不食終夜不寝以思無益不如學也疏義云以思無益於天下之至理唯學益人餘事皆無益故不如學也」とある。衛霊公篇の経文の後に、「疏義云」と記し、経文に対応する疏が引かれる。旧鈔本『義疏』とは若干の異同が認められる。鄙見は、『義疏』の引用と見なして、差し支えないと考える。王重民『敦煌古籍叙録』（中文出版社、一九七九年）は、『勤読書抄』について「巻中基字缺筆，似猶出於中唐人之手」と述べ、更に「疏義云」以下の文について「与皇疏知不足斎刻本微不同，然当以此所引為正」と指摘している。また、王三慶『敦煌類書』（麗文文化事業、一九九三年）「研究篇」は、『論語義疏』からの引用とする。『勤読書抄』は「計存四紙七三行」、「首題の標題により、作者が読書の際、勤学に関わる事項を抄録し後輩に示して勉励を勧めおしえたものと察せられる」とある（王三慶（池田温訳）「Ⅶ 類書 二 敦煌写本中の類書 （一）旧文排列体―旧文故事を抄録し、聯類排比した類書写本 7『勤読書抄』」〈『講座敦煌5 敦煌漢文文献』〈大東出版社、一九九二年〉所収〉）。その他、王三

慶「敦煌古類書―『勤読書抄』（P二六〇七号）研究」（『木鐸』一一期、一九八七年）を参照。なお、『勤読書抄』は、「法Pel.chin.2607『勤読書抄示頽等』」〈敦煌吐魯番文献集成〉上海古籍出版社・法国国家図書館編『法国国家図書館蔵敦煌西域文献⑯』〈上海古籍出版社、二〇〇一年〉所収）を用いた。

（二四）本章に於いて調査した類書の他、例えば、『法苑珠林』・『幼学指南鈔』が考えられるが、未調査である。この二書を含め他の類書に於ける『義疏』引用の有無や関係については、今後の課題としたい。なお、『法苑珠林』中に『修文殿御覧』の佚文が存在し、『修文殿御覧』の復原資料として『法苑珠林』が有効であることは、勝村哲也「『修文殿御覧』新考」（『鷹陵史学』三・四号　森鹿三博士頌寿記念特集号、一九七七年。後に佛教大学歴史研究所・森鹿三博士頌寿記念会編『森鹿三博士頌寿記念論文集』〈同朋舎出版、一九七七年〉所収）を参照。

（二五）清水潔氏は、前掲注（二）③論文に於いて、『要略』の編纂の実情を『本朝月令』との比較から解明した。氏は、むすびに、惟宗允亮は『要略』の撰述に際し、直宗・直本・善経・公方等の父祖伝来の明法家学の成果を吸収、継承したことから、『要略』は惟宗家学の集大成と言え、『令集解』・『本朝月令』等の祖業の典籍を参考にしたと述べている。

（二六）『令集解』に引く『義疏』全一三箇条のうち、「五常」の条は四箇条認められ、当該注で後に示す平安・鎌倉・室町の各時代の典籍・敦煌本『論語疏』に当該条を見出すことができ、そこで「五常」の条に対象を絞って、検討を加えた。その結果、「五氣」と「五常」の異同が認められた。これを「五氣」に作る写本グループ（『令集解』・『秘密曼荼羅十住心論』・『性霊集注』）と「五常」に作る写本・鈔本のグループ（『悉曇輪略図抄』・『五行大義』裏書・『論語抄』・旧鈔本『義疏』）に大別した。敦煌本『論語疏』は「五氣」に作る。詳しくは、第一章を参照。

（二七）前掲注（一二）を参照。

第四章　『令義解』「上令義解表」注釈所引『論語義疏』の性格

はじめに

本章では、養老令の公的注釈書である『令義解』「上令義解表」(以下、『義解』「上表文」と略称する)の注釈に引用された『論語義疏』(以下、『義疏』と略称する)の性格及び本文系統について検討する。『令義解』は、天長一〇年(八三三)に編纂されたが、「上表文」の注釈が、いつ、誰によって施されたかは、詳らかではない。ただし、「上表文」が残存する『令義解』諸写本のうち、現存最古の鎌倉時代書写と考えられる国立歴史民俗博物館所蔵廣橋本(以下、廣橋本と略称する)には注釈が施されている。従って、遅くとも鎌倉時代、もしくはそれ以前には注釈が成立していたと見て大過なかろう。

第一節　『令義解』の主要な写本

『令義解』の主要な写本としては、国立公文書館内閣文庫所蔵紅葉山文庫本(江戸時代初期書写。以下、紅葉山文庫本と略称する)・廣橋本・宮内庁書陵部所蔵谷森本(鎌倉時代書写。以下、谷森本と略称する)・國學院大學図書館所蔵猪熊本(鎌倉時代書写。猪熊本)・宮内庁書陵部所蔵藤波本神祇令(江戸時代末期書写。藤波本)・東京大学史料編纂所

所蔵影写本「岡谷惣介氏所蔵文書」（鎌倉時代書写の岡谷惣介所蔵本を昭和一五年〈一九四〇〉に影写したもの。岡谷本）等がある。(一)このうち、「上表文」を備えているのは紅葉山文庫本と廣橋本の二本であり、本章に於いては、この二本の原本をテキストとして用いる。

紅葉山文庫本の性格・本文系統・伝来については石上英一氏(二)により明らかにされている。氏は、紅葉山文庫本は一三世紀中葉書写の金沢実時所持本であった金沢文庫本を江戸時代初期に忠実に書写したもので、清原教隆から北条実時へ伝授された写本（清原教隆伝授本）、清原俊隆から金沢実時へ伝授された写本（清原俊隆伝授本）、豊原奉政が所持していた豊原奉重の遺本を転写した写本（豊原奉重所持本の転写本）の三系統の写本の取り合わせ本であることを明らかにし、更に祖本の系統から分類すると、清原頼業本系写本・中原章久所持本・その他（中原某所持本・他人本）、の取り合わせ本であることも明らかにした。

また、廣橋本(三)は、『吉部秘訓抄第四』の紙背に書写され、元来は谷森本（『吉部秘訓抄第五』紙背）の僚巻であった。なお、『吉部秘訓抄』は南北朝時代書写と見られている。

本章では、写本にたちかえって、「上表文」注釈に引用される『義疏』の性格や本文系統の考察を試みる。

第二節　『令義解』「上令義解表」注釈所引『論語義疏』と旧鈔本『論語義疏』との比較検討

『義疏』を引用する箇所は「上表文」注釈に一箇条存するのみである。前述の如く、『令義解』のテキストには、廣橋本及び紅葉山文庫本を使用する。(四)

なお、『義解』「上表文」注釈所引『義疏』と旧鈔本『義疏』との比較検討に際し、旧鈔本『義疏』の本文を〔経文〕、何晏集解を〔集解〕、皇侃義疏を〔義疏〕と記し、両者の対応箇所のうち、経文は実線で囲い、集解には破線、義疏には傍線を施す。

『令義解』「上表文」注釈

廣橋本

論語曰質勝文則野文勝質則史文質彬〻然後君子苞氏曰彬〻文質相半之皃也①王侃疏曰②質勝文則野謂凡行
禮及言語之③儀也質實也勝多也文華也言④若實多而文飾少⑤則如野人〻〻鄙⑥略大樸⑦⑧⑨文勝質則史〻記書史也書⑩
史⑪多有虚⑫⑬華無實妄語欺詐言⑭人若爲事⑮多飾少實則如書史也

紅葉山文庫本

論語曰質勝文則野文勝質則史文質彬〻然後君子苞氏曰彬〻文質相半之皃也①王侃疏曰②質勝文則野謂凡行
禮及言語之③儀也質實也勝多也文華也言④若實多而文飾少⑤則如野人野人鄙⑥略大樸⑦⑧⑨文勝質則史〻記書史也書⑩
史⑪多有虚⑫⑬花无實妄語欺詐言⑭人若爲事⑮多餝少實則如書史也

『義疏』巻第三　雍也第六

応永三四年本

〔経文〕子曰質勝文則野

〔義疏〕謂凡行禮及言語之儀③質實也勝多也文華也言若④實多而文飾少⑤則如野人〻〻鄙⑥畧大⑦撲也⑧

〔集解〕苞氏曰野如野人言鄙畧也

〔経文〕文勝質則史

〔義疏〕〻記書史也書⑩史多虚⑪華⑫无⑬實妄語欺詐言人若⑭爲事多飾少⑮實則如書史也

〔集解〕苞氏曰史者文多而質少也

〔経文〕文質彬〻然後君子

〔義疏〕彬〻文質相半也若文與質等半則爲會時之君子也

〔集解〕苞氏曰彬〻文質相半之皃①也

〔義疏〕昺云人君質多勝於文則如野人言鄙畧也文多勝於質史官也文華質朴相半彬〻然〻后可爲君子也

文明九年本

〔経文〕子曰質勝文則野

〔義疏〕謂凡行禮及言語之儀③也質實也勝多也文華也言○《若》④實多而文飾少則⑤如野人〻〻鄙畧⑥大樸⑦也⑧

〔集解〕苞氏曰野如野人言鄙畧也

〔経文〕文勝質則史

〔義疏〕史記書史也史書⑩多虚⑪華⑫无⑬實妄語欺詐言人君《若イ》⑭爲事多飾少⑮實則如書史也

〔集解〕苞氏曰史者文多而質少也

〔経文〕文質彬〻然後君子

〔義疏〕彬〻文質相半也若文與質等半則爲會時之君子也

〔集解〕苞氏曰彬〻文質相半之貌①也

〔義疏〕正義云人君質多勝於文則如野人言鄙畧也文多勝於質則史官也文華質朴相半彬〻然〻後可爲君子也

清熙園本

〔経文〕子曰 質勝文則野

〔義疏〕謂凡行禮及言語之儀③質實也勝多也文華也言④若實多而文飾少⑤

〔集解〕苞氏曰野如野人言鄙畧也

〔経文〕文勝質則史

〔義疏〕〻記書史也⑩書史⑪多⑫虚⑬華无實妄語欺⑭詐言人⑮若爲事多飾少實則如書史也

〔集解〕苞氏曰史者文多而質少也

〔経文〕文質彬〻然後君子

〔義疏〕彬〻文質相半也若文與質等半則爲會時之君子也

〔集解〕苞氏曰彬〻文質相半之皃①也

〔義疏〕曻云人君質多勝於文則如野人言鄙畧也文多勝於質史宮也文華質朴相半彬〻然〻後可爲君子也

① 『令義解』二本・応永三四年本『義疏』・清熙園本『義疏』は「皃」に作るが、文明九年本『義疏』は「貌」に作る。「皃」は「貌」の異体字（俗字）である。

② 『令義解』二本は「質勝文則野」が存するが、旧鈔本『義疏』三本はない。『令義解』は〔義疏〕の引用文が〔経文〕「質勝文則野」に施されたものであることを示すために、見出し語として引用したか。

③ 『令義解』二本・文明九年本『義疏』は「也」が存するが、応永三四年本・清熙園本『義疏』はない。

因みに、管見に触れた旧鈔本[五]を含め、当該箇所を「也」の有無によって分類すると、次の如く分類できる。

《一》「也」が存するもの

〈1〉『令義解』廣橋本

〈2〉『令義解』紅葉山文庫本

〈3〉文明九年本

〈4〉足利学校遺蹟図書館所蔵本（以下、足利本と略称する）

〈5〉名古屋市蓬左文庫所蔵神村忠貞旧蔵本（以下、蓬左本と略称する）

〈6〉慶應義塾大学附属研究所斯道文庫所蔵宝勝院芳郷光隣手沢本（以下、宝勝院本と略称する）

〈7〉慶應義塾大学附属研究所斯道文庫所蔵江風山月荘稲田福堂旧蔵本（以下、江風本と略称する）

〈8〉慶應義塾大学附属研究所斯道文庫所蔵小嶋宝素旧蔵林泰輔旧蔵本（以下、林本と略称する）

〈9〉関西大学総合図書館泊園文庫所蔵藤澤南岳泊園書院旧蔵本（以下、泊園書院本と略称する）

〈10〉市島酒造株式会社市島家史料館所蔵弘化二年（一八四五）市島謙（東里）書写本（以下、市島本と略称する）

《二》「也」がないもの

〈1〉応永三四年本

〈2〉清熙園本

〈3〉東京都立中央図書館青淵論語文庫所蔵渋沢栄一旧蔵本（以下、青淵本と略称する）

〈4〉宮内庁書陵部所蔵徳山毛利家旧蔵本（以下、図書寮本と略称する）

〈5〉慶應義塾大学附属研究所斯道文庫所蔵周防国明倫館旧蔵大槻文彦旧蔵文明一九年（一四八七）本（以下、大槻本と略称する）

〈6〉萩市立萩図書館所蔵繁澤寅之助旧蔵本（以下、萩図書館本と略称する）

応永三四年本『義疏』・清熙園本『義疏』は、（一）脱字、もしくは（二）『令義解』二本・文明九年本『義疏』とは異なるテキストからの書写かと推定されるが、何れとも判断し難い。

④『令義解』二本・応永三四年本『義疏』・清熙園本『義疏』は「若」に作るが、文明九年本『義疏』は補入符を施し、左傍に本文と同筆にて「若」と記す。文明九年本『義疏』の脱字か。

⑤『令義解』二本・応永三四年本『義疏』・文明九年本『義疏』は「則如野人」以下の文が存するが、清熙園本『義疏』はない。

因みに、管見に触れた旧鈔本を含め、当該箇所を改行の体裁によって分類すると、次の如く五分類できる。

《一》「少則」の間で改行する体裁

子曰質勝文則野 謂凡行禮及言語之儀質實也勝多也文華也言若實多而文飾少
則如野人〻〻鄙畧大樸也

〈1〉応永三四年本

〈2〉文明九年本（※当該分類のうち、文明九年本のみ、前述③の如く「言語之儀也」の「也」が存する）

〈3〉青淵本

〈4〉図書寮本

〈5〉大槻本

〈6〉萩図書館本

《二》「飾少」の間で改行する体裁

子曰質勝文則野謂凡行禮及言語之儀也質實也勝多也文華也言若實多而文飾
少則如野人とこ鄙畧大樸也

〈1〉足利本

〈2〉蓬左本

〈3〉宝勝院本

〈4〉江風本

《三》「則如」の間で改行する体裁

子曰質勝文則野謂凡行禮及言語之儀也質實也勝多也文華
也言若實多而文飾少則如野人とこ鄙畧大樸也

〈1〉林本

《四》「野人」の間で改行する体裁

子曰質勝文則野謂凡行禮及言語之儀也質實也勝多也文華也言若實
多而文飾少則如野人野人鄙畧大樸也

〈1〉市島本

《五》改行しない体裁

子曰質勝文則野謂凡行禮及言語之儀也質實也勝多也文華也言若實多而文飾少則如野人とこ鄙畧大樸也

〈1〉泊園書院本

右の諸旧鈔本に対し、清熙園本は、

子曰質勝文則野謂凡行禮及言語之儀質實也勝多也文華也言若實多而文飾少

の体裁で、他の諸旧鈔本には存する「而文飾少」に続く、「則如野人ここ鄙畧大樸也」の文がない。清熙園本『義疏』は、《一》に分類される親本の体裁に忠実に「少」で改行したが、次行に書写すべき「則如野人ここ鄙畧大樸也」の文を書き落とし、〔集解〕を書写したかと推定される。

⑥『令義解』二本は「略」に作るが、応永三四年本『義疏』・文明九年本『義疏』は「畧」にそれぞれ作る。「畧」は「略」の異体字（別体字）である。なお、清熙園本『義疏』は、前掲⑤の如く「則如野人」以下の文が存しないので、当該箇所はない。

⑦『令義解』二本は「樸」、応永三四年本『義疏』は「撲」、文明九年本『義疏』は「樸」にそれぞれ作る。ただし、筆写の際に木偏と手偏は明確な字形の差異がないことがあり、応永三四年本『義疏』は「樸」を筆写したものか。因みに、「樸」は「樸」の異体字（別体字）である。なお、清熙園本『義疏』は、前掲⑤の如く「則如野人」以下の文が存しないので、当該箇所はない。

⑧応永三四年本『義疏』・文明九年本『義疏』はそれぞれ「也」が存するが、『令義解』二本はない。『令義解』二本は、（一）脱字、もしくは（二）省略か。なお、清熙園本『義疏』は、前掲⑤の如く「則如野人」以下の文が存しないので、当該箇所はない。

⑨『令義解』二本は「文勝質則史」がそれぞれ存するが、旧鈔本『義疏』三本はない。『令義解』は〔義疏〕の引用文が〔経文〕「文勝質則史」に施されたものであることを示すために、見出し語として引用したか。

⑩『令義解』二本・応永三四年本『義疏』・清熙園本『義疏』は「書史」に作るが、文明九年本『義疏』は「史書」に作る。
当該箇所は、青淵本・萩図書館本は「書史」に作るが、足利本・江風本・大槻本・林本・宝勝院本・図書寮本・泊園書院本・蓬左本・市島本は「史書」に作る。これらを勘案すると、文明九年本『義疏』は、(一)誤写(転倒)、もしくは(二)「史書」に作るテキストからの引用・書写かと推定されるが、何れかは判断し難い。
⑪旧鈔本『義疏』三本には「有」がない。また、青淵本・萩図書館本・足利本・江風本・大槻本・林本・宝勝院本・図書寮本・泊園書院本・蓬左本・市島本も全て「有」がない。これに対して、『令義解』二本のみ「有」が存する。これらを勘案すると、『令義解』二本は、旧鈔本『義疏』とは異なるテキストから引用したか。
⑫廣橋本『令義解』・旧鈔本『義疏』三本は「華」に作るが、紅葉山文庫本『令義解』は「花」に作る。両者は通用する。
⑬廣橋本『令義解』は「無」に作るが、紅葉山文庫本『令義解』・旧鈔本『義疏』三本はそれぞれ「无」に作る。両者は通用する。
⑭『令義解』二本・応永三四年本『義疏』・清熙園本『義疏』は「若」に作るが、文明九年本『義疏』は「君」の左傍に本文と同筆にて「若イ」と記す。字形が近似しているゆえの文明九年本『義疏』の誤写か。
⑮廣橋本『令義解』・旧鈔本『義疏』三本は「飾」に作るが、紅葉山文庫本『令義解』は「餝」に作る。「餝」は「飾」の異体字(別体字)である。

第三節　『令義解』「上令義解表」注釈所引『論語義疏』と旧鈔本『論語義疏』との相異

前節の廣橋本・紅葉山文庫本『令義解』と応永三四年本・文明九年本・清熙園本『義疏』との比較検討の結果を分類すると以下の如くなる。

A　『令義解』の脱字……⑧（一）
B　『令義解』の省略……⑧（二）
C　『義疏』の脱字・脱文
　イ　応永三四年本……③（一）
　ロ　文明九年本……④
　ハ　清熙園本……③（一）・⑤・⑥・⑦・⑧
D　『義疏』の誤写
　イ　文明九年本……⑩（一）・⑭
E　『令義解』の字句と『義疏』の字句が通用等の関係のもの及び正字と異体字の関係のもの……①・⑥・⑦・⑫・⑬・⑮
F　その他の要因……②・⑨
G　本文系統に関わる可能性があるもの……③（二）・⑩（二）・⑪

『義解』「上表文」注釈に引用される『義疏』は、前述した如く鎌倉時代以前に書写されたテキストからの引用である。稿者は第三章にて『政事要略』所引『義疏』の性格について、『政事要略』所引『義疏』と旧鈔本『義疏』、『政事要略』以外の日本古典籍所引『義疏』、文永五年鈔本『論語集解』巻第七裏書を比較検討した。結論として、『政事要略』所引『義疏』は、旧鈔本『義疏』と同系統であるが、旧鈔本『義疏』と比較して、より旧態を遺存していることを明らかにした。また、文永五年鈔本『論語集解』巻第七裏書は文永五年（一二六八）に本文を書写した後、同七年（一二七〇）に校合し勘物を移写したものだが、『政事要略』所引『義疏』と文永五年鈔本『論語集解』巻第七裏書がほぼ一致することから、鎌倉時代に書写した裏書とはいえ、裏書の祖本は平安時代のテキストであると推測した。

A～Fについては、『義解』「上表文」注釈所引『義疏』の本文系統の相異に起因する差異ではないと考えられる。

これに対して、Gは『義解』「上表文」注釈所引『義疏』と旧鈔本『義疏』の本文系統の相異に関わる可能性がある。

G③（二）は、前述の如く「也」の有無によって《一》と《二》に分類できる。《二》のグループは、本来「也」が存していたが、伝写の過程で脱落したか、もしくは「也」がない鈔本を祖本として、伝写された鈔本かと推定されるが、何れかは判断し難い。ただし、右に述べた文永五年鈔本『論語集解』巻第七裏書は『政事要略』所引『義疏』と同様、旧鈔本『義疏』と同系統であるが、旧鈔本『義疏』と比較して、より旧態を遺存しているという第三章の結論を援用すると、当該箇所の『義解』「上表文」注釈所引『義疏』と旧鈔本『義疏』の相異は、本文系統に関する相異ではなく、「也」の有無に関する旧鈔本『義疏』間の相異であり、『義解』「上表文」

注釈所引『義疏』を始めとする「也」が存する《一》のグループは、《二》の「也」が存しないグループに比して、より旧態を遺存していることが言えよう。

G⑩（二）は、前述の如く、「書史」と「史書」に作るグループに二分類でき、煩を厭わず、再度、「書史」と「史書」に作るグループを整理すると、次の如くなる。

（Ⅰ）「書史」に作るグループ

①『令義解』廣橋本

②『令義解』紅葉山文庫本

③応永三四年本

④清熙園本

⑤青淵本

⑥萩図書館本

（Ⅱ）「史書」に作るグループ

①文明九年本

②足利本

③江風本

④大槻本

⑤林本

⑥宝勝院本

⑦図書寮本
⑧泊園書院本
⑨蓬左本
⑩市島本

このうち、『令義解』二本は「書史」に作るグループに属している。第三章と本節で若干触れた如く、『政事要略』所引『義疏』や文永五年鈔本『論語集解』巻第七裏書の性格は、旧鈔本『義疏』と同系統であるが、なお且つ旧鈔本『義疏』と比較して、より旧態を遺存している。以上のことから導くと、『義解』「上表文」注釈所引『義疏』は「書史」に作る『義疏』からの引用であり、「書史」と「史書」は、唐鈔本に由来する本文内の相異と言える。更に、「書史」に作るグループは、「史書」に作るグループに比してより旧態を遺存していると思われる。

G⑪は、『令義解』二本は「有」が存するが、旧鈔本『義疏』三本にはなく、管見に触れた他の旧鈔本も全てない。また、前述の如く、『義解』「上表文」注釈に引用される『義疏』は、唐鈔本に由来するものである。当該箇所の『義解』「上表文」注釈所引『義疏』と旧鈔本『義疏』の相異は、第三章の結論に従えば、同系統内、すなわち唐鈔本に由来する本文内の相異であり、『義解』「上表文」注釈所引『義疏』は旧鈔本『義疏』に比して、より旧態を遺存していることとなろう。

むすびに

本章では、日本古代に於ける『義疏』の受容の一環として、第一章での『令集解』所引『義疏』、第二章での

『弘決外典鈔』所引『義疏』、第三章での『政事要略』所引『義疏』のそれぞれの性格の考察に引き続き、『義解』「上表文」注釈所引『義疏』の性格について考察を行ってきた。『義解』「上表文」注釈が引用する『義疏』は、一箇条に過ぎず、判断は慎重でなければならないが、『義解』「上表文」注釈所引『義疏』と旧鈔本『義疏』は、何れも唐鈔本に由来するものであり、両者には、本文系統を異にすると言い得るような相異は認められなかった。更に、『義解』「上表文」注釈所引『義疏』は、鎌倉時代以前に書写されたものであり、旧鈔本『義疏』に比して、より旧態を遺存していると言える。以上のことから、『義解』「上表文」注釈所引『義疏』の性格は、第一章から第三章までで明らかにした『令集解』所引『義疏』、『弘決外典鈔』所引『義疏』、『政事要略』所引『義疏』の性格と一致する。

注

（一）『令義解』の第二次世界大戦以後の主な諸本研究には、次のものがある。
『図書寮典籍解題』続歴史篇（養徳社、一九五一年）
利光三津夫「関市令伝本の由来」（『法学研究』三七巻一〇号、慶應義塾大学法学部、一九六四年。後に利光三津夫『律令制とその周辺』〈慶應義塾大学法学研究会、一九六七年〉所収）
皆川完一「岡谷本令義解について」（『新訂増補国史大系月報』39〈吉川弘文館、一九六六年〉所収）
早川庄八・吉田孝「解題」（〈日本思想大系3〉井上光貞・関晃・土田直鎮・青木和夫校注『律令』〈岩波書店、一九七六年〉「解説」所収）
佐藤邦憲「黒川家旧蔵本『令義解』について」（『明治大学刑事博物館年報』一一号、一九八〇年）
石上英一

①「『令義解』金沢文庫本の成立」（土田直鎮先生還暦記念会編『奈良平安時代史論集』下巻〈吉川弘文館、一九八四年〉所収。後に石上英一『日本古代史料学』〈東京大学出版会、一九九七年〉所収）
②「令義解」（皆川完一・山本信吉編『国史大系書目解題』下巻〈吉川弘文館、二〇〇一年〉所収）
嵐義人「塙本令義解神祇令の成立まで」（『日本神道史研究月報』八号、一九八七年）
小林宏「解題」（〈神道大系 古典編9〉小林宏校注『律・令』〈神道大系編纂会、一九八七年〉所収）
水本浩典
①「陽明文庫所蔵『戸令』について」（横田健一先生古稀記念会編『横田健一先生古稀記念文化史論集』上巻〈創元社、一九八九年〉所収。後に水本浩典『律令註釈書の系統的研究』〈塙書房、一九九一年〉所収）
②「塙本『令義解』の成立」（『律令註釈書の系統的研究』所収）
③「『令義解』写本に関する研究」（『律令註釈書の系統的研究』「序章 律令註釈書研究の現状と問題点 第一節『令義解』研究の現状と問題点」所収）
④「解題」（律令研究会編『訳註日本律令 十一 令義解訳註篇 別冊』〈東京堂出版、一九九九年〉所収）
⑤「解説」（『二色刷影印 紅葉山文庫本 令義解』〈東京堂出版、一九九九年〉所収）
小倉真紀子「紅葉山文庫本『令義解』と『春秋経伝集解』」（『続日本紀研究』三三八号、二〇〇二年）
『令義解』書入についての研究には、次のものがある。
土田直鎮「律令―紅葉山文庫本令義解―」（『日本歴史』一九四号、一九六四年。後に土田直鎮『奈良平安時代史研究』〈吉川弘文館、一九九二年〉所収）
皆川完一「岡谷本令義解について」（前掲当該注『新訂増補国史大系月報』39所収）
森田悌・小口雅史
①「旧紅葉山本『令義解』書入―一―」（『金沢大学教育学部紀要（人文科学・社会科学編）』三一、一九八二年）
②「旧紅葉山本『令義解』書入―二―」（『金沢大学教育学部紀要（人文科学・社会科学編）』三二）

伊能秀明・楊永良「藤波本神祇令の書入れに就いて」（『日本歴史』四二四号、一九八三年。後に伊能秀明『日本古代国家法の研究』〈巌南堂書店、一九八七年〉所収）
水本浩典
①「令義解古写本書入・裏書集成（一）」（『神戸学院大学紀要』一六号、一九八四年）
②「令義解古写本書入・裏書集成（二・完）」（『神戸学院大学紀要』一七号、一九八四年）
八重津洋平・林紀昭「紅葉山文庫本『令義解』書入補考」（瀧川博士米寿記念会編『瀧川政次郎博士米寿記念論集　律令制の諸問題』〈汲古書院、一九八四年〉所収）
『義解』「上表文」注釈所引『義疏』の研究には、次のものがある。
高橋均「『論語義疏』の日本伝来とその時期」（高橋均『論語義疏の研究』〈創文社、二〇一三年〉所収）
また、『義解』「上表文」注釈所引『義疏』を資料の一つとして用いた研究に、山口謠司「論語義疏の系統に就いて」（『東洋文化』復刊六七号、無窮会、一九九一年）がある。

（二）　前掲注（一）石上氏①論文を参照。

（三）　前掲注（一）所引の、『図書寮典籍解題』続歴史篇、早川・吉田「解題」、石上氏②論文、水本氏④論文のそれぞれを参照。

（四）　函架番号は、廣橋本「H—六三—五六四」、紅葉山文庫本「特八六—一」である。

（五）　応永三四年本・文明九年本・清熙園本以外の管見に触れた旧鈔本の所蔵機関及び函架番号は、次の如くである。
①足利学校遺蹟図書館所蔵本　〇一九—一三
②名古屋市蓬左文庫所蔵神村忠貞旧蔵本　一一〇—二〇
③慶應義塾大学附属研究所斯道文庫所蔵宝勝院芳郷光隣手沢本　〇九一—ト一三—一〇
④慶應義塾大学附属研究所斯道文庫所蔵江風山月荘稲田福堂旧蔵本　〇九二—ト七—五
⑤慶應義塾大学附属研究所斯道文庫所蔵小嶋宝素旧蔵林泰輔旧蔵本　〇九一—ト五—七
⑥慶應義塾大学附属研究所斯道文庫所蔵周防国明倫館旧蔵大槻文彦旧蔵文明一九年本　〇九二—ト六—五

⑦関西大学総合図書館泊園文庫所蔵藤澤南岳泊園書院旧蔵本　ＬＨ二―一・〇七―一四
⑧東京都立中央図書館青淵論語文庫所蔵渋沢栄一旧蔵本　青淵論語文庫―五八
⑨宮内庁書陵部所蔵徳山毛利家旧蔵本　四五八―二九
⑩萩市立萩図書館所蔵繁澤寅之助旧蔵本　二甲五―二七五
⑪市島酒造株式会社市島家史料館所蔵弘化二年市島謙（東里）書写本　函架番号なし

なお、全て原本を用いた。

第五章　日本古代に於ける『論語義疏』受容の変遷

はじめに

これまで第一章から第四章を通じて、日本古代典籍に引く『論語義疏』と旧鈔本『論語義疏』とを比較検討し、該当箇所が存する場合は、併せて敦煌本『論語疏』、日本中世典籍に引く『論語義疏』、『論語義疏』の書入、のそれぞれも検討材料に加え、考察を行ってきた。その結果、①日本古代典籍に引く『論語義疏』と室町時代書写の旧鈔本『論語義疏』はともに唐鈔本に由来する本文を有しているが、旧鈔本『論語義疏』に比して日本古代典籍所引『論語義疏』、すなわち奈良時代から平安時代に流布通行していた『論語義疏』の方が、より旧態を遺存していること、②敦煌本『論語疏』は、我が国に伝来した『論語義疏』に比して、特異な本文を有していること等、を明らかにした。これまでの検討は、書誌学的・文献学的検討に基づいたものである。

本書の課題について、序章で述べたが、確認のため、煩を厭わず、今一度示しておきたい。

(一)『論語義疏』を含む如何なる『論語』注釈書が受容されたか、(二)いつ頃日本に『論語義疏』が伝来したか、(三)誰が『論語義疏』を受容したか、ないしは如何なる階層が受容したか、(四)受容された『論語義疏』は如何なる性格であるか、を検討し明らかにすることにより、日本古代に於ける『論語義疏』受容史の具体相が解明される。

（一）～（四）を明らかにするには、〈A〉日本古代典籍から『論語義疏』の引用文辞を捜索し、その性格を解明すること、〈B〉『論語義疏』を引く古代典籍の性格、成立時期、及び撰者周辺の人的関係を追究すること、〈C〉古代の蔵書目録から『論語義疏』を捜索すること、〈D〉古代の古記録から『論語義疏』受容の事跡を渉猟すること、等が必要である。

右の（四）については、〈A〉の検討である。これは、前述の如く、第一章から第四章に於いて検討し、明らかにした。本章では、〈B〉～〈D〉について考察し、（一）～（三）の日本古代に於ける『論語義疏』受容の諸相とその変遷の解明を目的とする。すなわち、本章は歴史学的検討に基づくものである。

第一節　日本古代典籍に見る『論語』注釈書受容の諸相

日本古代に於ける漢籍の受容並びに利用状況を考察する上で、漢籍の学習についても知る必要があろう。その手がかりとなる次の如き資料がある。

養老令には、経学を学ぶ上で使用すべき注釈書が規定されており、これを次に示すと、『令義解』巻三・学令第十一[(一)]に、

凡教授正業、周易鄭玄・王弼注、尚書孔安國・鄭玄注、三禮・毛詩鄭玄注、左傳服虔・杜預注、孝經孔安國・鄭玄注、論語鄭玄・何晏注、

とあり、学令に大学寮で教授すべき書が規定されている。その中で『論語』については、後漢の鄭玄（一二七～二〇〇）の『論語鄭玄注』と何晏の『論語集解』が規定されている。

では、養老令の基となった唐令(二)を見ると、

諸教授正業、周易鄭玄・王弼注、尚書孔安國・鄭玄注、三禮・毛詩鄭玄注、左傳服虔・杜預注、公羊何休注、穀梁范甯注、論語鄭玄・何晏注、孝經孔安國・鄭玄注、老子河上公注、

とあり、やはり、『論語』注釈書については養老令と同一の『論語鄭玄注』と何晏の『論語集解』が規定されている。本章で取り上げている『論語』注釈書については、養老令と唐令に異同がなく、前者は後者を踏襲したものと推測される。

しかし、学令に規定された漢籍のみが流布通行し、講読されたと見ることができるだろうか。

後述の如く、日本古代典籍には、皇侃の『論語義疏』も数多く引用されている。そこで、日本古代の『論語』注釈史上に於ける『論語義疏』の相対的位置を大局的に究明するため、第一章から第四章に於いて、『論語義疏』の引用文辞の性格について検討した、『令集解』・『弘決外典鈔』・『政事要略』・『令義解』「上令義解表」（以下、「上表文」と略称する）等の注釈の、各書に引用される『論語』注釈書の一覧を以下に掲げ、『論語』注釈書の受容の状況、及びその中での『論語義疏』の位置を考察していく。なお、『政事要略』と密接な関係にある『小野宮年中行事裏書』に引用される『論語』注釈書も検討材料に加える。

第一項　『令集解』諸説

貞観年間（八五九～八七七）に明法博士惟宗直本により編纂された『令集解』に引用される『論語』注釈書は全四三箇条認められる。以下の表（1）に列挙する。

表（1）

	『論語』注釈書名	篇名	『令集解』の令名・条名	『令集解』諸説名	頁数—行数
1	集解	八佾	官位令	或云	4—5
2	集解	子路	官位令	或云	4—7
3	集解	尭曰	職員令・神祇官条	或云	28—6行間書入
4	論語（経文）	八佾	職員令・神祇官条	或云	28—6行間書入
5	義疏	八佾	職員令・中務省・画工司条	釈	74—8左
6	集解	微子	職員令・民部省条	古記	95—6右
7	集解	雍也	職員令・左衛士府条	釈	144—3右
8	義疏	雍也	職員令・左衛士府条	古記	144—3右
9	義疏	皇序	後宮職員令・書司条	古記	174—3左
10	義疏	為政	東宮職員令・東宮傅条	古記	183—1右
11	集解	為政	僧尼令・徳行釈	釈	233—3左
12	集解	為政	僧尼令・徳行釈	古記	233—4右
13	義疏	八佾	戸令・聴養条	釈	272—4左
14	義疏	為政	戸令・国遣行条	讃	320—9右
15	集解	雍也・子張	戸令・国遣行条	古記	322—2右
16	集解	学而	戸令・国遣行条	古記	322—3左
17	集解	学而	戸令・国遣行条	古記	323—1右
18	論語（経文）	学而・公冶長	戸令・国遣行条	古記	323—2右
19	論語（経文）	学而	戸令・国遣行条	讃	323—5左

20	論語（経文）	公冶長	戸令・国遣行条	古記	323—9右
21	集解	公冶長	戸令・国遣行条	古記	328—1左
22	義疏	子路	田令・園地条	古記	357—4右
23	論語（経文）	子路	田令・賃租条	古記	361—4右
24	集解	郷党	賦役令・調絹絁条	古記	385—4右
25	集解	八佾	賦役令・辺遠国条	釈	404—1右
26	義疏	先進	賦役令・孝子条	古記	412—3左
27	集解	為政	学令・釈奠条	釈	446—3右
28	集解	為政	学令・釈奠条	古記	446—3左
29	義疏	述而	学令・在学為序条	釈	446—7右
30	義疏	述而	学令・在学為序条	古記	446—8右
31	論語（経文）	先進	選叙令・応選条	古記	468—1左
32	義疏	陽貨	選叙令・郡司条	釈	487—3右
33	集解	子罕	選叙令・秀才進士条	釈	505—3右
34	集解	公冶長	継嗣令・定嫡子条	釈	524—4右
35	論語（経文）	子路	継嗣令・定嫡子条	古記	524—4左
36	義疏	為政	考課令・五常事	釈	557—3右
37	論語（経文）	先進	考課令・徳義者内外称事	古記	557—9右
38	義疏	為政	考課令・徳義者内外称事	古記	557—9右
39	論語（経文）	里仁	考課令・最条	古記	568—1右
40	集解	雍也	考課令・最条	釈	573—8左

41	集解	為政	考課令・最条	古記	574—4左
42	論語（経文）	子張	考課令・最条	釈	576—1左
43	集解	子路	考課令・最条	古記	576—2左

凡例
○当該表の作成に当たっては、検索の便を考えて、『令集解』の底本に新訂増補国史大系二三巻『令集解』前篇（吉川弘文館、一九六六年）、同二四巻『令集解』後篇（吉川弘文館、一九六六年）を用いた。
○『令集解』の該当箇所は、新訂増補国史大系本の頁数・行数・双行の左右によって示した。
（例）「74—8左」は、「74頁8行左」を指す。
○なお、当該表の作成に当たって、戸川芳郎・新井榮藏・今駒有子編『令集解引書索引』（汲古書院、一九九五年訂正版）及び〈関西大学東西学術研究所研究叢刊一四〉奥村郁三編著『令集解所引漢籍備考』（関西大学出版部、二〇〇〇年）を参考にした。

以上を、まず、『論語』注釈書ごとに分類すると、『論語集解』が二〇箇条、『論語義疏』が一三箇条それぞれ認められる。なお、経文を引用するのみで、如何なる『論語』注釈書を利用しての引用か判断し難いものが一〇箇条存する。

次に、これらを明法家による大宝令・養老令の諸説ごとに分類する。

「古記」全二四箇条のうち、『論語集解』が一〇箇条、『論語義疏』が七箇条それぞれ認められる。また、経文のみを引用するものが七箇条存する。

「釈」全一三箇条のうち、『論語集解』が七箇条、『論語義疏』が五箇条それぞれ認められる。また、経文のみを引用するものが一箇条存する。

「讃」全二箇条のうち、『論語義疏』が一箇条認められるに過ぎず、『論語集解』の引用は認められない。また、経文のみを引用するものが一箇条存する。ただし、引用条数が少ないので、利用実態の分析には適しない。

「或云」全四箇条のうち、『論語集解』が三箇条認められるが、『論語義疏』の引用は認められない。また、経文のみを引用するものが一箇条存する。ただ、「或云」の撰述者や成立期が詳らかではなく、利用実態の詳細は不詳である。

これらをまとめると、次の如き事柄が言えよう。

第一に、先の一覧のうち、「古記」による引用と見られる『論語義疏』は、表（1）の8・9・10・22・26・30・38の七箇条が存する。このことから、「古記」成立期である天平一〇年（七三八）頃[三]には既に『論語義疏』が日本に伝来していたことは明らかである。

第二に、「古記」並びに延暦六～一〇年（七八七～七九一）頃に成立した「釈」[四]とともに、『論語義疏』の他、『論語集解』が『論語』注釈書として、利用されている。「古記」・「釈」何れも『論語集解』が『論語義疏』に比して引用条数がやや多いものの、八世紀に於いては、『論語集解』と『論語義疏』の利用はほぼ拮抗していたことが看取される。

以上の如く、『論語義疏』は八世紀～九世紀を通じて、「古記」・「釈」・「讃」の明法官人に利用された。

第二項　『弘決外典鈔』

正暦二年（九九一）に、村上天皇の第七皇子具平親王により撰述された『弘決外典鈔』に利用される『論語』注釈書は全一六箇条認められる。以下の表（2）に列挙する。

表（2）

	『論語』注釈書名	篇名	『弘決外典鈔』の巻数・篇数（『止観輔行伝弘決』の巻数）	頁数―行数	備考
1	集解	子罕	巻一　序	6下―3	
2	義疏	衛霊公	巻一　序	7上―10	
3	義疏	季氏	巻一　一	12下―2	疏文を利用した案語
4	義疏	季氏	巻一　一	12下―4	疏文を利用した案語
5	義疏	季氏	巻一　一	12下―6	疏文を利用した案語
6	義疏	雍也	巻一　二	22上―11	
7	集解	先進	巻一　二	23下―8	
8	鄭玄注	衛霊公	巻一　二	27下―16	
9	集解	学而	巻二　三	41上―15	
10	集解	為政	巻二　四	47上―4	
11	義疏	陽貨	巻三　五	60下―8	
12	義疏	微子	巻三　五	66下―9	
13	集解	里仁	巻三　六	72上―8	
14	義疏	子罕	巻三　六	77上―7	
15	論語（経文）	為政	巻四　八	90上―1	
16	論語（経文）	為政	巻四　八	90上―12	

凡例

○当該表の作成に当たっては、検索の便を考えて、『弘決外典鈔』の底本に『続天台宗全書　顕教3　弘決外典鈔玄義・文句外勘鈔』（春秋社、一九八九年）を用いた。

○『弘決外典鈔』の該当箇所は、続天台宗全書本の頁数・上下段の別・行数によって示した。

（例）「6下―3」は、「6頁下段3行」を指す。
○なお、当該表の作成に当たって、尾崎康「弘決外典鈔引書考並索引」（『斯道文庫論集』三輯、一九六四年）を参考にした。

右の表（2）を『論語』注釈書ごとに分類すると、『論語義疏』が八箇条、『論語集解』が五箇条、『論語鄭玄注』と見られるものが一箇条それぞれ認められる。なお、経文を引用するのみで、如何なる『論語』注釈書を利用しての引用か判断し難いものが二箇条存する。

『弘決外典鈔』に於ける『論語』注釈書の利用は、『論語義疏』が『論語集解』に比して、やや上回るものの、両書はほぼ拮抗していたと見ることができよう。

以上の如く、村上天皇第七皇子の具平親王は、『止観輔行伝弘決』所引外典を講究するために、『論語義疏』・『論語集解』等を利用した。これについては、第二節で後述する。

第三項　『政事要略』

長保四年（一〇〇二）頃に明法博士惟宗（令宗）允亮により撰述された『政事要略』に引用される『論語』注釈書は全一八箇条認められる。以下の表（3）に列挙する。

表（3）

	『論語』注釈書名	篇名	『政事要略』の巻数・篇名	頁数―行数	備考
1	集解	郷党	巻二九　年中行事十二月下（追儺）	210―14	旧記所引
2	義疏	郷党	巻二九　年中行事十二月下（追儺）	211―1	旧記所引

3	論語（経文）	郷党	巻二九　年中行事十二月下（追儺）	211—10	旧記所引文選李善注に引く薛綜注張衡二京賦カ
4	論語図	不明	巻二九　年中行事十二月下（追儺）	214—2	佚書
5	義疏	憲問	巻六七　糺弾雑事（男女衣服幷資用雑物）	540—14	
6	集解	陽貨	巻六七　糺弾雑事（男女衣服幷資用雑物）	549—16	或云所引カ
7	集解	郷党	巻六七　糺弾雑事（男女衣服幷資用雑物）	550—2	或云所引カ
8	義疏	郷党	巻六七　糺弾雑事（男女衣服幷資用雑物）	560—16	
9	義疏	八佾	巻六八　糺弾雑事（至敬拝礼下馬）	581—5	
10	集解	尭曰	巻八一　糺弾雑事（断罪）	629—1	
11	集解	八佾	巻八二　糺弾雑事（罪名幷贖銅八虐六議）	648—8～9行間書入	骨云所引
12	論語図	不明	巻八二　糺弾雑事（罪名幷贖銅八虐六議）	651—1	佚書
13	論語図	不明	巻八二　糺弾雑事（罪名幷贖銅八虐六議）	651—1	佚書
14	論語図注	不明	巻八二　糺弾雑事（罪名幷贖銅八虐六議）	651—2	佚書
15	論語（経文）	憲問	巻八二　糺弾雑事（罪名幷贖銅八虐六議）	652—5	三礼図所引
16	集解	憲問・学而・衛霊公・季氏・子張	巻八四　糺弾雑事（自首覚挙）	682—11	私教類聚所引
17	論語（経文）	衛霊公	巻九五　至要雑事（学校）	710—8	私教類聚所引
18	論語（経文）	里仁	巻九五　至要雑事（学校）	710—9	私教類聚所引

凡例

○当該表の作成に当たっては、検索の便を考えて、『政事要略』の底本に新訂増補国史大系二八巻『政事要略』（吉川弘文館、一九六四年）を用いた。

○『政事要略』の該当箇所所は、新訂増補国史大系本の頁数・行数によって示した。

（例）「210―14」は、「210頁14行」を指す。

○なお、当該表の作成に当たって、木本好信・大島幸雄・正野順一・吉永良治編『政事要略総索引』（国書刊行会、一九八二年）及び阿部猛編『詳細　政事要略索引』（同成社、二〇〇七年）を参考にした。

以上を『論語』注釈書ごとに分類すると、『論語集解』が六箇条、『論語義疏』が四箇条、『論語図』が三箇条、『論語図注』が一箇条それぞれ認められる。なお、経文を引用するのみで、如何なる『論語』注釈書を利用しての引用か判断し難いものが四箇条存する。

傾向として、次の如きことが言える。

第一に、『論語集解』が『論語義疏』に比して引用条数が若干多いものの、両書の引用はほぼ拮抗している。従って、惟宗允亮は、『論語』注釈書として、『論語義疏』と『論語集解』を充分に活用していたことがわかる。

第二に、『政事要略』に引用される『論語義疏』のうち、表（3）の2については「旧記」を介して、惟宗允亮が引用したと見られる。その他「旧記」を介しての『論語』注釈書の引用には、『論語集解』が一箇条、『文選李善注』に引く『薛綜注張衡二京賦』と推測される注釈を介して経文のみの引用（五）が一箇条、それぞれ認められる。

第三に、『私教類聚』（六）並びに「骨」を介して『論語集解』の引用が認められる。『私教類聚』は吉備真備（六九五～七七五）によって神護景雲三年（七六九）～同四年（七七〇）頃に撰述された教訓・家訓書である。「骨」は唐の永徽四年（六五三）以後、唐末までに成立した唐律疏の注釈書『律疏骨鯁録』で、貞観（八五九～八七七）以後寛弘（一〇〇四～一〇一二）以前に日本へ伝来したものである。（七）両書は佚書となっており、佚文として片鱗が残るに過ぎない。

第四に、『論語図』及び『論語図注』からの引用が認められるが、両書が中国に於ける撰述か日本に於ける撰述かは未詳である。『論語義注図』一二巻が『隋書』経籍志に著録されている（八）ものの、これと両書との関係は不明である。

以上のことから、惟宗允亮は、朝儀・吏務の先例を明らかにするために、少なくとも『論語義疏』並びに『論語集解』等の『論語』注釈書を利用したことが明らかである。

第四項　『小野宮年中行事裏書』

『小野宮年中行事裏書』（九）（長元二年〈一〇二九〉以後成立）は、右大臣小野宮家藤原実資（九五七～一〇四六）が撰した『小野宮年中行事』に実資自らが加えた裏書・首書を書写したものである。

『小野宮年中行事裏書』に引用される『論語』注釈書は左記の表（4）に掲げた如く、一箇条のみ認められる。

表（4）

	『論語』注釈書名	篇名	丁数—行数
1	義疏	八佾	3裏—9

凡例

○当該表の作成に当たっては、検索の便を考えて、『小野宮年中行事裏書』の底本に鹿内浩胤「『小野宮年中行事裏書』（田中教忠旧蔵『寛平二年三月記』）影印・翻刻」（田島公編『禁裏・公家文庫研究』一輯〈思文閣出版、二〇〇三年〉所収。後に鹿内浩胤『日本古代典籍史料の研究』〈思文閣出版、二〇一一年〉所収）の「翻刻」を用いた。

○『小野宮年中行事裏書』の該当箇所は、右の「翻刻」に付された原本の丁数、表裏の別、及び行数によって示した。

（例）「3—裏9」は、「第3丁裏9行」を指す。

『論語義疏』の引用が一箇条認められるに過ぎず、『論語』注釈書の利用傾向を見るのは難しい。実資は、『小野宮年中行事』を編纂するに当たり、『政事要略』を参考にしていたこと、また実資の依頼により『政事要略』の編纂が企図された可能性があること等が先学により指摘されている。[一〇] 本引用は、実資が、『政事要略』に引用された『論語義疏』を参照し、裏書として書入れた可能性がある。

第五項　『令義解』「上表文」等の注釈

『令義解』は、天長一〇年（八三三）に淳和天皇の詔を受けて、右大臣清原夏野・文章博士菅原清公等によって編纂された養老令の公的注釈書である。『令義解』「上表文」等の注釈に、『論語』注釈書の引用は、全四箇条認められる。以下の表（5）に示す。

表（5）

	『論語』注釈書名	篇名	『令義解』の引用箇所	頁数―行数
1	論語（経文）	憲問	詔令義解頒下	347―5左
2	義疏	雍也	上令義解表文	348―9右
3	集解	子路	上令義解表文	349―4左
4	論語（経文）	序	令義解序	353―8右

凡例

○当該表の作成に当たっては、検索の便を考えて、『令義解』の底本に新訂増補国史大系二二巻『律・令義解』（吉川弘文館、一九六六年）を用いた。

○『令義解』の該当箇所は、新訂増補国史大系本の頁数・行数・双行の左右によって示した。

（例）「347―5左」は、「347頁5行左」を指す。

これらを『論語』注釈書ごとに分類すると、『論語集解』、『論語義疏』が各一箇条認められる。なお、経文を引用するのみで、如何なる『論語』注釈書を利用しての引用か判断し難いものが二箇条存する。

『論語集解』並びに『論語義疏』の引用が一箇条ずつ認められるのは、「上表文」の注釈である。「上表文」の注釈の成立期・撰者は明らかではない。ただし、鎌倉時代書写に係る廣橋本『令義解』(国立歴史民俗博物館所蔵)に「上表文」の注釈が存することから、鎌倉時代以前には「上表文」の注釈が成立していたことは明らかである。更に、そこに『論語集解』と『論語義疏』の引用が認められることから、この両書の引用も鎌倉時代以前に存したものと見て大過なかろう。この時代に於いても『論語義疏』が利用されていたことが窺われる。

第六項　小結

以上、『令集解』・『弘決外典鈔』・『政事要略』・『小野宮年中行事裏書』・『令義解』「上表文」等の注釈、の各書に引用される『論語』注釈書について考察した結果、養老学令では、『論語鄭玄注』並びに『論語集解』のみ規定されているが、学令の規定は、日本古代の論語学の実状を反映したものではなく、唐令の規定を踏襲したものと推定される。(一一)従って、日本古代に於いて『論語集解』と『論語義疏』はともに広く流布し、受容された。更に、両書は日本古代の論語学並びに『論語』注釈史上、比肩する存在であり、『論語図』及び『論語図注』(ともに『政事要略』所引)等の他の『論語』注釈書に比して、圧倒的に受容されたものと言える。

なお、『弘決外典鈔』前掲表(2)の8は、『論語鄭玄注』を単独で引用するかに見受けられるが、『論語鄭玄注』は単独の成書としては受容されず、『論語集解』もしくは『論語義疏』を介して間接引用したものと推測される。(一二)

第二節　日本古代に於ける『論語義疏』受容の諸相

本節では、日本古代に於ける『論語義疏』の受容の諸相について見ていく。日本古代に於ける『論語義疏』の受容の諸相とその変遷を把捉するには、（一）日本古代典籍に引く『論語義疏』、（二）古記録に現れる『論語義疏』、（三）蔵書目録への著録状況、の徴証を捜索し、検証する必要がある。併せて、表（6）に掲げる日本古典籍の撰述者等とその周辺の人的交流・環境についても考察していく。

管見の及ぶところ捜索し得た、『論語義疏』の存在を表す徴証を、時系列に従って、以下の表（6）に掲げる。表（6）に掲げる他、次の数点、『論語義疏』の事例に関する指摘がある。[一三]①多田伊織氏は平城宮出土（二条大路木簡）の習書木簡（天平七～八年〈七三五～七三六〉頃のもの）を、経文・何晏『論語集解』・皇侃『論語義疏』、の各々からの抜書が書写された『論語』木簡と推定し、②高橋均氏は袴狭遺跡（現在の兵庫県豊岡市）出土の『論語』木簡（八世紀～九世紀のもの）を『論語義疏』を基に書写されたものと推定し、③森新之介氏は『江都督納言願文集』所収大江匡房起草の願文に見える「淳素」、匡房撰『続本朝往生伝』並びに九条兼実の日記『玉葉』に見える「反淳素」を、『論語義疏』先進篇の「淳素」を踏まえた語等と推定する。右に示した如く、多田氏が平城宮出土（二条大路木簡）習書木簡を『論語義疏』等からの抜書、高橋氏が袴狭遺跡出土『論語』木簡を『論語義疏』を基に書写したものとそれぞれ推定しているが、何れも判断材料に乏しい。また、森氏による匡房・兼実が『論語義疏』を文飾に利用したとの推定も、あくまでも可能性の一つであるかと思われる。従って、ここではひとまず『論語義疏』利用の事例からは除外する。後に本書の補論にて検討する、④『懐風藻』所載の藤原宇合詩序にも『論語義疏』を基に文飾した可能性がある文辞が認められる。これは可能性を指摘したものであるので、左記の表（6）には掲出しない。

更に、寛弘四年（一〇〇七）に源為憲によって撰せられた『世俗諺文』にも『論語疏』の引用が存する。ただし、これは、皇侃の『論語義疏』以外の疏、例えば、六朝梁の褚仲都（生歿年不詳）の『論語疏』一〇巻を想定することも可能であるが、俄かには同定し難い。（一四）

表（6）

	書名	撰者名	成立年代	所蔵機関	備考
1	「古記」（『令集解』所引）		天平一〇年（七三八）頃	国立公文書館内閣文庫・国立国会図書館・宮内庁書陵部・国立歴史民俗博物館（以下、歴博と略称する）等	
2	「釈」（『令集解』所引）		延暦六～一〇年（七八七～七九一）頃	同右	
3	「讃」（『令集解』所引）		弘仁・貞観期（八一〇～八七七）頃	同右	
4	『秘密曼荼羅十住心論』	空海	天長七年（八三〇）頃	高山寺・高野山金剛三昧院（高野山大学図書館へ寄託）	
5	『日本国見在書目録』	藤原佐世	貞観一七年（八七五）～寛平一〇年（八九八）頃	宮内庁書陵部等	
6	『扶桑集』	三善清行※一	貞観一九年（八七七）※二	徳川ミュージアム・国立公文書館内閣文庫・静嘉堂文庫等	※一『扶桑集』は紀斉名が編者。収載の清行の詩序に『論語義疏』を利用した可

					能性が高い文辞が存する。 ※二　清行が詩序を作成した年。
7	『本朝文粋』	菅原淳茂[※一]	延喜八年（九〇八）[※二]	久遠寺身延文庫・京都大学附属図書館菊亭文庫（寄託）・国立公文書館内閣文庫・国立国会図書館・静嘉堂文庫・大和文華館・陽明文庫[※三]	※一　『本朝文粋』は藤原明衡が編者。収載の淳茂の対策文に『論語義疏』を利用した可能性が高い文辞が存する。 ※二　淳茂が対策文を作成した年。 ※三　淳茂の対策文所載の『本朝文粋』巻三が残存する写本。
8	『本朝文粋』『扶桑集』	源順[※一]	康保三年（九六六）[※二]	『本朝文粋』[※三]は久遠寺身延文庫・京都大学附属図書館菊亭文庫(寄託)・国立公文書館内閣文庫・国立国会図書館・静嘉堂文庫・大和文華館・陽明文庫 『扶桑集』は徳川ミュージアム・国立公文書館内閣文庫・静嘉堂文庫等	※一　『本朝文粋』『扶桑集』各々に収載の源順の詩序に『論語義疏』を利用した可能性が高い文辞が存する。 ※二　源順が詩序を作成した年。 ※三　源順の詩序所載の『本朝文粋』巻九が残存する写本。
9	『妙法蓮華経釈文』	中算	貞元元年（九七六）	醍醐寺	
10	『弘決外典鈔』	具平親王	正暦二年（九九一）	久遠寺身延文庫・称名寺（金沢文庫へ寄託）等	
11	『政事要略』	惟宗允亮	長保四年（一〇〇二）頃	大阪市立大学学術情報総合センター福田文庫等	

12	『小野宮年中行事裏書』	藤原実資	長元二年（一〇二九）以後	歴博	撰者の生歿年九五七～一〇四六。
13	『三教指帰注集』	成安	寛治二年（一〇八八）	大谷大学博物館	
14	『般若心経秘鍵開門訣』	濟暹	承徳元年（一〇九七）	高野山宝寿院・高野山光台院（高野山大学図書館へ寄託）・高野山大学図書館高野山増福院文庫・智積院智山書庫	
15	『台記』	藤原頼長	康治元年（一一四二）・同二年（一一四三）・天養元年（一一四四）※	国立公文書館内閣文庫・宮内庁書陵部等	※『論語義疏』講読の事跡が認められる年。
16	『日野家代々年号勘文自応保度至応安度』	藤原資長※一	永暦二年（一一六一）九月四日に応保に改元※二	歴博	※一 勘申者名。※二 応保に改元された年月日。
17	『往生要集外典鈔』	平基親	建永元年（一二〇六）以前カ	真福寺寳生院真福寺文庫（大須文庫）	撰者の生歿年一一五一～歿年不詳。
18	『三教指帰注』	覚明	平安時代末期～鎌倉時代初期成立カ	慶應義塾図書館（慶應義塾大学三田メディアセンター）	撰者の生歿年不詳。
19	『和漢朗詠註略抄』	無名カ	平安時代末期～鎌倉時代初期	不明	撰者の生歿年不詳。
20	『令義解』「上表文」の注釈	不詳	鎌倉時代以前	国立公文書館内閣文庫・歴博等	
21	『全経大意』	不詳	不詳	金剛寺	藤原頼長の学問との近縁性が指摘されている（一五）。

凡例

○成立年代が不詳のものは、参考として備考覧に撰者の生歿年を西暦で記した。

右の一覧から、次のことが看取される。

『論語義疏』が日本古代に於いて、律令（表（6）の1・2・3・11・20）・仏教（4・9・10・13・14・17・18）・宮廷儀式（11・12・16）・文学（6・7・8・19）の各分野に関わる典籍資料に引用され、親王（10）・上流貴族（12・15）・中級官人（6・7・8・11・16・17）・下級官人（1・2・3）・釈家（4・9・13・14・18・19）の各階層（一六）にわたり、広範に利用されていたことが見て取れる。釈家については、真言（4・13・14・18）・天台（10）・南都仏教（9）・浄土教（17）の章疏解釈の際等に利用されていたことが言える。

以下、時系列に従って見ていく。

八世紀～九世紀の明法官人では、「古記」が大宝令を、「釈」及び「讃」が養老令を注釈する際に『論語義疏』を利用し、それら『論語義疏』の引用を含めた各注釈を明法博士惟宗直本（生歿年不詳）が『令集解』編纂（貞観年間〈八五九～八七七〉頃）に際して、利用した。更に、前節で述べた如く、『令集解』に引用される「古記」は天平一〇年（七三八）頃、「釈」は延暦六～一〇年（七八七～七九一）、「讃」は弘仁・貞観期（八一〇～八七七）頃にそれぞれ成立したとするのが通説であり、（一七）従って、『論語義疏』の引用として確実な初見は、「古記」が引用するものと見なしてよかろう。してみれば、『論語義疏』は天平一〇年頃には、既に日本に伝来していたことは明らかである。

九世紀前半では、弘法大師空海（一八）（七七四～八三五）が『秘密曼荼羅十住心論』（天長七年〈八三〇〉頃成立）に於いて、『論語義疏』を引用している。空海は、讃岐国多度郡の佐伯直田公の男、初名は真魚と言う。伊予親王の侍講である舅父（母方の伯叔父）の阿刀大足から、『論語』・『孝経』、史伝、文章等を、大学寮にあっては直講味酒浄成に『毛詩』・『春秋左氏伝』・『尚書』を、更に明経博士岡田牛養に『春秋左氏伝』をそれぞれ学んだ。該書の他、空海の撰した『三教指帰』・『文鏡秘府論』・『篆隷万象名義』・『遍照発揮性霊集』の内容から、空海の漢籍・漢学の学識が見て取れるが、その素地として、右に触れた官人から伝授された漢籍・漢学の知識があったことが言えよう。その一端を顕すのが『秘密曼荼羅十住心論』に引く『論語義疏』であって、空海が『論語義疏』を講読していたことは想像に難くない。更に、空海の出自も注目される。空海は讃岐国佐伯直氏の出身であり、同族には、初代東寺長者に就任した実恵（一名、檜尾僧都・道興大師）がいた。実恵は、漢学の素養があり、書博士佐伯直葛野と同佐伯直酒麻呂に儒学を学んでいる。佐伯直葛野は田公の孫、すなわち空海の甥、酒麻呂は田公の男、すなわち空海と兄弟の関係に当たり、また、酒麻呂の男の豊雄も書博士となっている。このように、讃岐国の佐伯直氏から多くの書博士を輩出していることも、空海の漢籍・漢学の学識を養う上で、基底になったと考えられるだろう。更に、母方の本家に当たるのは、石上宅嗣であることも注目に値する。宅嗣が、（一）経書・史書を好み、多くの典籍に精通していたこと、（二）草書・隷書に巧みであったこと、（三）詩賦を残していること、（四）私邸を捨てて阿閦寺とし、その一角に外典を収蔵した院を設け、芸亭と名付けたこと、等から、母方の阿刀氏の漢籍・漢学の素養の高さとともに、石上宅嗣の存在も、空海の漢籍・漢学の学識、書の才と無関係ではあるまい。

九世紀後半では、三善清行（八四七〜九一八）が貞観一九年（八七七）に作成した詩「仲春釈奠講論語賦有如明珠并序」の序（『扶桑集』巻九収載）に、『論語義疏』から得た知識を活用、ないしは『論語義疏』を利用したと推測される文辞が存する。[一九] 清行は、百済帰化系氏族三善氏の出身で、淡路守氏吉の男。菅原道真・紀長谷雄と並ぶ碩儒として知られる。文章生となり巨勢文雄に師事し、文章得業生に選ばれた後、方略試を受けたが不第となり（問答博士は菅原道真）、その後対策に及第し、大学少允・少内記・大内記・肥後介・備中介・刑部大輔・文章博士・大学頭・式部少輔・式部権大輔・式部大輔等を歴任し、参議、後に兼宮内卿に至った。[二〇] 清行の経歴から見て漢籍に通じていると察せられること、また清行による、「請改元応天道之状」（『革命勘文』。昌泰四年〈九〇一〉）の勘中、「意見十二箇条」（延喜一四年〈九一四〉）の上奏、「藤原保則伝」（延喜七年〈九〇七〉）・「詰眼文」（延喜一三年〈九一三〉）等の伝記や散文の作成を見ても（一一）、紀伝道を始めとして、広く漢籍・漢学・漢詩文に精通し、易筮・讖緯等の術（一二）数学等にも優れていたことが看取されよう。以上の如き、学識を身につけていく中で、『論語義疏』も講読したと思われる。

一〇世紀の、初頭に菅原淳茂、後半に源順の両者に『論語義疏』利用が窺われ、後半には中算が『論語義疏』を利用している。

延喜八年（九〇八）八月一四日に行われた方略試に於いて、問者三統理平の策問「鳥獣言語」に対し、菅原淳茂（生年不詳～九二六）が作成した「鳥獣言語対策」（『本朝文粋』巻三 対冊所載）に、『論語義疏』より得た知識を活用、ないしは『論語義疏』を利用したと推測される文辞が存する（一三）。淳茂は、菅原道真の五男で、文章得業生の時、道真の左遷とともに播磨に配流となったが、その後対策に及第し、式部丞・式部権大輔・大学頭・右中弁・文章博士を歴任した。淳茂の漢学講究を窺わせる事跡に、延喜一九年（九一九）一一月に醍醐天皇から大学での『漢書』講義を命じられたこと、同二三年（九二三）三月七日に大学北堂に於いて『漢書』竟宴が催され、甥の菅原文時（高視の男）等とともに参列したことが挙げられる。菅原氏は、周知の如く、淳茂以前を見るに古人・清公・是善・道真・淳茂と文章博士を輩出した、紀伝道を家学とした家である。右に掲げた事例から、淳茂は『漢書』に通じていたことが察せられる。また、淳茂の経歴から見ても漢籍・漢学に通じており、その一端が「鳥獣言語対策」に顕れている。このように、淳茂は家学の紀伝道、『漢書』に精しいばかりではなく、広く漢籍・漢学・漢詩文に通じていたと推せられ、その学識の一斑として、『論語義疏』の存在が窺われよう。

源順（九一一～九八三）が、康保三年（九六六）の夏に作成した詩「夏日陪右親衛源将軍初読論語各分一字」の序（『本朝文粋』巻九 序乙 詩 序二 論文、『扶桑集』巻九に各々収載）の文飾に『論語義疏』を利用したと推測される。(二四) 順は、嵯峨源氏の出身、曾祖父大納言源定、父源挙（または攀）。橘在列に師事し、奨学院に在席し紀伝道を学んだ。その後、文章生・勘解由判官・民部少丞・東宮蔵人・民部大丞・下総権守・和泉守・能登守等を歴任した。順は、勤子内親王（醍醐天皇の第四皇女）の命により和訓漢字辞書『和名類聚抄』を撰進、また天暦五年（九五一）に和歌所（別当は蔵人・左近衛少将藤原伊尹）の寄人となり、梨壺の五人（順の他に大中臣能宣・清原元輔・紀時文・坂上望城）の一人として、『万葉集』の読解や『後撰和歌集』の編集に当たった。その他、作詩指南書『作文大体』を撰した。三十六歌仙の一人である。以上の如く、順が歌人として名高いのは言うまでもない。更に、多くの漢詩文が『本朝文粋』・『扶桑集』に遺っていることや順の撰述書から、和歌のみならず、漢詩文・漢籍にも通暁していたことが看取される。順は、後述する、具平親王を中心とする論壇に集った文人の一人でもある。以上のことから勘案するに、順は漢詩文・漢籍に通暁しており、その素地として、『論語』注釈書の『論語義疏』も講読していたかと思われる。

中算（九三五～九七六）の撰に係る『妙法蓮華経釈文』の中に『論語義疏』の引用が認められる。中算は、興福寺松室貞松房に住した学侶である。(二五) 該書の撰述の経緯については、(二六) 序に、藤原文範（九〇九～九九六）の命を受けて貞元元年（九七六）に脱稿したことが記され、更に巻下末葉の奥書によると、清書せぬうちに中算が歿したため、弟子の真興が師の遺命を受けて完成させ、文範に献上したことが記されている。

該書の撰述を中算に依頼した藤原文範は、北家長良流出身の儒者で、経歴を見ると文章生を経て、少内記・蔵人・式部少丞・式部大丞・右衛門権佐・左少弁・右中弁・左中弁・内蔵頭・右大弁・蔵人頭・左大弁・参議・大蔵卿・権中納言・中納言・民部卿等に任ぜられた[二七]が、とりわけ文章生の後、内記・式部丞・弁官を歴任したことが注目される。文範は文章生出身であるから、漢籍を学んでおり、漢籍・漢学・漢詩文に通じていたことが推測される。

該書は、『法華経』の字句を抄出し、音義訓釈を施した字書的性格を有するものである。中算は、該書の引用漢籍を見ても、内典に止まらず外典（漢籍）、就中、訓詁学に精達していたことが窺われよう。従って、漢唐訓詁学のうち、義疏の学の素養も当然具有していたと推測され、『論語義疏』の引用が認められることがそれを顕していると言えよう。更に、書名に「釈文」の名が付されていることから、奈良時代書写と推定されている興福寺所蔵『経典釈文』（第十四礼記音義）との関係が想起されよう。興福寺には、『経典釈文』（第十四礼記音義）の他に奈良時代または平安時代初期の書写と推定されている『講周易疏論家義記』残巻[二八]が蔵されている。また、奈良時代から平安時代前期の興福寺の学侶善珠の『唯識義灯増明記』に於いても義疏類が引用されている[二九]。『妙法蓮華経釈文』・『経典釈文』（第十四礼記音義）・『講周易疏論家義記』残巻や『唯識義灯増明記』は、奈良時代から平安時代中期の南都法相宗に於いて、漢籍・漢学、とりわけ義疏の学が講究されたことを示す証左と言えるが、その一つに『論語義疏』の存在が窺われる。

一〇世紀末～一一世紀初頭になると、具平親王[三〇]（九六四～一〇〇九）による『論語義疏』の利用が顕著である。『弘決外典鈔』（正暦二年〈九九一〉成立）を撰述した具平親王は、文章生から大内記となった慶滋保胤や侍読の橘正通に師事した[三一]。

具平親王が『弘決外典鈔』を撰述した背景は、師慶滋保胤を通じて、天台僧増賀上人に教えを受け、叡山横川に於いて止観を学んだことにあり、ある僧侶[三二]に依頼されて、該書を撰し、増賀上人に贈って是正を乞うた。

具平親王は、一〇世紀末～一一世紀初頭の一条天皇の時代に於ける文壇の中心的存在であり、経学・漢詩文・和歌・仏道・管弦・医術に通暁し、能書家でもあった。親交があり、具平親王の書斎桃花閣(三三)に集ったと思しき人物は、先の保胤・正通の他、大江匡衡・大江以言・紀斉名・源順・源為憲・菅原資忠・藤原為時・藤原惟成・高階積善等の中級官人たる文人・学者達、藤原斉信・藤原公任・藤原行成の如き文才に長けた上級貴族達である。具平親王が該博な学殖に裏打ちされた比類無き文人であることは言うを俟たない。更に、『弘決外典鈔』所引漢籍(三四)を見ても、漢籍・漢学の素養が如何に深邃であるかを窺い知れよう。従って、『論語義疏』の講読は言うに及ばず、広範に漢籍を講読していたことは想像に難くない。また、具平親王が漢籍を所蔵しており、それを行成が借用したことは『権記』(三五)から見て取れ、具平親王の人的交流の中での漢籍貸借の一端がわかる。具平親王の書斎桃花閣所蔵の漢籍の一つとして、『論語義疏』が存在した可能性が高いであろう。

一一世紀前半では、惟宗家と小野宮家の周辺で『論語義疏』受容が見られる。

惟宗直本の曾孫または孫と言われている(三六)明法博士惟宗（令宗）允亮（生年不詳～一〇〇九頃カ）が長保四年（一〇〇二）頃に撰述した『政事要略』に於いても、『論語義疏』を利用している。『政事要略』に引用された『論語義疏』の多くは、類書等が介在しない直接引用と推定される(三七)ことから、允亮は、『論語義疏』の鈔本を目睹し得る環境にあったことが推測されることは第三章で述べた。つまり、『論語義疏』の鈔本は、允亮以前から惟宗家に伝来したものであった可能性が考えられる。

他方、小野宮家と『政事要略』は密接な関係にあった。『小野宮年中行事裏書』所引『論語義疏』は、『政事要略』からの間接引用と推定され、実資を始めとする小野宮家の人物は、惟宗家伝来の『論語義疏』を目睹し得る環境にあったであろうことは第三章で述べたが、更に一歩踏み込んで、小野宮家にとっては、有職故実を家学として相伝する上で漢籍・漢学の知識は必須であって、小野宮家は漢籍を所蔵しており、蔵書の中に『論語義疏』が存在していたと推論することも不可能ではあるまい(三八)。

一一世紀後半以降、釈家に於ける『論語義疏』の受容が顕著になる。この傾向は、中世まで綿々と続く。管見の及ぶところ、撰者の事跡が明らかなものは、濟暹(三九)（一〇二五～一一一五）の撰に係る『般若心経秘鍵開門訣』で、これに『論語義疏』が引用される。濟暹は、東密に精通し、仁和寺慈尊院に住した学侶で、南岳房僧都とも称された。濟暹は、空海の遺業を継いで、『遍照発揮性霊集』の散佚した巻第八～巻第一〇を『続遍照発揮性霊集補闕鈔』三巻として編集し補い、一〇巻本とした。これが現行本『遍照発揮性霊集』一〇巻であることは夙に知られている。その他、撰述したものは『遍照発揮性霊集』の注釈書『顕鏡鈔』を始め六六部九五巻を数え、学侶として名高い。仁和寺二世門跡大御室性信入道親王（三条天皇の皇子師明親王）から伝法灌頂を授けられた。『続遍照発揮性霊集補闕鈔』や『顕鏡鈔』を撰述していることから、濟暹は漢籍・漢学に通じており、仁和寺周辺に『論語義疏』を含む漢籍が存在していたことが推測される。

一二世紀前半になると、『台記』の記主である摂関家藤原頼長（一一二〇～一一五六。極官は左大臣）が内大臣在任中に『論語義疏』を講読した事跡が『台記』(四〇)に全五箇条認められる。

まず、頼長の周辺について述べる(四一)。頼長が漢籍を広範に講読し経学・史学に精達していたことは(四二)、『台記』・『台記別記』・『宇槐記抄』を繙けば誰もが首肯できよう。では、以下に頼長が師礼をとった人物を挙げていく（引用は『台記』）。

（一）源師頼

『台記』の中で先師と呼称される源師頼をまず挙げるべきであろう。師頼は、村上源氏の出身で(四三)、左大臣俊房の男。右中弁・左中弁・蔵人頭・参議・大納言等を歴任した人物である。頼長は、師頼が大江匡房から伝授された『漢書』を学んだ。康治二年（一一四三）九月二九日条に「漢書九十二巻、保延四(一一三八)年、本紀、霍光傳、馮奉世傳、叙傳下、受先師御説、（以下略）」とあり、『漢書』は師頼の講説を受けたことが記されている。

（二）藤原令明

令明は式家の儒者で、明衡の男敦基（大内記・文章博士・大学頭等を歴任）の男である。令明は秀才・対策に及第し、大内記等に任ぜられ、また、摂関家の家司も務めた。康治二年八月二八日条に「意于令明者、幼少時私習孝經、又長習文選一部」と、同年九月二九日条に「李氏註文選六十巻自筆抄、保延六年(一一四〇)受子金柱下説、同五年八月廿一日始之、六年五月十五日終之、」と各々あり、頼長は令明から『孝経』・『文選李善注』を学んだことが記されている。また、同年八月二四日条に「大内記藤令明余師也、俄疾病、将死之由、其子敦任(藤原)告送、（中略）紀傳儒、敦光、成佐等外、其才無及令明者、惜哉惜哉、生年七十」と記し、師である令明を紀伝道の儒者として高く評価し、その死を惜しんだことが看取される。

（三）藤原敦光(四四)

敦光は令明と同族で、明衡（式部少輔・文章博士・東宮学士・大学頭等を歴任）の男。敦基の弟。詩文の才に優れ、当該期の大儒として知られる。頼長は、読書始の儀に於いて、大内記・文章博士・大学頭・式部大輔を歴任した式家の敦光を師とし、『史記』五帝本紀を読んだ。康治三年〔天養元年〕（一一四四）四月二〇日条に「式部大輔敦光朝臣子二、依重悩出家、雖非鳴才、雜筆冠絶當世矣、天亡斯文歟」と敦光を評したが、敦光の死に際して、天養元年一一月一日条に「朝召伶人擧樂、人傳云、式部大輔入道敦光、以去月廿八日入滅、余驚罷伶人、依為師也、件人、書始時師也、其外無所習、然而、非可無尊敬」とある。「件人、書始時師也、其外無所習」と記しつつも、敦光に敬意を表し、その死を悼んだことが看取されよう。

（四）中原師安

師安は師遠（大外記・主計頭・明経博士等を歴任）の男。明経准得業生から、大外記・直講・助教・明経博士等を歴任した。康治二年九月二九日条に「古文孝經、保延五年受子師外史説、十月七日習之、」、「御注孝經一巻、保延六年受子師外史説、五月九日習之、同」、「論語十巻、保延三年、受子師外史説、十一月十六日始之、同五年九月十日終之、」と各々あり、師安から、保延五年（一一三九）一〇月七日に『古文孝経』、保延六年（一一四〇）五月九日に『御注孝経』を学び、保延三年（一一三七）一一月一六日から同五年九月一〇日まで『論語』を学んだことが記されている。また、康治二年八月一六日条に「今夜大外記兼助教師安朝臣應召參上、其坐前少納言俊通（源）上、第一坐也、是爲余師、又爲助教之故也」と、師安が頼長の師であり、且つ助教であることから、第一の座に着したことが記されている。

（五）藤原成佐

駿河守行佐の男。成佐は、頼長の家司を務めるとともに、文章得業生から、蔵人に補され式部丞を兼ね、後に頼長の推輓により、久安四年（一一四八）一月二八日に上臈一二人を超越して式部権少輔に補任された。康治二年七月一三日条に「學左氏事、（中略）次一反、□委首付、先以成君（藤原成佐）令披挍（イ重）摺本、予又不審之所重校摺本、又本成君（イ佐）所作之圖、予重書入安事（イ案）」とあり、『春秋左氏伝』学究に際し、成佐に版本をひらいて校合させ、頼長自身は不審な箇所を再度版本と校合したこと、また成佐が作成した図に基づいて頼長が重ねて案語を記したこと、同年一〇月一二日条に「成佐來、余云、明年甲子革命也、将有仗儀、豫可學其事、（中略）爰仰成佐令點周易、又可校摺本之由仰之」とあり、翌年の甲子革命の仗儀への対応策として予め学んでおくべきことを成佐に相談し、成佐に『周易』に加点させ、版本と校合させたこと、同年一二月一五日条に「周易點訛〔訛カ〕謬、問成佐正改」、同年一二月三〇日条に「與成佐對正改易點」と度々成佐に『周易』の点を改正させていること、同三年一月九日条に「終日、與成佐正改周易畧例點紕〔イ訛〕謬」と成佐に王弼『周易略例』の点の誤りを改正させていること、天養二年（一一四五）六月三日条に「與成佐談禮記事」と、各々記されている等、頼長は、成佐とともに『春秋左氏伝』・『周易』等を講究し、『礼記』を談義したこと等が看取される。成佐は以上の如く、『周易』の講究に関する記事が多く、とりわけ『周易』に長じていたと推測される。また、康治二年一二月一八日条に「依例講禮記、（中略）講師成佐、（中略）余成佐弟子也」とあり、成佐の弟子であると記している。前掲（二）藤原令明で触れた如く、成佐を、紀伝儒として式家の令明・敦光と同列に評していることからも、頼長から高い評価を得ていたことが推される。

（六）藤原（高階）通憲（信西入道）(四五)

通憲は南家の出身で、実父は文章生出身の蔵人実兼。曾祖父藤原実範（文章博士・大学頭等）以来の儒家であったが、父実兼の急死により、姻戚の高階経敏の養子となった。博学として知られた。官途は少納言に至った。康治三年（一一四四）二月一日条に「少納言通憲、方人、來言談、依慶申也、余講習易筮成卦之法、對云諾」とあり、頼長が通憲より易筮成卦の法を学んだことが記されている。康治三年〔天養元年〕五月九日条に「爲易筮師、且爲當世才士」とあり、通憲が頼長の易筮の師であると同時に、當代に於ける才士であることが記されている。なお、康治二年九月八日条に「日向前吏通憲與入疏尚書、余不堪感、題絶句一首報之」とあり、通憲から頼長に「入疏尚書」(四六)が与えられたことが記されている。

（七）源俊通

醍醐源氏出身の源俊通は、弾正大弼明賢の男。頼長の家司。少納言在任中及び辞して後、頼長が主催する『礼記』・『春秋』・『老子』等の談義の講師・問者を務めた。頼長に常に近侍した。

この他にも、頼長と交流があり、講究・談義に列した人物は、令明の男藤原敦任、久安六年（一一五〇）に頼長の推輓により直講に補された清原頼業（頼長の歿後、大外記・明経博士等を歴任）、菅原時登（式部少輔・文章博士・大学頭等を歴任）の養子菅原登宣、中原師安の弟中原師元（音博士・大外記・直講・助教等を歴任）、頼長の家司で大少外記等を歴任した中原広季、和歌・漢詩文に優れた歌人・詩人として著名な北家頼宗流藤原基俊の孫藤原孝能[四七]、藤原友業[四八]、等を挙げることができる。

源師頼は上級貴族であるが、頼長の周辺に集った者の多くは、中下級の官人である文人・学者達である。頼長は、彼らと交流をするとともに、自らも研鑽し、当代随一の漢籍・漢学の学識を身に付けていったことが窺われる。また、頼長の漢籍講究・談義に列した者の一部は頼長の家司を務め、頼長の家政や政治を支えていた[四九]。

では、実際に『台記』に見える『論語義疏』の記事を見ていく。

①『台記』康治元年（一一四二）七月八日条

　見始論語皇侃疏、

②『台記』同年同月二九日条

　論語皇侃疏十巻、見了、

③『台記』康治二年（一一四三）九月二九日条（当該条は、史料纂集本『台記』では九月三〇日条とする）

　同〔論語〕皇侃疏十巻、首付、書本書裏、康治元年、

④『台記』同年一二月七日条

而依人〔イ俗〕傳云、學此書〔周易〕者有凶云々、又云、五十後可學云々、余案之、此事更無所見、如論語皇侃疏者、少年可學之由、所見也、

⑤『台記』天養元年（一一四四）一二月二四日条

先使定安〔清原〕參大學、所請、披覽之書、五經正義、公羊解徽、穀梁疏、論語皇侃疏、孝經述義等也 皆見之、首付勾要文了、

①・②からは、康治元年の七月八日に『論語義疏』を読み始めて、同月二九日に読み終えたことが知られる。二二日間の短期間で読了したことになり、頼長の深遠な学識が窺われる。③は、頼長の所学目録が記されており、康治元年（①・②を指す）に『論語義疏』を読了したこと、首書を『論語義疏』の紙背に記したこと、を示している。④は、『周易』を学ぶと不吉であり、また五〇歳以後に学ぶべきであるという俗説について、頼長は、証拠は無く、『論語義疏』は若い時に学ぶべきであると見えることを、述べている。⑤は、頼長が予め助教の清原定安を大学に遣して『五経正義』・『公羊解徽』[五〇]・『春秋穀梁伝疏』・『論語義疏』・『孝経述義』を請求して、全て講読し、これらに首書を付し、要文に鉤点を付け終えたことが見て取れる。

なお、『台記』の記事を後世に抄出した『宇槐記抄』[五一]の仁平元年（一一五一）九月二四日条に、頼長が劉文冲と名乗る宋商人に「求書目録」を提示し、入手を依頼した漢籍が記されている。この「求書目録」は、先年に藤原成佐が他の宋商人から得た情報を基に作成したものである。「求書目録」には『論語』注釈書の名が見える。以下に示す。

名賢論語會解

論語會

全解
正義
秀義
志明義
述義
論語律

の八種の注釈書を挙げている。[五二]八種のうち、撰者を同定し得るのは、『論語述義』[五三]は隋の劉炫（生歿年不詳）、『論語正義』[五四]は北宋の邢昺（九三二～一〇一〇）、『論語全解』は北宋の陳祥道（一〇五三～一〇九三）の三種のみで、他の五種は管見の及ぶ限り詳らかではない。ただし、頼長が当該条に見える『論語』注釈書を、その後入手することができたか否かは記録に見えないが、存在を知り得ていたことは確かであろう。ここから、頼長の『論語』注釈書受容・講読の傾向を俄かには推測し難いが、義疏学の『論語述義』、及び『論語義疏』と『論語正義』とともに、宋学の『論語全解』の入手を依頼したことは、中世に至り本格的に受容される宋学の濫觴を検討する上で看過し得ない事跡である。[五五]

頼長は『論語義疏』を講読していた。また、清原定安を大学に遺したことから見て、定安も『論語義疏』の存在を知り得ており、更に当時の大学に『論語義疏』が蔵せられ、講読に供せられていたことが推測される。従って、平安時代末期、一二世紀の公家社会には、かなり広範囲に『論語義疏』が流布通行していたことがわかる。

一二世紀中葉では、北家内麿流の日野流（資業流）の参議・左大弁藤原資長（一一一九～一一九五）が、年号勘文を勘申し、その典拠に『論語義疏』の文辞の利用が認められる（『日野家代々年号勘文自応保度至応安度』所引）。[五六]二条天皇の永暦二年（一一六一）九月四日に「天下疱瘡」のため、応保に改元された。この改元に際して、資長は、年号勘文として「天統」と「応保」を勘申し、「天統」の典拠に『論語義疏』及び『周礼』、「応保」の典拠に『尚書』の各書を提示した。資長は、中納言実光の二男。経歴を見るに、秀才に及第、六位蔵人等を経て、対策に及第、右少弁・五位蔵人・右中弁・阿波権介・左中弁・右大弁・蔵人頭・参議・左大弁・勘解由長官・周防権守・権中納言等を経て、民部卿に至った。また、文章博士にも任ぜられた。主として蔵人・弁官を歴任したことが見て取れる。右の如く（一）資長が秀才・対策に及第し、文章博士に任ぜられたこと、（二）資長の出身である北家日野流は、資長の頃には他の氏族より、多くの文章博士を輩出し、その職を世襲したこと（五七）、（三）主として弁官を歴任したことの各々から、資長は、（五八）家学として紀伝道を身につけ、更には広く漢籍を講読し、漢籍に通じていたことが窺われ、漢籍・漢学・漢詩文の深い知識を具有していたことは想像に難くない。資長が『論語義疏』を講読していたと想定することも不可能ではあるまい。また、資長が多くの典籍・文書・記録類を蔵していたことを示す記事が、九条兼実の日記『玉葉』（五九）安元三年（一一七七）四月二九日条に、

　隆季卿文書不残一紙焼失了云々、又隆職文書多以焼了、官中文書払底歟、凡実定・隆季・資長・忠親・雅頼・俊経、皆富文書家也、今悉遭此災、我朝衰滅、其期已至歟、可悲々々、又尹明（藤原）文書六千餘巻同以焼了云々、

とあり、藤原隆季の典籍・文書・記録類が一紙も残らず焼失し、小槻隆職の典籍・文書・記録類も多数焼失し、太政官の文書・記録類が払底したこと、藤原（徳大寺）実定・藤原隆季・藤原資長・藤原忠親・源雅頼・藤原俊経は蔵書家であったが悉く罹災したこと、藤原尹明の典籍・文書・記録類六千餘巻も焼失したこと、等が記されている。以上のことから、禁裏・貴族・官人達の蔵書の多くが灰燼に帰したことが看取され、資長が安元の大火

に罹災するまで多くの典籍・文書・記録類を蔵していたことがわかる。資長の経歴や文章博士世襲氏族出身であることから見て、資長の蔵書に、漢籍が含まれていたと推測することもできよう。

一二世紀後半から一三世紀初頭では、平基親[六〇]（一一五一～歿年不詳）が撰述した『往生要集外典鈔』[六一]（建永元年〈一二〇六〉以前成立カ）に『論語義疏』の引用が認められる。基親は、桓武平氏高棟流の行親の六世孫である。基親は建永元年に出家し、法然上人に帰依した。『往生要集外典鈔』の他に『官職秘抄』・『帝王広系図百巻』・『雑例抄』・『選択本願念仏集序』・『善導和尚画讃』・『浄土五観図縁起』を撰述した。これらの典籍を撰述する素養の源泉と思しき存在について、『玉葉』[六二]安元三年七月一八日条に、

> 文書燃失事、時範（平）・定家（平）・親範（平）三代記録、大都取出了、但三分之一焼了、其外史書之類、少々出了、自餘七百餘合併以焼失、十代之文書一時滅亡、是家之尽也云々、

と記し、安元の大火に罹災するまで、基親の家は「日記の家」[六三]として累代の記録類を所蔵していた他、史書等の典籍・文書類を多く所蔵していたことが看取される。また、基親の官歴を見ると、国司を経て、勘解由使次官・蔵人・右少弁・左少弁・権右中弁・右中弁・右大弁・左大弁・兵部卿等と主に弁官を歴任した。[六四]このように、（一）『官職秘抄』以下、多くの著作があること、（二）基親が弁官を歴任したことから、基親が和漢の書に通じていたことが窺われよう。

ただし、表（6）に掲げた如く『三教指帰注集』[六五]・『三教指帰注』・『和漢朗詠註略抄』・『全経大意』も『論語義疏』を引用しているが、その撰述者については、不詳な点が多い。よって、これらについては、今後の課題としたい。

なお、時期は『令集解』より若干降るものの、平安時代初期に存在した漢籍を知る上で重要な手がかりとなる

蔵書目録として、藤原佐世（八四七〜八九七）による『日本国見在書目録』（前掲表（6）の5）がある。佐世は式家出身で藤原基経の家司を務め、菅原是善の門下で文章博士・大学頭・右大弁・左少弁・右少弁・式部少輔等を歴任した中級官人である。(六六)

本目録は、貞観一七年（八七五）正月二八日に後院である冷然院が焼失し、その蔵書も烏有に帰したことが編纂の契機となり、焼失後、残存した漢籍の目録を作成したものとする説があり、(六七)成立期は貞観一七年以降説や寛平年間（八八九〜八九八）説がある。(六八)これに対し、寛平三年以前、すなわち仁和四（八八八）・五年から寛平元・二年頃に存在した漢籍の目録とする説、等が存する。(六九)本目録の編纂意図や性格は、俄かには何れの説とも断じ難いが、九世紀後半頃には成立していたことになろう。

本目録の論語家に、(七〇)

論語十巻鄭玄注

論語十巻何晏集解

論語六巻陸善経注

論語義疏十巻皇侃撰

論語疏十巻褚仲都撰

論語六巻

論語義一巻

論語音一巻

論語弟子録名一巻

論語私記三巻
孔子正言廿巻梁武帝撰

の各注釈書が著録されている。これらのうち、書名・撰者・成立時代を同定し得るのは、「論語十巻鄭玄注」は後漢の鄭玄の『論語鄭玄注』、「論語十巻何晏集解」は三国魏の何晏の『論語集解』、「論語義疏十巻皇侃撰」は六朝梁の皇侃の『論語義疏』、「論語疏十巻褚仲都撰」は六朝梁の褚仲都の『論語疏』、「論語義一巻」は東晋の王濛（三〇九～三四七）の『論語義』、「論語音一巻」は東晋の徐邈（三四四～三九七）の『論語音』、「論語弟子録名一巻」は後漢の鄭玄の『論語孔子弟子目録』、「孔子正言廿巻梁武帝撰」は六朝梁の武帝蕭衍（四六四～五四九）の『孔子正言』である。[七一]

従って、『論語義疏』を含むこれら『論語』注釈書は、平安時代初期、九世紀末の冷然院周辺の公家社会等、佐世が目睹し得るところに存在していたことが推測される。

むすびに

縷々述べてきたが、本章では、次のことが明らかになった。

皇侃の『論語義疏』は、「古記」成立期である天平一〇年（七三八）頃には既に日本に伝来しており、奈良・平安時代を通じて、親王・上級貴族・中下級の官人・釈家に受容され、広範に浸透していたであろうことは、推測に難くない。

まず、八世紀～九世紀では、「古記」・「釈」・「讃」の撰者の下級官人たる明法官人によって、律令解釈のため、『論語義疏』が利用され、また九世紀後半には中級官人の三善清行が詩「仲春釈奠講論語賦有如明珠并序」の序の文飾に、『論語義疏』を利用、ないしは『論語義疏』より得た知識を活用していたことが推測される。次いで、一〇世紀初頭では中級官人の菅原淳茂が「鳥獣言語対策」の作成に、同世紀後半では中級官人の源順が詩「夏日陪右親衛源将軍初読論語各分一字」の序の文飾に、各々『論語義疏』を利用、ないしは『論語義疏』より得た知識を活用していたと推測される。一〇世紀末～一一世紀初頭に於いては皇胤である具平親王が『止観輔行伝弘決』講究のために『論語義疏』を利用していた。更に、一一世紀前半では、中級官人の明法博士惟宗允亮が朝儀・吏務の先例を明らかにするため、上流貴族の右大臣藤原実資（小野宮家）が有職故実の理解のため、『論語義疏』を利用していた。また、釈家では、九世紀で空海、一〇世紀後半で法相宗興福寺の中算が『論語義疏』をそれぞれ利用していたが、一一世紀後半に至ると、外典講究の一環として『論語義疏』の利用が顕著になっていく。そして、一二世紀前半では、上流貴族たる摂関家の藤原頼長が幾多の漢籍を講読したが、その一つとして『論語義疏』を講読していた。一二世紀中葉では中級官人である文章博士世襲氏族日野流の藤原資長が年号勘文に、一二世紀後半から一三世紀初頭では「日記の家」として記録類を襲蔵した中級官人の平基親が『往生要集外典鈔』に、それぞれ『論語義疏』を利用していた。

此の如く、古代を通じて連綿と『論語義疏』が受容されたが、とりわけ、具平親王と藤原頼長の周辺では、特徴的な漢籍・漢学の講究・談義の「場」が存在した。一〇世紀末～一一世紀初頭に具平親王の周辺に、文才に長けた上流貴族や、中級官人である文人・学者が多く集まり、論壇が形成された。更に、一二世紀前半に於いては、藤原頼長の周辺に、やはり中下級の官人等の文人・学者が多く集まり、論壇が形成されていた。具平親王や頼長の両者の周辺に集った中級官人は、弁官、外記、内記、式部省の何れか、ないしはこれらのうちの幾つかに補任された官歴を有する者が多い傾向がある。具平親王と頼長は、何れも当代随一の漢籍・漢学の学殖を有しており、両者を中心とする論壇では、漢籍・漢学の講究・談義が行われていた。講究・談義の題材の一つとして、講読されていたものが、『論語義疏』である。

また、九世紀後半に三善清行、一〇世紀初頭に菅原淳茂、同世紀後半に源順、一二世紀中葉に藤原資長が『論語義疏』を利用、ないしは『論語義疏』より得た知識を活用していたと推測されることは既に述べたが、四者は皆、大学寮で紀伝道を学んでおり、源順以外は文章博士に任ぜられた経歴を有する。この事実と、一二世紀前半に藤原頼長により清原定安が大学に遣わされ、『論語義疏』等の漢籍を請求していることを勘案すると、三善清行・菅原淳茂・源順・藤原資長の個人の蔵書に『論語義疏』が含まれていた可能性を想定することもできようが、鄙見は、学令には規定されていないものの、少なくとも九世紀後半から一二世紀中葉頃まで、大学寮に『論語義疏』が存在し、講読に供されていたと推測する。

日本古代に於ける『論語』注釈書について、養老学令では、『論語鄭玄注』並びに何晏の『論語集解』が必須の教授書目として規定されたが、実際は、『論語集解』とともに『論語義疏』も広範に流布通行し、利用されていた。

日本古代に於ける『論語』注釈書の利用状況は、大局的に見て、『論語集解』と『論語義疏』がほぼ拮抗しており、両書は参照すべき『論語』注釈書として、何れも闕くべからざる存在であったことが言える。(七二)

注

（一）新訂増補国史大系二二巻『律・令義解』（吉川弘文館、一九六六年）に拠った。
（二）仁井田陞『唐令拾遺』（東方文化学院東京研究所、一九三三年）に拠った。

（三）井上光貞「日本律令の成立とその影響」（〈日本思想大系3〉井上光貞・関晃・土田直鎮・青木和夫校注『律令』〈岩波書店、一九七六年〉「解説」所収。後に『井上光貞著作集 第二巻 日本思想史の研究』〈岩波書店、一九八六年〉所収）を参照。

（四）前掲注（三）を参照。

（五）『政事要略』所引『文選』注釈を介しての『論語』経文の引用が、『文選李善注』に引く『薛綜注張衡二京賦』と推測される注釈を介しての『論語』経文の引用であることは、広島大学大学院文学研究科教授 富永一登氏の御教示に拠る。御礼申し上げる。なお、『薛綜注張衡二京賦』の撰者薛綜（生年不詳～二四三）は三国呉の人で、『薛綜注張衡二京賦』は散佚している。

（六）和田英松「私教類聚 一巻」（和田英松『本朝書籍目録考証』〈明治書院、一九三六年〉所収）を参照。なお、「〔参考〕私教類聚（吉備真備）」（大曾根章介校訂）（〈日本思想大系8〉山岸徳平・竹内理三・家永三郎・大曾根章介校注『古代政治社会思想』〈岩波書店、一九七九年〉所収）に輯佚される。

（七）利光三津夫「我が国に舶載された唐律の註釈書とその逸文」（『史学雑誌』六七編一一号、一九五八年。後に「わが国に舶載された唐律の注釈書」に改題し、利光三津夫『律令及び令制の研究』〈明治書院、一九五九年〉所収）を参照。

（八）興膳宏・川合康三『隋書経籍志詳攷』（汲古書院、一九九五年）に「梁有論語義注図 十二巻 亡。」と著録され、「歴代名画記三古之秘画珍図に、「論語図二巻」が見える」と注記するが、『政事要略』所引『論語図』との関係は不明である。

（九）本書は、国立歴史民俗博物館が所蔵する。函架番号 H―一七六二。

（一〇）和田英松「政事要略考」（『史学雑誌』二六編一一号、一九一五年。後に「政事要略 百三十巻」に改題し、前掲注（六）『本朝書籍目録考証』所収）、太田晶二郎「『政事要略』補考」（『日本歴史』六七号、一九五三年。後に『新訂増補国史大系月報』6〈吉川弘文館、一九六四年〉所収。『太田晶二郎著作集』第二冊〈吉川弘文館、一九九一年〉所収）、虎尾俊哉「政事要略」（坂本太郎・黒板昌夫編『国史大系書目解題』上巻〈吉川弘文館、一九七一年〉所収。後に虎尾俊哉『古代典籍文書論考』〈吉川弘文館、一九八二年〉所収）、所功「『小野宮年中行事』の成立」（『国史学』一二四号、一九八四年。後に所功『平安朝儀式書成立史の研究』〈国書刊行会、一九八五年〉所収）の諸氏の研究により指摘されている。詳しくは、第三章を参照。

（一一）　小島憲之氏は、『国風暗黒時代の文学 上―序論としての上代文学―』（塙書房、一九六八年）「第二章 上代人の学問より表現へ　一 学令の検討　（2）論語・孝経」に於いて、「両者（鄭玄注と何晏『論語集解』―稿者注）が学令に併存するのは、唐令のままを挙げたものに過ぎないのではなかつたか」と述べる。同様の説に、高橋均①「「論語鄭玄注」は日本に伝来したのか―「令集解・穴記」の説を中心として―」（『中国文化』六九号、二〇一一年）、同②「「論語鄭玄注」は日本に伝来したのか（続）」（『中国文化』七〇号、二〇一二年）がある。

（一二）　小島憲之氏は、前掲注（一一）書にて、「学令の記載は、少くとも論語に関する限りでは、鄭玄注の伝来及びその直接の利用について甚だ疑はしい。従つて、学令と云ふ規定にみえる表面上の「名」（条文）と、これを実地に利用した官人学生らの「実」（実行）との間隙《ギャップ》を考慮しなければならない。（中略）学令に見える「鄭玄注」が、単に鄭玄の注を学習すべきことを意味しているならば、前述の如く（『令集解』等に引く鄭玄注―稿者注）、何晏集解にもその引用が到る処にみえるために、それはそれで正しい。しかしそれが「成書」としての「鄭玄注『論語』」を学ぶべきことを意味するものとすれば、やはり学令の記事は文字通り受け取ることができないのではなかろうか。上代に於ける論語学は、何晏集解及び皇侃義疏より始まり、学問としてその訓読訓詁も開始され、展開する」と述べ、鄭玄注が成書としては、利用されていないことを指摘している。前掲注（一一）高橋氏①②論文でも、小島氏と同様の指摘がある。

（一三）　多田伊織「観音寺遺跡出土『論語』木簡の位相～觚・『論語』文字～」〈徳島県埋蔵文化財センター調査報告書第40集〉『観音寺遺跡Ⅰ（観音寺遺跡木簡篇）―一般国道192号徳島南環状道路改築に伴う埋蔵文化財発掘調査―』〈徳島県教育委員会・財団法人徳島県埋蔵文化財センター、二〇〇二年〉所収）を参照。鄙見は前掲序章注（四）を参照。

高橋氏の説については、前掲注（一一）高橋氏②論文及び高橋均「『論語義疏』の伝来とその時期」（高橋均『論語義疏の研究』〈創文社、二〇一三年〉所収）を参照。前掲序章注（四）で少しく触れた。

森新之介『摂関院政期思想史研究』（思文閣出版、二〇一三年）に於いて、『江都督納言願文集』巻第五の大江匡房起草の願文「大北政所奉為故二条殿於高陽院被修八講願文」（氏が底本に選定したものは山崎誠『江都督納言願文集注解』〈塙書房、二〇一〇年〉）に見える「俗返羲皇、道同淳素」、匡房撰『続本朝往生伝』後三条帝条（氏が底本に選定したものは日本思想大系本〈岩波書店〉）に見える「初視万機、俗反淳素」、九条兼実の日記『玉葉』（氏が底本に選定したものは国書刊行会本）に見える「反淳素」の各々を、『論語義疏』先進篇の経「子曰先進於禮樂野人也後進於禮樂君子也」の疏「此孔子將欲還淳反素重古賤今」以下を踏まえた語と推定し、また吉田経房（北家勧修寺流）の日記『吉記』寿永二年（一一八三）六月六日条（氏が底本に選定したものは増補史料大成本〈臨川書店〉）に記載の内大臣徳大寺実定から後白河院への申状に見える「雖為一壇法一社幣、可致如法儀如説誠、不致敬於心、同不祭、是也」（傍線は稿者が私設した）を、『論語義疏』八佾篇に於いて何晏集解が引く苞咸の「不致敬於心与不祭同也」に拠ったものとし、「申状で出典を示さずに註文を引いていることからも、当時同書（『論語義疏』―稿者注）が如何によく読まれていたかが知られる」と述べる。氏は『摂関院政期思想史研究』の結論に「『論語集解義疏』などの漢籍に記された末代の事例を史実として読み込むことで、知らず識らずに末代観が意識に刷り込まれていったと考えられる」と説く。

まず、「淳素」についてであるが、「淳素」は氏が指摘する『論語義疏』の他、『周書』（『北周書』）文帝紀下の「魏大統一一年春三月」に「則淳素之風、庶幾可反」等、他の漢籍にも見える（山崎誠『江都督納言願文集注解』は、「淳素」の用例として、漢籍では右の『周書』の他に『旧唐書』郭子儀伝を指摘する）。更に『周書』は九世紀後半頃には成立していた『日本国見在書目録』（『日本国見在書目録』については後掲注（六七）から（六九）を参照）に著録されていることから、平安時代に我が国に舶載されていたかと推測する。このことから、氏が推定する如く、『論語義疏』先進篇を基にしている可能性もあると思われるが、『周書』を基にしている可能性も捨てきれないのではなかろうか。次いで、徳大寺実定から後白河院への申状に見える「不致敬於心、同不祭」についても、氏の指摘の如く『論語義疏』八佾篇に於いて何晏集解が引く苞咸の説を基にした可能性もあろうが、当然ながら、『論語集解』が引く苞咸の説を基にした可能性も想定されるだろう。以上のことから、森氏の指摘の如く大江匡房・九条兼実・徳大寺実定が『論語義疏』を受容した可能性はあると思われるが、他の漢籍から得た知識の可能性があることも考慮し、鄙見は、これを以て直ちに大江匡房・九条兼実・徳大寺実定の『論語義疏』受容の例証とするのには些か躊躇を覚える。また、氏は行論中「『論語集解義疏』」を書名として使用するが、この書名は、江戸時代寛延三年（一七五〇）に根本武夷が足利学校所蔵室町時代鈔本『論語義疏』を底本にして、校正を加えて刊行した、所謂、根本刊本（根本本）を指す謂いであって、平安時代に通行した『論語義疏』を呼称する書名としては相応しくない。書名は、『論語義疏』とすべきであろう。なお、本書では、『江都督納言願文集』は六地蔵寺所蔵永享七年（一四三五）写本〈六地蔵寺善本叢刊第三巻〉『江都督納言願文集』〈汲古書院、一九八四年〉に依拠）、『続本朝往生伝』は真福寺寶生院真福寺文庫（大須文庫）所蔵建長五年（一二五三）写本〈真福寺善本叢刊〉『往生要集』影印篇〈臨川書店、二〇〇四年〉所収に依拠）、『玉葉』は〈図書寮叢刊〉『九条家本玉葉　一』（宮内庁書陵部、一九九四年）、『同　二』（宮内庁書陵部、一九九五年）、『同　三』（宮内庁書陵部、一九九六年）、『同　四』（宮内庁書陵部、一九九七年）、『同　五』（宮内庁書陵部、一九九八年）、『同　六』（宮内庁書陵部、二〇〇〇年）、『同　七』（宮内庁書陵部、二〇〇一年）、『同　八』（宮内庁書陵部、二〇〇二年）、『同　九』（宮内庁書陵部、二〇〇三年）、『同　一〇』（宮内庁書陵部、二〇〇五年）、『同　一一』（宮内庁書陵部、二〇〇七年）、『同　一二』（宮内庁書陵部、二〇〇九年）、『同　一三』（宮内庁書陵部、二〇一一年）、『吉記』は高橋秀樹編『新訂吉記』本文編三（和泉書院、二〇〇六年）を各々底本とし、『江都督納言願文集』は山崎誠『江都督納言願文集注解』、『続本朝往生伝』は〈日本思想大系7〉井上光貞・大曾根章介校注『往生伝　法華験記』（岩波書店、一九七四年）所収本、『吉記』は〈増補史料大成30〉『吉記』二（臨川書店、一九六五年）をそれぞれ適宜参照した。

『玉葉』に見える「反素」「反淳素」の語について、高橋秀樹『玉葉精読　元暦元年記』（和泉書院、二〇一三年）の九月二〇日条の注釈では森氏の説等を紹介する。九条兼実の漢籍講読の一端を明らかにしたものに、佐藤道生「九条兼実の読書生活―『素書』と『和漢朗詠集』―」（小原仁編『『玉葉』を読む―九条兼実とその時代』〈勉誠出版、二〇一三年〉所収）がある。

その他、内野熊一郎「日本古代（上古より平安初期）経書学的研究」（『日本漢学文芸史研究　東京教育大学文学部紀要』二、一九五五年。後に「日本古代平安初中期経書経句説学研究」に改題し、内野熊一郎著・内野熊一郎博士米寿記念論文集刊行会編『内野熊一郎博士米寿記念論文集　日本漢文学研究』〈名著普及会、一九九一年〉所収）で、幾つかの事例を『論語義疏』受容の徴証として指摘するが、氏が徴証とするものには疑問な点が見受けられる。なお、本書では一々指摘はしない。

（一四）『世俗諺文』は、寛弘四年（一〇〇七）に藤原頼通のために源為憲（生年不詳～一〇一一）が撰述した金言集である。為憲は、文章生を経て、内記・蔵人・式部丞等を歴任した。『世俗諺文』にも『論語疏』が引用されるが、これに合致する文を旧鈔本『論語義疏』に見出すことができない。

『世俗諺文』に引く『論語疏』は、「聞一知十」を説明するために用いられている。以下に引用文を示すと、

　論語疏云顔迴《回》字子淵周時魯人也爲孔子弟子〻曰吾與回言終日無違如愚故子貢曰顔回聞一知十云々

とある。内容から、公冶長篇の経文「對曰賜也何敢望回〻聞一以知十賜也聞一以也知二」に対する疏、或いは為政篇の経文「子曰吾與回言終日不違如愚」に対する疏と見られる。為政篇の疏文に「故言終日不違也」が存するものの、『世俗諺文』所引『論語疏』に対応する文を、皇侃『論語義疏』に見出すことはできない。ただし、為政篇の孔安国注に「回弟子也姓顔名回字淵魯人也」と、同篇の邢昺疏に「子曰吾與回言終日不違如愚者回弟子顔淵也」とそれぞれある。『世俗諺文』に邢昺疏に対応する文が存在することから、『世俗諺文』に引く『論語疏』は、邢昺『論語正義』の可能性も考えられるが、『論語正義』が成立したのは北宋の真宗の咸平二年（九九九）であって、『世俗諺文』が成立したのは寛弘四年である。北宋で成立して九年後には日本に舶載され、既に源為憲が目睹し得る環境にあったか疑問が残る。

注目すべきは、本文に於いて後述する、『宇槐記抄』の仁平元年（一一五一）九月二四日条に、藤原頼長が劉文冲と名乗る宋商人に「求書目録」を提示し、入手を依頼した漢籍の中に、邢昺『論語正義』が記載されていることである。この記事は、『世俗諺文』が成立した時期より、一四四年後の蔵書家であり碩学として名高い頼長が『論語正義』を蔵しておらず、欲していることを示している。このことからすれば、『世俗諺文』所引『論語疏』は、皇侃『論語義疏』でも邢昺『論語正義』でもなく、これら以外の『論語疏』、例えば『日本国見在書目録』に著録される六朝梁の褚仲都『論語疏』一〇巻を想定することができるが、同定し難い。

『世俗諺文』は、「世俗諺文 上巻 観智院本」（〈天理図書館善本叢書 和書之部 第五七巻〉『平安詩文残篇』〈天理大学出版部、一九八四年〉所収）に拠った。源為憲については、岡田希雄①「源為憲伝攷」（『国語と国文学』一九巻一号、一九四二年）、同②「源順及同為憲年譜（上）」（『立命館大学論叢』八輯 国語漢文篇 二号、一九四二年）、同③「源順及同為憲年譜（下）」（『立命館大学論叢』一二輯 国語漢文篇 三号、一九四三年）、大曾根章介「源為憲雑感」（『リラ』八号、リラの会、一

九八〇年。後に『大曾根章介 日本漢文学論集』二巻〈汲古書院、一九九八年〉所収）、速水侑「源為憲の世界―勧学会文人貴族たちの軌跡―」（速水侑編『奈良・平安仏教の展開』〈吉川弘文館、二〇〇六年〉所収）、後藤昭雄「源為憲と藤原有国の交渉について」（『日本歴史』七一五号、二〇〇七年）、褚仲都については、高橋均「論語注釈史考（五）―李充、太史叔明、褚仲都、沈峭、熊埋―」（『東京外国語大学論集』五六号、一九九八年）のそれぞれを参照した。岡田氏①〜③論文は後に〈説話文学研究叢書 七巻〉黒田彰・湯谷祐三編『岡田希雄集』（クレス出版、二〇〇四年）に所収。

なお、『世俗諺文』とその引用漢籍の研究に、遠藤光正『管蠡抄・世俗諺文の索引並びに校勘』（現代文化社、一九七八年）がある。

（一五）後藤昭雄「『全経大意』と藤原頼長の学問」（『成城国文学論集』三三輯、二〇一〇年。後に後藤昭雄『本朝漢詩文資料論』〈勉誠出版、二〇一二年〉所収）を参照。なお、『全経大意』について、後藤氏には「『全経大意』と藤原頼長の学問」の他、「『全経大意』について」（科学研究費（基盤研究（B））研究成果中間報告書（平成二〇年度）課題番号一九三二〇〇三七 研究代表者 後藤昭雄『真言密教寺院に伝わる典籍の学際的調査・研究―金剛寺本を中心に―』所収、二〇〇九年。後に「『全経大意』金剛寺『全経大意』翻刻」に改題し、後藤昭雄『本朝漢詩文資料論』所収）がある。

（一六）本書に於ける僧侶以外の階層分類については、橋本義彦「貴族政権の政治構造」（『岩波講座 日本歴史4 古代4』〈岩波書店、一九七六年〉所収）及び〈日本の歴史5〉土田直鎮『王朝の貴族』（中央公論社、一九六五年）を参考にした。

（一七）前掲注（三）を参照。

（一八）空海とその周辺の人物については、川崎庸之「空海の生涯と思想」（〈日本思想大系5〉川崎庸之校注『空海』〈岩波書店、一九七五年〉所収）、武内孝善①「弘法大師をめぐる諸問題―誕生年次―」（『高野山大学論叢』一七号、一九八二年。後に「空海の誕生年次」に改題し、武内孝善『弘法大師空海の研究』〈吉川弘文館、二〇〇六年〉所収）、同②「空海の出自」（『高野山大学大学院紀要』七号、二〇〇三年。後に「空海の出自―讃岐国佐伯直論―」に改題し、『弘法大師空海の研究』所収）、同③「空海の誕生地」（『弘法大師空海の研究』所収）、同④「阿刀宿禰攷―空海の母の出自をめぐって―」（『高野山大学大学院紀要』一〇号、二〇〇八年）の各々を参照した。武内氏は、②論文に於いて、空海の生誕地は讃岐国ではなく、畿内にある母方の実家阿刀氏説を唱え、空海は幼少年期に阿刀氏で養育され、基礎的な学問を身につけたとの見解を述べる。また、書は佐伯一門の家の学・技藝であった可能性を指摘している。

（一九）『扶桑集』の写本について、中条順子「『扶桑集』伝本考」（『中古文学』二八、一九八一年）にて、諸本のうち彰考館本が依拠すべき写本であることが明らかにされている。現在、徳川ミュージアム（旧水府明徳会）所蔵『扶桑集』（所謂、彰考館本）の原本閲覧ができないため、本書では、徳川ミュージアム彰考館レファレンスルーム（東京事務所）所蔵のマイクロフィルムに拠って調査した。なお、『扶桑集』は適宜、田坂順子『扶桑集―校本と索引―』（櫂歌書房、一九八五年）「校本篇」を参照した。徳川ミュージアム所蔵『扶桑集』を含む諸本については前述した如く中条氏による書誌学的研究が存し、稿者はマイクロフィルムに拠る調査であるため、極簡単な書誌事項を記すに止めておく。

徳川ミュージアム所蔵　扶桑集　存巻七・巻九　一冊　〔江戸時代前期〕写　辰一―〇六一―八五　マイクロリール№23　彰考館旧蔵

袋綴装冊子本。四ツ目綴。外題は表表紙左肩に「扶桒集　全」と打付書。外題の筆跡は本文のそれとは別筆。表表紙右肩に「辰　壱」と捺印された蔵書票貼付。内題は「扶桑集巻第七」と書す。初葉表から同裏にかけ、巻第七の目録が書される。款式は無辺無界、毎半葉八行、一行一六字、注小字双行（注も一行一六字）である。本文書写は江戸時代前期頃と推測され、本文の筆跡は一筆である。詩題は低一格で書す。作者名は、詩題が短い場合は改行せず低九格内外より書し、詩題が長い場合は改行し低九格内外より書す。朱筆かと思われる句点・訂正注記・校異、朱引、等が施される。また、朱筆かと思われる、次の①から③が存する。①脱字箇所に補入符を付し、脱字した文字を補入、ないしは「幾字闕」「闕」と記すもの。②該本の親本もしくは祖本に存在したと思われる脱文を、「〇」を用いてその相当字数を記すもの。③不明字のうち、偏のみ記すものと「本ノママ」と記すもの。尾題は「扶桑集巻第七（第九）」と書す。墨付葉数は巻七 三一葉、巻九 二四葉の全五五葉。遊紙は前後ともに無し。奥書・識語は無し。表表紙外題の下部に単郭方形陰刻印「副」、初葉表右下部に単郭瓢形陽刻印「彰考館」、各一顆を蹈印する。

（二〇）三善清行については、〈人物叢書〉所功『三善清行』（吉川弘文館、一九八九年新装版。初版は一九七〇年）に拠り、坂本太郎「二人の歴史家」（『日本歴史』一一号、一九四八年。後に『坂本太郎著作集 第一一巻 歴史と人物』〈吉川弘文館、一九八九年〉所収）、所功「三善清行伝の補訂」（『芸林』二二巻五号、一九七一年）、阿部猛「三善清行と藤原敦光―平安政治史の断章―」（『日本歴史』二四七号、一九六八年）、大曾根章介①「漢文学における伝記と巷説―紀長谷雄と三善清行―」（『国文学 言語と文芸』六六号、大修館書店、一九六九年）、同②「街談巷説と才学―三善清行―」（『国文学』一七巻一一号、学燈社、一九七二年）、川口久雄『三訂平安朝日本漢文学史の研究 上篇―王朝漢文学の形成―』（明治書院、一九七五年）「第九章 寛平・延喜期の作家と作品　第二節 三善清行の文学と意見封事」、後藤昭雄「三善清行と藤原佐世」（『歴史文化ライブラリー133』〈吉川弘文館、二〇〇二年〉所収）を参照した。大曾根氏①②論文ともに、後に前掲注（一四）『大曾根章介 日本漢文学論集』二巻所収。

（二二）　清行の詩文は、『本朝文粋』等に収録される。『本朝文粋』には、封事一篇、索問一条、書状二篇、序二篇、文一編の計七篇が収められる。詳しくは、大曾根章介「『本朝文粋』作者概説」（『大曾根章介 日本漢文学論集』一巻〈汲古書院、一九九八年〉所収）を参照。

「請改元応天道之状」（『革命勘文』）については、岡田芳朗「三善清行と革命改元」（岡田芳朗・中村恵次・瀬山健一・奥富敬之『日本古代史の諸問題』〈福村出版、一九六八年〉所収）、所功「三善清行の辛酉革命論」（『神道史研究』一七巻一号、一九六九年）、大谷光男「三善清行の『革命勘文』について」（『二松学舎大学論集』一般教育編 創立百周年記念、一九七七年）、佐藤均①「革命勘文・革令勘文について」（『史報』創刊号、一九七九年）、同②「那珂通世の辛酉革命説について」（『岩手史学研究』六八号、一九八四年）、齋藤実「辛酉革命と甲子革令―『易緯』鄭玄注の解釈を中心として―」（『日本大学芸術学部紀要』二〇号、一九九〇年）、武田時昌「三善清行『革命勘文』所引の緯書暦運説」（中村璋八博士古稀記念東洋学論集編集委員会編『中村璋八博士古稀記念東洋学論集』〈汲古書院、一九九六年〉所収）、水口幹記「『革命勘文』における類書・図書の利用について―天文・祥瑞の典拠とその意味―」（『古代文化』五一巻四号、一九九九年。後に「天文・祥瑞の典拠とその意味」に改題し、水口幹記『日本古代漢籍受容の史的研究』〈汲古書院、二〇〇五年〉所収）を参照。佐藤氏①②論文ともに、後に佐藤均『革命・革令勘文と改元の研究』（佐藤均著作集刊行会、一九九一年）所収。

（一二一）『二中歴』第一三 能歴の易筮の項に「善相公」とある。『政事要略』巻二二 年中行事八月上（北野天神会）所引三善清行の「奉菅右相府書」に「某昔者遊學之時、偸習術數」とあり、『本朝文粋』巻七並びに『扶桑略記』第二三 醍醐天皇上にも同文を所載する。横田健一「妖異と時弊を見る人―三善清行伝小考―」（『史泉』三〇号、一九六五年）では清行が易筮・暦術・陰陽道・占術に、前掲注（一二〇）大曾根氏②論文では讖緯・宿曜に、造詣が深かったことを指摘する。『二中歴』は〈尊経閣善本影印集成16〉『二中歴』三（八木書店、一九九八年）、『政事要略』は新訂増補国史大系『政事要略』（吉川弘文館、一九三五年）、『本朝文粋』は『重要文化財本朝文粋』上冊（身延山久遠寺、一九八〇年）、『扶桑略記』は新訂増補国史大系『扶桑略記』（吉川弘文館、一九六五年）の各々に拠り、『本朝文粋』は新訂増補国史大系『本朝文粋』（吉川弘文館、一九六五年）及び柿村重松註『本朝文粋註釈』上冊（冨山房、一九六八年新修版）を適宜参照した。『本朝文粋』のテキストについては後掲注（一二三）を参照。

（一二二）菅原淳茂の『論語義疏』利用の可能性は、林泰輔編『論語年譜』（大倉書店、一九一六年。後に『修訂論語年譜』〈国書刊行会、一九七六年〉）、武内義雄「梁皇侃論語義疏について」（『支那学』三巻二号、一九二二年。『支那学』三巻三号、一九二二年。『支那学』三巻四号、一九二三年。後に「校論語義疏雑識―梁皇侃論語義疏について―」に改題し、武内義雄『老子原始 附諸子攷略』〈弘文堂書房、一九二六年。後に一九二九年再版〉所収。『武内義雄全集 第一巻 論語篇』〈岩波書店、一九七八年〉所収）、前掲注（一二一）『本朝文粋註釈』上冊が既に指摘している。淳茂については、真壁俊信「道真の子孫の動静について」（『國學院雑誌』七四巻一〇号、一九七三年）、〈人物叢書〉坂本太郎『菅原道真』（吉川弘文館、一九九〇年新装版。初版は一九六二年。後に『坂本太郎著作集 第九巻 聖徳太子と菅原道真』〈吉川弘文館、一九八九年〉所収）を参照した。

（一二三）『本朝文粋』の諸写本は、流布本と異本の二系統に大別される。流布本系統の写本のうち、鎌倉時代から室町時代の古写本は残闕本であるが、近世初に至るまで伝承された完本全ての祖本に当たる最古の写本の久遠寺身延文庫所蔵建治二年（一二七六）写本（以下、身延本と略称する）は、巻一を闕くのみの一三巻本である。問者三統理平の策問「鳥獣言語」に対して、淳茂が作成した「鳥獣言語対策」が収載される巻三が残存する最古の写本は身延本である。従って、『本朝文粋』は身延本を底本とし、『重要文化財本朝文粋』下冊（身延山久遠寺、一九八〇年）に拠った。

なお、『本朝文粋』については、大曾根章介①「『本朝文粋』の原形について」（『国語と国文学』四六巻一一号、一九六九年）、同②「『本朝文粋』の世界」（『国文学』二六巻一二号、一九八一年。後に前掲注（二一）『大曾根章介 日本漢文学論集』一巻所収）、同③前掲注（二一）「『本朝文粋』作者概説」、同④「『本朝文粋』所収作品概説」（前掲注（二一）『大曾根章介 日本漢文学論集』一巻所収）、身延本及び『本朝文粋』諸本については、阿部隆一「解題 本朝文粋伝本考―身延本を中心として―」（『重要文化財本朝文粋』下冊所収。後に『阿部隆一遺稿集 第三巻 解題篇二』〈汲古書院、一九八五年〉所収）のそれぞれを参照した。大曾根氏①論文は後に前掲注（一四）『大曾根章介 日本漢文学論集』二巻所収。

（二四）　源順の『論語義疏』利用の可能性については、前掲注（二三）『論語年譜』、阿部隆一「室町以前邦人撰述論語孟子注釈書考（上）」（『斯道文庫論集』二輯、一九六三年）、柿村重松註『本朝文粋註釈』下冊（冨山房、一九六八年新修版）、前掲注（二三）武内義雄「梁皇侃論語義疏について」が既に指摘している。源順については、『大日本史料』一編之二〇「永観元年是歳」条、岡田希雄①「源順伝及年譜」（『立命館大学論叢』四輯 国語漢文篇一号、一九四二年）、同②前掲注（一四）「源順及同為憲年譜（上）」、同③前掲注（一四）「源順及同為憲年譜（下）」、大曾根章介①「苦悩する天暦の知識人」（『日本と世界の歴史 7巻 10世紀』〈学習研究社、一九七〇年〉所収。後に前掲注（二一）『大曾根章介 日本漢文学論集』一巻所収）、同②「源順」（『日本古典文学会々報』三二号、一九七五年。後に前掲注（一四）『大曾根章介 日本漢文学論集』二巻所収）、川口久雄①『三訂平安朝日本漢文学史の研究 中篇―王朝文学の中興―』（明治書院、一九八二年）「第一四章 和名類聚抄の成立と唐代通俗類書・字書の影響」、同②『三訂平安朝日本漢文学史の研究 下篇―王朝文学の斜陽―』（明治書院、一九八八年）「第二二章 院政期前期の漢文学 第五節 作文大体と童蒙頌韻・続千字文」、神野藤昭夫「《源順伝》断章―文人順の晩年と具平親王及びその周辺の人々―」（『国文学科報』二〇号、一九九二年）、山本真由子「源順と紀斉名の詩序表現について―具平親王詩宴の「望月遠情多詩序」を中心に―」（『女子大国文』一五一号、二〇一二年）を参照した。

『本朝文粋』は、源順の詩序が収載される巻九が残存する最古の写本である身延本を底本とし、前掲注（二三）『重要文化財本朝文粋』下冊に拠った。また、土井洋一・中尾真樹編『本朝文粋の研究 校本篇』（勉誠出版、一九九九年）所収「書誌解説」によると、巻九が残存する古写本に、現在所在不明ではあるが、鎌倉時代末期頃書写に係る東寺宝菩提院所蔵本があると言い、校本篇の対校本に採用されている。大正大学図書館所蔵の東寺宝菩提院所蔵本マイクロフィルムは現在閲覧停止のため、『本朝文粋の研究　校本篇』の校異に依拠して確認したところ、『論語義疏』利用に関する箇所は、東寺宝菩提院所蔵本と身延本とでは異同は認められない。

源順の詩「夏日陪右親衛源将軍初読論語各分一字」並びに同序は、『本朝文粋』巻九の他、『扶桑集』巻九にも所載する。徳川ミュージアム彰考館レファレンスルーム（東京事務所）所蔵のマイクロフィルムに拠って調査した結果、『論語義疏』利用に関する箇所について、『本朝文粋』巻九と『扶桑集』巻九との間には異同は認められない。『扶桑集』のテキストについては前掲注（一九）を参照。

なお、身延本等の『本朝文粋』諸本については前掲注（二三）所引『本朝文粋』関係論文を参照した。

（二五）　中算及び『妙法蓮華経釈文』については、『大日本史料』一編之一六「貞元元年一〇月一九日」条、吉田金彦「醍醐寺蔵妙法蓮華経釈文解題」〈『古辞書音義集成　第四巻』『妙法蓮華経釈文』〈汲古書院、一九七九年〉所収〉に拠った。また、テキストは、『妙法蓮華経釈文』所収「影印」に拠った。

（二六）　『妙法蓮華経釈文』巻上の「法華釋文序」に、

（前略）

我戸部藤納言取於朝大公望准於昔維

摩詰鬢茎未剃心蓮早開課予令撰斯

文蓋甘知其如此也予謹奉教命漸迴愚慮

糅諸師之音義集諸家之疏釋刊謬補闕

省繁撮要凡今所撰録者取捷□〔公カ〕之單字用

基公之音訓其餘列諸宗之疏釋載諸家」（初葉表）

之切韻若一字二義立難辨正則随□〔處カ〕重出

断其疑網勒成三巻名曰法華釋文中筭」（初葉裏）

人間跛鱉僧中瘂羊雖望龍象之光塵猶
昧内外於味道以蠡酌海恐多缺漏時景子
年建酉月朔五日興福寺釋中筭聊自叙之
言尒
妙法蓮華経釋文巻上釋　　　中筭撰」（第二葉表）

とあり、

また、『妙法蓮華経釈文』巻下末葉に、

先師中公製作斯文不及清書付愚早逝
遺言留耳誚恩在心故今尋書獻上納言」（表）
矣弟子真興　　　」（裏）

と奥書を有する。

（二七）新訂増補国史大系『公卿補任』第一篇（吉川弘文館、一九八二年）を参照。

（二八）『講周易疏論家義記』は、『周易』の義疏の一つである。その内容は、江南義疏家のうち、論家に属する。三国魏の王弼の玄学を祖述し、三玄の学を主として、仏教学の論理を駆使し、三玄を解釈したものである。狩野直喜「奈良時代抄本講周易疏及経典釈文考」（一九二四年支那学会講演稿。後に狩野直喜『支那学文藪』〈みすず書房、一九七三年〉所収）、藤原高男①「講周易疏論家義記に於ける易学の性格」（『漢魏文化』創刊号、一九六〇年）、同②「江南義疏家の二派に関する一考察」（『日本中国学会報』一二輯、一九六〇年）、河野貴美子「興福寺『経典釈文』及び『講周易疏論家義記』について」（『汲古』五二号 米山寅太郎先生・中嶋敏先生追悼号、二〇〇七年）を参照。なお、専著に黄華珍『日本奈良興福寺蔵両種古鈔本研究 附《講周易疏論家義記》《経典釈文》残巻書影』（中華書局、二〇一一年）がある。

（二九）善珠の『唯識義灯増明記』には、唐の賈大隠の『老子述義』、同じく唐の成玄英の『荘子疏』が引用されている。河野貴美子「善珠撰述仏典注釈書における老荘関係書の引用」（〈アジア遊学73〉『日本文化に見る道教的要素』〈勉誠出版、二〇〇五年〉所収）を参照。

（三〇）　具平親王とその周辺の人物については、大曾根章介①「具平親王考」（『国語と国文学』三五巻一二号、一九五八年）、同②「文人藤原為時」（『国文学』二七巻一四号、一九八二年）、同③「具平親王の生涯（上）」（〈古代文学論叢一〇輯〉紫式部学会編『源氏物語とその周辺の文学 研究と資料』〈武蔵野書院、一九八六年〉所収）、同④「具平親王の生涯（下）」（〈和漢比較文学叢書12〉『源氏物語と漢文学』〈汲古書院、一九九三年〉所収。なお、大曾根氏①～④論文は後に前掲注（一四）『大曾根章介 日本漢文学論集』二巻所収）、後藤昭雄①「一条詩壇と『本朝麗藻』」（『国語と国文学』四六巻八号、一九六九年）、同②「大江以言考」（『平安文学研究』四八輯、一九七二年。後藤氏①②論文ともに後に後藤昭雄『平安朝漢文学論考』〈桜楓社、一九八一年〉所収）、平林盛得「中書大王と慶滋保胤―日本往生極楽記の補訂者」（『説話文学研究』一六号、一九八一年。後に平林盛得『慶滋保胤と浄土思想』〈吉川弘文館、二〇〇一年〉所収）、前掲注（一四）川口久雄『三訂平安朝日本漢文学史の研究 中篇―王朝文学の中興―』「第一七章 寛弘期漢文学とその特質（その一） 第三節 具平親王の文学と弘決外典鈔」、前掲注（二四）神野藤氏論文、前掲注（二四）山本氏論文、井上辰雄①「大江匡衡―道長の政治顧問―」、同②「大江以言―漢詩人の矜持―」（井上氏①②論文ともに井上辰雄『平安儒者の家 大江家のひとびと』〈塙書房、二〇一四年〉所収）のそれぞれに拠った。また、具平親王の漢籍講究とその漢学に関しては、河野貴美子「具平親王『弘決外典鈔』の方法」（吉原浩人・王勇編『海を渡る天台文化』〈勉誠出版、二〇〇八年〉所収）を参照。

（三一）　慶滋保胤（生年不詳～一〇〇二）は、陰陽家賀茂忠行の男。文章博士から内記・弁官・式部大輔を歴任した菅原文時に師事。天延二年（九七四）に勧学会を結成した。寛和二年（九八六）に出家し叡山横川に住し、増賀上人に止観、恵心僧都源信に念仏を学んだ。浄土信仰に精通し『日本往生極楽記』を撰述した。漢詩は『本朝文粋』・『和漢朗詠集』に収載される。『大日本史料』二編之四「長保四年一二月九日」条、平林盛得①「摂関期における浄土思想の一考察―慶滋保胤について」（『書陵部紀要』六号、一九五六年）、同②「慶滋保胤の死―三河入道寂照の入宋に関連して」（『日本仏教』二一号、一九六五年）、同③前掲注（三〇）「中書大王と慶滋保胤―日本往生極楽記の補訂者」、増田繁夫「慶滋保胤伝攷」（『国語国文』三三巻六号、一九六四年）、小原仁『文人貴族の系譜』（吉川弘文館、一九八七年）、後藤昭雄「慶滋保胤＝寂心 出家した文人

（三一）（前掲注（二〇）『天台仏教と平安朝文人』）を参照。平林氏①〜③論文は後に前掲注（三〇）『慶滋保胤と浄土思想』所収。その他、慶滋保胤については平林盛得『慶滋保胤と浄土思想』所収論文に詳しい。

橘正通（生歿年不詳）は、大舎人頭橘実利の男。宮内少丞等を務めた。大学寮で学び源順に師事した。『本朝文粋』等に漢詩が収載される。『大日本史料』一編之一四「天禄三年八月一八日」条、堀内秀晃「橘正通伝記考」（『東京医科歯科大学教養部研究紀要』一号、一九七一年）を参照。

（三二）ある僧侶とは、納富常天「東国仏教における外典の研究と受容—一—」（『金沢文庫研究』二二六号、一九七五年。後に納富常天『金沢文庫資料の研究』〈法蔵館、一九八二年〉所収）によると、増賀上人と推定されている。

（三三）前掲注（三〇）後藤氏①論文を参照。書斎桃花閣の名は、高階積善等が編纂した『本朝麗藻』巻下 懐旧部 藤原為時の詩に見える。「桃花閣」の「桃」を「排」及び「棑」に、「閣」を「閤」にそれぞれ作る『本朝麗藻』の伝本がある。本書では後藤氏の見解に従い、「桃花閣」とする。『本朝麗藻』は、大曾根章介・佐伯雅子編『校本 本朝麗藻 附索引』（汲古書院、一九九二年）及び川口久雄・本朝麗藻を読む会編『本朝麗藻簡注』（勉誠社、一九九三年）を参照した。

（三四）尾崎康「弘決外典鈔引書考並索引」（『斯道文庫論集』三輯、一九六四年）、前掲注（三〇）河野氏論文を参照。

（三五）藤原行成（九七二〜一〇二七）の日記である『権記』に、以下の二箇条の具平親王と漢籍に関する記事が認められる。〈増補史料大成〉所収本（臨川書店、一九七五年）では長保三年（一〇〇一）三月廿八日条、〈史料纂集〉所収本（続群書類従完成会、一九八七年）では長保三年三月二日条、のそれぞれに行成が具平親王に『荘子』一部・『唐暦』二帙を返却した記事、寛弘六年（一〇〇九）四月七日条に行成が具平親王に『草玉篇』三巻を返却した記事が認められる。詳しくは、前掲第二章注（四）を参照。

（三六）和田英松「惟宗氏と律令」（和田英松『国史説苑』〈明治書院、一九三九年〉所収）、早川庄八「延暦交替式・貞観交替式・延喜交替式」（坂本太郎・黒板昌夫編『国史大系書目解題』上巻〈吉川弘文館、一九七一年〉所収。後に早川庄八『日本古代の文書と典籍』〈吉川弘文館、一九九七年〉所収）を参照。

（三七）『修文殿御覧』ないしはその藍本である『華林遍略』の可能性が指摘されているパリ国立図書館所蔵敦煌佚名類書（整理

番号P.2526)、『北堂書鈔』・『藝文類聚』・『初学記』・『太平御覧』、及び日本に於ける類書の濫觴である『秘府略』の各書について、『論語義疏』の引用文辞の有無を調査した結果、管見の及ぶところ、見出し得なかった。ただ、敦煌佚名類書と『秘府略』は、ともに極一部が残存するに過ぎないため、両書の全容を窺い知ることは容易ではないが、《一》敦煌佚名類書以下の各類書に『論語義疏』の引用文辞が認められないこと、《二》『政事要略』・『小野宮年中行事裏書』の両書に引用される『論語義疏』には共通の脱字・脱文・節略が認められ、両書は親近性が窺われること、《三》前掲注(一〇)和田氏論文を始めとする諸氏(前掲注(一〇)を参照)により、『小野宮年中行事』の編纂に際し、『政事要略』を参考にしていたこと、並びに藤原実資からの依頼で『政事要略』の編纂が企てられた可能性が指摘されていること、の三点に鑑みて、『政事要略』・『小野宮年中行事裏書』の各書に引用される『論語義疏』は、類書等からの間接引用ではなく、惟宗家に相伝していた『論語義疏』を藍本としたとする仮説を提出した。詳しくは、第三章を参照。

(三八) 例えば、藤原実資が蔵していたと考えられる漢籍に関する記事が、実資の日記『小右記』の、寛弘九年(一〇一二)七月二五日条に「春宮大夫〔藤原〕齊信卿使前加賀守朝臣、〔源〕兼隆〔澄〕、注送唐暦一幯〔帙〕第七弓」、寛仁四年(一〇二〇)一一月三日条に「左衛門督〔藤原〕頼宗、使師道朝〔臣脱〕返文集葉文一帖又借二帖、第五・六□□巻」、万寿四年(一〇二七)六月一五日に「唐暦一部卌巻付但馬守〔藤原〕能通使、為書写所借請」と各々見える。この記事から、少なくとも、実資が『唐暦』と『白氏文集』を蔵していたことは確かである。『小右記』は、東京大学史料編纂所編 大日本古記録『小右記』三(岩波書店、一九六四年)、『同』五(岩波書店、一九六九年)、『同』七(岩波書店、一九七三年)に拠った。藤原実資家の家政機関については、渡辺直彦「第三篇 家政機関の研究 第二章 藤原実資家「家司」の研究」(渡辺直彦『日本古代官位制度の基礎的研究 新装版』〈吉川弘文館、二〇一二年〉所収)を参照。

(三九) 濟暹については、『大日本史料』三編之一六「永久三年一一月二六日」条、広小路亨「濟暹の研究―伝記、学風、信仰―」(『仏教研究』四巻六号、一九四一年)、大山公淳①「仁和寺濟暹僧都の教学―高野山教学展開の一として―」(『印度学仏教学研究』一五巻一号、一九六六年)、同②「仁和寺濟暹僧都の教学―高野山教学展開の一として―」(『密教学』五号、一九六八年)、櫛田良洪『覚鑁の研究』(吉川弘文館、一九七五年)「第二章 覚鑁教学と濟暹教学」、堀内規之『済暹教学の研究―院政期真言密教の諸問題―』（ノンブル、二〇〇九年）に拠った。なお、大山氏①②論文ともに、後に『大山公淳著作集第七巻 教相・事相・声明』（ピタカ、一九七九年）に所収。

（四〇）〈増補史料大成〉『台記』一（臨川書店、一九六五年）に拠った。

（四一）藤原頼長とその周辺の人物については、前掲注（四〇）『台記』一、〈増補史料大成〉『台記』二（臨川書店、一九六五年）、〈増補史料大成〉『台記別記 宇槐記抄』（臨川書店、一九六五年）、〈人物叢書〉橋本義彦『藤原頼長』（吉川弘文館、一九八八年新装版。初版は一九六四年）に拠り、新訂増補国史大系『本朝世紀』（吉川弘文館、一九六四年）、小島小五郎『公家文化の研究』（育芳社、一九四二年。後に国書刊行会、一九八一年）、五味文彦「儒者・武者及び悪僧―保元の乱史の一齣」（『歴史学研究』四四八号、一九八一年。後に改訂し、五味文彦『院政期社会の研究』〈山川出版社、一九八一年〉所収）、和島芳男『日本宋学史の研究 増補版』（吉川弘文館、一九八八年）、柳川響「貴族日記と説話―藤原成佐をめぐる二説話と『台記』―」（『早稲田大学大学院文学研究科紀要 第三分冊 日本語日本文学 演劇映像学 美術史学 表象・メディア論 現代文芸』五八、二〇一三年）を参照した。以下、本書では、『台記』は〈増補史料大成〉所収本（臨川書店）に拠る。

（四二）頼長の学問や蔵書家としての側面については、和田英松「藤原頼長の因明研究」（前掲注（三六）和田英松『国史説苑』所収）、前掲注（四一）小島小五郎『公家文化の研究』、小野則秋『日本文庫史研究』上巻（大雅堂、一九四四年。後に臨川書店、一九七九年改訂新版）、前掲注（四一）橋本義彦『藤原頼長』、和島芳男①『中世の儒学』（吉川弘文館、一九六五年）、同②前掲注（四一）『日本宋学史の研究 増補版』、前掲注（二四）川口久雄『三訂平安朝日本漢文学史の研究 下篇―王朝文学の斜陽―』「第二三章 院政期後期の漢文学　第四節 藤原頼長と経史の研究」、市川本太郎『日本儒教史（二）中古篇』（東亜学術研究会、一九九一年）「第二篇 平安後期の儒教思想　第九章 藤原頼長の儒教研究」、棚橋光男「転形期の王権―後白河論序説」（編者代表 永原慶二『講座・前近代の天皇1 天皇権力の構造と展開その1』〈青木書店、一九九二年〉所収。後に「後白河論序説」に改題し、棚橋光男『後白河法皇』〈講談社、一九九五年〉所収）、戸川点「院政期の大学寮と学問状況―藤原頼長の事績を中心に」（〔叢書・文化学の越境4〕服藤早苗編『王朝の権力と表象―学芸の文化史』〈森話社、一九九八年〉所収）、大曾根章介「院政期の知識人―漢文学を中心にして―」（前掲注（二一）『大曾根章介 日本漢文学論集』一巻所収)、仁木夏実「藤原頼長自邸講書考」(『語文』八四・八五輯、二〇〇六年)、〈日本史リブレット78〉小川剛生『中世の書物と学問』(山川出版社、二〇〇九年)、前掲注(一五)後藤昭雄「『全経大意』と藤原頼長の学問」、住吉朋彦「藤原頼長の学問と蔵書」(佐藤道生編『名だたる蔵書家、隠れた蔵書家』〈慶應義塾大学出版会、二〇一〇年〉所収)、高橋均「ある中国研究者の早すぎた死—藤原頼長の経書研究を中心として—」(倉田実編『王朝人の婚姻と信仰』〈森話社、二〇一〇年〉所収)、柳川響①「藤原頼長の経学と「君子」観—『台記』を中心として—」(『国文学研究』一六九集、二〇一三年)、同②前掲注(四一)「貴族日記と説話—藤原成佐をめぐる二説話と『台記』—」を参照した。なお、頼長の漢籍講究について概観したものに、謝秦「頼長と漢学—『台記』より見る—」(『鶴山論叢』四号、二〇〇四年)、頼長の『老子』講究について検討したものに、『窪徳忠著作集3 新訂庚申信仰の研究』年譜篇(第一書房、一九九六年)並びに山城喜憲『河上公章句『老子道徳経』の研究 慶長古活字版を基礎とした本文系統の考索』(汲古書院、二〇〇六年)がある。

頼長は、『台記』康治元年(一一四二)四月二八日条で「今卿士、皆以不學經史、國家滅亡、豈不宜哉」と、平安時代末期に於ける公卿の漢学素養の状況を記している。

また、頼長の書庫「文倉」と蔵書について、以下の如く具体的な記述が存する。『台記』天養二年(一一四五)四月二日条に「自正月、所始造之文倉、造了、今日置文書、依吉時、用午刻憲榮勘申日時、余着冠直衣、取春秋緯櫃、先入置陽棚、東棚五重、謂之陽、藏人式部丞藤成佐着束帶、取易詩等緯及河渠書櫃、復入置陰棚、西棚六重、謂之陰、泰親〔安倍〕申云、作文倉、始入河洛書之由、先達所傳也、余從用之、文倉制、高一丈一尺、此外、礎高一尺、東西二丈三尺、南北一丈二尺、一間、南北有戸、四方皆搚之以板、其上塗石灰、其戸塗蠣〔イ蠣〕柄、爲不令剝落也、葺以瓦、去倉六尺築芝垣、廣七尺、高一丈三尺、坤角有出入之道、乾角决地〔イ池〕令通水、芝垣外堀溝三尺、廣二尺、其外栽廻竹、其外有尋常築垣、西北家外廓、東南別爲倉廓、東巽角南面、有戸」とあり、また同年同月一四日条に「(前略)去二日雖始置書、未盡書、自去十一日、會文士調文書書目錄、納倉、其筥皆有錄、一二三之類也、書筥銘於紙押、假令、可置三筥之所、書三字押之、爲標爲不違其所也、申刻許、余向又見之、其書有四部、全經史書雜說本朝其半分、余新書訖之」とある。書庫「文倉」の構造・外構・外観は、高さ 基礎一尺を含め一丈二尺、東西 二丈三尺、南北 一丈二尺、南北に戸を設置し、東西南北四方が板張りで、板張りに石灰を塗り、南北に設けた戸には剝落せぬよう蠣殼灰を塗り、屋根は瓦を葺いた。「文倉」の周囲は、倉から六尺隔てて、幅七尺、高さ一丈三尺の芝垣を築き、西南の角には出入口を設け、西北の角には池をうがって水を通し、芝垣の外側には深さ三尺、幅二尺の溝を掘り、その外側に竹を植栽し廻らせ、更にその外側には普通の築垣を設置し、東南の角に戸を設けた。「文倉」の内部は、東に棚を五段設け、これを陽の棚、西に棚を六段設け、これを陰の棚と各々名付けた。頼長は近習の儒士・儒生等に、書籍を調査させて、目録を作成させ、倉に納めさせた。書籍は筥に入れ、筥には一・二・三等の番号を付して、書籍を違わぬよう配置した。蔵書は、「全経」・「史書」・「雑説」・「本朝」に分類した。

書庫の構造や外構から見て、防湿対策より、防火対策を優先したものと考えられる。

蔵書の「本朝」は、我が国で撰述された典籍や記された古記録類であることは言うまでもない。「全経」・「史書」・「雑説」の分類の手がかりとなるものに、康治二年（一一四三）九月二九日条所載の頼長の所学目録が存する（なお、当該条は、〈史料纂集㊾〉橋本義彦・今江廣道校訂『台記』第一〈続群書類従完成会、一九七六年〉では九月三〇日条とする）。同目録は、「経家」・「史家」・「雑家」に三分類する。所学目録は概ね、「経家」は経部及び『老子』・『荘子』、「史家」は史部、「雑説」は子部・集部及び『孟子』・小学類、に分類可能である。頼長の蔵書目録が伝存していない現在、その具体的な蔵書構成について、推測し難いが、書庫所蔵漢籍の「全経」・「史書」・「雑説」の三分類は、所学目録の「経家」・「史家」・「雑家」の分類に近かったものかと察せられる。頼長の書庫「文倉」及び蔵書については、前掲注（四一）橋本義彦『藤原頼長』、前掲注（四二）小川剛生『中世の書物と学問』並びに前掲注（四二）住吉氏論文に詳しい。

後藤昭雄氏により天野山金剛寺所蔵『全経大意』の内容に、藤原頼長の学問との近縁性が認められることが指摘されている（前掲注（一五）「『全経大意』と藤原頼長の学問」）ことから、本書では、氏の説に従い、古代の『論語義疏』受容の例証として、本章の前掲表（6）の21に記した。ただ、後藤氏の指摘の如く、頼長の学問との近縁性と見ることもできようが、院政期以降、中世に於ける漢学の一傾向とも想定することもあるいはできようか。これは院政期以降の漢学の実態に関わる問題である。今後の課題としたい。

（四三）『今鏡』巻七「むらかみの源氏」の「ほりかはのながれ」に「このあにおとうとたちかやうにおはする。ことはりと申ながらいとありがたくなん。延喜天暦二代の御門かしこきみよにおはしますうへに。文つくらせ給方もたえにおはしますに。

中務の宮（具平親王）又すぐれ給へりけり。つちみかどゝの（師房）。ほりかは殿（俊房）あひつぎて。御身のざえも文つくらせ給方もすぐれ給へるに。土御門殿はざえすぐれ。ほりかは殿は文つくらせ給事すぐれておはすとぞきこゑ給ける。この大納言（師頼）。中納言（師時）たちかくつぎ給て六代かくおはする。いとありがたくやむごとなし。この大納言。中納言たちのしも哥もしうどもにおほく侍覧」とあり、源師頼・師時・師俊兄弟の漢詩文の才は、醍醐天皇、村上天皇、具平親王、源師房・俊房、そして師頼・師時・師俊兄弟へと継承された父祖伝来によるものであることが記されている。山内益次郎「宰相老の嘆き―『今鏡』源師頼伝―」（『皇學館論叢』二一巻五号、一九八八年）で既に指摘されている。また、師頼が蔵書家であったことは、藤原為隆の日記『永昌記』嘉承二年（一一〇七）四月二日条に「茲夕三條以北町以東有火事、右兵衛督師頼鴨院宅爲灰燼、江帥匡房卿近日同宿、彼武衛書籍數千巻焼失云々、東三條四足門雖及餘焰、東風吹超忽以消滅」と、藤原宗忠の日記『中右記』嘉承二年四月二日条に「（前略）火巳及三條町尻室町三町、其中小屋一宇不殘、右衛督師頼宅鴨院、皆以焼畢、彼武衛文書、多以焼云々、亥時許火滅了」とあり、両古記録に、師頼邸も焼失し、蔵書の多くが烏有に帰したことが記されている。なお、『今鏡』は新訂増補国史大系『今鏡』（吉川弘文館、一九六五年）に拠り、海野泰男『今鏡全釈』（パルトス社、一九九六年）を適宜参照し、『永昌記』は〈増補史料大成〉『永左記・永昌記』（臨川書店、一九七五年）、『中右記』は〈増補史料大成〉『中右記』三（臨川書店、一九七五年）に拠った。

（四四）　藤原敦光については、前掲注（二〇）阿部氏論文、大曾根章介「院政期の一鴻儒―藤原敦光の生涯―」（『国語と国文学』五四巻八号、一九七七年。後に前掲注（一四）『大曾根章介 日本漢文学論集』二巻所収）を参照した。

（四五）　藤原（高階）通憲（信西入道）については、櫻井秀①「藤原通憲入道信西」（『歴史地理』三四巻三号、一九一九年）、同②「藤原通憲入道信西（中）」（『歴史地理』三四巻五号、一九一九年）、同③「藤原通憲入道信西（下）」（『歴史地理』三四巻六号、一九一九年）、岩橋小弥太「少納言入道信西」（『國學院雑誌』六〇巻六号、一九五九年）、橋本義彦「保元の乱前史小考」（『日本歴史』一七四号、一九五九年。後に橋本義彦『平安貴族社会の研究』〈吉川弘文館、一九七六年〉所収）、角田文衛「通憲の前半生」（〈平安時代史の研究 第二冊〉角田文衛『王朝の明暗』〈東京堂出版、一九七七年〉所収）、山内益次郎「信西の天文道について―『今鏡』人物伝―」（『皇學館論叢』一五巻三号 通巻八六号、一九八二年）、五味文彦「信西政権の構造」（青木和夫先生還暦記念会編『日本古代の政治と文化』〈吉川弘文館、一九八七年〉所収。後に〈平凡社選書112〉五味文彦『平家物語、史と説話』〈平凡社、一九八七年〉所収）、市古貞次「信西とその子孫」（『日本学士院紀要』四二巻三号、一九八七年）、元木泰雄「信西の出現―院の専制と近臣」（『立命館文学』五二一号、一九九一年。後に元木泰雄『院政期政治史研究』〈思文閣出版、一九九六年〉所収）、前掲注（四二）棚橋氏論文を参照した。

（四六）「入疏尚書」の「入疏」とは、経注疏の薈本である注疏本のことと思われ、宋刊本の可能性が窺われる。前掲注（四二）住吉氏論文で既に指摘がある。

（四七）『台記』の、康治元年（一一四二）一月一八日条に「金吾〔藤原基俊〕入道病、令山城前吏實長〔源〕訪之、歸來云、一昨日卒了、因申其子僧充覚歸參、孫孝能余門人也」、同二年（一一四三）六月二一日条に「孝能才秀當世」、天養元年（一一四四）七月一日条に「藤孝能、才士」と記される等、頼長が孝能を高く評価していたことが窺われる。

（四八）『台記』の康治二年（一一四三）八月一六日条に「講公羊、（中略）講師蔭子正六位上藤友業、説經尤妙、始成佐不讀祝、今度友業讀大祝之文、問者余及成佐〔藤原〕也、（以下略）」とあり、康治二年八月一六日に行われた『春秋公羊伝』の講義に於いて、友業は経の説明が最も優れていたことを記している。また、同年九月二九日条に「歸家之後、見御覽巻一百卅八了、日來以此書入車中見之、將見之問成佐、答云、可、又問友業、答云、御覽者臨時見之可也、雖見首尾難覺也、余從成佐之議見之、一無覺、百卅八巻之中不過十、不愼其前、悔其後、此之謂乎、友業之言是也、因今癈御覽學」とある。『修文殿御覧』の学習法について、藤原成佐は通覧を進言したが、友業は時々に応じて見るべきものであって、首尾を見たとしても覚えることは難しく、通覧は要さないことを進言した。頼長は当初成佐の意見に従ったが、覚えることができないことがわかって、友業の意見が正しいことを認め、『修文殿御覧』を学ぶことを取りやめたことが記されている。当該条に於いても、友業の学識の深さが窺われる。当該条について、前掲注（四二）高橋氏論文は、「藤原成佐に、『太平御覧』は必要に応じて読むものといわれ、頼長自身も覚えきれないとわかって中止した」とするが、頼長に『修文殿御覧』通覧の不要を進言したのは藤原成佐ではなく、藤原友業である。なお、氏は「御覧」を『太平御覧』とするが、本書では小島小五郎氏の説（「御覧考」〈前掲注（四一）小島小五郎『公家文化の研究』所収〉に従い、『修文殿御覧』とした。

（四九）院政期以降、国政運営を、国政機関が家政機関と共同執行したり、家政機関に国政の一部を請け負わせ、執行するようになっていく。例えば、頼長の家政機関の構成員は、藤原成佐・源俊通等の家司である。このような所謂、国政家政の共同執行論については、井原今朝男『日本中世の国政と家政』（校倉書房、一九九五年）に詳しい。

（五〇）『公羊解徽』は、『日本国見在書目録』春秋家に「春秋公羊解徽十二巻」と著録されるが、他の日本の蔵書目録、中国の経籍志等には見えない。義疏の類かと窺測される。『日本国見在書目録』は、『日本国見在書目録』（古典保存会事務所、一九二五年。後に『日本国見在書目録　宮内庁書陵部所蔵室生寺本』〈名著刊行会、一九九六年〉に書名変更）に拠った。また、矢野玄亮『日本国見在書目録—集証と研究—』（汲古書院、一九八四年）も適宜参考にした。『日本国見在書目録』については、後掲注（六七）から（六九）を参照。

（五一）前掲注（四一）『台記別記　宇槐記抄』に拠った。

（五二）前掲注（二三）林泰輔編『論語年譜』「近衛天皇仁平元・南宋高宗紹興二一・西紀一一五一」条に於いて、氏は「全解は宋の陳祥道、正義は邢昺の作にして、述義は隋の劉炫の述義なるべし。その他は考ふる所なし。或は文字の誤謬あらんか」と述べている。〈日中文化交流史叢書［9］〉大庭脩・王勇編『典籍』（大修館書店、一九九六年）「第一章　日本における中国典籍の伝播と影響　四　唐商献納品と中国典籍」（大庭脩氏執筆）にて、「求書目録」中の書名の省略を補って、掲げている。適宜、両書も参考にした。

（五三）『論語述義』は、北宋の邢昺『論語正義』の原資料となったもので、現在は、散佚している。野間文史「論語正義源流私攷」（『広島大学文学部紀要』五一巻特輯号、一九九一年。後に「邢昺『論語正義』について」に改題し、野間文史『五経正義の研究—その成立と展開』〈研文出版、一九九八年〉所収）を参照。

（五四）『論語正義』は、唐の太宗の貞観一二年（六三八）に孔穎達等が勅を奉じて五経の疏として『五経正義』を撰したが、『論語』等の疏は撰せられず、北宋の咸平二年（九九九）に邢昺が勅を奉じて、皇侃の『論語義疏』を原資料として、蕪雑を刪略して撰した。高田眞治『論語の文献・註釈書』（春陽堂書店、一九三七年）、武内義雄『論語之研究』（岩波書店、一九三九年。後に前掲注（二三）『武内義雄全集　第一巻　論語篇』所収）を参照。また、前掲注（五三）野間氏論文によると、『論語述議』も原資料としたことと、更に、「『四庫提要』が『論語正義』を「漢学」の終着駅であると評するのは当たっているが、「宋学」の出発点であると見なすことには、その具体例の指摘が無いだけに、大いに疑問を抱かざるを得ない。（中略）これまで「義疏」の学は『五経正義』をもって終焉したと考えていたのであるが、これが唐末五代を経て北宋の初めにまで綿々と継承されていたとは、筆者にとっては発見であった。邢昺『論語正義』こそが六朝時代の「義疏」の学の終焉であったのだ」と述べている。

（五五）前掲注（四二）棚橋氏論文は、『宇槐記抄』の「求書目録」に著録される漢籍を、頼長の学風を知る一例とする。氏は、その学風について、訓詁学ではなく、義理の解明に主眼があって、漢唐訓詁学の克服を企図し、宋学に肉薄していることを主張する。ただし、「求書目録」に著録される『論語』注釈書から見るに、漢唐訓詁学の書と宋学の書は、ともに著録されており、必ずしも漢唐訓詁学の克服を企図しているようには察せられない。

（五六）該書は、国立歴史民俗博物館が所蔵し、廣橋家旧蔵記録文書典籍類に含まれる。原本を用いた。函架番号Ｈ―六三―二二七。引用は「論語疏曰伏義爲天統神農爲地統黄帝爲人□（統カ）」とある。年号勘文については、森鷗外「元号考（稿本）」（一九二二年。後に『鷗外全集』二〇巻〈岩波書店、一九七三年〉所収）、森本角蔵『日本年号大観』（目黒書店、一九三三年。後に講談社、一九八三年覆刻版）、小倉慈司「日本の年号」（『古語大鑑』1巻［あ〜お］〈東京大学出版会、二〇一一年〉所収）の各々を参照。

この他、国立歴史民俗博物館所蔵の廣橋家旧蔵記録文書典籍類の『元秘抄別録』（Ｈ―六三―一八八）に、

天統

論語疏曰伏犧爲天統神農爲地統黄帝爲人統（傍点「丶」は稿者が私設した）

とあり、『日野家代々年号勘文自応保度至応安度』との相異は、「犧」（『元秘抄別録』）と「義」の異同がある以外は認められない。また同じく廣橋家旧蔵記録文書典籍類『元秘鈔第三』（Ｈ―六三―一八七―一）「四人例」の「永暦二年九月四日改元應保依疱瘡」に藤原永範・藤原長光・藤原資長の名が記され、更に廣橋家旧蔵記録文書典籍類『当家代々勘申未被用字集』（Ｈ―六三―一九九）に、

天統　論語疏文
応保度　資長

とある。当該注所引の年号勘文類は全て原本を用いた。なお、『日野家代々年号勘文自応保度至応安度』については、髙田宗平・名和敏光「国立歴史民俗博物館所蔵『日野家代々年号勘文自応保度至応安度』影印・翻印篇」（『国立歴史民俗博物館研究報告』一八六集、二〇一四年）を参照。

（五七）藤原氏が文章博士の世襲氏族となったのは、北家日野流が広業・資業兄弟、式家が明衡、南家が実範、以後のことである（桃裕行『上代学制の研究〈修訂版〉』桃裕行著作集1巻〈思文閣出版、一九九四年〉「第三章　平安時代後期の学制の衰退と家学の発生」）。また、久木幸男『日本古代学校の研究』（玉川大学出版部、一九九〇年）「第六章　古代末＝王朝国家体制期の大学寮」も、一〇世紀中葉以降、文章博士の世襲は、北家日野流・南家・式家の各藤原氏が目立つようになり、就中、日野流から文章博士を多く輩出し、更に一一・一二世紀になると、北家は従来からの世襲氏族である菅原・大江両氏を凌駕する勢力となったことを述べる。細谷勘資「日野流藤原氏の形成過程」（『史聚』二三号、一九八八年。後に「内麿流（日野流）藤原氏の形成過程」に改題し、細谷勘資著・細谷勘資氏遺稿集刊行会編『中世宮廷儀式書成立史の研究』〈勉誠出版、二〇〇七年〉所収）によると、内麿流は一一世紀前半頃から政界に進出し始め、一一世紀中葉以降の後冷泉朝の頃から広業流と資業流の二流が意識され出して、次第に資業流が本流としての立場を強めていくと言う。日野流の形成と家職等については当該注細谷氏論文に詳しい。資長については、当該注細谷氏論文の他、『大日本史料』四編之五「建久六年一〇月六日」条を参照した。九・一〇世紀の紀伝・明経・明法等の諸道官人の門閥化・家業化の特質については、高田義人「九・十世紀における技能官人の門流形成とその特質―課試関係史料の検討を通して―」（鈴木靖民編『日本古代の王権と東アジア』〈吉川弘文館、二〇一二年〉所収）を参照。

（五八）家学の発生については、前掲注（五七）細谷氏論文及び久木幸男『日本古代学校の研究』を参照。大学寮の教官職である博士が世襲化されることと共に、学説も世襲的に伝えられ、各世襲氏族は氏族・家ごとに異なった学説を立てていった。大学寮文章院の東曹所属の大江・藤原南家・同式家等と、西曹所属の菅原・藤原北家日野流等とでは訓読の相異が存在したが、同じ曹司内に於いても氏族・家ごとに異なる学説が存在していた。これに関する資長の事跡が『玉葉』承安四年五月一〇日条に見える。承安四年（一一七四）施行の学問料試に於ける大江忠房の評定に際し、試験官の日野流（大福寺流〈広業流〉）の右大弁藤原俊経と、南家の式部大輔藤原永範・日野流（資業流）の中納言藤原資長との間に論争が展開された。この時、俊経は、曾祖父正家が注して備え付けておいた抄物（「先祖正家朝臣所注置之抄物」）を自説の根拠として引用している。俊経・資長の両者は西曹所属で、且つともに日野流の出身であるが、学説を異にするとともに、俊経は曾祖父正家の説を相伝し、これを根拠に自説を主張している。同じ日野流出身とは言え、大福寺流（広業流）と資業流とでは、相伝・伝授される家学は異にしていたことが看取されよう。このことから、一二世紀後半、紀伝道に於いては、文章博士世襲氏族間はもとより、同じ氏族の一流の中でも、学説が異なっていたと推測される。この指摘は、前掲注（五七）細谷氏論文及び久木幸男『日本古代学校の研究』で既に指摘されている。特に、前掲注（五七）細谷氏論文に詳しい。大学寮文章院の氏族別所属についても、前掲注（五七）久木幸男『日本古代学校の研究』「第四章　一〇世紀の大学寮と延喜式」を参照。

俊経が根拠とした正家が注した抄物は如何なるものか窺い知ることはできないが、例えば、宮内庁書陵部に、正中二年（一三二五）に、北家小一条流藤原済氏が正家侍読本を以て校合し移点したことを記す校合移点奥書等を有する『白氏文集巻三』（元亨四年〈一三二四〉〔藤原〕時賢書写本。四〇五―一一）が収蔵され、日野家の訓説を伝える。太田次男「宮内庁書陵部蔵本白氏文集新楽府元亨写本について」（『斯道文庫論集』二〇輯、一九八四年。後に太田次男『旧鈔本を中心とする白氏文集本文の研究』上〈勉誠社、一九九七年〉所収）を参照。一方、『図書寮典籍解題』漢籍篇（大蔵省印刷局、一九六〇年）、小林芳規『平安鎌倉時代に於ける漢籍訓読の国語史的研究』（東京大学出版会、一九六七年）「第五章　博士家各家の訓読法の特徴」は大江時賢書写本と推定する。本書は太田氏の説に従う。なお、『玉葉』は前掲注（一三）『九条家本玉葉　三』に拠った。

（五九）『玉葉』は、前掲注（一三）『九条家本玉葉　五』に拠った。藤原資長等の蔵書家の多くの典籍・文書・記録類が、安元の大火に因って焼失したことは、前掲注（四二）小野則秋『日本文庫史研究』上巻、松薗斉『日記の家―中世国家の記録組織―』（吉川弘文館、一九九七年）「第二章　貴族社会と家記―「日記の家」間接史料の検討―」で既に指摘がある。なお、『玉葉』安元三年五月一五日条に、「未刻源中納言〔雅頼ィ〕来、（中略）語炎上之間事、文書之中於漢家書ハ悉焼了、於日記之類者大都出了云々、其中於自記者納皮子二合、焼了云々」とあり、源雅頼所蔵の「文書」には「漢家書」、すなわち漢籍が含まれていたことが記されている。このことから、当時の「文書」という語には、漢籍が含まれていたと推測される。同様の指摘は、既に松薗斉『日記の家―中世国家の記録組織―』でなされている。

(六〇) 平基親については、『大日本史料』四編之九「建永元年是歳」条、山崎誠「平基親撰「往生要集外典鈔」考」(山崎誠『中世学問史の基底と展開』〈和泉書院、一九九三年〉所収)、五味文彦「作為の交談 守覚法親王の書物世界」(五味文彦『書物の中世史』〈みすず書房、二〇〇三年〉所収)に拠った。

(六一)『往生要集外典鈔』は、真福寺寶生院真福寺文庫(大須文庫)所蔵原本を用いた。『往生要集外典鈔』の先行研究には、佐藤哲英『叡山浄土教の研究』研究編(百華苑、一九九五年)、『同』資料編、前掲注(六〇)山崎氏論文がある。『叡山浄土教の研究』資料編には、西村冏紹氏による影印・解題及び訓読文を収める。『往生要集外典鈔』の撰述時期について、平基親出家(建永元年〈一二〇六〉)後の承元の法難(一二〇七~一二一一)頃と推定する佐藤哲英氏の説(当該注『叡山浄土教の研究』研究編「第一部研究編 第五章 念仏興行時代(後期の一) 第一節 恵心学派の浄土教」)に対し、山崎氏は前掲注(六〇)論文に於いて、出家後の撰ではなく、建永元年出家以前の撰と推定する。五味氏は前掲注(六〇)論文に於いて、山崎氏説を支持する。平基親による『往生要集外典鈔』撰述時期がいつ頃か、稿者には鄙見を提出し得ない。本書では、現在の有力説である山崎氏説に従う。

(六二)『玉葉』は前掲注(一三)『九条家本玉葉 五』に拠った。平基親の蔵書が灰燼に帰したことは、前掲注(四二)小野則秋『日本文庫史研究』上巻、前掲注(五九)松薗斉『日記の家―中世国家の記録組織―』に於いて既に指摘がある。

(六三) 日記の家としての高棟流については、前掲注(五九)松薗斉『日記の家―中世国家の記録組織―』「第一章「日記の家」の概念化 第二章 貴族社会と家記―「日記の家」間接史料の検討― 第三章 家記の構造」に拠った。

(六四) 前掲注(二七)新訂増補国史大系『公卿補任』第一篇を参照。

(六五)『三教指帰注集』は佐藤義寛『大谷大学図書館蔵『三教指帰注集』の研究』(大谷大学、一九九二年)、『三教指帰注』は太田次男「釈信救とその著作について―附・新楽府略意二種の翻印―」(『斯道文庫論集』五輯、一九六七年。後に太田次男

『旧鈔本を中心とする白氏文集本文の研究』下〈勉誠社、一九九七年〉所収）、『和漢朗詠註略抄』は黒田彰「室町以前〈朗詠注〉書誌稿」（『中世文学』二八、一九二八年。後に加筆して黒田彰『中世説話の文学史的環境』〈和泉書院、一九八七年〉所収。改題して「和漢朗詠註抄・註略抄伝本解題」〈伊藤正義・黒田彰・三木雅博編著『和漢朗詠集古注釈集成』一巻〈大学堂書店、一九九七年〉所収〉）、山崎誠「身延文庫蔵和漢朗詠註略抄影印並びに翻刻」（『鎌倉時代語研究』五輯〈武蔵野書院、一九八二年〉所収。後に加筆改題して「「和漢朗詠註抄」攷」〈『国語と国文学』五九巻三号、一九八二年。前掲注（六〇）山崎誠『中世学問史の基底と展開』所収〉）、『全経大意』は前掲注（一五）後藤昭雄氏の両論文のそれぞれを参照。なお、『三教指帰注』は慶應義塾図書館（慶應義塾大学三田メディアセンター）所蔵原本、『全経大意』は天野山金剛寺所蔵原本を用いた。

（六六）藤原佐世については、『大日本史料』一編之二「寛平九年是秋」条、後藤昭雄①「藤原佐世―菅原道真の周囲―」（『古代文化』三一巻五号、一九七九年）、同②前掲注（二〇）論文を参照。

（六七）『日本国見在書目録』を、冷然院焼失後、残存した漢籍の目録であるとする説には、島田重禮「目録ノ書ト史学トノ関係」（『史学雑誌』四編三九号、一八九三年）、内藤虎次郎「平安朝時代の漢文学」（内藤虎次郎『日本文化史研究』〈弘文堂書房、一九四六年〉所収。後に『内藤湖南全集』九巻〈筑摩書房、一九六九年〉所収）、狩野直喜「日本国見在書目録に就いて」（『藝文』一巻一号、一九一〇年。後に前掲注（二八）『支那学文藪』所収）、山田孝雄「帝室博物館御蔵　日本国見在書目録　解説」（前掲注（五〇）『日本国見在書目録』所収。後に「日本現在書目証注稿解題」に改題し、〈日本古典全集第二回・狩谷棭齋全集七巻〉『日本現在書目証注稿』〈日本古典全集刊行会、一九二八年〉所収。前掲（五〇）『日本国見在書目録　宮内庁書陵部所蔵室生寺本』所収。「日本国見在書目録」に改題し、山田孝雄『典籍説稿』〈西東書房、一九三四年〉所収）、和田英松「日本見在書目録に就て」（『史学雑誌』四一編九号、一九三〇年。後に前掲注（三六）和田英松『国史説苑』〈明治書院、一九三九年〉所収）、前掲注（二〇）川口久雄『三訂平安朝日本漢文学史の研究　上篇―王朝漢文学の形成―』「第六章唐・勃海との交通と日本見在書目録　第四節　日本見在書目録の編修とその特色」、小長谷恵吉『日本国見在書目録解説稿　附同書目録・索引』（小宮山出版、一九七六年）の諸氏がいる。

（六八）貞観一七年以前説に小長谷恵吉氏、寛平年間説に島田重禮・狩野直喜・山田孝雄・川口久雄の四氏がいる。前掲注（六七）を参照。

（六九）　仁和四・五年から寛平元・二年頃に存在した漢籍の目録とする説には、太田晶二郎①「日本の暦に於ける「蜜」標記の上限―石田幹之助先生に献ぐ―」（『日本歴史』七二号、一九五四年。後に『太田晶二郎著作集』第一冊〈吉川弘文館、一九九一年〉所収）、同②「日本漢籍史札記」（『季刊図書館学』二巻四号〈通巻七号〉、一九五五年。後に加筆して『書誌学月報』六号、一九八〇年。『前田育徳会 尊経閣文庫 小刊』一九八〇年。『太田晶二郎著作集』第一冊）、同③「日本国見在書目録解題」（『群書解題』二〇〈続群書類従完成会、一九六一年〉所収。後に訂正し『群書解題』八巻〈続群書類従完成会、一九七六年〉。『太田晶二郎著作集』第四冊〈吉川弘文館、一九九二年〉所収。なお、太田氏は「初版はエディター禍に罹り、自分が承認するのは、再版分（昭和五十一年）である」と述べる）がある。また、小野則秋氏は、元慶・仁和年間に大学寮等の官庁現存書籍の調査が動機となって編纂された目録とし、光孝天皇の時代（元慶八年〈八八四〉～仁和三年〈八八七〉）に編纂され、寛平三年に宇多天皇へ勘申したものと推定する（前掲注（四二）小野則秋『日本文庫史研究』上巻）。なお、『日本国見在書目録』の成立年代説とは視点が異なるが、近時、榎本淳一氏が「『日本国見在書目録』に見える梁代の書籍について」（榎本淳一編『古代中国・日本における学術と支配』〈同成社、二〇一三年〉所収）に於いて、『日本国見在書目録』著録の漢籍の中には、梁代に書写されたもの（梁鈔本）、あるいはそれを親本ないしは祖本として書写されたもの（梁鈔本と同系統の鈔本）が含まれていること、更に梁鈔本ないしはそれと同系統の鈔本が我が国へ将来された主な時期は、遣隋使・遣唐使以前の六世紀後半から七世紀初であることを推定している。

（七〇）『日本国見在書目録』は、前掲注（五〇）『日本国見在書目録』に拠った。また、前掲注（五〇）矢野玄亮『日本国見在書目録―集証と研究―』を適宜参考にした。

（七一）　前掲注（八）興膳宏・川合康三『隋書経籍志詳攷』を参照。「論語六巻陸善経注」の「陸善経」は唐代の人物である。陸善経については、新美寛「陸善経の事蹟に就いて」（『支那学』九巻一号、一九三七年）、森野繁夫「陸善経「文選注」について」（『中国中世文学研究』二一号、一九九一年）を参照。

（七二）　我が国の古代に於いて、南朝の経学が行われていたことは既に先学により指摘されているところであるが、この先学の指摘と本章で明らかにした『論語義疏』と『論語集解』の利用状況が拮抗している点に矛盾は生じない。先学の指摘は、神田喜一郎「飛鳥奈良時代の中国学」（〈近畿日本叢書〉近畿日本鉄道創立五十周年記念出版編集所編『大和の古文化』〈近畿日本鉄道、一九六〇年〉所収。後に『神田喜一郎全集』八巻〈同朋舎出版、一九八七年〉「扶桑学志」所収）、前掲注（一一）小島憲之『国風暗黒時代の文学　上―序論としての上代文学―』「第二章　上代人の学問より表現へ　一　学令の検討　（2）論語・孝経」、前掲注（五七）久木幸男『日本古代学校の研究』「第一章　草創期の大学寮　第二節　令制の大学寮と朝鮮・中国の学制」、東野治之「美努岡萬墓誌の述作―『古文孝経』と『論語』の利用をめぐって―」（『万葉』九九号、一九七八年。後に東野治之『日本古代木簡の研究』〈塙書房、一九八三年〉所収）を参照。東野氏は、古代日本に於いて南朝の経学が行われた理由について、百済を経由して受容されたことを指摘する。

補論　藤原宇合の『論語』受容に関する一試論

――『懐風藻』所載宇合詩序を手がかりに――

はじめに

本論は藤原宇合の『論語』受容の解明が課題であるが、その検討に先立って、第五章で検討し明らかにした日本古代に於ける『論語義疏』受容の諸相とその変遷について若干述べ、宇合の『論語』受容の持つ意義を少しく述べることとする。

八世紀～九世紀では、令の注釈書「古記」・「釈」・「讃」（何れも『令集解』所引）の各撰者である明法官人によって『論語義疏』が大宝令・養老令の解釈に利用されていた。九世紀後半では三善清行（八四七～九一八）が詩「仲春釈奠講論語賦有如明珠并序」の序の作成に、一〇世紀初頭では菅原淳茂（生年不詳～九二六）が「鳥獣言語対策」の作成に、一〇世紀後半では源順（九一一～九八三）が詩「夏日陪右親衛源将軍初読論語各分一字」の序の作成に際し、各々『論語義疏』を文飾に利用した可能性、あるいは『論語義疏』より得た知識を用いた可能性が高い。一〇世紀末～一一世紀初頭では具平親王（九六四～一〇〇九）が『弘決外典鈔』（正暦二年〈九九一〉撰）の中で、『止観輔行伝弘決』所引外典の講究に利用し、一一世紀前半では明法博士惟宗允亮（生年不詳～一〇〇九頃カ）が『政事要略』（長保四年〈一〇〇二〉頃撰）の中で、朝儀・吏務の先例の根拠として、また右大臣藤原実資（九五七～一〇四六）が『小野宮年中行事裏書』に有職故実の理解のために、それぞれ『論語義疏』を利用していた。一二世紀前半では、摂関家の藤原頼長（一一二〇〜一一五六）が数多くの漢籍を講読したが、康治元年（一一四二）・同二年（一一四三）・天養元年（一一四四）に『論語義疏』を講読していた。一二世紀中葉から後半では文章博士世襲氏族の日野流藤原資長（一一一九〜一一九五）が年号勘文に、一二世紀後半から一三世紀初頭では弁官を歴任し、「日記の家」として記録類の管理・保管・書き継ぎ等を家職とした平基親（一一五一〜歿年不詳）が『往生要集外典鈔』に、各々『論語義疏』を利用していた。釈家では、九世紀に空海（七七四〜八三五）が『秘密曼荼羅十住心論』（天長七年〈八三〇〉頃撰）、一〇世紀に法相宗興福寺の中算（九三五〜九七六）が『妙法蓮華経釈文』（貞元元年〈九七六〉撰）の中で、『論語義疏』を引用する等、次第に受容層が広がっていった。

とりわけ、一〇世紀末〜一一世紀初頭では具平親王の周辺には上流貴族・中級官人、一二世紀前半では藤原頼長の周辺には主として中下級の官人が集い、漢籍・漢学の講究・談義が行われ、論壇が形成されていた。その中で『論語義疏』も講究されていた。

右の如く、古代に於いて『論語義疏』は、親王・上級貴族・中下級の官人・釈家に受容されていた。更に、「古記」は天平一〇年（七三八）頃に成立したとする説が通説であり、この説に従うと、『論語義疏』利用の事例として確実な初見は、「古記」が引くものと見なされる。従って、天平一〇年頃には、既に我が国に伝来していた。

後述する如く、藤原宇合作の詩六首、詩序二篇が『懐風藻』に所載する。そのうち、詩序二篇に『論語』及びその注釈書の文辞を基に文飾したと思われるところが存在する。文飾が如何なる『論語』注釈書によるものかを明らかにすることにより、藤原宇合の漢籍受容や漢学素養の一端、更には奈良時代に於ける漢籍受容、とりわけ『論語』注釈書の受容の一端を窺うことが可能である。以上の解明を本論の目的とする。

第一節　藤原宇合の略歴

宇合（六九四～七三七）は、藤原不比等（六五九～七二〇）の三男で、長兄の武智麻呂（六八〇～七三七、南家の祖）、次兄の房前（六八一～七三七、北家の祖）、末弟の麻呂（生年不詳～七三七、京家の祖）の兄弟がおり、式家の祖として知られているが、ここでは宇合の経歴[二]に着目して見ていきたい。宇合は、『続日本紀』[三]によれば、霊亀二年（七一六）第八次遣唐副使に任命され、養老元年（七一七）に入唐、同二年に帰国した。その後、常陸守等に任ぜられ、次いで式部卿となり、天平三年（七三一）に参議、同九年（七三七）八月五日に流行した疫病に罹疾、参議式部卿兼大宰帥で歿した、とある。

遣唐使の唐に於ける経学摂取の一端を表すものに、次の一文が存する。『旧唐書』日本伝[四]に「開元初、又遣使來朝、因請儒士授經。詔四門助教趙玄默就鴻臚寺敎之」（開元の初め、又使ひを遣はして來朝せしむ。因りて儒士に經を授けられむことを請ふ。四門助教の趙玄默に詔して鴻臚寺に就きて之を教へしむ）とある。この一文から、唐の玄宗の治世である開元年間（七一三～七四一）初頭に遣唐使たちが儒者に経書を教授してほしいと請うたことがわかる。宇合が遣唐副使として入唐した時も、右のように経書について学んだことが推測されよう。

また、文学面では、『懐風藻』に詩六首（詩序二篇）、『経国集』に「棗賦」一首、『万葉集』に歌六首が遺る。更に、『尊卑分脈』藤氏大祖伝宇合卿伝[五]に「式家之始也。任式部卿、故云式家云云。官至参議正三位勳二等式部卿兼太宰帥。器宇弘雅、風範凝深。博覧墳典、才兼文武矣。雖經營軍國之務、特留心文藻。天平之際、獨為翰墨之宗、有集二卷、猶傳也」（式家の始めなり。式部卿に任ぜられ、故に云ふ式家云々と。官は参議正三位勳二等式部卿兼太宰帥に至る。器宇弘雅、風範凝深なり。博く墳典を覧て、才は又文武を兼ぬ。軍國の務を經營すと雖も、特に心を文藻に留む。天平の際、獨り翰墨の宗為り。集二巻有り、猶傳はるなり）とあり、宇合が広く書籍を講読し、文武両道に通じ、「翰墨の宗」として、和漢の文才に長けていたことがわかる。宇合の撰に係る『集』二巻が伝わることが記されているが、同書は散佚しており、不詳である。

第二節　『懐風藻』所載藤原宇合詩序二篇の検討

我が国最古の漢詩集である『懐風藻』に正三位式部卿藤原朝臣宇合四四歳の作として、詩が六首収載されていることは先に述べた。そのうち二首の詩（一）「五言　暮春曲宴南池」、（二）「七言　在常陸贈倭判官留在京一首」にそれぞれ序が付されており、そこに『論語』及びその注釈書による文飾と見られる文辞が、合計七例、存する。ここで、右で挙げた『懐風藻』所載宇合の詩序二篇の具体的な検討に先立ち、本論にて使用するテキストを示しておきたい。

『懐風藻』は名古屋市蓬左文庫所蔵江戸時代初期写本、(六)『論語』経文は東洋文庫所蔵『論語集解』正和四年（一三一五）鈔本、(七)旧鈔本『論語義疏』は第一章から第四章と同様に応永三四年本・文明九年本・清熙園本の各々に拠る。

では、具体的に見ていく。以下、『論語』及びその注釈書により文飾した可能性がある文辞を傍線で示す。なお、経文を掲出するに当たり、それに施注された何晏集解は省略する。

（一）五言暮春曲宴南池 并序

（イ）爲弟爲兄包心中之四海①盡善盡美②對曲裏之變流

①「爲弟爲兄包心中之四海」は、顔淵篇の経文の文辞に類似している。『論語集解』巻第六　顔淵第十二の該当箇所を示す。以下、『懐風藻』と対応する箇所に波線を施す。

君子敬而無失與人恭而有禮四海之内皆爲兄弟也

『懐風藻』の「爲弟爲兄包心中之四海」と『論語』顔淵篇の経文「四海之内皆爲兄弟」とは、辞句が転倒し、異同も見受けられるが、『懐風藻』の当該箇所は『論語』顔淵篇の経文を参考に文飾したと見てよいであろう。

②「盡善盡美」は、八佾篇の経文の文辞に類似している。『論語集解』巻第二　八佾第三の当該箇所を示す。

子謂韶盡美矣又盡善也謂武盡美矣未盡善也

『懐風藻』の「盡善盡美」は、『論語』八佾篇の経文「韶盡美矣又盡善也」を参考に文飾したと思しい。

更に、『懐風藻』を見ていく。

（ロ）雖歡娯未盡而能事紀筆盍各言志③探字成篇云爾

③「盍各言志」は、公冶長篇の経文の文辞に類似している。『論語集解』巻第三　公冶長第五の該当箇所を示す。

顔淵季《子イ》路侍子曰盍各言爾志子路曰願車馬衣輕裘與朋友共敝之而無憾

『懐風藻』の「盍各言志」と『論語』公冶長篇の経文「盍各言爾志」は、若干の異同が見られるものの、『懐風藻』の当該箇所は『論語』公冶長篇の経文を参考に文飾したと見てよいであろう。

（二）七言在常陸贈倭判官留在京一首并序

（八）何異①宣尼返魯刪定詩書叔孫入漢制設禮儀聞夫天子下詔包列置師咸審才周②各得其所明公獨自遺闕此擧理合③先進還是後夫譬如呉馬痩鹽人尚無識楚臣泣玉獨不悟然而④歳寒後驗松竹之貞風生廼解芝蘭之馥

①「宣尼返魯刪定詩書」について、内野熊一郎氏（八）は『論語義疏』子罕篇の皇疏による説、小島憲之氏（九）は『史記』孔子世家による説を唱え、両説が併存する。

実際に、『論語義疏』、『史記』の両書を検討していく。『史記』は現存古鈔本の多くが残闕本で、本論の検討箇所が残存する古鈔本は発見されていない。（一〇）此の如き『史記』古鈔本の残存状況に鑑みて、本論ではやむを得ず、点校本二十四史修訂本『史記』を用いる。（一一）破線については後掲②で触れる。

まず、内野氏が指摘する『論語義疏』巻第五 子罕第九の皇侃疏を見ていく。当該疏文は、子罕第九の経「子曰吾自衞（1）反於魯然後樂正雅頌各得其所」（応永三四年本と文明九年本は同文）に施された疏である（（1）清熙園本、「於」無し）。

以下、該当箇所を示す。

応永三四年本

孔子去魯後而魯禮樂崩壞孔子以魯哀公十一季（1）從衞還魯而刪詩書定禮樂故樂音得正樂音得正（2）所以雅頌之詩各得其本所也

（1）文明九年本・清熙園本ともに「季」を「年」に作る。「季」は「年」の異体字（本字）である。

（2）清熙園本、「樂音得正」を「〻〻〻」に作る。

右の異同は、行論上、影響を与えるものではない。

次に、小島氏が指摘した箇所と思われる『史記』巻四七 孔子世家を見ていく。

孔子歸魯。孔子之去魯凡十四歲而反乎魯。魯哀公問政。對曰、政在選臣。季康子問政。曰擧直錯諸枉、則枉者直。康子患盜。孔子曰、苟子之不欲、雖賞之不竊。然魯終不能用孔子。孔子亦不求仕。孔子之時、周室微而禮樂廢、詩書缺。追迹三代之禮、序書傳、上紀唐虞之際、下至秦繆、編次其事。曰、夏禮吾能言之、杞不足徵也。殷禮吾能言之、宋不足徵也。足、則吾能徵之矣。觀殷夏所損益曰、後雖百世可知也。以一文一質、周監二代。郁郁乎文哉。吾從周。故書傳禮記自孔氏。孔子語魯大師。樂其可知也。始作翕如、縱之純如、皦如、繹如也、以成。吾自衛反魯、然後樂正、雅頌各得其所。

以上の『論語義疏』子罕篇、『史記』孔子世家以外にも、類似する文辞が『史記』巻一二一 儒林列伝に認められる。該当箇所を示す。

故孔子閔王路廢而邪道興、於是論次詩書、修起禮樂。適齊聞韶、三月不知肉味。自衛返魯、然後樂正、雅頌各得其所。

以上、内野氏が指摘した『論語義疏』子罕篇の皇疏、小島氏が指摘した『史記』孔子世家に加え、類似した文辞が認められる『史記』儒林列伝のそれぞれを掲出した。

字句の異同から見て、『史記』孔子世家、儒林列伝より、『論語義疏』子罕篇の皇疏の方が、『懐風藻』の当該箇所に近似している。このことから、『懐風藻』の文飾に『史記』孔子世家、儒林列伝を参考にした可能性もあろうが、『論語義疏』子罕篇の皇疏を参考にした可能性も充分に考えられる。ただ、何れを文飾に用いたかを判断することは躊躇される。

②「各得其所」は、『論語』子罕篇の経文、『史記』孔子世家、『史記』儒林列伝のそれぞれの文辞に類似して

いる。前掲①に掲出した、『史記』孔子世家、儒林列伝の該当文辞に破線を施したので、これを参照。『論語集解』子罕篇の経文は「子曰吾自衛反於魯然後樂正雅頌各得其所」とある。これらのうち、何れを参考に文飾したか、判断に窮する。

③「先進」は結論から示せば、文飾か否か、判断に窮する。「先進」は、『論語』先進篇として篇名である。また、同篇の経「子曰先進於禮樂野人也後進於禮樂君子也如用之則吾從先進」の他、集解、皇疏にも「先進」の文辞が認められる。ただし、「先進」が『論語』先進篇の篇名、経文、集解、皇疏の何れかを参考にしたか否か、更に言うならば文飾ではなく、宇合独自の文辞であるか否か、何れも俄かには断じ難い。

④「歳寒後驗松竹之貞」は『論語』子罕篇の経文の文辞に類似している。『論語集解』巻第五 子罕第九の該当箇所を示す。

子曰歳寒然後知松栢之後彫也

『懐風藻』の「歳寒後驗松竹之貞」と『論語』子罕篇の経文「歳寒然後知松栢之後彫也」とには、幾つかの異同が見受けられるが、『論語』子罕篇の経文を参考に文飾したと見てよいだろう。

次に、『懐風藻』を見ていく。

（二）如有我一得之言庶幾慰君三思之意⑤

⑤「三思」は、『論語』公冶長篇の経文の文辞に類似している。『論語集解』巻第三 公冶長第五の該当箇所を示す。

季文子三思而後行

『懐風藻』の「三思」は、『論語』公冶長篇の経文「三思」を参考に文飾したと見てよいかと思われる。

第三節　『懐風藻』所載藤原宇合詩序二篇の文飾に供された『論語』

第二節にて、『懐風藻』所載藤原宇合の（一）「暮春曲宴南池」、（二）「在常陸贈倭判官留在京一首」の二詩に付されている序のうち、『論語』及びその注釈書により文飾された文辞について検討してきた。

ここで検討結果をまとめると、（一）①・②・③、（二）①・②・③・④・⑤の全八例のうち、

（一）①…『論語』顔淵篇の経文

②…『論語』八佾篇の経文

③…『論語』公冶長篇の経文

（二）④…『論語』子罕篇の経文

⑤…『論語』公冶長篇の経文

の各文辞を基に文飾したことが推測される。各篇別に示すと、公冶長篇が二例（経文二例）、子罕篇が一例（経文一例）、八佾篇が一例（経文）、顔淵篇が一例（経文）である。

ここで、判断を保留していた（二）①と②について、一言しておきたい。

（二）①は、『論語義疏』子罕篇の皇疏、『史記』孔子世家、『史記』儒林列伝の各文辞を基に文飾した可能性があろうかと思われる。ただし、『論語義疏』子罕篇の皇疏、『史記』孔子世家、『史記』儒林列伝の字句の異同から見るならば、『論語義疏』子罕篇の皇疏の可能性を指摘した内野氏の説を支持することも、あるいは可能であろうか。

（二）②は、『論語集解』子罕篇の経文、『史記』孔子世家、『史記』儒林列伝の各文辞を基に文飾したことが想定される。従って、『論語集解』子罕篇の経文、『史記』孔子世家、『史記』儒林列伝の可能性を指摘しておきたい。

なお、（二）③は文飾か否か、判断に窮する。

藤原宇合周辺の漢籍――むすびにかえて――

これまで、『懐風藻』所載の藤原宇合の詩序二篇のうち、『論語』及びその注釈書により文飾された文辞について検討を試みてきた。

その結果、『懐風藻』所載の、藤原宇合の詩「暮春曲宴南池」、詩「在常陸贈倭判官留在京一首」のそれぞれに付された序には、『論語』を基に文飾したと推測される文辞が存在する。ただし、（1）『論語』経文は『論語集解』のそれにより文飾されたのか、（2）文飾の基となった『論語』経文は『論語集解』以外の『論語』注釈書のそれなのか、（3）宇合は実際に典籍を目睹したのか、何れも短文であることから、『懐風藻』所載の詩序二篇を作る際には典籍を目睹せずに、諳誦している知識を用いて文飾したか等の問題が残るように思われる。

右に示したように、文飾は必ずしも典籍を目睹し利用したものではなく、文辞を諳誦していたことも想定される。また、諳誦ではなく、典籍を目睹して文飾したとしたなら、直接利用ではなく、類書等を介した間接利用の可能性も考えられよう。

東野治之氏[一二]は、宇合の類書利用に関して、『経国集』巻一所載の藤原宇合「棗賦」一首作成に際し、『修文殿御覧』を参考にした間接利用の可能性を指摘している。

以上のことから、宇合は文飾に際し、類書からの間接利用や、必ずしも典籍そのものを目睹し利用したものではなく、知識・教養として、諳誦していたことも想定されようが、これについて、現時点の稿者には、その鄙見を提示することはできない。

最後に、受容史的視点から、少しく述べたい。奈良時代に於ける『論語義疏』を受容した具体的な事例は、『令集解』所引の「古記」・「釈」（延暦六年〈七八七〉～同一〇年〈七九一〉頃成立）[13]の各明法官人であることは先に述べた。宇合（六九四～七三七）[14]が『懐風藻』所載詩序の文飾に『論語義疏』を利用したと想定するならば、天平一〇年（七三八）頃に成立した「古記」（『令集解』所引）を僅かながら、溯る『論語義疏』受容の手がかりとして有効であろう。一〇世紀中葉以後、藤原式家は、北家日野流・南家とともに、従来の文章博士世襲氏族を圧倒していき、文章博士を世襲していくようになる[15]。そして、式家は多くの大内記・大学頭等を輩出する。その素地として捉えることもできなくもないであろう。

注

（一）　井上光貞「日本律令の成立とその影響」（〈日本思想大系3〉井上光貞・関晃・土田直鎮・青木和夫校注『律令』〈岩波書店、一九七六年〉「解説」所収。後に『井上光貞著作集　第二巻　日本思想史の研究』〈岩波書店、一九八六年〉所収）を参照。

（二）　利光三津夫「藤原宇合と大和長岡」（『法学研究』四〇巻四号、一九六七年。後に「奈良朝官人の推挽関係」に改題し、利光三津夫『律令制とその周辺』〈慶應義塾大学法学研究会、一九六七年〉所収）、木本好信①「藤原四子体制と宇合」（『古代文化』四四巻一号、一九九二年。後に「藤原宇合」に改題し、木本好信『藤原式家官人の考察』〈高科書店、一九九八年〉所収）、同②「宇合の生年について―行年五十四歳・四十四歳説の検討―」（『藤原式家官人の考察』所収）、林陸朗「天平期の

藤原四兄弟」(『国史学』一五七号、一九九五年)を参照。

(三) 〈新日本古典文学大系13〉青木和夫・稲岡耕二・笹山晴生・白藤禮幸校注『続日本紀 二』(岩波書店、一九九〇年)に拠った。

(四) 点校本『旧唐書』(中華書局、一九七五年)に拠った。

(五) 新訂増補国史大系『尊卑分脈』第一篇(吉川弘文館、一九五七年)に拠った。

(六) 山岸徳平「懐風藻概論」(佐佐木信綱監修『上代日本文学講座』四巻 作品研究篇〈春陽堂、一九三三年〉所収)、田村謙治「懐風藻の基礎的研究(諸本について)」(『城南紀要』六号、一九七〇年)、足立尚計「懐風藻の諸本」(『皇學館史学』創刊号、一九八六年)、沖光正「懐風藻の諸写本」(〈上代文学会研究叢書〉辰巳正明編『懐風藻 漢字文化圏の中の日本古代漢詩』〈笠間書院、二〇〇〇年〉所収)の各論文に於いて、『懐風藻』の伝本中、蓬左文庫所蔵本は現存最古の写本と位置づけていることから、本論では蓬左文庫所蔵本の原本に拠り、適宜、大野保『懐風藻の研究—本文批判と註釈研究—』(三省堂、一九五七年)及び〈日本古典文学大系69〉小島憲之校注『懐風藻』(岩波書店、一九六四年)(以下、日本古典文学大系本と略称する)を参照した。

右の他、『懐風藻』の主な伝本研究には、〈東洋文庫論叢10〉岡田正之『近江奈良朝の漢文学』(東洋文庫、一九二九年。後に養徳社、一九四六年)、田村謙治「大東急記念文庫蔵棭斎校本懐風藻について」(『かがみ』一二号、一九六八年)、沖光正①「『懐風藻箋註』考」(『上代文学』五六号、一九八六年)、同②「『懐風藻箋註』考補遺」(『上代文学』六二号、一九八九年)、同③「『懐風藻』刊本の研究」(『上代文学』六七号、一九九一年)、同④「伊藤坦菴書入本『懐風藻』についての一考察」(『懐風藻研究』二号、一九九八年)、土佐朋子①「『懐風藻箋註』と群書類従『懐風藻』」(『早稲田大学日本古典籍研究所年報』四号、二〇一一年)、同②「『懐風藻箋註』翻刻」(『水門 言葉と歴史』二三号、二〇一一年)、同③「『懐風藻』未紹介写本三点」(『汲古』六二号、二〇一二年)、同④「田中教忠旧蔵本『懐風藻』について—未紹介写本補遺—」(『汲古』六四号、二〇一三年)があり、これらも参照した。

蓬左文庫所蔵本は先行研究にて最古の写本であることが指摘されており、先学による書誌解題が存する。従って、本論では書誌事項を略記するに止めておく。

名古屋市蓬左文庫所蔵　懐風藻　一冊　〔江戸時代初期〕写　一〇八―五　徳川義直旧蔵

袋綴装冊子本。原装縹色表紙（縦 二七・七×横 二〇・三糎）、四ツ目綴。表表紙左肩に「懐風藻」と金泥を以て打付書きし、この下部に「全」と朱書する。すなわち、外題は「『懐風藻』（金泥）『全』（朱）」の如し。金泥「懐風藻」と朱筆「全」とは別筆かと思われ、何れも本文の筆跡とは別筆である。金泥「懐風藻」は徳川義直（一六〇〇～一六五〇）の筆（織茂三郎編『蓬左文庫主要図書解説』〈名古屋市経済局貿易観光課、一九五七年〉、『名古屋市蓬左文庫善本解題図録』三集〈名古屋市蓬左文庫、一九八〇年訂正再版〉、『蓬左文庫図録』〈名古屋市教育委員会、一九八三年〉、足立尚計「懐風藻の諸本」、沖光正「懐風藻の諸写本」）。表表紙右上部に蓬左文庫の蔵書票が貼付される。前遊紙表右上部に「懐風藻敬公自筆題簽」と墨書された貼紙（縦八・〇×横 一・七糎）あり。貼紙の墨書の筆跡は本文、表表紙の金泥、朱書の何れとも別筆である。貼紙に見える「敬公」とは徳川義直の諡号である（「参考 尾張徳川家歴代ならびに蔵書目録に名前の載る親族一覧」〈書誌書目シリーズ49〉『尾張徳川家蔵書目録』第一巻〈ゆまに書房、一九九九年〉所収）。

本文の前に「懐風藻序」が存する。内題は「懐風藻略以時代相次不以尊卑等級」と書す。内題の次行から、低二格にて「淡海朝皇太子二首侍宴述懐」以下、「正五位下中宮少輔葛井連廣成二首」まで、所載詩文の作者等が配さる。ただし、「文武天皇三首詠月詠雪述懐」のみ擡頭。

款式は、毎半葉九行、一行は主に一八字、無辺無界、字高 二一・七糎、注小字双行、である。序も同様の款式である。本文の筆跡は一筆、本文書写は江戸時代初期と推定される。序は、墨筆による返点・送仮名・付訓・竪点、朱筆による句点、朱引が施される。また、墨付第二葉表（序）の欄上に「天平勝宝ハ／孝謙帝之／年号」と墨書される。墨付第七葉表（本文首）「淡海朝大夫大友皇子二首」から第一三葉表第一行「文武天皇三首年廿五」の「五言述懐一首」末まで、朱筆による句点、朱引が施される。墨筆による、本文の筆跡と同筆の校異注が施されている。本文料紙は雁皮紙かと思われる。『名古屋市蓬左文庫善本解題図録』三集によると、序の訓点・欄上の書入は、「堀杏庵（一五八五―一六四二）が加えたらしい」と言う。

堀杏庵（一五八五～一六四二）は、近江国安土（現在の滋賀県近江八幡市安土町）生。医師・儒者。医術を曲直瀬正純、

儒学を藤原惺窩に学んだ。初め浅野幸長に、後の元和八年（一六二二）に徳川義直に招聘された。惺窩門の四天王の一人に数えられた。堀杏庵については、森銑三①「人物くさぐさ」（『森銑三著作集』一二巻〈中央公論社、一九八九年〉所収）、同②「偉人暦」（一一月二〇日の項）（『森銑三著作集』続編別巻〈中央公論社、一九九五年〉所収）、『新修名古屋市史』三巻（名古屋市、一九九九年）「第三章　藩政初期の名古屋　第三節　新たな制度と新たな人材」、長澤規矩也監修・長澤孝三編『改訂増補漢文学者総覧』（汲古書院、二〇一一年）を参照した。

尾題は「懐風藻」と書す。

墨付葉数は、序 一葉〜三葉、目録 三葉〜六葉、本文 七葉〜四三葉、の全四三葉。遊紙は前後各一葉あり。

本奥書①が尾題の次行（第四二葉裏）に、低二格、双行書きで、

長久二年冬十一月二十八日燈下書之
古人三餘今已得二者也　文章生惟宗孝言

と書され、更に本奥書②が末葉（第四三葉）表に、

此書蓮華王院宝蔵之本也久埋塵埃人不知
之康永元年之比撰出之上古之風味尤有興
仍令書写之

と書される。本奥書①②ともに、本文の筆跡と同筆である。長久二年とは平安時代中期の一〇四一年、康永元年とは南北朝時代（北朝）の一三四二年である。

初葉表右上部に、単郭長方陽刻朱印「御／本」（縦 三・三×横 三・一糎）を踏印す。本印記は、初代尾張藩主徳川義直の所用印である。

該書を、山岸徳平「懐風藻概論」及び足立尚計「懐風藻の諸本」は駿河御譲本とするが、田村謙治「懐風藻の基礎的研究（諸本について）」は蓬左文庫所蔵の、〈一〉『御書籍目録（寛永目録）』（一四八―二三）第一冊（駿河御譲本を含め寛永初年頃まで蒐集書の目録）、〈二〉『同』第二冊（主に寛永三年〜同一七年頃までの蒐集書の目録）、〈三〉『御書籍目録（慶安四年尾張目録）』（一四八―二四）（義直歿の翌年慶安四年に作成された引き継ぎ目録）を調査した結果、〈一〉〈二〉には著録され

ず、〈三〉に著録されていることから、該書は駿河御譲本には含まれていなかったと推定する。稿者も、〈一〉から〈三〉を当該注『尾張徳川家蔵書目録』第一巻所収の影印に拠って調査した。その結果、〈一〉〈二〉には著録されず、〈三〉『御書籍目録（慶安四年尾張目録）』に著録されていることを確認した。このことから、稿者は、田村氏の蓬左文庫所蔵『懐風藻』は駿河御譲本には含まれていなかったとする説を支持する。なお、〈一〉から〈三〉等の尾張徳川家の蔵書目録については、山本祐子①「尾張藩の「御文庫」について（一）―義直・光友の蔵書を中心に―」（『名古屋市博物館研究紀要』八巻、一九八四年）、同②「尾張藩の「御文庫」について（二）―蔵書目録からみた「御文庫」の展開―」（『名古屋市博物館研究紀要』九巻、一九八五年）、同③「尾張徳川家の文庫と蔵書目録」（当該注『尾張徳川家蔵書目録』第一巻所収）、同④「尾張徳川家の蔵書目録一覧」（当該注『尾張徳川家蔵書目録』第一巻所収）、各目録の解題（当該注『尾張徳川家蔵書目録』第一巻所収）、『蓬左文庫―歴史と蔵書―』（名古屋市蓬左文庫、二〇〇四年）、駿河御譲本については川瀬一馬『日本書誌学之研究』（大日本雄辯会講談社、一九四三年）「第一篇 写本の部 (32) 駿河御譲本の研究」を参照した。

（七）全巻具備する『論語集解』のうち、最古の年紀を有する東洋文庫所蔵正和四年鈔本をテキストに選定し、原本を用いた。東洋文庫所蔵 論語〔集解〕十巻 十帖 折本 正和四年（一三一五）写 函架番号 一C36B。該本は、もと巻子装から、折本に改装したものである。書誌事項は、東洋文庫日本研究委員会編『岩崎文庫貴重書書誌解題』Ⅰ（東洋文庫、一九九〇年）を参照。

（八）内野熊一郎「日本古代（上古より平安初期）経書学的研究」（『日本漢学文芸史研究 東京教育大学文学部紀要』二、一九五五年。後に「日本古代平安初中期経書経句説学研究」に改題し、内野熊一郎著・内野熊一郎博士米寿記念論文集刊行会編『内野熊一郎博士米寿記念論文集 日本漢文学研究』〈名著普及会、一九九一年〉所収）を参照。

（九）日本古典文学大系本の一五一頁 頭注一一に「孔子が天下を巡って志を同じうする者がいないので生国の魯に帰り、毛詩や尚書（ここでは広く経書をいう）を刪定（不要な語句を削り去って一つに定める）した故事（史記、孔子世家参照）」とある。

（一〇）『史記』古鈔本の伝本については、阿部隆一「本邦現存漢籍古写本類所在略目録」（一九六〇年代前半稿。『阿部隆一遺稿集 第一巻 宋元版篇』〈汲古書院、一九九三年〉所収）、水澤利忠①『史記会注考証校補』八巻（史記会注考証校補刊行会、一九六一年）所収「史記之文献学的研究」、同②『史記会注考証校補』九巻（史記会注考証校補刊行会、一九七〇年）を参照した。

（一一）点校本二十四史修訂本『史記』（中華書局、二〇一三年）。なお、本論の検討箇所について、修訂本と点校本『史記』（中華書局、一九八二年）との間に異同は認められない。

（一二）東野治之「玉來の詩賦—藤原宇合「棗賦」に関連して—」（『続日本紀研究』一六七号、一九七三年。後に東野治之『正倉院文書と木簡の研究』〈塙書房、一九七七年〉所収）を参照。

（一三）前掲注（一）を参照。

（一四）大野保「「宇合」年齢考」（『国文学研究』五八集、一九七六年）、前掲注（二）木本氏②論文を参照。

（一五）桃裕行『上代学制の研究〈修訂版〉』桃裕行著作集1巻（思文閣出版、一九九四年）「第三章 平安時代後期の学制の衰退と家学の発生」、細谷勘資「日野流藤原氏の形成過程」（『史聚』二三号、一九八八年。後に「内麿流（日野流）藤原氏の形成過程」に改題し、細谷勘資著・細谷勘資氏遺稿集刊行会編『中世宮廷儀式書成立史の研究』〈勉誠出版、二〇〇七年〉所収）、久木幸男『日本古代学校の研究』（玉川大学出版部、一九九〇年）「第六章 古代末＝王朝国家体制期の大学寮」の各々を参照。詳しくは第五章を参照。

終章　結論と今後の展望・課題

第一節　本書の結論

日本古代に於ける皇侃『論語義疏』の受容について、歴史学の立場からの研究は、殆ど見られず、僅かに和島芳男氏(一)により、藤原頼長が経学研究の一環として、皇侃『論語義疏』を学んだことに言及されているに過ぎない。また、旧鈔本『論語義疏』の文献学的研究に於いては、旧鈔本『論語義疏』と日本古典籍に引用される『論語義疏』との比較検討が不充分であった(二)。

このような研究状況に鑑みて、序章で述べた太田晶二郎氏(三)の日本漢籍史研究への提言「先づ、どのやうな・どの漢籍がいつごろ日本に伝来して我が国にたしかに存在し世に流布通行してゐたかを明確にして置くことこそ第一に必要である」に、「誰(如何なる階層)が受容したか」を加えることによって、「漢籍受容史」の構築が実現し、漢籍受容の変遷が具体的且つ立体的に解明されると考え、次の(一)から(四)の課題を設定した。これらの検討を通じ、日本古代に於ける『論語義疏』受容の歴史的な解明を企図し、縷述してきた。

(一)『論語義疏』を含む如何なる『論語』注釈書が受容されたか。
(二)いつ頃日本に『論語義疏』が伝来したか。
(三)誰が『論語義疏』を受容したか、ないしは如何なる階層が受容したか。

（四）受容された『論語義疏』は如何なる性格であるか。

右の（一）から（四）を明らかにするため、

〈A〉第一章から第四章にて、日本古代典籍から『論語義疏』の引用文辞を捜索し、それら日本古代典籍所引『論語義疏』と旧鈔本『論語義疏』等とを比較検討し、その性格を解明した。

〈B〉第五章にて、『論語義疏』を引く日本古代典籍の性格、成立時期、及び撰者周辺の人的関係を明らかにした。

〈C〉古代の蔵書目録から『論語義疏』を捜索し、同じく第五章にて提示した。

〈D〉古代の古記録から『論語義疏』受容の事跡を渉猟し、これも第五章に於いて考察を加えた。

第一章から第四章では、『令集解』・『弘決外典鈔』・『政事要略』・『令義解』「上令義解表」注釈の各々に引用される『論語義疏』と室町時代の書写に係る旧鈔本『論語義疏』等とを比較検討した。

また、第五章では、日本古代の『論語』注釈史上に於ける皇侃『論語義疏』の相対的位置を大局的に究明するため、①第一章から第四章に於いて検討した日本古代典籍に引く『論語』注釈書の利用状況、②皇侃『論語義疏』を引く日本古代典籍の撰述者とその周辺の人的交流、③『論語義疏』を始めとする『論語』注釈書の蔵書目録への著録状況、④古記録に現れる皇侃『論語義疏』、についてそれぞれ考察した。

更に、補論では、我が国最古の漢詩集『懐風藻』所載の藤原宇合の詩二首に付されている序二篇から、宇合が受容した『論語』について検討した。

先述した如く歴史学からの古代の『論語義疏』受容史の検討は等閑に付されてきた。第一章から第四章までは書誌学的・文献学的検討、第五章は歴史学的検討を各々行い、我が国古代に於ける『論語義疏』受容史を通観してきた。捜索した典籍資料に遺漏があろうかと思われるが、古代の『論語義疏』受容史を体系的に検討し、その現象面の全貌はある程度、明らかになった。

本書に於いて到達した結論を各章に分けて示し、順次、確認していく。

第一章では、『令集解』（貞観年間〈八五九～八七七〉、明法博士惟宗直本編）に引く『論語義疏』「五常」の条を中心に、その性格を検討した。その結果、『令集解』所引『論語義疏』と室町時代書写の旧鈔本『論語義疏』、及びその他の日本古典籍所引『論語義疏』は、何れも唐鈔本に由来する本文を有していることを明らかにした。

第一章で対象にした『論語義疏』為政篇の子張問十世可知也章の疏文「五常」の条は、「五氣」と表記するグループ（『悉曇輪略図抄』・『五行大義』裏書・『論語抄』・旧鈔本『論語義疏』）に分類可能であることを示し、両グループの相異は本文系統に関わるものではなく、古代から中世への社会体制の変化及びそれに対応する思想上の転換等の要因による可能性があること、その転換期は鎌倉時代初期頃の可能性があること、をそれぞれ指摘した。

更に、それらは唐鈔本である敦煌本『論語疏』とは異同が多く存在し、敦煌本『論語疏』は特異な本文を有していることを明らかにした。このことから、唐代では敦煌本『論語疏』系と『令集解』所引『論語義疏』に近いテキストの両者が併存していたことを指摘した。

第二章では、『弘決外典鈔』（正暦二年〈九九一〉、具平親王撰）に引く『論語義疏』の性格について検討した。その結果、『弘決外典鈔』所引『論語義疏』と旧鈔本『論語義疏』は同系統であり、『弘決外典鈔』所引『論語義疏』は唐鈔本に由来する本文を有していることを明らかにした。ただし、両者の間に存在する一部の相異は、唐鈔本に由来する本文内での異同の可能性を示しており、両者は区別が可能であることを指摘した。また、従来、等閑に付されてきた久遠寺身延文庫所蔵『弘決外典鈔』鎌倉時代写本、同文庫所蔵『弘決外典鈔』江戸時代写本の二本の書誌事項を提示し、更に身延文庫所蔵『弘決外典鈔』江戸時代写本は、金沢文庫保管称名寺寄託『弘決外典鈔』弘安七年円種校合加点写本とは別系統の写本として、今後、参照すべきであることを指摘した。

第三章では、『政事要略』（長保四年〈一〇〇二〉頃、明法博士惟宗〈令宗〉允亮撰）に引く『論語義疏』の性格について検討した。『政事要略』所引『論語義疏』と旧鈔本『論語義疏』は同系統であり、『政事要略』所引『論語義疏』は唐鈔本に由来する本文を有していることを明らかにした。ただ、両者の間に存在する小異は、唐鈔本に由来する本文内での異同であって、『政事要略』所引『論語義疏』は旧鈔本『論語義疏』に比して、より旧態を遺存していることを明らかにした。

また、『政事要略』所引『論語義疏』と、『小野宮年中行事裏書』に引く同文の『論語義疏』には共通の節略が認められ、両者に親近性が見られることを指摘し、両者は敦煌本『論語疏』とは異同が少なからず存在し、第二章と同様に敦煌本『論語疏』は特異な本文を有していることを明らかにした。

更に、『政事要略』・『小野宮年中行事裏書』の両書に引く『論語義疏』は、惟宗家相伝の『論語義疏』を藍本としたとする仮説を提出した。新訂増補国史大系『政事要略』の底本に定められ、本書でも底本に選定した大阪市立大学学術情報総合センター福田文庫所蔵本の書誌事項も併記した。

第四章では、『令義解』（天長一〇年〈八三三〉、右大臣清原夏野等編）の「上令義解表」注釈に引く『論語義疏』の性格について検討した。『令義解』「上令義解表」注釈に引く『論語義疏』と旧鈔本『論語義疏』はともに唐鈔本に由来する本文を有しており、同系統であることを明らかにした。ただし、両者の異同から、『令義解』「上令義解表」注釈に引く『論語義疏』は旧鈔本『論語義疏』に比して、より旧態を遺していることを明らかにした。

第五章では、まず、日本古代の『論語』注釈書史上に於ける『論語義疏』の相対的位置を明らかにするために、第一章から第四章で検討した日本古代典籍に引く『論語』注釈書の傾向を調査・分析した。その結果、日本古代に於いて『論語義疏』は、『論語集解』と並んで広範に流布通行し、講読されていたことを明らかにした。更に、『論語義疏』を引く日本古代典籍、『論語義疏』を著録する蔵書目録、古記録に見える『論語義疏』を講究した事跡のそれぞれを明らかにした。最古の『論語義疏』引用として確実な事例は『令集解』に引く「古記」であって、「古記」が成立した天平一〇年（七三八）頃には、日本に『論語義疏』が伝来していたことを指摘した。

次いで、『論語義疏』を取りまく人的交流の検討を行った。具体的には、皇胤では具平親王、上級貴族では小野宮家藤原実資・摂関家藤原頼長、中級官人では三善清行・菅原淳茂・源順・惟宗（令宗）允亮・日野流藤原資長・平基親、下級官人では明法官人の「古記」・「釈」・「讃」の各撰者、僧侶では空海・中算（法相宗興福寺）・濟暹（真言宗仁和寺）が『論語義疏』を受容していたことを明らかにした。とりわけ、一〇世紀末〜一一世紀初頭では具平親王の周辺に文才の優れた上流貴族並びに中級官人の文人・学者、一二世紀前半では藤原頼長の周辺に主として中下級の官人である文人・学者が多く集まり、各々論壇が形成され、具平親王・頼長を中心に漢籍・漢学の講究・談義が行われていたことを明らかにした。具平親王と頼長、の周辺に集まった中級官人の多くは、弁官、外記、内記、式部省の何れか、あるいはこれらのうちの幾つかに補された経歴を有する者が多いことを指摘した。以上の具平親王・頼長を中心とする論壇に集った人物達が講読ないしは利用していた漢籍の一つが『論語義疏』であることを明らかにした。

また、九世紀後半では三善清行、一〇世紀初頭では菅原淳茂、同世紀後半では源順、一二世紀中葉では藤原資長がそれぞれ『論語義疏』を受容していたことは既に述べたが、このうち清行・淳茂・順・資長は大学寮で紀伝道を学び、順以外は文章博士となっていること、藤原頼長が清原定安を大学に遣わせて『論語義疏』の請求を行っていることから、少なくとも九世紀後半から一二世紀中葉頃までは、『論語義疏』が大学寮に蔵され、講読されていたと推測されることを指摘した。

補論では、我が国最古の漢詩集『懐風藻』所載の藤原宇合（六九四～七三七）の詩二首に付されている序二篇を題材に、宇合が受容した『論語』について検討した。その結果、詩序二篇には『論語』経文の文辞を基に文飾したと推測される文辞があることを指摘した。更に、『論語義疏』、ないしは『史記』孔子世家、儒林列伝の各文辞を基に文飾した可能性がある文辞が存在するものの、これは『論語義疏』の文辞を基としたと考えることもあるいは可能であることを指摘した。ただし、宇合が詩序を作成する際に、『論語』経文は『論語集解』のそれに基づいたのか、あるいは『論語集解』以外の『論語』注釈書のそれに基づいたのか、類書等から間接引用をしたか、宇合は実際に典籍を目睹したのか、それとも典籍を目睹せずに諳誦している知識を用い文飾したかの問題が残ったことを述べた。『論語義疏』が文飾に供されたとするなら、『論語義疏』の最古の引用事例として確実な『令集解』に引く「古記」（天平一〇年〈七三八〉頃）を若干溯る事例となることを主張した。

以上の各章で得た結果を纏めると、日本古代に於ける『論語義疏』受容について、次の如きことが言える。

皇侃『論語義疏』は、天平一〇年頃には既に日本に将来されており、奈良時代から平安時代を通じて、親王・上流貴族・中級官人・下級官人・釈家の各階層に受容され、公家社会を中心に広範に浸透していた。就中、一〇世紀末～一一世紀初頭では具平親王の周辺に、文才に長けた上流貴族や、中級官人である文人・学者が集まり、一二世紀前半では藤原頼長の周辺に於いて、主に中下級の官人である（と同時に頼長の家司を務める者もいた）文人・学者が集まり、具平親王・頼長はともに論壇の中心となって、漢籍・漢学の講究・談義を行った。講究・談義の題材の一つとして講読されたものが皇侃『論語義疏』である。そして、日本古代に於いて講読に供された『論語義疏』は、何れも唐鈔本に由来する本文を有するものであった。更に、現存する室町時代書写の旧鈔本『論語義疏』もまた、唐鈔本に由来する本文を有しているが、これに比して、奈良時代から平安時代、鎌倉時代初期に流布通行していた『論語義疏』は、より旧態を遺存していた。

従って、旧鈔本『論語義疏』が室町時代以降の書写に係ることから、日本古代典籍所引『論語義疏』は、『論語義疏』校勘・復原に資する重要な資料である。今後、『論語義疏』の校勘・復原の研究には、日本古代典籍所引『論語義疏』を視野に入れ、これを活用した研究が必要となろう。この指摘は『論語義疏』に限らず、南北朝・隋・唐代に撰せられた漢籍の本文校勘・復原に於いても、日本古典籍所引漢籍が校勘資料として有効である。[四]ただし、日本古典籍や引用漢籍の性格の精査が必要であることは言うまでもない。

日本古代に於ける『論語』注釈書について、養老学令では、後漢の鄭玄注、三国魏の何晏『論語集解』が必須の教授書目として規定されていたが、実際は、何晏『論語集解』とともに『論語義疏』も広範に流布通行し、利用されていた。日本古代に於ける『論語』注釈書の利用状況は、大局的に見て、何晏『論語集解』と『論語義疏』がほぼ拮抗しており、両書は参照すべき『論語』注釈書として何れも闕くべからざる存在であった。

第二節　今後の展望と課題

第一項　今後の展望――『花園天皇宸記』に見る『論語義疏』受容の事例――

本書では、日本古代に於ける『論語義疏』の受容を歴史的に解明することを企図し、考察を行い、その結論を前節に述べたが、中世以降の状況については言及していない。今後の大きな課題として、日本中世に於ける『論語義疏』受容を歴史的に考察し、その具体相を明らかにすることが必要である。

中世に於ける『論語義疏』受容の代表的な事例として、花園上皇（一二九七～一三四八、在位一三〇八～一三一八）が『論語義疏』を含む『論語』注釈書を講読した事跡が『花園天皇宸記』[五]に全三箇条認められる。これについて、以下に若干述べ、今後の展望としたい。

①『花園天皇宸記』元亨四年（一三二四）三月二八日条

此間抄論語末書皇侃疏已下數部類聚之、之外無他、爲談義也、書本經、其下注各義也、

②『花園天皇宸記』同年四月七日条

此間論語抄出之外無他、今日第一學而・爲政兩篇終功了、疏正義幷近代學者注等部類幷他書又抄入之、仍不可有盡期、然而先以疏・正義・集注等抄出之也、

③『花園天皇宸記』正中元年（一三二四）一二月晦日条

今年所學目録

論語自一至二談義了、論語皇侃・邢昺等疏幷精義、朱氏竹隠注等、同自一至二抄出了、

①の前日二七日条に、「今日始講論語、師夏(中原)爲講師、隆有卿(四条)已下六七輩、序幷學而篇四五章談之、委細不能記之」とあり、二七日に中原師夏を講師とし、四条隆有以下六・七名が参加して、花園上皇が初めて『論語』の講読をしたことが看取される。①は、この翌日に、花園上皇が『論語』談義のために、『論語』の注釈を抄出するに当たり、皇侃『論語義疏』以下の数種の注釈を類聚し、その形式は、『論語』の経文を書写し、その下に注釈を施したものであることがわかる[六]。②の五日前の二日条に、「論語談義、光継(堀川)・公時(菅原)・家高(菅原)只三人也、公時講尺之、雖無人爲不闕式日也」とあり、花園上皇の他、堀川光継・菅原公時・菅原家高の三人のみで『論語』談義を行い、公時が講釈を行ったことがわかる。②は、それを承けて、花園上皇が『論語』学而・為政両篇の抄出を終え、皇侃『論語義疏』、邢昺『論語正義』と近代の学者の注釈等を部類し、まず『論語義疏』、『論語正義』、南宋の朱熹の『論語集注』等を抄出したことがわかる。③は、大晦日に記した正中元年に学んだ書籍の目録（所学目録）に、『論語義疏』、『論語正義』、朱熹の『論語精義』もしくは同じく朱熹の『論孟精義』[七]、『朱氏竹隠注』[八]等が認められる。

花園上皇が『論語』談義・講究に際して使用した複数の『論語』注釈書のうち、『論語義疏』を筆頭に挙げていることは注目に値する。鎌倉時代末期の仙洞御所に於いては、宋学の『論語集注』・『論語精義』もしくは『論孟精義』も講読されていたが、依然として漢唐訓詁学、特に義疏学の所産である皇侃『論語義疏』、邢昺『論語正義』も多く講読されていたことが言える。従って、当時の仙洞御所に於ける『論語』の講読は、古注を基本とする学問態度と見てよかろう[九]。また、花園上皇が皇侃『論語義疏』以下の数種の注釈を類聚したというテキストの存否は不明であるが、嘗て仙洞御所に『論語義疏』が蔵されていたことは想像に難くはない[一〇]。更に、花園上皇

との『論語』談義を行った堀川光継・菅原公時・菅原家高が『論語義疏』を講読していたことは明らかである。

このように、花園上皇の周辺の仙洞御所に漢学や文才に長けた中級官人が集い、『論語義疏』を講読していたことがわかる。『花園天皇宸記』に見える『論語義疏』講究は、中世のそれの一つに過ぎないものの、『論語義疏』が古代中世の公家社会の中で綿々と講読されていたことは確かである。

一〇世紀末～一一世紀初頭の具平親王、一二世紀前半の藤原頼長、の周辺に論壇が形成されていた現象を先に指摘したが、花園天皇周辺の漢籍講究は、中世に於いて論壇が形成された事例と言えよう。この現象は、古代中世に於ける漢籍・漢学講究の場や実態を示す一例であると稿者は考える。

第二項　今後の課題

本書に於いては、主として現象面の解明に止まっていることは自覚している。残された課題として、本章第一項にて少しく触れた中世に於ける『論語義疏』受容史の解明に取り組んでいくことは言うまでもないが、本書では明らかにすることができず、残された課題が存する。以下に、本書の限界と残された課題を記しておく。

第一章に於いて『論語義疏』「五常」の条は、「五氣」と表記するグループと「五常」と表記するグループに分類可能であることを指摘したことは前述した。「五氣」と「五常」の差異は、本文系統に関わる相異ではなく、「五氣」から「五常」への時代的変化、すなわち、古代から中世への社会体制の変化や思想上の転換等の要因であることを想定できようが、その転換期は鎌倉時代初期頃である可能性を指摘した程度で、本書では具体的な見通しを付けることはできなかった。中国古代中世思想史上の「五氣」と「五常」の相異・変遷等との関連と併せ検討することは、今後の課題である。(一一)

また、『令集解』所引漢籍が個々の典籍からの直接引用によるものではなく、原本系『玉篇』・『切韻』等の小学書・韻書や『修文殿御覧』等の先行類書からの間接引用によるものである可能性が指摘されている。しかし、『論語義疏』の引用が、敦煌佚名類書（P.2526）、『北堂書鈔』・『藝文類聚』・『初学記』・『太平御覧』、『秘府略』の先行類書に認められないことから、『令集解』所引『論語義疏』は先行類書からの間接引用ではなく、『論語義疏』からの直接引用の可能性があることを指摘した。このことから、『論語義疏』以外の漢籍にも直接引用の可能性が考えられ、検討の余地もあろうかと思われる。『令集解』所引漢籍に限らず、日本古代中世の典籍所引漢籍が、個々の漢籍からの直接引用か、それとも類書等を介しての間接引用かは、日本古代中世の漢籍受容史全般に関わる大きな課題でもある。古代中世の漢籍受容層が、どのような方法に拠って漢籍を引用し、漢学を講究してきたかは、学問の営為に関わる問題で、漢学の実態を明らかにするとともに知的体系の一斑を解明するために極めて重要な課題である。これも今後の課題である。

本書は『論語義疏』を主たる対象としながらも、日本古代に於ける『論語』注釈書受容の諸相とその変遷の一斑を明らかにした。ただ、具平親王・藤原頼長、それらの周辺の、上流貴族・中下級の官人が、『論語』注釈書受容に果たした役割、その社会的背景が未だ明らかではない。これも今後の課題である。古代に於いて、具平親王・藤原頼長、それらの周辺で、漢籍講究の場として論壇が形成されたことを明らかにしたが、論壇ではどのように漢籍を講究していたのか。講究法は、階層により相異は存在するのか。今後の課題である。

中世についても、本書と同様の方法論を用い、『論語義疏』受容の諸相とその変遷、『論語義疏』の『論語』注釈書受容史上の相対的位置を明らかにする必要がある。今後の課題である。

本書で明らかにした日本古代に於ける『論語義疏』の受容状況と先に掲げた『花園天皇宸記』に見える記事を

勘案するに、古代中世を通じて『論語義疏』は連綿と利用されていたと見ることができる。しかし、『論語義疏』の唐鈔本や奈良時代鈔本・平安時代鈔本、更には鎌倉時代鈔本も未だ発見されておらず、現存する鈔本は室町時代以降のものが存するに過ぎない。なぜ、このような現象が起きたか、また、その現象の意味するものは何か、については明らかになっていない。今後の課題である。

また、髙橋智氏は、室町時代中期になると、何晏『論語集解』は皇侃『論語義疏』等の注釈を吸収し、その何晏『論語集解』のテキスト中に皇侃『論語義疏』を反映させていったことを述べている。(一二)だが、室町時代以降に多くの『論語義疏』の鈔本が現れるのは如何なる理由か、明らかになっていない。今後の課題である。

日本古代史・中世史を研究する上で、大きな課題がある。律令国家、王朝国家、中世国家の中で、なぜ、漢籍が講読され、漢学が講究されていったのか。それらを必要とした本質的な意味は何か。この大きな課題も、自らに問い続けたい。

我が国の中世にて何晏『論語集解』や皇侃『論語義疏』が講読された事実を踏まえ、『論語』注釈書の受容の視点から見れば、日本中世に於いても、古代以来、何晏『論語集解』(一三)と皇侃『論語義疏』が脈々と講読されてきた。他方、藤原頼長が宋商人に『論語全解』の入手を依頼したこと、(一四)花園上皇が朱熹の『論語』注釈書を講読していたこと、室町時代に至ると何晏『論語集解』・皇侃『論語義疏』を基礎とし、邢昺『論語正義』で補いながら、朱熹『論語集注』等の宋学者の注釈をも引用・参酌する一連の抄物類等が盛行したこと、(一五)に顕れているように、漢唐訓詁学(古注)と宋学(新注)は、複線的に利用・講読されていた。

注

（一）和島芳男①『日本宋学史の研究 増補版』（吉川弘文館、一九八八年）、同②『中世の儒学』（吉川弘文館、一九六五年）を参照。

（二）高橋均「論語義疏の日本伝来について」（鎌田正博士八十寿記念漢文学論集編集委員会編『鎌田正博士八十寿記念漢文学論集』〈大修館書店、一九九一年〉所収。後に「『論語義疏』の日本伝来とその時期」に改題し、高橋均『論語義疏の研究』〈創文社、二〇一三年〉所収）、山口謠司「『論語義疏』の系統に就いて」（『東洋文化』復刊六七号、無窮会、一九九一年）を参照。

（三）太田晶二郎「日本漢籍史の研究」（『太田晶二郎著作集』第一冊〈吉川弘文館、一九九一年〉所収）を参照。

（四）日本古典籍所引漢籍が、漢籍の本文校勘・復原資料として有効であることを解明したものに、遠藤光正氏による『玉函秘抄語彙索引並びに校勘』（無窮会東洋文化研究所、一九七一年）、『明文抄の研究並びに語彙索引』（現代文化社、一九七四年）、『管蠡抄・世俗諺文の索引並びに校勘』（現代文化社、一九七八年）、『類書の伝来と明文抄の研究─軍記物語への影響─』（あさま書房、一九八四年）の一連の先駆的研究がある。

（五）『花園天皇宸記』は、〈史料纂集⑧⓪〉村田正志校訂『花園天皇宸記』第三（続群書類従完成会、一九八六年）に拠った。

（六）花園上皇は『論語義疏』等の注釈を類聚し、『論語』の経文を書写し、その下に注釈を施す方法であるが、藤原頼長は首書を『論語義疏』の紙背に記す方法や、『論語義疏』に首書を付し、要文に鉤点を付す方法で、両者の講究法は異なる。詳しくは、第五章を参照。この相異は、両者の個人的な学問方法の違いに起因するものか、両者の時代に於ける学問方法の違いに起因するものか、個々の書籍の装訂・刊写の別等の違いに起因するものか等、現時点では具体的な鄙見を提示することはできない。今後の課題としたい。後掲注（九）を参照。

（七）阿部隆一「室町以前邦人撰述論語孟子注釈書考（上）」（『斯道文庫論集』二輯、一九六三年）では、「精義」を「『論孟精義』」とする。

（八）『朱氏竹隠注』について、阿部隆一氏は、前掲注（七）論文で、清の朱彝尊の『経義考』に著録される『李氏用論語解』から、竹隠と号した元の李用の『論語解』（佚書）の可能性を指摘する。

（九）花園上皇が皇侃『論語義疏』以下の数種の注釈を類聚したテキストについて、武内義雄氏は「論語皇疏校訂の一資料―国宝論語総略について―」（『日本学士院紀要』六巻二・三号、一九四八年。後に『武内義雄全集 第一巻 論語篇』〈角川書店、一九七八年〉所収）に於いて、本章で述べた『花園天皇宸記』の三箇条を挙げ、「これらは天皇が談義の用に資するために論語本経の下に皇疏邢疏並に朱子の精義や朱注までも配纂して手控を作られたことを物語るのであつて、かくのごとき勉強方法は当時の学者は勿論もつと古い頃から行われていたことであろう」と述べている。また、阿部隆一氏は、前掲注（七）論文に於いて、曼殊院門跡寄託京都国立博物館保管『論語総略』の内容に近い可能性を指摘し、鎌倉時代末期から南北朝時代初期の学風を示す一端であることを主張した。『論語総略』については、拙稿「曼殊院門跡所蔵『論語総略』影印・翻印」（『国立歴史民俗博物館研究報告』一七五集、二〇一三年）を参照。

（一〇）田島公「中世天皇家の文庫・宝蔵の変遷―蔵書目録の紹介と収蔵品の行方―」（田島公編『禁裏・公家文庫研究』二輯〈思文閣出版、二〇〇六年〉所収）に於いて、禁裏の文庫・宝蔵に係る書籍の目録を翻字し、詳述している。氏の研究に依拠し、皇侃『論語義疏』の著録の有無を見るに、京都御所東山御文庫所蔵『宝蔵御物御不審櫃目録』（勅封 三五甲―二一―四七）に多くの漢籍が著録されるが、皇侃『論語義疏』は見えない。氏によると、『宝蔵御物御不審櫃目録』は、鎌倉時代後期・南北朝時代頃に行われた蓮華王院宝蔵の書籍の点検調査結果を記録した目録と言う。また、一四世紀中頃の持明院統の蔵書を示す目録である『仙洞御文書目録』にもややまとまって漢籍が著録されるが、やはり皇侃『論語義疏』は見えない。花園上皇は、論語談義に『論語義疏』を始めとする幾つかの『論語』注釈書を講究しているが、これらの名は見えず、花園上皇以後の所在は不詳である。

ただし、田島公「近世禁裏文庫の変遷と蔵書目録―東山御文庫本の史料学的・目録学的研究のために―」（田島公編『禁裏・公家文庫研究』一輯〈思文閣出版、二〇〇三年〉所収）によると、近世前期の禁裏文庫の具体的な蔵書を示す目録で、万治四年（一六六一）正月一五日の大火で灰燼に帰する以前の禁裏本の具体像を示すものに、西尾市岩瀬文庫所蔵柳原家旧蔵『官本目録』（四〇函へ一三〇号）並びに大東急記念文庫所蔵菊亭家旧蔵『禁裡御蔵書目録』が存すると言う。両目録を検するに、両目録とも多くの漢籍が著録されており、何れも「論語疏　十々《〔冊〕》」とある。この『論語疏』を、山崎誠「禁裡御蔵書目録考証稿（二）」（『国文学研究資料館調査研究報告』一〇号、一九八九年）は、宮内庁書陵部に金沢文庫旧蔵宋蜀刊本『論語注疏』が蔵されることから、『論語注疏』と同定している。ただ、皇侃『論語義疏』の可能性も捨てきれない。西尾市岩瀬文庫所蔵『官本目録』は田島公「西尾市岩瀬文庫所蔵『官本目録』」（科学研究費補助金（基盤研究（A））研究成果報告書（平成一四～一七年度）課題番号一四二〇一〇三二 研究代表者 田島公『禁裏・公家文庫収蔵古典籍のデジタル化による目録学的研究』所収、二〇〇六年）の翻印、大東急記念文庫所蔵『禁裡御蔵書目録』は、〈大東急記念文庫善本叢刊近世篇11〉『書目集』一（汲古書院、一九七七年）所収影印のそれぞれに拠った。

（一二）「五氣」・「五常」及び「仁義禮智信」について、例えば、『漢書』藝文志に「五行者，五常之形氣也」と、漢代の『白虎通義』巻八性情・五性六情に「五性者何謂，仁義禮智信也（陳立の疏証に「「五性」舊作「五常」，譌」）。仁者，不忍也，施生愛人也。義者，宜也，斷決得中也。禮者，履也，履道成文也。智者，知也，獨見前聞，不惑於事，見微知著也。信者，誠也，專一不移也。故人生而應八卦之體，得五氣以爲常，仁義禮智信也」と、隋代の『五行大義』巻三・第一四論雑配 第五論五常に「五常者、仁義禮智信也」とある。『孟子』では「仁義禮智（知）信」を「仁義禮智聖」とし、尽心章句下に「仁之於父子也、義之於君臣也、禮之於賓主也、知之於賢者也、聖人之於天道也、命也」とあり、「知」について同校勘記に「宋本・岳本・孔本・韓本同、閩・監・毛三本知作智。案音義出知之云、音智注同。則作智非也」とある。また、漢代の賈誼『新書』巻八 六術の「人有仁義禮智信之行」の「信」は、『賈誼集校注』（人民文学出版社、一九九六年）、〈新編諸子集成〉『新書校注』（中華書局、二〇〇〇年）の両書とも、盧文弨校抱経堂本に従い、「聖」を「信」に校勘している。『五行大義』及び『孟子』の句読点は私設した。なお、『漢書』は点校本（中華書局、一九八三年）、『白虎通』は〈新編諸子集成（第一輯）〉『白虎通疏証』（中華書局、一九九七年）、『五行大義』は〈古典研究会叢書 漢籍之部 第七巻〉『五行大義』（一）（汲古書院、一九八九年）及び〈同第八巻〉『同』（二）（汲古書院、一九九〇年）、『孟子』は阮元本（藝文印書館、一九九七年）に拠り、『五行大義』は中村璋八『五行大義校註 増訂版』（汲古書院、一九九八年）を適宜参照した。『孟子』や『新書』等の「五常」については、林克「騶子五行説考」（『日本中国学会報』三八集、一九八六年）を参照。

（一二）　髙橋智『室町時代古鈔本『論語集解』の研究』（汲古書院、二〇〇八年）を参照。

（一三）　何晏『論語集解』が我が国の古代に於いて講読されていたことは、武内義雄『論語之研究』（岩波書店、一九三九年。後に『武内義雄全集 第一巻 論語篇』〈角川書店、一九七八年〉所収）「附録二 本邦旧鈔本論語の二系統」、内野熊一郎「日本古代（上古より平安初期）経書学的研究」（『日本漢学文芸史研究 東京教育大学文学部紀要』二、一九五五年。後に「日本古代平安初中期経書経句説学研究」に改題し、内野熊一郎著・内野熊一郎博士米寿記念論文集刊行会編『内野熊一郎博士米寿記念論文集 日本漢文学研究』〈名著普及会、一九九一年〉所収）、小島憲之『国風暗黒時代の文学 上―序論としての上代文学―』（塙書房、一九六八年）、前掲注（一二）髙橋智『室町時代古鈔本『論語集解』の研究』、髙橋智「南北朝時代古鈔本『論語集解』の研究―猿投神社所蔵本の意義―」（『斯道文庫論集』四三輯、二〇〇九年）等、並びに本書第五章を参照。

（一四）　藤原頼長が宋商人に『論語全解』の入手を依頼したことは、本書第五章を参照。

（一五）　『論語抄』・『論語発題』・『論語私車』等が、何晏『論語集解』・皇侃『論語義疏』を基礎とし、邢昺『論語正義』で補いながら、朱熹『論語集注』等の宋学者の注釈をも引用・参酌し、盛行したことは、前掲注（七）阿部氏論文並びに阿部隆一「室町以前邦人撰述論語孟子注釈書考（下）」（『斯道文庫論集』三輯、一九六四年）を参照。

跋語

稿者は、我が国の古代中世で受容された漢籍の実態を、日本の歴史の中に位置付けて研究を行う必要があると考え、そのために日本史学と書誌学・文献学とを連結させ、新たな「漢籍受容史」の構築を試みてきた。なぜ、「漢籍受容史」を日本の歴史の中に位置付ける必要があるかと言えば、漢籍の受容は日本の歴史の中で培われた学問営為、則ち、我々の先人達の漢籍講読の軌跡に他ならないからである。このような意識を持って研究を行い、本書も同様の意識を持って、日本古代に於ける『論語義疏』受容の歴史をまとめたものである。本書に於いて、到達した点、残された今後の課題については、終章に述べた通りである。

本書は、二〇〇九年、総合研究大学院大学文化科学研究科日本歴史研究専攻博士後期課程に提出した博士学位請求論文「日本古代に於ける『論語義疏』受容の歴史的研究」（二〇一〇年三月二四日学位授与）を基とし、これを改稿・補正し、刊行するものである（以下、総合研究大学院大学を総研大と略称する）。博士学位請求論文の審査委員は、主査として総研大文化科学研究科日本歴史研究専攻教授・大学共同利用機関法人 人間文化研究機構 国立歴史民俗博物館（以下、歴博と略称する）研究部歴史研究系教授（現、歴博名誉教授・総研大名誉教授）井原今朝男先生、副査として総研大文化科学研究科日本歴史研究専攻教授・歴博研究部歴史研究系教授（現、歴博名誉教授・総研大名誉教授）吉岡眞之先生、総研大文化科学研究科日本歴史研究専攻准教授・歴博研究部歴史研究系准教授（現、武蔵

大学人文学部教授）高橋一樹先生、慶應義塾大学附属研究所斯道文庫教授（当時）山城喜憲先生、神奈川県立金沢文庫学芸課長　西岡芳文先生である。

日本古代史、日本中世史、漢籍書誌学を専門とする先生方が審査委員となって下さり、幅広い視点から、多くの御指導を頂いたことは誠に幸いであった。ただ、稿者の怠惰と浅学菲才ゆえ、審査委員の先生方から頂いた御指導・御指摘や課題を必ずしも本書に活かしきることができていない点もある。残された課題として、今後の研究に活かしていきたい。

以下に、本書の基となった小論を列記し、初出一覧に代えたい。

序　章　日本古代中世『論語義疏』研究序説——先行研究の整理と本書の分析視角——

「はじめに」から「第二節」までは第五章の基となった小論の「はじめに」及び「第一章」。

「第三節」は新稿。

第一章　『令集解』所引『論語義疏』の性格——「五常」の条をめぐって——

「『令集解』所引『論語義疏』の性格に関する諸問題——「五常」の条をめぐって——」

（『総研大文化科学研究』三号、二〇〇七年）

第二章　『弘決外典鈔』所引『論語義疏』の性格

「『弘決外典鈔』に関する諸問題——『論語義疏』の引用を中心に——」

（『日本漢文学研究』六号、二松学舎大学日本漢文教育研究プログラム、二〇一一年）

第三章　『政事要略』所引『論語義疏』の性格

「『政事要略』所引『論語義疏』の性格について」

（『国立歴史民俗博物館研究報告』一四五集、二〇〇八年）

第四章　『令義解』「上令義解表」注釈所引『論語義疏』の性格

「『令義解』「上令義解表」の注釈所引『論語義疏』の性格について」

（『日本漢文学研究』五号、二松学舎大学日本漢文教育研究プログラム、二〇一〇年）

第五章　日本古代に於ける『論語義疏』受容の変遷

「日本古代『論語義疏』受容史初探」の「第二章」以降。

（『国立歴史民俗博物館研究報告』一六三集、二〇一一年）

補　論　藤原宇合の『論語』受容に関する一試論――『懐風藻』所載宇合詩序を手がかりに――

「藤原宇合の『論語』受容――『懐風藻』所載藤原宇合詩序二篇を手がかりとして――」

（〈アジア遊学152〉『東アジアの短詩形文学―俳句・時調・漢詩―』勉誠出版、二〇一二年）

終　章　結論と今後の展望・課題　新稿

思えば、現在に至るまで、多くの先生方に御指導を頂き、御世話になった。稿者が日本に伝来した漢籍や書誌学・文献学に関心を抱いたのは、大東文化大学文学部中国文学科（現、中国学科）在籍の時であった。同専任講師（現、准教授）山口謠司先生の「中国文献学」を受講し、鈔本と刊本との間には本文に異同が存在することや日本には旧鈔本漢籍が伝存すること等を知り、日本に伝来した漢籍に強い関心を抱き、後に研究を志す契機となった。山口先生の中国文献学はとても興味深く、二年連続で受講し、中国文献学の基本的事項について触れることができた。卒業論文は中国文学科教授（現、名誉教授）林克先生に御指導を頂き、大学院博士課程前期課程でも、引き続き林先生の御指導を仰いだ。また、当時、明治大学から大東文化大学へ非常勤講師として出講されていた文学部助教授（現、教授）の神鷹徳治先生から、『白氏文集』の伝本や、中国文学からの日本古典籍の活用法等の手解きをして頂いた。修士論文では、日本古典籍に引く漢籍について知りたいとの気持ちから、『秘府略』所引漢籍について取り組んだ。

修士論文執筆の頃から、日本に伝来した漢籍や日本古典籍所引漢籍について知るには、日本の歴史、日本古典籍について知る必要があるのではないかと思い、更に我々日本人の先人達が、如何なる漢籍を、どのように受け容れ、どのようにして自らのものとしていったのかを知りたいと思っていた。そのためには、日本の漢籍受容史・漢学史を日本の歴史・文化として捉え、研究する必要があると考えるようになっていた。このような思いもあり、歴博に併設されている総研大文化科学研究科日本歴史研究専攻の吉岡眞之先生の門を叩き、爾来、吉岡先生に師事し、公私に亘り御世話になっている。

総研大では、吉岡先生に主任指導教員、井原今朝男先生に副主任指導教員として御指導を賜った。

吉岡先生には、論文指導、原本調査・書誌著録法・解題執筆等の書誌学・文献学の基礎から古代史・史料学等、研究全般に亘り、親身な御指導を賜った。毎週、マンツーマンで御指導頂いた経験は、稿者の宝と言える。また、歴博のみならず、様々な図書館・文庫へ調査出張に赴き、原本を前にした実地の調査指導も、今でも忘れられない。この経験も、まさに稿者の宝である。調査出張の休憩時間や食事の時等に、雑談の中にも学術的なお話しを拝聴できたことも大切な思い出である。吉岡先生からは、厳密な原本調査に基づく禁欲的な実証的研究法の一斑と、文献史料に臨む厳格な姿勢を学んだ。吉岡先生が歴博を定年され、東京大学史料編纂所へ移られてからは、史料編纂所の研究室をお訪ねし、御指導を賜っている。本書の執筆に於いても、終始、御指導を賜った。

井原先生には、中世史の御指導を賜るとともに、稿者が、とかくミクロ的視点に陥りがちなことを慮り、歴史学の何たるかを常に指し示し、実証的な検討を基礎として、その上に歴史を俯瞰することの重要性について御指導を賜った。井原先生からは、俯瞰することにより初めて見えてくることや、常に仮説を持って史料に沈潜し、鋭く切り込んでいく研究法の一斑、そして研究史を充分に踏まえた上で、自らの研究を、研究史に位置付けるとともに独自性を自覚することの重要性を学んだ。井原先生には、稿者が総研大修了後も、歴博外来研究員の受入教員として御指導を賜り、歴博を定年された現在も御指導を賜っている。

吉岡・井原両先生から享受した学恩は計り知れない。もし、稿者が著した本書に日本史学に寄与する点が認められるなら、両先生の御指導の賜である。

総研大在籍中には、慶應義塾大学附属研究所斯道文庫の先生方による「斯道文庫書誌学講座」を聴講させて頂き、とりわけ山城喜憲先生の「漢籍目録著録法」を数年間聴講させて頂いた。部外者である稿者の数年間の受講を快諾して下さり、漢籍書誌学の基礎である目録・書誌の著録法を御指導頂いた。深遠なる漢籍書誌学の一斑を垣間見ることができたことは、その後研究を進めて行く上で基盤となるとともに、大きな喜びでもあった。山城先生には、本書の基となった小論の成稿に際し、御指導を頂いた。

実践女子大学文学部教授の影山輝國先生には、総研大在籍中より現在に至るまで、『論語義疏』の文献学・校勘学研究の最新の成果や経学史等、中国哲学・思想史について御指導を頂いている。本書の執筆でも懇切な御指導をして頂いた。影山先生の厳密な解釈に裏打ちされた研究の一斑に接することができた。

総研大在籍中には、大学共同利用機関法人　人間文化研究機構　国文学研究資料館文学資源研究系助教授（現、

研究部教授）・総研大文化科学研究科日本文学研究専攻助教授（現、教授）の陳捷先生の「書物交流論」を受講することができ、漢籍研究の本場中国の中国文献学・版本学の御指導を頂き、中国の文献学に触れる機会となった。現在でも、陳先生には、折りに触れ、御指導を頂く等、御世話になっている。陳先生に北京大学中文系・中国古文献研究中心教授の劉玉才先生を御紹介頂き、劉先生主編の〈日本《論語》古鈔本綜合研究〉『従鈔本到刻本：中日《論語》文献研究』（北京大学出版社、二〇一三年）に、本書の第五章の基となった小論を掲載して頂けるよう御尽力頂いた。中国の書籍に小論が掲載されたことは誠に嬉しく、励みとなった。

歴博研究部歴史研究系准教授・総研大文化科学研究科日本歴史研究専攻准教授の小倉慈司先生には、非常勤研究員として受け入れて頂き、禁裏・公家文庫本に関する業務に従事し、勉強する機会を与えて頂いた。日本古代史・史料学の御指導を頂いている。

慶應義塾大学附属研究所斯道文庫教授の住吉朋彦先生は、住吉先生が研究代表として組織されている科学研究費助成事業・基盤研究（A）「宮内庁書陵部収蔵漢籍の伝来に関する再検討―デジタルアーカイブの構築を目指して―」の研究会への参加をお許し下さり、漢籍書誌学の研鑽の機会を与えて頂いた。同研究会には和漢書誌学・日本漢文学・日本古代史・中国文献学・中国文学の多岐に亘る先生方や若手の研究者が参加しており、稿者は身が引き締まる思いで参加し、住吉先生を始めとする先生方から御指導を頂いている。

京都大学人文科学研究所（以下、京大人文研と略称する）東方学研究部科学史研究室教授の武田時昌先生には、武田先生が班長として組織されている京大人文研・共同研究拠点・共同研究B「術数学―中国の科学と占術」研究班の末席に加えて頂くとともに、同研究班の研究会で研究発表させて頂く等、視野を広げる機会を与えて頂いた。武田先生からは中国に於ける術数学の変遷、日本への伝来と変遷等について御指導を頂いている。

元大東文化大学東洋研究所教授の遠藤光正先生からは、本書の基となった小論や本書の執筆に際して、折りに触れ、御指導を頂き、更には書翰にて御指導を頂いた。遠藤先生は、中国学より出発し、類書の伝来と和製類書・金言集への影響を研究された大先達として、中国学より出発し、日本古代中世の漢籍受容史・漢学史の研究を志している稿者に、御自身の研究歴や体験を腹蔵無く披瀝され、御指導を頂いた。

お一人お一人の御芳名を記すことはできないが、右に記した先生方以外にも、多くの先生方に御指導を頂き、大方諸賢に御教示を頂いた。蕪雑ながらも曲がりなりに形を為すことができたのは、吉岡・井原両先生を始めとする先生方・大方諸賢から蒙った学恩によるものであることは重々自覚している。

本論の基となった小論に対し、先生方から御指摘を頂いたが、とりわけ『論語義疏』の日本伝来当時の体式について、貴重な御指摘を頂いた。この御指摘に対し、本書では鄙見を示し得なかったが、稿者は、日本伝来当時の『論語義疏』の体式は、私かに単疏本ではなく経注を伴っていたのではないかと臆測している（例えば、六朝義疏の六朝鈔本ないしは唐鈔本と推定されている早稲田大学図書館所蔵『礼記子本疏義』は、経注を伴った体式と見なすことができる）。この学恩は、今後、稿者なりの見通しを立てていくことで、些かなりと酬いることができればと考えている次第である。

本書は、漢籍・日本古典籍の諸伝本の閲覧・調査を無くしては、到底成り立ち得なかった。多くの所蔵機関に於いて原本ないしは画像の閲覧並びに紙焼き写真頒布の御許可を忝なくした。所蔵機関当局並びに担当各位の御厚情と御高配に対し、所蔵機関の御芳名を列記し、茲に深く御礼申し上げる次第である。

足利学校遺蹟図書館殿、市島酒造株式会社殿、一般財団法人 石川武美記念図書館殿、叡山文庫殿、大阪市立大学学術情報総合センター殿、神奈川県立金沢文庫殿、関西大学総合図書館殿、京都大学総合博物館殿、京都大学大学院文学研究科図書館殿、京都大学附属図書館殿、宮内庁書陵部殿、慶應義塾図書館（慶應義塾大学三田メディアセンター）殿、慶應義塾大学附属研究所斯道文庫殿、神戸松蔭女子学院大学図書館殿、高野山大学図書館殿、国立公文書館内閣文庫殿、国立国会図書館殿、真言宗御室派大本山天野山金剛寺殿、真言宗智山派殿、真言宗智山派別格本山北野山真福寺寶生院殿、大学共同利用機関法人 人間文化研究機構 国立歴史民俗博物館殿、台北国立故宮博物院図書文献館殿、天理大学附属天理図書館殿、東京大学史料編纂所殿、東京都立中央図書館殿、東洋文庫殿、徳川ミュージアム殿、名古屋市蓬左文庫殿、名古屋市立鶴舞図書館殿、日蓮宗総本山身延山久遠寺殿、萩市立萩図書館殿、前田育徳会尊経閣文庫殿、明治大学中央図書館殿、龍谷大学大宮図書館殿、臨済宗建仁寺派大本山建仁寺塔頭両足院殿（以上、順不同、五十音順）。

とりわけ、右の所蔵機関の、一般財団法人 石川武美記念図書館図書課長 佐藤祐一氏、神奈川県立金沢文庫学芸課長 西岡芳文先生、京都大学附属図書館情報サービス課特殊資料掛長（現、同図書館情報サービス課参考調査掛長）櫻井待子氏、慶應義塾大学附属研究所斯道文庫教授（当時）山城喜憲先生、高野山大学図書館課長心得・同大学密教文化研究所事務室長心得 木下浩良氏、真言宗御室派大本山天野山金剛寺座主 堀智範猊下（二〇一四年八月に遷化された）、同寺 中原法瑞師、大学共同利用機関法人 人間文化研究機構 国立歴史民俗博物館管理部博物館事業課資料係主任（現、同博物館管理部研究協力課国際交流係主任）森谷文子氏、日蓮宗総本山身延山久遠寺布教部宝物館身延文庫主事 渡辺永祥師、臨済宗建仁寺派大本山建仁寺塔頭両足院住職 伊藤東文師、の方々には御世話になり、懇篤なる御高配を頂いた。茲に記して、深甚の謝意を表する次第である（以上、順不同、五十音順）。

また、慶應義塾大学附属研究所斯道文庫助教授（現、教授）髙橋智先生には、台北国立故宮博物院図書文献館に於ける調査で御世話になり、佛教大学文学部教授黒田彰先生には、格別の御高配を以て『和漢朗詠註略抄』の紙焼き写真の借覧を御許可頂いた。両先生に御礼申し上げる次第である。

井原先生には、本書の出版を慫慂し励まして下さるとともに、株式会社塙書房を御紹介して頂いた。出版業界を取り巻く環境が厳しい時に、拙い本書の出版を引き受けて頂いた株式会社塙書房代表取締役社長白石タイ氏、同社編集部寺島正行氏、同社の方々に対し、衷心より感謝申し上げる次第である。本書の編集・出版の諸般については、終始、寺島氏のお手を煩わせた。寺島氏の御尽力があればこそ、本書の出版に漕ぎ着けのだと思う。

最後に学恩とは異なり私事となるが、私の家族に本書を捧げることをお許し頂きたい。

「自分の好きな道に進め」と言い、大学院進学と研究の道に進むことを後押ししてくれた父髙田陽吉、陰になり日向になり、支えてくれる母髙田頼子。両親には人の何倍もの学生生活を送らせてもらった。現在に至るまで慈しみ育み、温かく見守ってくれている両親に、感謝し、本書を捧げたい。

我が祖父母は皆、既に鬼籍の人である。総研大入学を自分のことのように喜んでくれ、その後九一歳の天壽を全うした祖父髙田宗次郎、私の学部入学の年に逝った祖母髙田文江、私がこの世に生を受ける前に世を去った祖父木島孝一、総研大入学を喜んでくれ、その後掲載された処女論文の題目を見、その年に他界した祖母木島正子。父方母方の祖父母の霊前に本書を捧げ、上梓されたことを報告し、そして我が先祖へ思いを馳せ、私が今、健康で、研究生活を送ることができていることへの感謝の念を表したい。

良き師友に出会え、導かれ、学恩に浴する幸運に恵まれ、家族に支えられていることに感謝しつつ、筆を擱く。

二〇一五年一月三日

高田宗平　識

なお、本書は、独立行政法人 日本学術振興会 科学研究費助成事業（学術研究助成基金助成金）若手研究（B）「日本中世漢籍受容の歴史的研究」（課題番号 二四七二〇三一一）の成果の一部である。

高田　宗平（たかだ　そうへい）

略　歴
1977年　神奈川県に生まれる。
2000年　大東文化大学文学部中国文学科卒業
2003年　大東文化大学大学院文学研究科中国学専攻博士課程前期課程修了
2010年　総合研究大学院大学文化科学研究科日本歴史研究専攻博士後期課程修了　博士（文学）
大学共同利用機関法人 人間文化研究機構 国立歴史民俗博物館外来研究員、同共同研究員、大東文化大学人文科学研究所兼任研究員、国立歴史民俗博物館研究部非常勤研究員（研究支援者）、京都大学人文科学研究所共同研究員などを経て
現　在　京都大学人文科学研究所非常勤講師、国立歴史民俗博物館共同研究員。

主要業績
「日本古典籍所引『論語義疏』の本文について」（〈アジア遊学140〉『旧鈔本の世界─漢籍受容のタイムカプセル─』勉誠出版、2011年）
「曼殊院門跡所蔵『論語総略』影印・翻印」（『国立歴史民俗博物館研究報告』175集、2013年）
「叡山文庫真如蔵所蔵『台宗三大部外典要勘鈔』諸本書誌解題稿」（『人文科学』18号、2013年）
「日本古代《論語義疏》受容史初探」（〈日本《論語》古鈔本綜合研究〉劉玉才主編『従鈔本到刻本：中日《論語》文献研究』北京大学出版社、2013年）
「国立歴史民俗博物館所蔵『日野家代々年号勘文自応保度至応安度』影印・翻印」（『国立歴史民俗博物館研究報告』186集、2014年）〔共著〕

日本《にほん》古代《こだい》『論語義疏《ろんごぎそ》』受容史《じゅようし》の研究《けんきゅう》

2015年5月1日　第1版第1刷

著　者　高　田　宗　平
発行者　白　石　タ　イ
発行所　株式会社　塙　書　房
〒113-0033　東京都文京区本郷6丁目8-16
電話　03(3812)5821
FAX　03(3811)0617
振替　00100-6-8782

亜細亜印刷・弘伸製本

定価はケースに表示してあります。落丁本・乱丁本はお取替えいたします。

ISBN978-4-8273-1276-8　C3021

文献関係索引

凡　例

本索引は、本文・注に出現する文献に関する項目（典籍・史料・研究書等）を対象とし、五十音順に排列したものである。

1．研究書名・論文名に出現するものは対象としない。
2．〔 〕を附し、補ったものがある。
3．典籍・史料の引用に出現したもので、略称等で記されている場合は改めたものがある。
4．研究書名等の後に〈 〉を附し、叢書名を記したものがある。
5．本文・注に出現する別称・略称に（ ）を附し、記したものがある。
6．典籍・史料からの引用の場合は底本の文字に従って記したものがある。
7．『論語義疏』は頻出するため、煩項を避け、掲載頁数は記さない。ただし、『論語義疏』の項目を掲げ、個別の鈔本は採録した。

き

た

ち

て

と

な

に

人名索引

凡　例

本索引は、本文・注に出現する人名（歴史人物・研究者・研究グループ・著者・編者・所蔵者等）を対象とし、五十音順に排列したものである。

1．研究書名・論文名に出現するものは対象としない。
2．〔 〕を附し、補ったものがある。
3．（ ）を附し、別称を記したものがある。
4．典籍・史料からの引用の場合は底本の文字に従って記したものがある。

人名索引

こ

さ

た

ち

つ

て

と

へ

ほ

ま

み

む

も

や

ゆ

よ

ら

り